2024年

株主総会の準備実務・想定問答

日比谷パーク法律事務所

三菱UFJ信託銀行（株）
法人コンサルティング部
［編］

中央経済社

は し が き

コロナ禍が終焉し，コロナ対応株主総会を是正する時期を迎えた。その中で多くの方々のご協力により『2024年　株主総会の準備実務・想定問答』を刊行することができた。株主総会の最新・最強の手引きとして活用いただきたい。

今年の総会のポイントはいくつかあるが，特に以下の点を指摘しておきたい。

第一　現状の総会出席等を厳しく制限した運営法は終わった。

厚生労働省が新型コロナの感染症法上の分類をいわゆる「２類相当」から，季節性インフルエンザなどと同じ「５類」へ引き下げたためコロナ禍を理由とする総会の簡素化や短時間化はもはや許されない。2024年はバーチャルオンリー総会を推進する会社がさらに増える一方，リアル総会はコロナ以前の方式に復帰することになろう。

総会参与権の制約がいかなる場合にいかなる理由により正当化されるのかについて2020年４月２日，コロナ蔓延により非常事態宣言が発出される状況下で，経産省と法務省の連名による「株主総会運営に係るQ&A」が公表された。しかし，その射程距離はパンデミックという特殊な状況が前提であり，コロナの生命身体に対する危険性が減退した以上株主の総会参与権を制限する根拠たり得ない。

一方，バーチャル総会への前のめりの姿勢も急激に冷えている感じがする。費用対効果の視点もさることながら株主との直接対話を大切にするための適切な開催方法とは株主から評価されていないようである。

2024年総会はコロナ以前に回帰すると理解して大筋誤りなかろう。

第二　株主提案権行使数が最高数を更新し，アクティビストの存在感はさらに高まった。

2023年版総会白書に依れば提案権が行使された会社数は延べ113社，案件は124件となった。前年より17社，16件増加し，調査開始以来最高数を更新した。

いわゆる投資ファンドを中心とするアクティビストからの提案と共に同一株主から連続して提案がなされる会社が増加している。

提案議案が可決されたのは８社，16議案であるが，否決されたものの中にも高い賛成率を示すものが少なくない。例えば40％以上の賛成率が６社，30％以上が20社に及ぶ。

油断をすると逆転される数値である。投資ファンドからと推定される提案権行使は昨年の47社から今年は60社へと増加しており，提案権行使のあった113社の過半数に上っている。このほかの特徴としては気候変動およびサステナビリティに関係する提案が増えている。機関投資家や議決権行使助言会社の中にはこれに賛同するものも増えている。

日本は諸外国と比較して，株主提案の要件が緩く，可決された場合には提案内容が法的拘束力を持つ。スチュワードシップコードやSDGsの影響のため，機関投資家がアクティビストの提案に乗りやすい。その結果，株主提案が予想外に高率の支持を得ることが想定される。日本企業においては過酷労働，パワハラ，セクハラ，コンプライアンス違反などのＳ（社会）やＧ（統治）の分野で，提案が可決されるリスクが高いことに今年はさらに警戒すべきである。

第三　予期せぬリスクの発現と株主総会

現代は不思議な時代である。

本来なら巨大な事業規模に達することがなく，巨額の収益を稼ぐはずもないと思われた個人商店や一人株主の株式会社が強大化している。

例えばビッグモーター事件で有名となったビッグモーターは日本最大規模を誇る中古車ディーラーで日本中に修理工場を持つ。2023年５月現在，従業員数6,000名，全国300店舗以上を抱え，「買取台数６年連続日本一」を誇る。

ジャニー喜多川氏が創業した旧ジャニーズ事務所は2022年の売上高は推計で約800億円，出版社などグループ会社を含めると１千億円を超えると言われる。

いずれの会社も不祥事を引き起こし，存続を危ぶまれる状況にある。

これらの会社は取締役会を開催せず，議事録も作らない会社であるから，株主総会など気にしていない。総会を気にしなければならないのはビッグモーターと損保契約を締結していた大手損害保険会社であり，ジャニーズ事務所に属するタレントをCMに出演させていた上場食品・消費財メーカーである。

「ビジネスと人権」の観点から，コンプライアンス意識のないビッグモーターと取引をしていた上場損保会社のガバナンスはどうか。少年虐待に該当する行為を受けていたかもしれないタレントをCMに出演させて宣伝活動する企業のサプライチェーンのコンプライアンス確保はどうなっていたのかが問われている。突然の不祥事なら，不可抗力と言い逃れもできるが，長年にわたり取引を続けて，コンプライアンス違反の予兆も情報も知っていたはずの企業の責任が問われることになる。ジャニーズについては大手マスメディアも醜聞は知っていたはずとして，番組に出演させてきた責任を厳しく問われることになろう。

タムロンでは内部通報から前・現社長の横領事件が発覚し，第三者委員会から厳しい指摘を受けた。

どこに躓きの石があるかわからないのが現代である。総会準備におさおさ怠りのないように今年も手を抜かないことである。

2024年１月

日比谷パーク法律事務所
代表弁護士　久保利　英明

目　次

＊印は2024年版で新規に挿入・修正が多い設問である。

2023年6月 株主総会のデータ分析

三菱UFJ信託銀行株式会社　法人コンサルティング部
会社法務・コーポレートガバナンスコンサルティング室

1　はじめに

2023年６月総会は，新型コロナウイルス感染症の５類移行をうけ，株主懇談会等の実施や来場株主へのお土産配布を再開する会社が増加するとともに，総会時間の短縮に向けた運営を行う会社が大幅に減少するなど，コロナ禍前の総会運営に戻る動きがみられた。また，電子提供制度が適用される初めての６月総会として注目を集めたが，制度対応の面で総じて大きな混乱等はなく安定した総会運営がなされたものといえる。

以下では，2023年６月総会を振り返って，その傾向や特徴を紹介する。

なお，本稿中意見にわたる部分は必ずしも当社としての見解ではないことをあらかじめご了承願いたい。

2　総会開催日の動向

2023年６月総会のいわゆる「集中日」に開催した会社の割合は【図表１】のとおり，26.3％と，前年比0.1ポイントの増加となった。

2023年６月総会全体の開催状況は【図表２】のとおり，第２集中日に総会を開催した会社は17.2％，第３集中日は16.6％で集中日を含めた特定の３日間になお全体の６割の会社の株主総会が開催されていることになる。集中日開催の割合が過去最高であった1996年（94.2％）と比べれば，格段に開催日の分散化が進んでいるものの，１週間程度の短期間に多くの会社の株主総会が集中しているという状況は継続している。

また，2023年６月総会を土日に開催した会社は37社（前年比６社減），月曜開催は70社（前年比22社減）（【図表２】）となっている。

3　来場株主数

資料版商事法務2023年７月号によると，１社当たりの平均出席株主数は59名（前年比23名増，バーチャルオンリー総会および出席型バーチャル総会のオンラインでの出席株主数を含む。）と前年から大幅に増加した。要因の１つとして，新型コロナウイルス感染症の

【図表１】定時株主総会の集中日開催率の推移

1996年	94.2%	2021年	26.5%
⋮	⋮	2022年	26.2%
2020年	33.2%	2023年	26.3%

※資料版商事法務2021年７月号・2023年７月号による

【図表２】2023年６月総会における株主総会開催日の状況

総会日	曜日	会社数	比率
～6/16	－	85社	3.6%
17	土	５社	0.2%
18	日	１社	0.0%
19	月	13社	0.6%
20	火	93社	4.0%
21	水	107社	4.6%
22	木	184社	7.9%
23	金	403社	17.2%
24	土	26社	1.1%
25	日	５社	0.2%
26	月	57社	2.4%
27	火	348社	14.9%
28	水	387社	16.6%
29	木	614社	26.3%
30	金	10社	0.4%
総計		2,338社	

※資料版商事法務2023年７月号による

５類移行をうけ，株主懇談会等を実施した会社や来場株主へのお土産配布を再開した会社において，出席株主数が大幅に増加する傾向がみられ，これらの会社が平均出席株主数を大きく引き上げたことが考えられる。リアル会場の出席株主数が300名以上の会社が53社（前年比29社増），うち1,000名以上の会社が４社（前年比４社増）あった。

4　総会所要時間

2023年６月総会における平均所要時間は47分で，前年から５分長くなっている。総会所要時間が１時間以上の会社は463社で，前年比102社増加した。そのうち，１時間以上２時間未満の会社は427社（前年比83社増），２時間以上の会社は36社（前年比19社増）である（【図表３】参照）。コロナ禍前には及ばないものの，前年と比較すると総会所要時間が長時間化している。要因としては，新型コロナウイルス感染症の５類移行や株主との対話を意識した総会運営により総会時間短縮の取組みが緩和されたためと考えられる。

5　株主の発言状況

2023年６月総会では，発言があった会社数は1,346社で比率は70.8％（前年比8.3ポイント増）であった（【図表４】参照）。

株主の具体的発言内容としては，「配当政策・株主還元」が534社（前年比5.5ポイント増）と最も多く，次いで「株価動向」が376社（前年比2.5ポイント増），「財務状況」が299社（前年比0.2ポイント増）と多くなった。また，女性活躍推進法の改正等を受けて，「女性の活躍等の人材の多様性向上」が289社（7.4ポイント増）となっている。

本年の特徴として「資本コストや株価を意識した経営の実現に向けた対応」が265社（17.8％）となっており，東京証券取引所から要請されているPBR１倍割れに係る対応等を踏まえた上で，自社の株主還元や株価等についての質問がなされたと思われる（【図表５】参照）。

6　会社提案議案の否決等の状況

2023年６月総会において会社提案議案が否決された会社は５社（前年比増減なし），議案の取下げ・一部撤回が10社（同２社減），修正動議による議案修正が３社（同３社増）であった（当社調べ）。否決・取下げがあった議案では，役員選任に係る株主提案が可決された一方で，会社提案が否決され経営陣が入れ替わる事例などが確認された。また，前年に引き続き，取締役選任議案に賛同を得られないためやむを得ず議案を取り下げる事例も見られ，株主とのエンゲージメントの重要性がうかがえる。

7　株主提案議案の動向

2023年６月総会において株主提案は90社（前年比13社増），総議案数は344件（前年比52件増）と前年に比べ大幅に増加し，過去最多となった。議案の内訳として，定款変更議案が4.2ポイント増加（前年比47件増）したが，その他の議案の全体の議案に占める比率については大きな変動はなかった。機関投資家からの株主提案は43社（前年比２社減），議案数は112件（前年比20件減）で，社数・議案数ともに減少した。提案内容としては，前年に引き続きガバナンス関連の提案が最も多く，機関投資家等による気候変動等の提案も増加した。

【図表３】総会所要時間

	平均所要時間	総会所要時間別の社数		
		１時間以上 ２時間未満	２時間以上 ３時間未満	３時間以上
2023年6月	47分	427社	34社	2社
2022年6月	42分	344社	14社	3社
2021年6月	37分	217社	8社	1社
2020年6月	33分	147社	4社	1社
2019年6月	57分	590社	74社	6社
2018年6月	56分	574社	81社	3社

※資料版商事法務2021年７月号・2023年７月号による

【図表４】出席株主数，発言があった会社数，発言者数

	出席株主数（単純平均）	発言あり社数（%）	発言者数
2023年6月総会	58名	1,346社（70.8%）	5,279名
2022年6月総会	35名	1,196社（62.5%）	4,044名
2021年6月総会	26名	1,002社（57.6%）	2,827名
2020年6月総会	29名	978社（56.2%）	2,746名
2019年6月総会	197名	1,460社（79.5%）	7,048名
2018年6月総会	210名	1,429社（77.3%）	6,846名
2017年6月総会	229名	1,425社（77.4%）	6,656名

※資料版商事法務2021年７月号・2023年７月号による。バーチャル総会におけるオンラインでの出席数，発言数を含まない。

【図表５】株主の具体的発言内容（複数回答）

株主の発言内容	社　数	割　合	前年比
配当政策・株主還元	534社	35.9%	+5.5ポイント
株価動向	376社	25.3%	+2.5ポイント
財務状況	299社	20.1%	+0.2ポイント
女性の活躍等の人材の多様性向上	289社	19.4%	+7.4ポイント
資本コストや株価を意識した経営の実現に向けた対応	265社	17.8%	—
賃上げ，従業員の健康・労働環境への配慮や公正・適切な処遇	153社	10.3%	+2.5ポイント

※「2023年版株主総会白書」旬刊商事法務2344号による

8　機関投資家等の動向

2022年度株式分布状況調査によると，外国法人等の株式保有比率は30.1％（前年比0.3ポイント減）となり，投資部門別売買状況をみると，2022年度は１兆8,090億円の売越しで，２年連続の売越しとなった。また，国内の機関投資家である信託銀行の株式保有比率は22.6％（前年比0.3ポイント減）となり，９年振りの低下となった。

国内外の機関投資家をあわせると，機関投資家の株式保有比率は50％を超えており，機関投資家の議決権行使動向が株主総会決議に与える影響はますます大きくなっている。

議決権行使助言会社大手のISSは，2015年２月総会より，いわゆる「ROE基準」を採用している（新型コロナウイルス感染症の流行を受け，2020年以降その適用を一時的に停止していたが，2024年２月より適用が再開される）。過去５期の平均の自己資本利益率（ROE）が５％を下回る企業の経営トップ（社長を指すが会長やその他の代表取締役も対象になり得る）に反対推奨を行うが，直近会計年度のROEが５％以上で改善傾向にある場合や上場後５年未満の企業には適用がないといった内容である。また，2016年２月総会より，社外取締役を２名以上選任しない企業の経営トップにも反対推奨を行うこととなり，2019年２月総会より指名委員会等設置会社および監査等委員会設置会社において，取締役の３分の１を社外取締役とすることを求め，株主総会後の取締役会に占める社外取締役の割合が３分の１未満である場合，経営トップである取締役選任議案へ反対推奨する。2022年２月総会からは監査役設置会社で取締

役の３分の１以上が社外取締役でない場合，経営トップに反対助言する（ただし，社外取締役の独立性は問わない，としている）とともに，親会社や支配株主を有する会社において取締役の３分の１以上を独立社外取締役とすることを求めることとしている。さらに，2023年２月からは，取締役会に女性取締役が１人もいない場合，経営トップである取締役に対して反対推奨することを追加した。

また，2022年２月より「政策保有株式の保有額が純資産の20％以上の会社の経営トップに反対する」としている。

2023年２月からは，「温室効果ガス排出量が多い企業（Climate Action 100+選定企業）において，自社および経済全般への気候変動リスクを理解・評価し，軽減するための最低限の対策を講じていない場合，個別の取締役，委員会の委員，あるいはすべての取締役に反対を推奨することがある」とした。

一方，グラスルイスは取締役会の構成にかかる助言基準として，2023年２月から「監査役会設置会社について，支配株主を持たないプライム市場上場会社は，独立社外役員を３分の１以上（支配株主を持たないプライム市場以外の上場会社は，独立社外役員が３分の１以上，かつ，最低２名の独立社外取締役）選任することを求め，満たない場合は取締役会議長に対して反対助言する」とし，市場区分に合わせて，取締役会の独立性要件を改定した。また，2023年２月からは，プライム市場上場会社を対象に，ジェンダー・ダイバーシティ基準を固定数値方式から割合方式に変更し，取締役会に最低でも10％以上の多様な性別の取締役を求め，当該基準を満たさない場合，機関設計により取締役会議長または指名委員会委員長に反対助言を行うこととしている。

加えて，2021年から「保有目的が純投資目的以外の目的である投資株式」の「貸借対照表計上額の合計額」が連結純資産と比較して10％以上の場合，会長選任（会長職がない場合は社長等の経営トップ）に原則として反対助言することとしている。

以上のとおり，議決権行使助言会社の助言基準は年々厳格化している。2023年６月総会における賛成率80％未満の経営トップ選任議案数は前年比約1.6倍となっており（当社調べ），議決権行使助言会社や機関投資家の動向は引き続き留意する必要がある（機関投資家の議決権行使動向はQ５参照）。

９　その他2023年６月総会の特徴

（１）コーポレートガバナンス・コードへの対応

近年，コーポレートガバナンス・コード（以下「CGコード」という）を意識した総会対応が進展している。2023年６月総会でも，2021年６月の改訂CGコードを意識した総会対応が進展した（来年総会に向けて留意すべき事項はQ３参照）。

総会関係の主なCGコード対応は以下のとおりである。

①　議決権電子行使，ICJ議決権電子行使プラットフォーム，招集通知の英訳の実施（補充原則１－２④関係）

議決権電子行使ならびにICJ議決権電子行使プラットフォーム（PF）の採用状況は以下（２）に記載のとおり増加傾向にある。2023年６月総会でも，PFは1,244社で採用されており前年比で25社増加している（当社調べ）。

また，招集通知の英訳については，ICJの調査によれば2023年６月総会で1,164社で前年比17社増加となっており，着実に広がりをみせている。

② ３分の１以上の独立社外取締役の選任（原則４－８関係）

2023年７月31日に東京証券取引所が公表した「東証上場会社における独立社外取締役の選任状況及び指名委員会・報酬委員会の設置状況（2023年７月14日時点）」によると，独立社外取締役を３分の１以上選任しているプライム市場上場会社は95.0％（前年比2.9ポイント増），JPX日経400では96.7％（前年比1.7ポイント増）と，いずれも９割を超える水準となっている。

③ CGコード再改訂に関連する任意の記載事項

2023年６月総会では，2021年６月に再改訂されたCGコードに関連する事項について招集通知に記載した会社が見られた。2023年版株主総会白書によると，「取締役会全体のバランス・規模に関する考え方，スキル・マトリックス，選任方針等（補充原則４－11①関連）」は62.4％（前年比5.1ポイント増）と前年比で増加した。そのほか，「サステナビリティと人材投資・知財投資についての取組み（補充原則２－４①，３－１③関連）」は22.2％（前年比5.9ポイント増），「指名・報酬委員会構成の独立性に関する考え方・権限・役割等（補充原則４－10①関連）」は13.7％（前年比0.7ポイント増），「内部通報に係る体制・運用実績（対話ガイドライン３－12関連）」は13.1％（前年比1.4ポイント増）の会社が事業報告または株主総会参考書類にて開示を行っている。

④ その他招集通知への任意の記載

招集通知（事業報告等）に，取締役会の実効性評価（補充原則４－11③関係），取締役の選任方針・手続（原則３－１(iv)関係），政策保有株式に関する事項（原則１－４関係），コーポレートガバナンス・ガイドライン（基本方針）（原則３－１(ii)関係），サステナビリティに関する取組み（基本原則２関係）等を任意で記載し，自社のCGコード対応につき開示しているケースが見られる。

こうした動きは年々広がりを見せており，対話型株主総会を志向した試みと評価することができる。

（２）株主総会のIT化

① インターネットによる議決権行使

インターネットによる議決権行使（以下「電子投票」という）を採用する会社は徐々に増加傾向にあり，全国株懇連合会「2023年度全株懇調査報告書」（2023年10月）（以下「全株懇調査」という）によると，電子投票の採用社数は1,398社（86.2％，前年比4.8ポイント増）となった。

また，議決権個数ベースでの電子投票の割合（電子行使議決権数／行使議決権総数）が「30％以上（40％未満）」の会社は全体の15.6％（前年比0.1ポイント増），「40％以上（50％未満）」の会社は15.5％（同1.4ポイント減），「50％以上」の会社は37.5％（同3.4ポイント増）となっている。50％以上の会社の比率が増加しているということは，電子投票による議決権行使内容が議案の成否に大きく影響を及ぼすようになってきている会社が増加していることを意味する。これは，外国人機関投資家の持株比率上昇に伴い，株式会社ICJが運営する機関投資家向け議決権行使プラットフォームを経由した電子投票が増加しているためと見られる。なお，CGコードの補充原則１－２④では同プラットフォームの採用等を進めるべきことが求められている。2021年６月の改訂CGコードでは特にプライム市場上場会社は少なくとも利用可能と

【図表6】自社ウェブサイトを活用した情報開示の実施

自社ウェブサイト掲載資料	社 数	割合（前年比）
株主総会決議通知	1,237社	76.1%（+1.4ポイント）
株主総会議決権行使結果（臨時報告書）	797社	49.0%（+0.5ポイント）
（四半期）決算短信	1,483社	91.2%（+0.7ポイント）
四半期報告書・有価証券報告書等	1,445社	88.9%（+0.4ポイント）
コーポレート・ガバナンス報告書	1,192社	73.3%（+0.7ポイント）

※全株懇調査

すべきとされており，東京証券取引所が2023年４月24日に公表した「2023年３月期決算会社の定時株主総会の動向について」によると，プライム市場上場会社のうち，95.1%（前年比3.0ポイント増）が利用しており，増加傾向となっている。

② 自社ウェブサイトを活用した情報開示

さらに，対話型株主総会の一環として，自社ウェブサイトを活用した情報開示を実施する会社も増加傾向にある。全株懇調査によると，自社ウェブサイトに株主総会決議通知を掲載する会社は全体の76.1%（前年比1.4ポイント増），株主総会議決権行使結果（臨時報告書）を掲載する会社は49.0%（前年比0.5ポイント増）などとなっている（【図表６】参照）。

③ バーチャル株主総会等

2020年以降，新型コロナウイルスの影響で総会会場へ直接来場する株主が大幅に減少することが予想されたため，総会会場への来場の代替策として，ハイブリッド型バーチャル総会を採用する会社が増えている。また，2021年６月には産業競争力強化法が改正され，上場会社は一定の要件を満たせばバーチャルオンリー株主総会を開催することが可能となった。

2023年６月総会においてバーチャルオンリー型を採用した会社は11社（前年比３社増），ハイブリッド出席型を採用した会社は16社（前年比２社減），ハイブリッド参加型を採用した会社は390社（前年比12社増）と，バーチャル株主総会を開催した会社の比率は17.8%と前年比で0.7ポイント増加しており（当社調べ），今後もバーチャル株主総会は一層利用が拡大していくものと考えられる。なお，バーチャル株主総会の実務上の論点等は本書147頁以下の「株主との対話」を参照されたい。

株主への情報開示の観点から，自社ウェブサイトにて総会前に事業報告に関する動画を公開したり，総会の動画等を事後配信する等，株主に向けた情報開示の拡充も積極的に行われたようである。これらインターネットを利用した総会への出席・参加や事前・事後の情報提供は，今後の株主総会においても，さらに利用されていくとみられる。

（3）委員会型の機関設計への移行

2023年６月総会で定款変更議案を付議し，監査等委員会設置会社に移行した会社は60社，指名委員会等設置会社に移行した会社は３社であった（当社調べ）。2023年12月25日時点で監査等委員会設置会社は1,545社，指名委員会等設置会社は91社に上り，委員会型の機関設計を選択する会社は東証上場会社全体の４割を超えている。

監査等委員会設置会社の増加数は一時期よ

り落ち着くも，漸増が続いており，取締役会の監督機能の向上や執行と監督機能の分離を目指して移行する会社は，今後も一定数あるものと想定される。

（4）株主総会資料の電子提供制度

①　招集通知の発送形態

電子提供制度では，株主総会資料についてはウェブサイトに掲載する方法で株主に提供することが原則であり，株主宛ての発送物は総会の開催日や場所，電子提供措置をとるウェブサイトのURLなどを記載した，いわゆる「アクセス通知」と呼ばれる書面のみでよいとされている。一方で，各社には，制度適用開始後の激変緩和措置等として，制度適用前と同様の事項を記載した「フルセット」を送付するほか，株主総会参考書類や事業報告等の要点を抜粋し，アクセス通知に記載した「サマリー版」を送付するといった選択肢があった。

この点，2023年６月総会の状況をみると，東証上場会社における招集通知の発送形態は，フルセットが68.5％と最も多く，次いでサマリー版が25.9％であり，アクセス通知のみ送付した会社は5.6％にとどまった（東京証券取引所「定時株主総会調査結果　2023年３月期決算会社（2023年６月３日時点）」。東証上場会社のうち有効な回答を行った2,191社を母数とする）。

一方で，当社証券代行ご委託会社のうち日経500採用銘柄158社における招集通知の発送形態は，フルセットが78社（49.4％）と最も多く，次いでサマリー版が72社（45.6％）であり，アクセス通知のみを送付した会社は８社（5.1％）であった。なお，サマリー版を送付した会社では，全社において株主総会参考書類（またはその要点）が記載されていた（当社調べ）。株主の議決権行使のためにこの情報は必須であると考えられたものといえる。

②　招集通知発送日

電子提供制度をとる場合の招集通知（アクセス通知）は，株主総会の日の２週間前までに発送しなければならないとされている（会社法325条の４第１項）。

この点，2023年６月総会の状況は，法定期限（２週間前まで）より早期に発送した会社が約８割強であり，前年と比べて傾向に大きな違いは見られなかった（当社調べ）。初めての電子提供制度対応に向き合うなかで，発送日を早めることの難しさがあったものと考えられる。

③　ウェブサイトへの掲載日

電子提供措置は，株主総会開催日の３週間前（21日前）または招集通知発出日のいずれか早い日から開始することとされている（会社法325条の３第１項）。したがって，招集通知発出日がこれより早い場合を除き，電子提供措置は総会日の３週間前の日（21日前）までに実施する必要がある。

この点，2023年６月総会の状況をみると，「21日前（法定期限）」に掲載した会社は9.2％（前年比[注] 31.7ポイント減）と前年から大幅に減少し，「22日前～24日前」に掲載した会社が52.5％（同30.2ポイント増）と前年より大幅に増加した（当社調べ）。

ウェブサイトへの掲載に問題が生じた場合等に備えて，法定期限よりも前倒しでの掲載を行ったと考えられるほか，電子提供制度導入の趣旨や，より早期の掲載を求める有価証券上場規程を各社が考慮したことなどが背景にあると考えられる。

（注）前年のウェブ掲載日（電子提供制度開始前）との比較

株主総会までの段取り・手続

三菱UFJ信託銀行株式会社　法人コンサルティング部
会社法務・コーポレートガバナンスコンサルティング室

2023年の株主総会は，新型コロナウイルス感染症（以下「新型コロナ」という）が5月に「5類感染症」に変更されたことに伴い，次第に生活様式が日常に戻り，株主総会に出席する株主数が前年比で大きく増加するなど，アフターコロナの株主総会の様相を呈することとなった（2023年6月総会の概況は，本書1頁（2023年6月株主総会のデータ分析のとおりである）。

また，2023年の株主総会から株主総会資料の電子提供制度が適用されているが，株主の混乱防止や議決権行使比率の低下を抑制する観点から，株主宛の書面の送付形態について，いわゆるフルセットデリバリーを用いる会社が多かった。電子提供制度の本格的な活用は，2024年以降に持ち越されたことになる。

2024年の株主総会は，新型コロナの制約がないアフターコロナの株主総会と位置付けることができる。このため，各社の理想の株主総会像を追求することが可能になり，お土産配布や総会後の株主懇親会等の施策を復活させる動きも予想される。また，出席株主数については，2023年よりも2024年の株主総会の方がさらに増加する可能性があるように思われる。一方で，株主総会実務を担う担当者が，コロナ禍・ウィズコロナ下での来場株主数が少ないコンパクトな株主総会しか経験していないという会社は少なくない。このため，株主総会の大型化に伴う運営面での準備を入念に行うことが課題となる会社もあると考えられる。

次に，2024年の株主総会は，電子提供制度適用後2年目の株主総会となることから，前年の対応を見直し，株主宛の書面の送付形態をフルセットデリバリーからサマリー版あるいはアクセス通知のみに切り替える会社が少なくないと考えられる。この結果，電子提供制度が定着するまでは，株主に対して任意で送付する書面の情報の範囲が会社ごとに異なることになる。書面での情報提供は任意の対応であることから，各社で株主構成その他の事情を踏まえて，どのような書面を送付するか判断せざるを得ない。動画等による情報提供の工夫やバーチャル株主総会，ウェブサイト等での事前質問の受付など，株主総会のデジタル化も，電子提供制度が後押しする形で利用が進むと想定されるため，株主総会のデジタル化が検討課題となる会社もあるだろう。

以下では，2024年の株主総会の準備実務について記載する。

なお，文中意見にわたる部分は，筆者の所属する組織を代表するものではなく，また，特に断りがない限り，監査役会・会計監査人設置の大会社かつ上場会社を前提とするので，この点にはご留意願いたい。

1　2024年株主総会の留意点

Q1 2024年の株主総会は，株主総会資料の電子提供制度の２年目となりますが，株主総会の準備実務で留意すべき点を教えてください。

株主総会資料の電子提供制度とは，定款の定めにもとづき，株主総会参考書類等の株主総会資料を自社のウェブサイト等に掲載し，株主に対し，当該ウェブサイトのアドレス等を書面により通知した場合には，株主総会資料を適法に提供したものとする制度のことをいいます。

電子提供制度は2022年９月１日に施行され，施行日時点の上場会社に対しては2023年３月１日以後に開催される株主総会から適用されました。初回適用となった株主総会では，招集通知の送付形態等について制度適用前の従前の対応を継続する保守的な会社が多くみられましたが，適用後２回目の総会を迎える会社が多い2024年の株主総会ではより制度趣旨にそった対応が期待されます。

ここでは2023年６月株主総会の対応状況を踏まえつつ，2024年株主総会における検討事項について概観していきます。

①　招集通知（アクセス通知）の送付形態

従前の制度では，株主総会の日時，場所および目的事項等が記載された（狭義の）招集通知に株主総会参考書類，事業報告，計算書類，連結計算書類等を添付して議決権を有する株主宛に送付するのが一般的でした。

電子提供制度では，株主宛（書面交付請求株主を除く）に送付すべき招集通知（いわゆる「アクセス通知」）には，総会の日時や場所など会社法298条１項１号から４号に掲げる事項と電子提供措置をとっている旨やそのURLなど同法325条の４第２項に掲げる事項を記載することとされ，株主総会参考書類や事業報告等は自社ウェブサイト等に電子提供措置事項として掲載することとされています（会社法325条の４第２項，同325条の３第１項）。

もっとも，各社の判断により任意に書面による情報提供を行うことは制限されていないため，株主の関心の高い情報を追加的に記載した書面をアクセス通知に同封，または追加的に記載して送付する「サマリー版」や，従前どおり株主総会参考書類等のすべての書面を提供する「フルセットデリバリー」を選択することも可能とされています。

2023年株主総会における招集通知の送付形態の調査によると，アクセス通知のみを送付

【図表１】2023年総会における送付形態と次回総会における予定送付形態

送付形態	2023年総会	次回総会（予定）	差分
フルセットデリバリー	1,153社（64.8%）	842社（42.5%）	▲22.3ポイント
サマリー版（※）	480社（27.0%）	692社（35.0%）	+8.0ポイント
アクセス通知のみ	109社　（6.1%）	204社（10.3%）	+4.2ポイント

（出所）2023年版株主総会白書を基に当社作成
（※）複数回答のうち，同封書類として株主総会参考書類と回答した社数（割合）を記載

【図表２】株主数別の招集通知の送付形態

（出所）当社調べ

したと回答した会社は109社（6.1%），サマリー版を送付したと回答した会社は480社（27.0%），フルセットデリバリーと回答した会社は1,153社（64.8%）となっています（商事法務研究会編「株主総会白書2023年版」旬刊商事法務2344号78頁，以下「2023年版株主総会白書」といいます）（【図表１】）。

また，当社が株主名簿管理人を務める会社（以下「当社委託会社」といいます）のうち，2023年６月総会会社970社を対象とした株主数別の送付形態の調査では，株主数が多くなるほどサマリー版を採用する会社の割合が増える傾向が見られました（【図表２】）。

株主数が50,000人までの会社ではフルセットが６割以上を占めていたものが，50,000人を超えた規模の会社ではサマリー版が57.7%と逆転していることが見てとれます。

電子提供制度においては，印刷物が減ることにより印刷等に係るコストが削減されることが期待されていましたが，株主数や印刷部数によっては，その効果を享受できない場合もあるとされています。株主数50,000人超の会社については，スケールメリットが働き，一定程度のコスト削減につながったのかもしれません。

2024年総会では，株主への本制度の周知も一定程度進んだものと考えられることもあり，フルセットデリバリーから，サマリー版やアクセス通知のみに切り替える会社が増加することが予想されます。

2023年版株主総会白書によると，フルセットデリバリーを次回総会にて予定している会社は，2023年に比べ20ポイント以上減少している一方，サマリー版は８ポイント，アクセス通知のみは4.2ポイントの増加となっており，特にサマリー版を採用する会社の増加が

【図表３】招集通知の発送形態別にみる事前の議決権行使比率

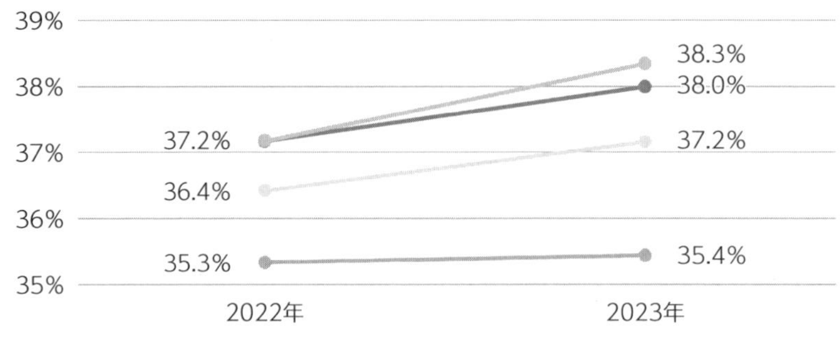

※当社委託会社のうち前年と比較可能な916社を母数とする。
(出所) 当社調べ

見込まれます（【図表１】）。

②「サマリー版」を採用する際の留意点

前述のとおり，2024年の株主総会では「サマリー版」を採用する会社の増加が見込まれています。

電子提供制度のもとでは，株主総会資料はインターネットを通じて閲覧することが原則であり，書面で株主総会資料を受け取りたい株主には書面交付請求に誘導することが制度趣旨にかなうと言えます。もっとも，電子提供制度の定着には，なお一定の時間を要するものと考えられますので，アクセス通知のみの採用は時期尚早であるものの，フルセットデリバリーの継続では制度趣旨や資源節約の流れに逆行しているととられかねない，との懸念が生じることも考えられます。その点，サマリー版であれば株主の関心が高いと思われる情報を取捨選択して記載することができ，株主の手元に届く資料の情報量不足という株主の不満を抑えることも期待できるため，激変緩和措置として当該方式の採用を検討している会社が多いものと思われます。

そこで，以下ではサマリー版を採用する場合の留意事項についてみていきます。

(ア) 議決権行使比率への影響

サマリー版の採用を検討するにあたっての懸念事項として，株主の手元に届く資料が削減されることによる事前の議決権行使への影響が考えられます。この点につき当社にて発送形態別の事前の議決権行使比率を比較したところ，事前の議決権行使比率はいずれの発送形態においても前年比で増加し，発送形態別の事前の議決権行使比率に大きな傾向の差は見られませんでした（【図表３】）。この点につきましては，今後も傾向を確認していく必要があると考えます。

(イ) サマリー版の記載事項

サマリー版は，アクセス通知と任意の書類で構成されることから，任意の書類として何を記載すべきかが検討事項の１つとなります。

2023年６月総会では，日経500採用銘柄のうち，当社委託会社158社中，サマリー版を採用した会社は72社（45.6％）でした。

72社のサマリー版の記載事項をみてみると，株主総会参考書類（またはその要点）は全社が掲載していました。決議事項の承認可決は株主総会における主要な獲得目標であるところ，議決権行使比率の低下とそれに伴う賛成率低下を避けるべく掲載した会社が多かったものと思われます。

【図表４】電子提供制度を踏まえた総会当日の対応について（重複集計）

準備した書面	対応	社数および割合(注)
フルセット	受付で配布	436社（23.6%）
	会場に備置	1,233社（66.7%）
招集通知以外の説明用資料	受付で配布	60社（3.2%）
	会場に備置	66社（3.6%）
電子提供措置がとられているウェブサイトの二次元コード等を記載した書面	受付で配布	16社（0.9%）
	会場に備置	51社（2.8%）
合計（総会当日に何らかの資料を準備した会社）		1,708社（92.4%）

（当社調べ）（注）アンケートへの有効な回答があった1,848社に対する割合。

それ以外の任意の書類として，事業報告（またはその要点）を掲載した会社は21社，業績ハイライトは16社が掲載しています。事業報告の要点や業績ハイライトの掲載については，ウェブサイトに掲載する電子提供措置事項を流用することができず，別途作成が必要になることから，その事務負担には留意が必要でしょう。

その他，トピックス，ガバナンス情報，株主へのご挨拶，経営理念，中期経営計画，（連結・単体）計算書類（またはその要点），株主還元，政策保有株式の縮減，取締役会の実効性評価，サステナビリティへの取組み，自社IRサイトや統合報告書の紹介など，株主に対して会社が特に伝えたい情報を掲載する事例が見られます。

なお，株主総会において電子提供制度関連の質問はさほど多くはありませんが，2023年の総会ではサマリー版を送付した会社を中心に，「招集通知は議案の説明がメインで会社の業績等がわからない。」といった発言や「業績ハイライトは省略しすぎであり，貸借対照表（BS），損益計算書（PL）を見たい。」など，業績関連の情報の充実を望む声が聞かれました。サマリー版を採用する際にもBS，PL等の計算書類の添付，またはURLや二次元コードの記載によるウェブ上に掲載した計算書類に誘導することも考えられます。

（ウ）株主総会当日の対応

資料版商事法務のアンケート調査によると総会当日に何らかの資料を準備した会社は1,708社（92.4％）でした。その内フルセットを用意した会社は，「受付で配布」または「会場に備置」を合わせて1,669社でした（【図表４】（三菱UFJ信託銀行法人コンサルティング部「2023年６月総会の招集通知分析」資料版商事法務2023年８月号41頁））。

当該調査では株主宛発送物の形態は考慮されていないものの，社数から見てサマリー版を送付した会社でもその多くが総会場にはフルセットを準備したものと考えられます。サマリー版を採用した場合，フルセットのみに記載されている事項に言及すると，どこを説明しているかわからず株主が混乱する懸念がありましたが，総会場でフルセットを準備している場合には，株主総会のシナリオ上，大きな変更は不要と考えられます。

③　書面交付請求への対応

（ア）交付書面の記載省略事項の検討

電子提供制度では，インターネットを利用することが困難な株主の利益に配慮するため，株主が書面による招集通知の受領を希望する場合は，会社に対して電子提供措置事項を記載した書面（交付書面）の交付を請求することができるとされており，当該株主に対しては，招集通知（アクセス通知）に際して，交

【図表５】記載省略事項の内訳

書類	記載事項	割合(注)
事業報告	内部統制システムの決議の内容	67.5%
	内部統制システムの運用状況概要	64.3%
	新株予約権等に関する事項	37.3%
	会計監査人に関する事項	29.9%
	会社の支配に関する基本方針に関する事項	20.3%
	主要な営業所および工場	19.2%
	使用人の状況	16.0%
	主要な借入先	14.7%
	株式に関する事項	12.0%
	主要な事業内容	10.9%
	財産および損益の状況	9.3%
	会社役員に関する事項（責任限定契約）	7.2%
	社外役員に関する事項	7.2%
	役員等賠償責任保険契約に関する事項	6.7%
	特定完全子会社に関する事項	5.1%
	その他会社（企業集団）に関する重要な事項	4.8%
	剰余金の配当に関する方針	4.8%
	会社役員に関する事項（その他）	4.0%
	親会社等との間の取引に関する事項	3.2%
	会社役員に関する事項（補償契約）	2.4%
	事業の経過およびその成果	1.3%
	対処すべき課題	1.1%
参考書類	吸収合併議案に係る吸収合併消滅会社の計算書類等に関する事項	0.3%
計算書類・連結計算書類	個別注記表	99.5%
	連結注記表	98.9%
	株主資本等変動計算書（単体）	79.7%
	株主資本等変動計算書（連結）	78.1%
	損益計算書（単体）	10.4%
	貸借対照表（単体）	10.4%
	損益計算書（連結）	6.7%
	貸借対照表（連結）	5.1%
監査報告	会計監査人の監査報告（計算書類）	9.6%
	会計監査人の監査報告（連結計算書類）	7.7%
	監査役等の監査報告	6.7%

（当社調べ）（注）日経500採用銘柄の６月総会会社388社のうち交付書面への記載省略を行っている旨の記載のある375社を母数とする。

付書面を送付しなければならないとされています（会社法325条の５第１項，２項）。

交付書面には，株主総会の日時，場所および目的事項等をはじめ，株主総会参考書類，事業報告，計算書類等の電子提供措置事項が記載される必要があります（会社法325条の5第2項）。なお，定款の定めがある場合には，電子提供措置事項の一部について，交付書面への記載を省略することも可能とされています（会社法325条の5第3項）。

2022年12月26日付で公布・施行された「会社法施行規則等の一部を改正する省令（令和4年法務省令第43号）」（以下「改正法務省令」といいます））により，事業報告では「当該事業年度における事業の経過およびその成果」（会社法施行規則120条1項4号）や「対処すべき課題」（同項8号）等が，計算書類と連結計算書類に記載すべき事項については，（連結）貸借対照表および（連結）損益計算書を含め，すべてが省略可能とされました（会社法施行規則95条の4）。

2023年6月総会会社における交付書面から記載を省略した事項の内訳をみると，「個別注記表」「連結注記表」「株主資本等変動計算書」「内部統制システムの決議の内容・運用状況の概要」「新株予約権等に関する事項」等，従前多くの会社でウェブ開示が行われていた事項が多くなっています（【図表5】（三菱UFJ信託銀行法人コンサルティング部「2023年6月総会の招集通知分析」資料版商事法務2023年8月号39頁））。交付書面の送付は，従前の招集通知の送付の代替と考えると，記載の省略は従前並みとするのが合理的との判断が各社で働いたものと考えられます。もっとも，電子提供制度の趣旨，省略可能事項が拡大されたことを踏まえますと，2024年の株主総会では，紙の資料を請求した株主に対し送付される書面であることに配慮しつつ，もう一歩踏み込んだ省略を行うことも検討の余地があると思われます。

（イ）異議申述手続

書面交付請求の日から1年を経過したときは，会社は，当該株主に対し，書面交付を終了する旨を通知し，かつ，これに異議がある場合は催告期間内に異議を述べるべき旨を催告することができます（会社法325条の5第4項）。

当該通知・催告を受けた株主が催告期間内（1か月を下ることはできない）に異議を述べないときは，当該株主がした書面交付請求は，催告期間が経過した時にその効力を失います（同条5項）。

2024年以降，多くの会社で最初の書面交付請求から1年が経過し，異議申述手続を行うことが可能となります。異議申述手続をどのようなタイミングで行うかは会社の裁量によりますが，書面交付請求を行った株主の数や今後の株主宛送付物の形態を踏まえ，異議申述手続の要否を検討していく必要があると考えます。

Q2 東京証券取引所（以下「東証」）が設置している「市場区分の見直しに関するフォローアップ会議」（以下「フォローアップ会議」）における議論を踏まえ，株主総会への準備で検討すべきことはありますか。

フォローアップ会議は，東証の市場区分見直しの実効性向上のため，上場会社の企業価値向上に向けた取組み等に関する追加的対応の議論を行うために設置された有識者会議です。2022年7月に第1回会議が開催され，2023年12月までに13回の会議が開催されています（2023年12月18日現在）。

フォローアップ会議の議論を踏まえ「資本

【図表6】「資本コストや株価を意識した経営の実現に向けた対応」に関する今後の取組み

項　目	内　容	時　期
開示企業一覧表の公表，趣旨・留意点の再周知	①　対応を進めている企業の状況を投資家に周知し，企業の取組みを後押しする観点から，要請に基づき開示している企業の一覧表を公表	2024年1月15日に公表開始，毎月更新予定
	②　公表開始前に，要請の趣旨・留意点について上場会社に改めて周知	2023年10月26日，上場会社に通知
対応のポイント・取組み事例の公表	◆　投資者の視点を踏まえた対応のポイントや，投資者の高い支持が得らえた取組みの事例について，企業の規模や状況に応じていくつかのパターンを取りまとめ，公表	2024年1月を目途
対応状況の集計・周知	◆　企業の開示状況や投資家等からのフィードバック等を概ね半年に1回程度集計	次回は2024年1月を目途

（東証資料をもとに当社にて一部補記）

コストや株価を意識した経営の実現に向けた対応について」等，様々な施策が打ち出されています。特に株価や企業価値向上については株主・投資家の関心も高く，例年多くの株主総会において株価に関する質問がなされ，これまでは「株価は市場が決めること」,「企業価値を向上させることで株価向上に取り組む」などの回答が散見されてきました。今後は，自社の収益性や成長性に関する投資家の評価を踏まえ，資本コストや株価を意識した経営としての対応について分析・開示がなされていることを前提に，より具体性のある回答が求められていくものと思われます。

ここでは，2024年以降に予定をされている取り組み内容を見ていきたいと思います。

①　資本コストや株価を意識した経営の実現に向けた対応

東証は，2023年3月プライム市場およびスタンダード市場の全上場会社に対して,「資本コストや株価を意識した経営の実現に向けた対応」として，自社の資本コストや資本収益性等に係る「現状分析」,「計画策定・開示」,「取組みの実行」と，分析・開示の継続を要請しています。本要請では，開示の形式・書類は一律に定められておらず，いずれの形式でも開示した場合には，開示を行っている旨などについてコーポレートガバナンス報告書へ記載することを求めています。

また，東証は2023年10月26日付で上場会社宛て,「『資本コストや株価を意識した経営の実現に向けた対応』に関する開示企業一覧表の公表等について」を通知しました。「資本コストや株価を意識した経営の実現に向けた対応」の要請以降，各社において当該要請に基づく開示が行われるなど取組みが進められていますが，対応を進めている上場会社の状況を投資者に周知し，取組みを後押ししていく観点から，要請に基づき開示している上場会社の一覧表の公表を開始することとし，今般の要請の趣旨や留意事項について改めて周知がなされました。今後，上場会社における資本コストや株価を意識した経営の実現に向けた取組みへの検討・開示をさらに促進していく観点から【図表6】に記載の取組みを進めるとしています。

「資本コストや株価を意識した経営の実現に向けた対応」に基づく開示は，株主の関心が比較的高い情報として想定されることから，2024年の株主総会では開示内容に関する想定問答を準備しておく他，ウェブサイトに掲載する電子提供措置事項へ参考情報として記載することや，サマリー版等の株主宛送付物に当該情報の開示先のリンクを二次元コードなどで記載することが考えられます。

② 株主との対話の推進と開示

プライム市場の全上場会社に対して，経営陣等と株主との対話の実施状況（対話の対応者，対話のテーマ，経営陣や取締役会へのフィードバックの実施状況など）についての開示を要請しています。東証では，その開示状況を踏まえつつ，対話の実効性向上の観点から，上場会社へのサポートとなる追加的対応を検討しており，第12回会議では，経営者が率先して対話にコミットしている企業等について，その取組みを紹介する案などが示されています。

また，東証の要請の趣旨などについて上場会社に対して再周知を図る予定であり，その際のポイントは以下の事項となる見込みであることが示されました。

> ➢「今回の要請は，投資家からの対話の申し込みがあった場合に真摯な対応を求めるものであること」
> ➢「株主との対話の実績がない場合は，対話の申し込みがあった場合に真摯に対応するための体制整備や情報開示・IR活動の拡充を通じた投資家へのアピール等の取組みを開示することが考えられること」

機関投資家との対話の状況についても，株主総会における質問として散見されることから，開示内容と齟齬のない回答ができるよう準備をしておくことが考えられます。

③ プライム市場における英文開示の拡充

プライム市場がグローバルな投資家との建設的な対話を中心に据えた企業向けの市場であることなどを踏まえ，東証は，プライム市場の全上場会社を対象に，上場維持基準に関する経過措置の終了にあわせて，特定の開示書類の英文開示を義務化する方針を公表しています。

また，特定の書類の英文開示を義務化するのみならず，英文開示のタイミング，すなわち日本語での開示から英文開示までのタイムラグがない，または短いことも重要であるとされています。

第12回会議では，日本語との情報量の差，開示のタイムラグ，中小型株における英文開示の不足などを理由に，日本の上場企業の現状の英文開示に対して海外投資家の72%が不満と回答していることや，実務上の負担への配慮を求める企業側の意見などが示されました。そのうえで，段階的に英文開示を進めていくこと，その場合に優先的に義務化すべき書類，義務化の時期などについて議論がなされました。義務化の対象書類およびその時期について議論の集約が待たれますが，プライム市場上場の各社においては，議論の動向を踏まえて必要な検討を進めていくことが期待されます。

> **東証が提示した論点**
>
> ■ 段階的な英文開示の拡充
> ➢ 方向性の例：海外投資家からのニーズが特に高い書類を優先的に義務化すること。そのうえで，海外投資家からの英文開示のニーズは一定程度高いものの，企業の取組状況との乖離がある書類については，努力義務とするなどによって企業の取組みを推進すること
>
> ■ 英文開示のタイミング（タイムラグの解消），英文開示の義務化／努力義務の適用時期

④　プライム市場における女性役員の選任に係る制度改正

政府が公表した「女性活躍・男女共同参画の重点方針2023（女性版骨太の方針2023）」において，女性役員比率に係る数値目標等が示されたことを踏まえ，東証の企業行動規範の「望まれる事項」に「2030年までに女性役員比率を30％以上とすることを目指す」旨などが追加されました（有価証券上場規程445条の7）。具体的な内容は次のとおりです。

> プライム市場の上場内国会社における女性役員比率に係る数値目標等の設定等
> 1．2025年を目途に，女性役員を1名以上選任するよう努める。
> 2．2030年までに，女性役員の比率を30％以上とすることを目指す。
> 3．上記の目標を達成するための行動計画の策定を推奨する。
> ※　上記の女性役員には，取締役，監査役，執行役に加えて，執行役員又はそれに準ずる役職者を含むことができる。

女性役員の選任については毎年多くの会社の株主総会で耳にする質問内容です。従前は能力本位の役員登用を旨とする回答が多く見られたところですが，今後は定められた数値目標を達成するための行動計画を策定することを前提に，その計画の実現可能性や具体的な施策などに関する質問がなされることが予想されます。

Q3　2021年6月に再改訂されたコーポレートガバナンス・コードへの対応や2022年4月に行われた東京証券取引所の市場区分の見直しに関連して，株主総会への準備で検討すべきことはありますか。

2021年6月にコーポレートガバナンス・コード（以下「コード」といいます）が再改訂されています。また，2022年4月に東京証券取引所の市場区分が見直されています。これらの改正に関連して株主総会の準備に際して留意すべき事項を，以下で説明します。

①　議決権電子行使プラットフォームの利用（補充原則1－2④）

補充原則1－2④では，プライム市場上場会社は，少なくとも機関投資家向けに議決権電子行使プラットフォームを利用可能とすべきことが追加されました。プライム市場はより高いガバナンス水準を備える企業向けの市場であることから，プライム市場上場会社に対して上乗せで適用されることになります。

東京証券取引所が2023年4月24日に公表した「2023年3月期決算会社の定時株主総会の動向について」（以下「東証調査」といいます）によると，プライム市場上場会社のうち同プラットフォームの採用会社は95.1％（前年比3.0ポイント増）でした。

プライム市場上場会社で同プラットフォームを未採用の場合は，補充原則1－2④，また，プライム市場が「グローバルな投資家との建設的な対話を中心に据えた企業向けの市場」であることを踏まえ，2024年の株主総会に向けて同プラットフォームの採用を検討すべきこととなります。もちろん，コードの適用に際しては，「コンプライ・オア・エクスプレイン」が求められていますので，プライム市場上場会社が同プラットフォームを採用しないことも差し支えありません。その場合には，同プラットフォームを採用しない理由をコーポレート・ガバナンス報告書で開示することが求められます（当該理由の開示にあたっては，自らプライム市場を選択したことも踏まえると，単に機関投資家比率が低いことのみを理由にするのは説得力がないように思われます）。

なお，2024年の株主総会で，新たに同プラットフォームを採用する場合には，同プラットフォームの運営主体である株式会社ICJに対して申込手続を済ませる必要があります。同社のウェブサイト上では，決算月の第２金曜日までに「意向表明書」等を提出する必要があるとされています。

②　英語での情報開示（補充原則３－１②）

補充原則３－１②では，プライム市場上場会社に対して，開示書類のうち必要とされている情報について，英語での開示・提供を行うことを求めています。

補充原則１－２④でも，従来から招集通知の英訳が求められてきましたが，今回の再改訂では，プライム市場上場会社に対して，より高いガバナンス水準を求める観点から，英語での情報開示・提供が求められています。「開示書類のうち必要とされる情報」の範囲については，各社が，投資家のニーズ等も踏まえつつ適切に判断することが期待されています。

英語での情報開示は，東証・フォローアップ会議でもその拡充とプライム市場上場会社を対象に海外投資家の英文開示のニーズが高い書類の義務化が議論されています。

第12回フォローアップ会議の資料によるとプライム市場上場会社のうち，93％の会社が英文招集通知を提供しています。招集通知のうち英文化している書類の内訳は，議案が91％，株主総会参考書類が75％と高い割合となっている一方，事業報告・計算書類は25％にとどまっています。他方，海外投資家が英文開示を必要とする項目の調査では，事業報告は81％の海外投資家が，計算書類は75％の海外投資家が英文開示が必要と回答しており，海外投資家のニーズと開きがある状況です（東証「プライム市場における英文開示の拡充について」（2023年10月11日））。

英文開示の義務化の対象となる書類は今後の議論の行方を見守ることになりますが，海外投資家のニーズを踏まえつつ，事業報告，（連結）計算書類等も含めた招集通知全体の英訳に取り組むことも考えられます。

③　独立社外取締役の選任（原則４－８，補充原則４－８③）

原則４－８では，プライム市場上場会社に対して，独立社外取締役を少なくとも３分の１以上選任すべきであるとされ，その他の市場の上場会社は，従来どおり，２名以上の選任で据え置かれました。

2023年７月31日に東京証券取引所が公表した「東証上場会社における独立社外取締役の選任状況及び指名委員会・報酬委員会の設置状況」によると，プライム市場上場会社で独立社外取締役を３分の１以上選任している会社の比率は，95.0％（前年比2.9ポイント増），市場全体でも72.3％（同3.1ポイント増）となっています。

また，補充原則４－８③は，支配株主を有する上場会社に対して，支配株主からの独立性を有する独立社外取締役を少なくとも３分の１以上（プライム市場上場会社においては過半数）選任するか，支配株主と少数株主との利益が相反する重要な取引・行為について審議・検討を行う，独立社外取締役を含む独立性を有する者で構成された特別委員会を設置すべきであるとしています。

当社の調査では，支配株主を有するプライ

ム市場上場会社のうち，独立社外取締役が過半数の会社は20.1％（前年比6.8ポイント増），支配株主を有するスタンダード市場上場会社のうち，独立社外取締役比率が３分の１以上の会社は61.1％（同7.8ポイント増），同じく支配株主を有するグロース市場上場会社では，60.3％（同11.4ポイント増）でした（2023年７月14日時点）。本原則をエクスプレインしている会社では更なる独立社外取締役比率の向上や特別委員会の設置を検討することが望ましいことになります。

④　指名委員会・報酬委員会に関する開示（補充原則４－10①）

補充原則４－10①では，プライム市場上場会社に対して，指名委員会・報酬委員会の委員会構成の独立性に関する考え方・権限・役割等の開示を求めています。

いわゆる開示14原則（再改訂前の開示11原則）に含まれる原則３－１(iii)および(iv)では，取締役会が経営陣幹部・取締役の報酬を決定するにあたっての方針と手続および取締役会が経営陣幹部の選解任と取締役・監査役候補の指名を行うにあたっての方針と手続について開示し，主体的な情報発信を行うよう求めています。当該開示は，コーポレート・ガバナンス報告書で開示すれば足りますが，「株主総会において株主が適切な判断を行うことに資すると考えられる情報」（補充原則１－２①）として，事業報告または株主総会参考書類に記載して開示することも行われています（2023年版株主総会白書によると，事業報告または株主総会参考書類に「経営陣幹部・取締役の報酬決定の方針・手続に関する事項」を記載した会社は68.7％（前年比0.2ポイント増），「経営陣幹部・取締役・監査役の選解任・指名の方針・手続に関する事項」を記載した会社は24.3％（同0.5ポイント減）ありました）。

こうしたことをふまえれば，特にプライム市場上場会社は，「指名委員会・報酬委員会の委員会構成の独立性に関する考え方・権限・役割等」が「株主総会において株主が適切な判断を行うことに資すると考えられる情報」に該当すると判断して，事業報告の役員報酬に関する事項や株主総会参考書類の役員選任議案に記載することが考えられます。

⑤　スキル・マトリックス等の開示（補充原則４－11①）

補充原則４－11①では，各取締役の知識・経験・能力等を一覧化したいわゆるスキル・マトリックスをはじめ，経営環境や事業特性等に応じた適切な形で取締役の有するスキル等の組み合わせを取締役の選任に関する方針・手続とあわせて開示すべきであるとしています。

スキル・マトリックス等についても，「株主総会において株主が適切な判断を行うことに資すると考えられる情報」として，株主総会参考書類の取締役選任議案に記載することが考えられます。2023年版株主総会白書によると，事業報告または株主総会参考書類に「取締役会全体のバランス・規模に関する考え方，スキル・マトリックス，選任方針等」を記載した会社は62.4％（同5.1ポイント増）となっています。また，スキル・マトリックスは表形式の体裁が多く，招集通知に掲載されているとかなり目立つこと，これが掲載されていると各取締役候補者および取締役会全体の有するスキルが理解しやすいこと等から，株主総会ではスキル・マトリックスの掲載を求める発言も散見されます。スキル・マトリックスについては想定問答の用意を行ったほうがよさそうです。

⑥ **サステナビリティ課題への対応等の開示（補充原則２－４①，３－１③）**

コードでは，新たに「中核人材の多様性等に関する開示」（補充原則２－４①），「サステナビリティ課題への対応等の開示」（補充原則３－１③），「サステナビリティを巡る取組みについての基本方針の策定」（補充原則４－２②），「事業ポートフォリオに関する基本方針の説明」（補充原則５－２①）なども求められています。いずれも株主にとって関心が高い事項と思われますので，これらについても招集通知への記載を検討することが考えられます。

2023年版株主総会白書によると，事業報告または株主総会参考書類に「中核人材の登用等における多様性の確保についての考え方・目標・方針・実施状況」を記載した会社は5.9%，「サステナビリティと人材投資・知財投資についての取組み」を記載した会社は22.2%，「事業ポートフォリオに関する基本的方針や見直し状況」を記載した会社は4.3%となっています。

Q4 株主総会プロセスのデジタル化が進んでいると言われていますが，2024年の株主総会ではどのような点を検討すべきでしょうか。

コロナ禍において進展がみられたバーチャル株主総会の導入・実施は，実施会社の伸び率は鈍化したものの大型総会を中心に定着しました。また，事前質問の受付を実施する会社や，事前の議決権行使に占めるインターネット行使率は引き続き増加傾向がみられるなど，株主総会プロセスにおけるデジタル化は着実に進展しているといえます。

もっとも，デジタル化によって効率化される事象がある一方，新たな手間やコストも発生するためやみくもに進めるのではなく，総会プロセス全体の中で，自社を取り巻く環境を考慮し，自社にとって必要と考える施策を実施していくことが考えられます。

ここでは2024年の株主総会に向け検討すべきデジタル化施策を３点ご紹介します。

① **バーチャル株主総会の実施状況**

2023年版株主総会白書によると，バーチャルオンリー型総会を実施した会社は13社（0.7%），ハイブリッド出席型バーチャル総会を実施した会社は22社（1.1%），ハイブリッド参加型バーチャル総会を実施した会社は393社（19.9%）でした。いずれの実施型においても2022年から大きな増加はありませんでした。同白書によるとバーチャル総会に出席（参加）した株主数の議決権を有する株主数に対する比率は0.3%以下の会社が約65%となっており，バーチャル総会を開催する手間やコストに見合っていないと考えている会社が多いものと推察されます。

2021年の産業競争力強化法の改正により規定された，定款に「株主総会を場所の定めのない株主総会とすることができる旨の定め」があるものとみなす経過措置も2023年６月をもって期限を迎えましたので，今後バーチャルオンリー型株主総会を実施するには実際に定款を変更して実施をする必要があります。なお，バーチャルオンリー型総会を可能とする定款変更をすでに実施している会社は193社となっています。

② **ウェブサイト等における事前質問の募集**

自社ウェブサイト等での株主からの事前質問の募集は2023年６月総会会社で290社が採用しました（前年同期比65社増。当社調べ）。

事前質問に対する回答方法としては，総会の中で回答するとしている会社が７割を占めていますが，自社ウェブサイト上で回答するとしている会社も１割強みられました。

事前質問を募集する会社のメリットとしては「株主に対して，対話に積極的な企業であることをアピールできる」，「回答内容を事前に十分に練ることができる」，「株主の関心事や質問が予想される事項をあらかじめ知ることができ，総会当日の発言への十分な事前準備が可能となる」などが挙げられます。

③　インターネット行使の採用

コロナ禍の株主総会では事前の議決権行使の推奨がなされていたこともあり，事前の議決権行使株主数は年々増加しています。特にインターネットで議決権を事前行使する株主が増加しており，事前行使に占めるインターネット行使を行った株主の割合は，コロナ前の2019年から毎年１割程度の増加がみられ，2023年６月総会では50.4％となり，初めて書面行使株主数を逆転しました（当社委託会社のうち，６月総会会社における事前の議決権行使状況による）。

その背景の１つとして，インターネット行使により削減される郵送費用を寄付する会社やネット行使株主に抽選で商品券を贈呈する等，インターネット行使にインセンティブを付与する会社の影響があるものと考えられます。

株主総会のデジタル化の一環で，①議決権行使（事前行使）の拡大・賛否状況の早期把握，②書面行使削減を通じた郵送コスト削減，③郵便配達量の削減等による環境負荷軽減を通じた社会貢献・カーボンニュートラルへの取り組み，等の効果が見込まれるためインターネット行使の促進を図っているものと推察されます。なお事前行使率は，ネット行使不採用会社の平均が29.5％であるのに比べ，ネット行使採用会社は37.4％と7.9ポイント高くなっています（いずれも当社調べ）。

Q5 機関投資家の議決権行使動向について注意しておくべき点はありますか。

議決権行使助言会社大手のISSは，2023年11月に2024年版議決権行使助言方針（ポリシー）改定に関するコメント募集について公表しました。

https://www.issgovernance.com/file/policy/2023/Benchmark-Policy-Changes-For-Comment-2024-Japanese.pdf

2024年のポリシー改定では，次の２点が検討されています。

- ROEポリシーの再開
- 買収防衛策（ポイズンピル）ポリシーの厳格化

ISSは，2015年２月より，資本生産性が低く（過去５期平均の自己資本利益率（ROE）が５％を下回り）かつ改善傾向（注）にない場合，経営トップである取締役に原則として反対を推奨する，とするROEポリシーを導入しましたが，新型コロナウイルス感染拡大により2020年６月から適用を停止していました（（注）過去５期の平均ROEが５％未満でも，直近の会計年度のROEが５％以上ある場合を指す）。

今回の改定案では，新型コロナウイルスによる企業業績への影響が薄れ，日本企業の2023年３月期のROE中央値は6.8％にまで回復しているとして，2024年２月以降の株主総会から適用を再開することを検討するものです。

また，買収防衛策（ポイズンピル）ポリシーの厳格化では，買収防衛策の導入および更新の第１段階：形式審査の条件の１つである独立社外取締役の比率について，現行ポリシーの「総会後の取締役会に占める出席率に問題のない独立社外取締役が２名以上かつ３分の１以上である」から「総会後の取締役会に占める出席率に問題のない独立社外取締役が過半数である」に厳格化を図るものです。

厳格化の理由として，「企業が買収防衛策を導入する場合には，取締役会の独立性を確保することが重要であることを示すことにある。」とされています。

その後，ROEポリシーの再開，買収防衛策（ポイズンピル）ポリシーの厳格化，いずれも前述の改定案どおりに2024年２月総会から適用されることが公表されました。

また2023年２月より，株主総会後の取締役会に女性取締役が１人もいない場合は，経営トップに反対を推奨する基準を適用していますので，該当の会社は注意が必要です。

グラスルイスも2023年11月に，議決権行使助言方針の改定案にかかる意見募集結果を公表しました。日本市場に向けては，グラスルイスは取締役の独立性を評価する際に考慮事項として在職期間を含めているとしたうえで，取締役に就任する前に当該会社の監査役に就任していた場合，在職期間の計算として監査役として就任していた期間も含めるかどうか，について意見募集がなされました。投資家では57.4％が，非投資家では40.4％が監査役に就任していた期間も含めるべきと回答しています。

なお，2024年のグラスルイスの議決権行使助言方針の改定は，本稿校了後に公表されておりますので，詳細は以下URLをご参照ください（https://www.glasslewis.com/wp-content/uploads/2023/12/2024-Japan-Benchmark-Policy-Guidelines-Glass-Lewis.pdf）。

議決権行使助言会社だけでなく，国内外の機関投資家もそれぞれに議決権行使ガイドラインを有していて，毎年のように見直しを行っています。

従来は会社提案議案に賛成票を投じていた機関投資家であっても，2024年の株主総会でこれまで同様に賛成票が投じられるとは限りません。会社として把握している主要な機関投資家については，日ごろから対話を継続し，議決権行使ガイドラインの変更がある場合にはその内容を早めに確認しておくのが望ましいといえます。

また，機関投資家の持株比率が予想以上に高くなった場合には，株主判明調査をもとに議案の賛否シミュレーションを行い，さらに必要に応じて機関投資家との対話で会社としての考え方等を説明し，理解を求めることもあり得ます。急場しのぎの対話ではあまり効果がありませんので，やはり日ごろからの地道なSR活動が重要で，継続的な対話がお互いの信頼関係構築にも資すると考えます。

Q6 監査等委員会設置会社に移行する上場会社は多いようですが，移行する場合にはどのような手続が必要になりますか。

2015年の会社法改正で導入された監査等委員会設置会社制度は，想定以上に利用されているといえます。2023年６月株主総会で監査等委員会設置会社への移行（定款変更議案等）を決議した会社は60社（当社調べ）で，上場会社全体では約40％が移行済です。移行会社が増加する背景には，機関投資家が３分の１以上の独立社外取締役の選任を求めていることに加えて，経営の機動性確保の観点から重要な業務執行の決定を取締役に委任して，取締役会の監督機能を強化する狙いがあるものと考えられます。CGコードの規定（原則４－８）や独立社外取締役の増加を求める機関投資家の議決権行使基準の影響もあり，2024年の株主総会においても，監査等委員会設置会社に移行する会社が多くなる可能性があります。

移行に際して必要となる手続（ただし，移行に関連するものに限定）には，以下のようなものがあります。

①　監査等委員会設置会社への移行方針を決定

監査等委員会設置会社に移行するメリット・デメリットを比較するなどして検討を進め，移行方針を決定します。

②　機関設計の詳細を内定

例えば，監査等委員会の構成，常勤監査等委員の選定の要否，重要な業務執行の決定の取締役への委任の要否等を検討し，それを踏まえて，定款，取締役会規則，監査等委員会規則等の諸規則の整備を進めていきます。

③　監査等委員会設置会社への移行を決定（取締役会決議）

監査等委員会設置会社への移行を取締役会で決定します（④と同じ取締役会で行うことも少なくありません）。移行を決定した場合には，その重要性に鑑み，移行を決定した旨を適時開示する会社が多いようです。

④　株主総会招集の取締役会決議（株主総会の議案決定）

移行のために必要な定款変更議案，役員選任議案（監査等委員以外の取締役，監査等委員である取締役），報酬議案（監査等委員以外の取締役，監査等委員である取締役）の内容を決定します。少なくとも定款変更の内容については適時開示が必要となります。

⑤　株主総会

株主総会で定款変更議案が承認可決されることによって監査等委員会設置会社に移行します（通常は，当該株主総会終結の時をもって移行する旨の記載をしています）。移行に伴い，役員選任議案や報酬議案を決議します。

⑥　移行後最初の取締役会，監査等委員会を開催

株主総会終了後に，移行後最初の取締役会，監査等委員会を開催します。取締役会では，代表取締役の選定，報酬等に係る決定のほか，経営の基本方針の決定（会社法399条の13第１項１号イ），内部統制システムの整備に関する決定（同号ロ，ハ），取締役の個人別の報酬等の内容についての決定に関する方針の改定，重要な業務執行の決定を取締役に委任する場合の当該委任の決議，移行に伴う取締役会規則の変更などを行うことが考えられます。

また，移行後最初の監査等委員会では，監査等委員会規則の制定，監査基準の制定，常勤の監査等委員の選定，委員長（議長）の選定，監査等委員会の選定する監査等委員の選定，監査計画の策定などを行うことが考えられます。

⑦　移行の登記等

移行後２週間以内に監査等委員会設置会社への移行等の登記を申請します。また，移行後遅滞なく，コーポレート・ガバナンス報告書の提出も必要となります。

Q7 前回の株主総会で監査等委員会設置会社に移行したのですが，次回定時株主総会に向けてどのような点に留意が必要でしょうか。

監査等委員会設置会社への移行に伴い，監査の実施主体が監査役（監査役会）から監査等委員会に変わります。また，監査等委員会には，監査等委員以外の取締役の選解任等や報酬等について株主総会で意見陳述権があります（会社法342条の2第4項，同361条6項）。さらに，移行した事業年度においては，監査役（会）設置会社であった期間と監査等委員会設置会社であった期間がありますので，事業報告の記載事項についても留意が必要です。

以下において主な留意点をご紹介します。

① 株主総会日程上の留意事項（意見陳述権への対応）

監査等委員会においては，監査等委員以外の取締役の選解任等や報酬等について株主総会で意見陳述権があり，監査等委員会の意見があるときは，株主総会参考書類に意見の内容の概要を記載する必要があります（会社法施行規則74条1項3号，同82条1項5号）。

したがって，監査等委員会では，意見陳述に向けたスケジュールの確認が必要ですし，株主総会参考書類の内容が確定するまでに，監査等委員会の意見の内容を確定し，会社側に報告（連携）する必要があります。

なお，監査等委員会設置会社の意見陳述権行使に関する実務対応については，2017年12月1日付で公益社団法人日本監査役協会 監査等委員会実務研究会の作成した「選任等・報酬等に対する監査等委員会の関与の在り方」が参考になります。

② 招集通知（事業報告，株主総会参考書類を含む）記載事項の留意点

（ア）狭義の招集通知作成に際しての留意事項

監査主体が監査等委員会に変わりますので，報告事項の連結計算書類に関する監査結果報告の主体も「監査役会」から「監査等委員会」に変更が必要です。また，定款に基づく交付書面の記載省略を実施している会社において，計算書類等が監査対象書類の一部である旨を記載する場合に，例えば「書面交付請求をいただいた株主様に対して交付する書面は，監査報告を作成するに際し，**監査等委員会**および会計監査人が監査をした対象書類の一部であります」などに変更が必要です（下線太字部が変更箇所）。

（イ）事業報告作成に際しての留意事項

移行後最初の事業年度に関する事業報告の作成にあたり，例えば役員報酬等の額については，監査役会設置会社としてのもの（取締役，監査役，社外役員）と監査等委員会設置会社移行後のもの（取締役（監査等委員および社外取締役を除く），社外取締役（監査等委員を除く），監査等委員）の双方を記載することが必要になりますので留意が必要です。また，当事業年度中に職務執行の対価として交付した株式の状況についても，監査役会設置会社としてのものと監査等委員会移行後のものの双方を記載することになります。

その他，会社役員関係として，「常勤の監査等委員の選定の有無及び理由」の記載が必要となりますし，「地位及び担当」「責任限定契約の締結対象者」「社外役員の活動状況（監査役会への出席ではなく，監査等委員会への出席）」等で変更が必要となります。こ

のように，会社役員関係の記載対象がいつ時点のものを指すのか（直前の定時総会終結の日の翌日以降に在任していた者に限るのか。それ以外の基準なのか）を確認し，対象を正しく把握して記載することが必要となります。

また，会計監査人の報酬等に同意した理由についても監査等委員会が同意したのであれば，その旨の記載が必要となります。

(ウ) 株主総会参考書類作成に際しての留意事項

取締役（監査等委員であるものを除く）の任期は１年ですので，次回の定時総会でも取締役（監査等委員であるものを除く）の選任が必要となります。この場合，当該選任について監査等委員会の意見があるときは株主総会参考書類への記載が必要となります。

また，監査等委員である取締役は任期２年ですので，前年の定時総会で選任された監査等委員の方は任期満了となりません。ただし，増員や補欠で監査等委員である取締役の選任議案がある場合，監査等委員会の同意が必要となります（会社法344条の２第１項）のでその旨を株主総会参考書類に記載することが考えられます。

取締役（監査等委員であるものを除く）の報酬議案があるときは，同様に監査等委員会の意見があれば意見の内容の概要を記載することが必要となります。

③ 総会当日の運営における留意事項

監査主体が監査役（会）から監査等委員会に変わるのに伴い，「監査役（会）→監査等委員（会）」への変更等シナリオの見直しが必要となります。

また，取締役（監査等委員であるものを除く）の選解任等，報酬等に関する監査等委員会の意見があるとき，意見陳述のタイミングをいつにするか（監査報告のタイミングで行うか，議案説明時に行うか）検討が必要です。

さらに，連結計算書類に関する監査結果の報告は，「取締役」が行うこととされている（会社法444条７項）関係で，これまでは監査役の監査報告の際に述べた内容を，議長が引用するシナリオが一般的であったと考えられますが，監査等委員会設置会社では監査報告を行う監査等委員が取締役であるため，この引用は省略可能と考えられます。

Q8 実質株主（機関投資家）からの総会出席要請があった場合は，どのように対処すればよいですか。

機関投資家などの実質株主は，株主名簿上の株主でないため，原則として議決権を行使することはできません。ただし，会社が認めれば，実質株主が議決権を行使するために株主総会に代理出席することも可能と考えられています。また，多くの会社が，定款で代理人の資格を「議決権ある他の株主（１名）」に制限していますが，実質株主が機関投資家である場合には，代理人を株主に限定する定款規定の適用はないとする考え方もあります。

実務としては，2015年11月に全国株懇連合会（以下「全株懇」という）が，株主総会基準日において株主名簿に記載されている株主（名義株主）ではないグローバルな機関投資家等（実質株主）から株主総会への出席を求められる場合の法的論点を整理するとともに，株主総会出席の円滑化の要請と株主総会運営の安定化の要請とのバランスを図る観点から，必要となると思われる手続や参考書式例等を「グローバルな機関投資家等の株主総会への

【図表7】実質株主から総会の会場での出席を求められた場合の対応（複数回答）

回答内容	社数
会社の裁量により総会の傍聴を認める（ルートBに相当）	356社（72.8%）
特段の事情があれば名義株主の代理人として出席を認める（ルートCに相当）	47社（9.6%）
名義株主からの委任状が確認できれば代理人として出席を認める	47社（9.6%）
定款に例外規定を追加し出席を認める（ルートDに相当）	3社（0.6%）
ケース・バイ・ケースで対応	93社（19.0%）
その他	7社（1.4%）
計	489社

（2023年版株主総会白書をもとに当社にて一部補記。実質株主の総会出席を認めることがあると回答した489社が対象）

出席に関するガイドライン」（https://www.kabukon.tokyo/data/guidelines.html）で示しています。

当該ガイドラインでは，グローバル機関投資家等の実質株主が総会に出席できる４つのルートを紹介しています。具体的には，基準日までに名義株主となる方法（ルートＡ），会社側の合理的な裁量に服した上で株主総会を傍聴する方法（ルートＢ），「特段の事情」を発行会社に証明した上で代理人として総会に出席する方法（ルートＣ），会社が定款変更した上で代理人として総会に出席する方法（ルートＤ）の４つです。

ルートＡは基準日までに総会出席要請があった場合の選択肢ですので，総会出席要請が基準日後にあった場合はこれを選択することはできません。また，ルートＤはあらかじめ定款変更しておかなくてはなりませんので，定款変更していない限り選択することはできません。そうなると，基準日後に機関投資家である実質株主から総会出席要請があり，かつ，会社として出席を認める場合はルートＢまたはルートＣのいずれかを選択することとなります。

機関投資家である実質株主からの総会出席要請はこれまでもそれほど多くなされておらず，参考にできる実例はあまりありません。2023年版株主総会白書によると，実質株主の総会出席を認めることがあると回答した会社489社のうち，「ルートＢ」に相当する「会社の裁量により総会の傍聴を認める」と回答した会社が７割強と最多の状況です。

なお，機関投資家である実質株主の総会出席については，コード補充原則１－２⑤に規定があり，総会出席要請があった場合は「信託銀行等と協議しつつ検討を行うべきである」とされています。「信託銀行等」には株主名簿管理人が含まれることは疑いがありませんので，株主名簿管理人とも対応をよく協議するのがよいと考えられます。

2　株主総会資料の電子提供制度

（1）電子提供制度の概要

Q9　株主総会資料の電子提供制度とは何ですか。

株主総会資料の電子提供制度とは，定款の定めにもとづき，株主総会参考書類等の株主総会資料を自社のウェブサイト等に掲載し，株主に対し，当該ウェブサイトのアドレス等を書面により通知した場合には，株主総会資料を適法に株主に提供したものとする制度のことを言います。

本制度は2022年９月１日に施行され，施行日時点の上場会社には2023年３月１日以後に開催される株主総会から適用が開始されました。

株主総会資料については，株主に対し書面により提供することが原則とされてきました。株主の個別の承諾を得ることで書面に替えてインターネットにより提供することができる制度も用意されていますが，株主数の多い上場会社では個別の株主の承諾を得るのが難しいため，ほとんど採用されていないのが実情でした。

そこで，令和元年改正会社法により，個別

【図表８】電子提供制度の概要

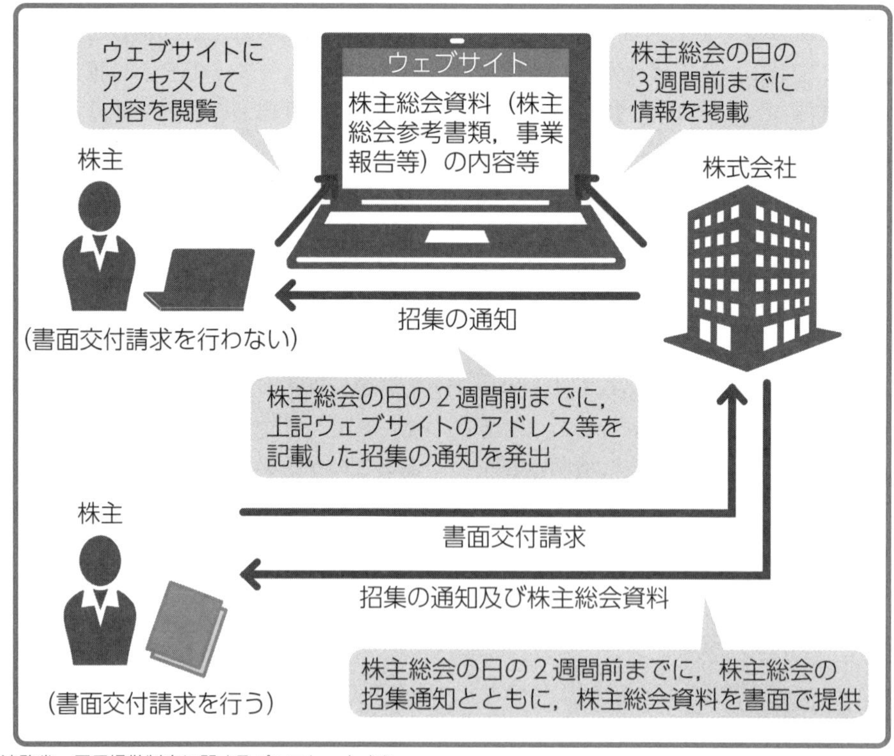

（出所）法務省　電子提供制度に関するパンフレットより
https://www.moj.go.jp/content/001370229.pdf

の株主の同意なくインターネットを利用して株主総会資料の提供が可能となる株主総会資料の電子提供制度が新しく設けられました。

なお，インターネットの利用が困難であることなどを理由として，書面による招集通知の受領を希望する株主については，会社に対し，電子提供措置の対象となる事項（電子提供措置事項）を記載した書面（電子提供措置事項記載書面。以下，交付書面といいます）の交付を請求することができる書面交付請求の制度も認められています（なお本稿では特に断りのない限り，上場会社を対象に記載いたします）。

Q10 電子提供制度のメリットはどのようなものがありますか。

電子提供制度のメリットとしては【図表9】に記載のとおり，株主，会社，環境配慮の３つの観点から考えることができます。

株主のメリットとしては，株主総会参考書類等を書面により郵送する場合に比べ，早期にその情報を入手することが可能となり，株主は議案を検討する時間をより長く確保することができるようになります。

電子提供制度が開始されるまでは，招集通知の発送は株主総会開催日の２週間前でよいことから，招集通知の発送から株主総会の日までの期間が短く，株主の議案検討期間が十分に確保されていないという問題が指摘されていました。CGコードでも，招集通知の早期発送に努めること（補充原則１－２②）が求められていますが，書面の招集通知には印刷・封入し，郵送する過程に一定の時間的制約が存在していました。招集通知をウェブで提供することにより，これらの制約を受けなくなることからより早期の提供が可能となり，従来より株主の議案検討期間を確保できることが見込まれます。

会社としてのメリットとしては，諸費用の削減が挙げられます。電子提供制度においては，基本的には従来の狭義の招集通知に相当する招集通知（アクセス通知）のみを株主に送付すればよいこととなるため，株主総会参考書類等の印刷や郵送にかかる費用の削減につながるとされています。

また，株主と会社双方のメリットとして，ウェブサイトへの掲載であれば，紙幅の制約がなくなるため，より充実した情報の授受が可能となる点が挙げられます。グラフなどの図表や動画等を用いた，より見やすい，分かりやすい株主総会参考書類等の作成，提供が期待できます。

環境への配慮としては，紙資源を節約することで，温室効果ガスの吸収源である森林の維持や古紙から再生紙を作る過程で生じる温室効果ガスの抑制による環境負荷の低減につながるものと考えられます。

【図表９】電子提供制度導入のメリット

株主	・株主に対して，より早期に株主総会参考書類等が提供されるようになり，株主の議案検討期間をより長く確保することができる。 ・紙幅の制約がなく，より充実した株主総会参考書類等が提供される可能性がある。
会社	・株主総会参考書類等の印刷や郵送に要する諸費用を削減することが可能となる。 ・紙幅の制約なく，より充実した株主総会参考書類等を作成できるようになる。
環境配慮	・株主総会参考書類等の書面送付を大幅に減らすことによって，紙資源を節約し，環境負荷の低減につなげることができる。

Q11 電子提供制度はどのような会社で採用することができますか。

電子提供制度は公開会社，非公開会社等の別にかかわらず，株主総会参考書類等の情報について電子提供措置をとる旨を定款で定めることにより採用することが可能です（会社法325条の2）。

もっとも，振替株式発行会社，すなわち上場会社等は電子提供措置をとる旨を定款で定めなければならないとされています（振替法159条の2第1項）。

電子提供制度に関する定款の内容としては，「電子提供措置をとる旨」の定め（会社法325条の2）と，書面交付請求があった場合に交付すべき書面について，法務省令で定めるものの全部または一部を記載しないこととする場合の定め（会社法325条の5第3項）があり，定款規定の具体例は【図表10】のとおりです。

【図表10】電子提供制度に係る定款規定例

（電子提供措置等）
第15条　当会社は，株主総会の招集に際し，株主総会参考書類等の内容である情報について，電子提供措置をとるものとする。
2　当会社は，電子提供措置をとる事項のうち法務省令で定めるものの全部または一部について，議決権の基準日までに書面交付請求した株主に対して交付する書面に記載しないことができる。

（出所）全株懇　定款モデルより

Q12 電子提供制度下において株主総会資料を作成するあたり検討すべき事項は何ですか。

電子提供制度のもとで作成すべき株主総会資料としては，1．電子提供措置事項，2．招集通知（アクセス通知），3．書面交付請求株主に提供する交付書面，の3点があります（それぞれの用語の意味については【図表11】参照）。以下それぞれの概要につき記載いたします。

1．電子提供措置事項

電子提供措置事項は，株主総会の日の3週間前の日また招集通知の発送日のいずれか早い日から株主総会の日後3か月を経過するまでの間，継続して自社ウェブサイト等に掲載をしなければならない情報のことをいい，その内容は会社法325条の3第1項に定められています。

電子提供措置事項を作成するに際しては，法定の内容のほか，任意的な情報をどこまで掲載するかも検討事項として挙げられます。

2．アクセス通知

電子提供制度において株主に送付すべきとされている招集通知は，総会の日時や場所など会社法298条1項1号から4号に規定されている事項，および電子提供措置をとっている旨など同325条の4第2項に規定されている事項を記載した書面とされています。この書面は「アクセス通知」と呼ばれています。

2023年株主総会では，株主総会参考書類や事業報告が添付された従前の「（広義の）招集通知」を見慣れている株主が混乱する恐れがあることから，「アクセス通知のみ」を送付した会社は少数派で，株主総会参考書類や事業報告の一部を記載した「サマリー版」や従前と同様の形態である「フルセット」を株主宛に送付した会社が多くみられました。

2024年の株主総会ではそれぞれの発送形態のメリット，デメリットを検討のうえ，電子提供制度の趣旨，郵送費用・印刷関連費用，株主への情報提供のあり方等を勘案し，選択していくことになると考えます。

なお，アクセス通知に記載すべき事項と，電子提供措置事項の狭義の招集通知部分に記載すべき事項（会社法298条１項各号に掲げる事項）には，一部重複する項目があるため，アクセス通知と電子提供措置事項のうち会社法298条１項の記載事項を網羅した「一体型アクセス通知」を採用することが一般的です。

３．書面交付請求株主に送付する交付書面

株主総会の議決権の基準日までに書面交付請求を行った株主がいる場合，会社は，電子提供措置としてウェブサイトに掲載すべき事項（電子提供措置事項）を記載した書面（電子提供措置事項記載書面（以下，「交付書面」といいます））を招集通知（アクセス通知）に際して送付する必要があります（会社法325条の５第２項）。

交付書面には原則として電子提供措置事項の全部を記載する必要がありますが，定款に規定をすれば，記載事項の一部を省略することもできます。

なお，書面交付請求は当該株主総会の議決権の基準日までにしなければならないとされていますが（会社法325条の５第２項），期限を徒過して行われた書面交付請求をどのように取り扱うか，すなわち原則どおり次回総会分の書面交付請求として受け付けるのか，任意で交付書面を送付する等，何らかの救済手段を講ずるのかなども整理しておく必要があります。

【図表11】主な用語の定義・解説等

用　語	用語の定義・解説等
招集通知（アクセス通知）	電子提供措置をとる場合の株主総会の招集通知（会社法325条の４第２項，299条１項）。いわゆる狭義の招集通知に相当する書面
一体型アクセス通知	アクセス通知の記載事項と電子提供措置事項のうち会社法298条１項各号の記載事項を網羅した形態の招集通知
株主総会参考書類等	株主総会参考書類，議決権行使書面，計算書類および事業報告，連結計算書類（会社法325条の２）
電子提供措置	電磁的方法により株主が情報の提供を受けることができる状態に置く措置であって，法務省令で定めるもの（＝ウェブサイトへの掲載）（会社法325条の２）
電子提供措置事項	会社法298条１項各号に掲げる事項，株主総会参考書類および議決権行使書面，株主提案について議案要領通知請求があったときは当該議案の要領，計算書類および事業報告，連結計算書類，修正したときはその旨および修正前の事項（会社法325条の３第１項）
書面交付請求	株主が会社に対し電子提供措置事項を記載した書面の交付を請求すること（会社法325条の５第１項）
交付書面	書面交付請求を行った株主に交付する電子提供措置事項を記載した書面

フルセットデリバリー	書面交付請求の有無にかかわらず，議決権を有する全株主に対して，アクセス通知の他，株主総会参考書類，事業報告，計算書類および連結計算書類を任意に書面により提供する形態
サマリー版	アクセス通知の他，任意の書類を同封して発送する形態。任意の書類は，株主総会参考書類，サマリー（電子提供措置事項のうち，要点をピックアップする形で別途作成したもの）などが考えられる。

（2）電子提供制度下における総会日程

Q13 電子提供制度下における株主総会日程はどうなりますか。

株主総会日を2024年６月27日とする場合の電子提供措置に関する会社法および東証上場規程上の事務日程例は【図表27】（67頁）のとおりです。

（3）総会招集の取締役会決議

Q14 電子提供制度下において総会招集の取締役会で決議すべき事項は何ですか。

総会招集の取締役会で決議すべき事項は，【図表12】のとおりです（会社法298条，会社法施行規則63条）。

【図表12】株主総会招集の取締役会における決議事項（下線部は電子提供制度に伴い新たに追加された事項）

決議事項	根拠規程
（ア）株主総会の日時および場所	会社法298条１項１号
（イ）株主総会の目的事項（ないときは不要）	同２号
（ウ）書面投票制度を採用するときはその旨	同３号
（エ）電磁的方法による議決権行使（電子投票制度）を採用するときはその旨	同４号
（オ）定時株主総会開催日が前事業年度の定時株主総会開催日に応当する日と著しく離れた日である場合は，その日時を決定した理由	会社法施行規則63Ⅰ①イ
（カ）公開会社がいわゆる集中日の開催とする場合は，その日時を決定した理由（特に理由がある場合に限る）	同①ロ
（キ）株主総会の場所が過去に開催した株主総会のいずれの場所とも著しく離れた場所であるときは，その場所を決定した理由（定款で定めた場所である場合または株主総会に出席しない株主全員の同意がある場合を除く）	同②
（ク）書面または電子提供制度を採用した場合は，株主総会参考書類に記載すべき事項（一定の事項を除く）	同③イ
（ケ）書面または電子投票制度を採用した場合に，特定の時をもって議決権行使期限とするときは，その特定の時（それぞれ異なる時を定めることも可能）	同③ロ，ハ
（コ）書面または電子投票制度を採用した場合に，賛否の欄に記載がない場合の取扱いを定めるときは，その取扱いの内容	同③ニ

（サ）書面および電子投票制度を採用した場合に，招集通知の電磁的方法による発信に同意した株主の請求があった時に当該株主に対して議決権行使書面の交付をすることとするときは，その旨	同④イ
（シ）書面および電子投票制度を採用した場合に，双方の議決権行使が重複して行われ，その行使内容が異なるものであるときにおける議決権行使の取扱い（優先順位）に関する事項を定めるときは，その事項	同③へ
（ス）書面または電子投票制度を採用した場合に，同一の議案につき議決権行使が重複して行われ，その行使内容が異なるものであるときにおける議決権行使の取扱い（優先順位）に関する事項を定めるときは，その事項	同④ロ
（セ）株主総会参考書類に記載すべき事項のうち，会社法325条の５第３項の規定により交付書面に記載しない事項	同③ト
（ソ）電子提供措置をとる旨の定款の定めがある場合に，電磁的方法での招集通知受領承諾株主に対し，請求があった場合に議決権行使書面に記載すべき事項に係る情報について電子提供措置をとることとするときはその旨	同④ハ
（タ）代理人の議決権行使について代理権を証明する方法，代理人の数，その他議決権行使に関する事項を定めたときはその事項	同⑤
（チ）不統一行使の事前通知の方法を定めるときはその方法	同⑥
（ツ）書面または電子投票制度を採用しない場合において，一定の事項が株主総会の目的事項であるときは，当該事項に係る議案の概要（議案が確定していない場合にあっては，その旨）	同⑦

上記のうち，（ケ），（コ），（シ）については定款に定めがある場合または取締役に委任する旨を決定した場合は，取締役会の決議が不要となり，（サ），（ス），（タ），（チ）については，定款に定めがあれば，取締役会の決議は不要となります。

また，一般に取締役会で決議されることが多いものは，（ア）～（ウ），（ク），（コ）でしょう。電子投票制度を採用する場合には，（エ），（シ），（ス）を決議することになります。

なお，（チ）については不統一行使の事前通知を行う主体である常任代理人または株主（いずれも銀行等の金融機関）からは，通常，書面または電磁的方法によりなされるところから，実務上，取締役会で決議していなくとも特段の支障はないはずです。むしろ，通知の方法を書面に限定するような定めになっている場合には，実態にそぐわない取り決めとなっているため，「書面または電磁的方法」と変更するか，もしくは，取り決め自体を廃止する対応が望ましいと考えられます。

なお，以後の株主総会においても同様に取り扱うことになる事項は，特段の決議がない限り，以後も同様とする旨を包括的に決議しておけば，その都度，招集の取締役会で決議する必要はないと考えられます。

Q15 電子提供制度下において新しく追加された総会招集の取締役会における決議事項は何ですか。

電子提供制度により新たに追加された項目は【図表12】のうち，（セ）と（ソ）となります。

（セ）は，電子提供措置事項のうち株主総

会参考書類に記載すべき事項を，定款規定に基づき書面交付請求株主に交付する交付書面から省略する場合には招集の取締役会において決議をする必要がある旨の規定です（会社法施行規則63条３号ト）。従前のいわゆるウェブ開示に際しても株主総会参考書類に記載しない事項について取締役会決議を要する（会社法施行規則63条３号ホ）こととされており，それと同趣旨の規定です。

本項について決議をした場合の取締役会議事録記載例は【図表13】のとおりです。

【図表13】取締役会議事録例（該当部分のみ）

従前のウェブ開示の場合	交付書面から省略する場合注1
法令ならびに当社定款第○条の規定に基づき，インターネット上の当社ウェブサイト（http://www.○○○.co.jp/）に招集通知添付書類ならびに株主総会参考書類を掲載することにより，次の事項を株主に提供したものとみなす。 （ア）株主総会参考書類の以下の事項 ・・・ （イ）事業報告の以下の事項 ・・・ （ウ）計算書類の以下の事項 ・・・	法令ならびに当社定款第○条の規定に基づき，電子提供措置事項のうち，次の事項については，書面交付請求株主に交付する電子提供措置事項を記載した書面には記載しないものとする。 （ア）株主総会参考書類の以下の事項 ・・・ （イ）事業報告の以下の事項 ・・・ （ウ）計算書類の以下の事項 ・・・

（注１）会社法上，株主総会参考書類以外は取締役会決議は不要だが，監査役等の異議の有無確認のため電子提供措置事項記載書面から省略する事項も併せて決議することが想定されることから，本記載例では事業報告，計算書類等に記載すべき事項についても取締役会の決議により交付書面から省略する形式としている。

（ソ）は，電磁的方法（Ｅメール）による株主総会の招集通知の発信（会社法299条３項）を採用し，書面投票または電子投票による事前の議決権行使を認め，かつ電子提供措置をとる旨の定款の定めがある会社において，電磁的方法（Ｅメール）による招集通知の発出を承諾した株主に対して，当該株主から請求があった場合にのみ，議決権行使書面に記載すべき事項に係る情報について電子提供措置をとることとする場合には，その旨を招集の取締役会で決議をする必要があります。もっとも，議決権行使書面を電子提供する会社は限定的であるため本号の決議を要する会社は少ないものと考えられます。

なお，これらの事項については，電子提供措置をとる最初の株主総会を招集する取締役会において決定するとともに，以後の株主総会にも適用する旨を包括的に決定しておくことも可能と解されています。

また，従前の取締役会決議により，以後の株主総会においても同様に取り扱う旨の包括的な決議がなされている事項のうち，電子提供制度下でも適用される事項については，引き続き効力を有していると考えられますので，改めて決議する必要はないと考えられます。

（4）電子提供制度下における招集通知

Q16 電子提供制度下における総会招集の取締役会決議事項と招集通知（アクセス通知），電子提供措置事項および交付書面はどのような関係でしょうか。

総会招集の取締役会で決議すべき事項は，Q14，【図表12】に記載のとおり会社法298条１項各号および会社法施行規則63条各号に定められている事項となります。

従前，招集の取締役会で決議した事項については原則として狭義の招集通知部分に記載をする必要がありました。

電子提供制度では，議決権を有するすべての株主に書面で送付する「招集通知（アクセス通知）」には，会社法298条１項１号から４号に係る事項の記載は必要とされていますが，会社法施行規則63条各号に定める事項については記載事項とされていません。一方で，総会招集の取締役会決議事項ではない「電子提供措置をとっている旨」や「電子提供措置に係るウェブサイトのURL」などを記載しなければならないとされています（【図表14および15】参照）。アクセス通知の記載事項は，株主がウェブサイトにアクセスすることを促すために重要である事項に限定されているためです[(1)]。

他方，自社ウェブサイト等に掲載される電子提供措置事項（の狭義の招集通知部分）には，会社法298条１項各号に掲げる事項の記載が必要となります。そのため，会社法298条１項５号に規定する法務省令で定める事項，すなわち会社法施行規則63条各号に掲げる事項（総会招集の取締役会で決議した事項）を記載することが必要となります。なお，ウェブサイトに掲載されていることが前提となる書類であるため，電子提供措置に係るウェブサイトのURL等は記載対象とはされていません。

このように，招集通知（アクセス通知）と電子提供措置事項（の狭義の招集通知部分）ではそれぞれ法定記載事項が異なります。これらの書類を別個に作成するとそれぞれに漏れ抜け等が生じるおそれがあること，また任意の記載を行うことは妨げられないことから，それぞれの法定記載事項を兼ね備えた「一体型アクセス通知」と呼ばれる招集通知を作成することが一般的です。「一体型アクセス通知」を作成する場合，招集通知（アクセス通知）として議決権を有する全株主に送付するとともに，電子提供措置事項の一部としてウェブサイトにも掲載することになります。

電子提供措置事項には，総会招集の取締役会における決議事項のほか，株主総会参考書類や事業報告等が含まれます（会社法325条の３第１項）。

株主は会社に対し，電子提供措置事項を書面で交付するように請求することができ（書面交付請求），会社は書面交付請求を行った株主に対して招集通知（アクセス通知）の発送とあわせて交付書面を送付する必要があります。したがって電子提供措置事項と交付書面は原則として同内容となりますが，定款の定めを置くことにより，交付書面に記載する事項を一部省略することが可能です（会社法325条の５第３項）。

電子提供措置事項のウェブサイトへの掲載は，株主総会の日の３週間前の日または招集通知（アクセス通知）の発送日のいずれか早い日までに行う必要があります。他方，招集通知（アクセス通知）および交付書面の法定発送期限は株主総会の日の２週間前までとさ

(1) 竹林俊憲編著『一問一答　令和元年改正会社法』（商事法務，2020年）26頁。

れています。

【図表14】電子提供制度において作成すべき株主総会資料

書類名	電子提供措置事項	招集通知（アクセス通知）	交付書面
会社法298条1項各号に定める事項（狭義の招集通知部分）	○	○※【図表14】参照	○
株主総会参考書類書類	○	×	(注)1
事業報告	○	×	(注)1
計算書類	○	×	(注)1
連結計算書類	○	×	(注)1
株主提案に係る議案の要領	○	×	○
議決権行使書面	(注)2	×	(注)3
修正があった場合の記載事項	○ (注)4	×	(注)5

(注) 1．書面の範囲を一部省略できる旨の定款の定めがある場合は，一部を省略可。
2．電子提供措置が可能であるが，引き続き書面を交付することが考えられる。
3．議決権行使書面を電子提供している場合，書面交付請求があれば，議決権行使書面を交付しなくてはならない。
4．電子提供後に修正があった場合は電子提供が必要。
5．招集通知発送までに修正があり，印刷に間に合うものについては記載すべきと考えられる（正誤表等の同封による修正を含む）。

【図表15】招集通知（アクセス通知）と会社法298条1項各号に掲げる事項の記載事項

記載事項	根拠規定	招集通知（アクセス通知）	会社法298条1項各号
1．株主総会の日時・場所	会社法298条1項1号	○	○
2．株主総会の目的事項	同2号	○	○
3．書面投票制度採用の旨	同3号	○	○
4．電子投票制度採用の旨	同4号	○	○
5．その他法務省令で定める事項	同5号	×	○
(1) 定時総会開催日が前年応当日と著しく離れた場合の開催日時の決定理由	会社法施行規則63条1号イ	×	○
(2) 公開会社で開催日を集中日に決定したことにつき特に理由がある場合の開催日時の決定理由	同1号ロ	×	○
(3) 開催場所が過去に開催したいずれの場所とも著しく離れた場合の開催場所の決定理由	同2号	×	○
(4) 株主総会参考書類	同3号イ	×	○
(5) (取締役会で定める) 書面投票期限	同3号ロ	×	○
(6) (取締役会で定める) IT行使期限	同3号ハ	×	○
(7) 議決権行使書面に賛否の記載がない場合の取扱い	同3号ニ	×	○

（8）Web開示により株主総会参考書類に記載しない事項	同３号ホ	×	○
（9）議決権重複開示の場合の取扱い（書面－書面，IT－IT）	同３号へ，４号ロ	×	○
（10）参考書類に記載すべき事項のうち，会社法325条の５第３項の規定により交付書面に記載しない事項	同３号ト	×	○
（11）電磁的方法での招集通知受領承諾株主に対し，請求があった場合に議決権行使書面を送付するときはその旨	同４号イ	×	○
（12）電子提供措置をとる旨の定款の定めがある場合に，電磁的方法での招集通知受領承諾株主に対し，請求があった場合に議決権行使書面に記載すべき事項に係る情報について電子提供措置をとることとするときはその旨	同４号ハ	×	○
（13）代理人の議決権行使について代理権を証明する方法，代理人の数，その他議決権行使に関する事項を定めたときはその事項	同５号	×	○
（14）不統一行使の事前通知の方法を定めたときはその方法	同６号	×	○
6．電子提供措置をとっているときはその旨	会社法325条の４第２項１号	○	×
7．EDINETの特例を利用するときはその旨	同項２号	○	×
8．その他省令で定める事項	同項３号	○	×
（1）電子提供措置をとっているときは，電子提供措置に係るウェブサイトのアドレスその他の株主が電子提供措置をとっているページに到達するために必要な事項	会社法施行規則95条の３第１項１号	○	×
（2）EDINETの特例を利用したときは，当該EDINETに係るウェブサイトのアドレスその他の株主が内容を閲覧するために必要な事項	同項２号	○	×

①　招集通知（アクセス通知）

Q17　株主宛に送付する招集通知（アクセス通知）はどのような形式になりますか。

前述のとおり，招集通知（アクセス通知）と電子提供措置事項の会社法298条１項各号に掲げる事項には，重複項目等があることからこれらをあわせた「一体型アクセス通知」を作成することが一般的です。一体型アクセス通知の記載例とチェックポイントは（資料１），（資料１－２）（109～118頁）のとおりです。

Q18 招集通知（アクセス通知）はいつまでに発送する必要がありますか。

電子提供措置開始日は，株主総会の日の３週間前の日または招集通知（アクセス通知）発送日のいずれか早い日（会社法325条の３第１項）とされていますので，少なくとも株主総会の日の３週間前には株主総会資料がウェブサイトに掲載されることになります。

一方，招集通知（アクセス通知）は，株主総会の日の２週間前までに発送しなければなりません（会社法299条１項，325条の４第１項）。

電子提供措置の開始と招集通知（アクセス通知）の発送がともに法定期限に行われたとすると，一般に，株主は，招集通知（アクセス通知）が手元に届くまで電子提供措置が開始されていることを認識することができないため，株主総会の３週間前の日に電子提供措置を開始していても，議案等の検討期間の確保につながらない可能性があります。したがって，可能な限り，招集通知（アクセス通知）の早期発送に取り組むことが考えられますが，普通郵便の送達日数の繰り下げ等を勘案すると，より早期に株主に伝達が可能なメール配信サービスやSNS等を用いた株主宛通知サービスの利用も検討の余地があるでしょう。

なお，東証は，招集通知（アクセス通知）を株主総会の日の２週間前の日よりも早期に発送することを努力義務（上場規程446条，上場規程施行規則437条２号）とし，CGコードでも早期発送が要請されています（補充原則１－２②）。

Q19 株主に送付する招集通知はどのような形態がありますか。

株主宛（書面交付請求株主を除く）の招集通知の形態は，①アクセス通知のみ，②サマリー版の送付，③フルセットデリバリーの３パターンがあります。電子提供制度の趣旨，郵送費用・印刷関連費用，株主への情報提供のあり方等を勘案し，送付形態を選択することが必要です（【図表16】参照）。

なお，議決権行使書面は，主に右記のような理由から，電子提供措置をとらず，引き続き招集通知（アクセス通知）に際して書面を交付する取扱いが一般的です。

- 議決権行使書面を書面で交付する場合，記載内容は従前と同じ内容で特段変更はない。
- 議決権行使書面を電子提供する場合，他の株主が閲覧できないような措置（ID・パスワードの設定等）をとる必要がある。
- 議決権行使書面を電子提供する場合，株主は議決権行使書面をダウンロードして印刷し，必要事項を記入して返送する手間・郵送料の負担が増え，議決権行使率の低下が懸念される。

【図表16】招集通知の送付パターン

送付パターン		メリット・留意事項
①アクセス通知のみ アクセス通知（一体型アクセス通知）＋議決権行使書面	メリット	✓ 制度趣旨に合致した送付形態であり，郵送費用（重量による）・印刷関連費用，紙資源を削減可能
	留意事項	✓ 株主への制度周知が十分でない場合，招集通知発送後に交付書面の送付を求める問合せが寄せられるリスクがある
②サマリー版 一体型アクセス通知・株主総会参考書類・事業報告（一部）・連結計算書類（一部）・計算書類（一部）＋議決権行使書面	メリット	✓ 郵送費用（重量による），印刷関連費用は，現行比で低減 ✓ 招集通知発送後の株主からの問合わせが殺到するリスクを一定程度抑制できる
	留意事項	✓ 電子提供措置事項や交付書面に記載する情報と重複する情報につき，書類作成の工数が増加する可能性がある
③フルセットデリバリー 一体型アクセス通知・株主総会参考書類・事業報告・連結計算書類・計算書類・監査報告＋議決権行使書面	メリット	✓ 作業フローに変更なく，郵送費用，印刷関連費用も従来どおり ✓ 株主への制度周知が十分でない場合，書面交付請求を失念した株主の不満を未然に解決できる
	留意事項	✓ 制度趣旨に鑑み，施行後当面の激変緩和措置として実施することが望ましい

② 電子提供措置事項

Q20 電子提供措置事項には何がありますか。

電子提供措置事項の内容は【図表17】のとおりです。このうち②下線部の「議決権行使書面に記載すべき事項」につき電子提供措置をとる場合の留意点はQ19をご参照ください。なお，議決権行使書面を書面で交付した場合，当該事項につき電子提供措置をとることは不要となります（会社法325条の3第2項）。

【図表17】電子提供措置事項の内容（会社法325条の3第1項）

記載事項	根拠規定
① 会社法298条1項各号に掲げる事項 （ア）株主総会の日時および場所 （イ）株主総会の目的である事項があるときは，当該事項 （ウ）書面投票制度を採用するときは，その旨 （エ）電子投票制度を採用するときは，その旨 （オ）施行規則63条各号に掲げる事項	会社法325条の3 第1項1号
② 書面投票制度を採用する場合，株主総会参考書類および<u>議決権行使書面に記載すべき事項</u>	同2号
③ 電子投票制度を採用する場合，株主総会参考書類に記載すべき事項	同3号
④ 会社法305条1項の規定による株主提案議案の要領通知請求があった場合の，当該議案の要領	同4号
⑤ 計算書類および事業報告（監査報告，会計監査報告を含む）	同5号
⑥ 連結計算書類	同6号
⑦ 上記の事項を修正したときは，その旨および修正前の事項	同7号

電子提供措置事項のウェブサイトへの掲載にあたっては，株主が掲載された電子提供措置事項の内容を印刷することができるようにしておく必要があります。電子提供措置事項にハイパーリンクや二次元コードを記載している場合や動画等を参考情報として掲載して

いたとしても，それらは電子提供措置としてではなく任意の情報提供として行われたものであり，印刷することができるようにしておくことは不要と解されています[(2)]。

Q21 電子提供措置事項を掲載する期間について教えてください。

電子提供措置（＝ウェブサイトへの掲載）は，株主総会の日の３週間前の日または招集通知を発した日のいずれか早い日（電子提供措置開始日）から，株主総会の日後３か月を経過する日までの間（電子提供措置期間），継続して行う必要があるとされています（会社法325条の３第１項）。例えば，株主総会の日を６月27日とした場合，株主総会の３週間前の日である６月６日午前０時から電子提供措置をとる（ウェブサイトに掲載をする）必要があります。一方，電子提供措置期間の満了日は，「株主総会の日後３か月を経過する日までの間」とされています。株主総会の日が６月27日とすると，９月27日までウェブサイトに掲載をしておく必要があります。

なお，電子提供措置事項についても東証の上場規程により，株主総会の日の３週間前の日よりも前に開始するよう努めることが求められています（上場規程446条，上場規程施行規則437条３号）。

招集通知（アクセス通知）を株主総会の日の３週間前の日よりも早く発送する場合には，電子提供措置は招集通知発送日の午前０時からとなります。

なお，電子提供措置開始日（＝電子提供措置をとるべき法定期限）に先立って，電子提供措置をとることは問題ありません。

Q22 電子提供措置事項を掲載するウェブサイトについて教えてください。

① 掲載ウェブサイト

電子提供措置事項を掲載するウェブサイトに特に指定はありませんが，自社のウェブサイトに掲載することが想定されています。また，何らかの理由により自社ウェブサイトにおいて電子提供措置事項の閲覧が出来なくなった場合（電子提供措置の中断）に備えて，複数のウェブサイトに掲載することも可能です。

複数のウェブサイトに掲載した場合，一方のウェブサイトに掲載された電子提供措置事項がサーバダウン等で閲覧できない状況であっても，他方のウェブサイトに掲載された電子提供措置事項が問題なく閲覧できるのであれば，電子提供措置事項の中断（会社法325条の６）には該当しないとされています。

② 招集通知（アクセス通知）に記載するURL

電子提供措置をとる場合における招集通知（アクセス通知）には，電子提供措置に係るウェブサイトのURL等の情報を記載しなければなりません（会社法325条の４第２項３号。会社法施行規則95条の３第１項１号）。

記載すべきウェブサイトのURLは，電子提供措置事項が掲載されているページのURLである必要はなく，リンクによって電子提供措置事項が掲載されているページまで

(2) 渡辺邦広ほか「株主総会資料電子提供制度の実務対応Q&A（３）－各論２－」商事法務2304号（2022年）43頁注39。

たどり着くことができる場合には，自社ウェブサイトのフロントページ等のURLであっても構わないと解されています。また，招集通知（アクセス通知）に記載したURLから電子提供措置事項が掲載されているページまでリンクによってたどり着くことができない場合であっても，株主が当該ページにたどり着くために必要な情報を記載することでも足りると解されています。

なお，電子提供措置をとるウェブサイトのURLは，アクセス通知の記載事項となっていますが，取締役会の決議により決定することが必須のものではないため，代表取締役等にその決定を委任することが可能と解されています(3)。また当該ウェブサイトのURLは，電子提供措置事項には含まれていませんので，当該URLを電子提供措置事項に記載する必要はありません（任意に記載することは許容されます）。

③　東証ウェブサイトの利用

複数のウェブサイトを利用する場合，自社ウェブサイトに加え，東証のウェブサイトを指定する方法が考えられます。

東証の上場会社宛通知，東証上場第８号「株主総会資料の電子提供措置における東証ウェブサイトの利用について」（2022年８月８日）では，東証のウェブサイトを電子提供措置をとる媒体として利用できること，ならびに電子提供措置事項を掲載するウェブサイトとして東証のウェブサイトを利用する場合の留意点について案内がなされています（【図表18】参照）。

本通知によると，東証ウェブサイトは上場会社各社の自社ウェブサイト等のバックアップとして補助的に利用いただくことを前提とするものであるため，システム上の制約や障害，メンテナンスその他の理由により東証ウェブサイト上の情報にアクセスできない状況等が発生した場合でも責任は負いかねる旨が説明されています。

【図表18】ウェブサイト利用時の留意点

●　東証ウェブサイトを電子提供措置をとる媒体として利用する場合，東証ウェブサイトのアドレスとして指定可能なのは，東証ウェブサイトトップページのアドレス※のみであり，個社の縦覧書類掲載ページのアドレスを直接指定することはできません。 ※ 東証上場会社情報サービストップページ https://www2.jpx.co.jp/tseHpFront/JJK010010Action.do?Show=Show
●　東証ウェブサイトにおいて，株主総会資料は，個社別の「上場会社詳細（縦覧書類／PR情報）」ページの「縦覧書類」「株主総会招集通知」欄に掲載されます。電子提供措置をとる媒体の１つとしてご利用いただく場合においてもTDnetへの登録に関して従前の手続から，特段の追加手続等は必要ありません。
●　上記欄に掲載できるファイルは，１ファイル当たり5MB（ICJ参加会社）または10MB（ICJ非参加会社）までのサイズのPDF形式のデータのみとなります。なお，分割して複数のファイルを掲載することができます。
●　TDnetへの登録作業を行った株主総会資料が東証ウェブサイトに掲載されるタイミングは，登録作業において上場会社が指定する公表日の午前１時頃となり，登録作業から掲載までに一定のタイムラグが生じます。なお，登録作業は，公表日前日の午後11時29分までに完了することが必要です。

(3)　渡辺邦広ほか「株主総会資料電子提供制度の実務対応Q&A（５）－各論４－」商事法務2307号（2022年）96頁。

- 定期メンテナンスにより，月に１回，数時間程度のアクセスの中断が発生し，また，臨時メンテナンス等により，年に１～２回，１日程度のアクセスの中断が発生します。メンテナンスを実施する場合は，原則実施１週間前に，日本取引所グループウェブサイトトップページにてお知らせしています。

また，自社ウェブサイト等の電子提供措置をとるメインのウェブサイトでアクセスの中断が発生した（またはその可能性が生じた）ときなど，東証ウェブサイトの稼働状況等の確認が必要となった場合には，稼働状況や掲載日時，掲載ファイルの状況について，無料で，東証が報告書を作成・提供するとされています。

Q23 電子提供措置の中断と，中断が生じた場合の対処方法について教えてください。

電子提供措置の中断とは，電子提供措置期間中に，①株主が提供を受けることができる状態に置かれた電子提供措置事項に係る情報が当該状態に置かれなくなったこと，または②当該電子提供措置事項に係る情報が当該状態に置かれた後，改変されたことをいいます（会社法325条の６柱書カッコ書）。

電子提供措置期間中に電子提供措置の中断が生じた場合でも，会社法325条の６に基づく救済要件（【図表19】参照）をいずれも満たした場合には，当該中断は電子提供制度の効力に影響を及ぼさないとされています。一方，救済要件を満たさない場合には，株主総会の招集手続に瑕疵があるとして決議取消事由に該当しうるとされていますので注意が必要です（株主総会の日後の中断は，招集手続に瑕疵がないため決議取消事由に該当しないと解されています）。

【図表19】会社法325条の６による救済要件

① 会社が善意でかつ重大な過失がないこと，または正当な事由があること
② 中断が生じた時間の合計が電子提供措置期間の10分の１を超えないこと
③ 電子提供措置開始日から株主総会の日までに中断が生じた時間の合計が，電子提供措置開始日から株主総会の日までの期間の10分の１を超えないこと
④ 中断が生じたことを知った後速やかにその旨，中断が生じた時間および中断の内容について当該電子提供措置に付して電子提供措置をとったこと

【図表19】④に記載の対応は，「追加電子提供措置」と呼ばれ，その記載例は【図表20】のとおりです。

【図表20】追加電子提供措置の記載例

○年○月○日

株主各位

○○○○株式会社
代表取締役　○○○○

追加電子提供措置に関するお知らせ

インターネット上の当社ウェブサイトに掲載しております弊社「第○回定時株主総会」に係る電子提供措置事項につきまして，下記のとおり中断が生じましたことが判明しました。お詫び申し上げますとともに，当該電子提供措置事項に付して追加電子提供措置をとりましたことをお知らせします。

記

中断が生じた時間	中断の内容
○年○月○日午前○時○分から ○年○月○日午後○時○分まで	データセンターの電源設備障害により，電子提供措置の中断が発生

以上

（出所）東京株式懇話会編「第77回全株懇定時会員総会第1分科会審議事項『電子提供制度の実務対応』」（2022年）95頁

Q24 EDINET特例を利用する場合にはどうすればよいですか。

上場会社など有価証券報告書の提出義務を負う会社は，電子提供措置事項を記載した有価証券報告書等をEDINETを使用して提出すれば，自社ウェブサイト等において電子提供措置をとる必要はないとされています（会社法325条の3第3項）。この制度のことは「EDINET特例」などと呼ばれ，定時株主総会についてのみ利用することが可能とされています。

EDINET特例を利用する場合，電子提供措置事項を記載した有価証券報告書は，電子提供措置開始日，すなわち株主総会の日の3週間前の日または招集通知（アクセス通知）を発した日のいずれか早い日までに提出する必要があります。またEDINET特例を利用する場合には，招集通知（アクセス通知）にその旨などを記載しなければなりません（会社法325条の4第2項第2号）。

EDINET特例を用いる場合には，電子提供措置の中断に関する規定（会社法325条の6）は適用がないと解されているため，法定期限までに電子提供措置事項を記載した有価証券報告書の提出ができるのであれば，その後は中断リスクを考慮する必要がなくなるという点にメリットがあります。

Q25 電子提供措置事項に修正があった場合どうすればよいですか。

電子提供措置事項を修正したときは，その旨および修正前の事項について電子提供措置をとることとされています（会社法325条の3第1項7号）。

実務的には，ウェブサイトに掲載した電子ファイルを修正後の電子ファイルに差し替えるとともに，修正前後の事項を正誤表の形でウェブサイトに掲載することが考えられます（【図表21】参照）。

【図表21】電子提供措置事項に修正が生じた場合の追加電子提供措置事項の記載例

○年○月○日

株主各位

○○○○株式会社

代表者名　代表取締役　○○○○

「第○期定時株主総会招集ご通知」の一部修正に関するお知らせ

「第○期定時株主総会招集ご通知」の記載内容の一部に修正すべき事項がありましたので，記載内容を修正いたしました。修正の内容は下記のとおりです。

記

【修正内容】

事業報告の1．株式会社の現況に関する事項　（1）事業の経過及びその成果（PDFファイル○頁，書面交付請求株主への交付書面○頁）

（訂正前）　・・・・・・・・・・・

（訂正後）　・・・・・・・・・・・

以上

（出所）東京株式懇話会編「第77回全株懇定時会員総会第1分科会審議事項『電子提供制度の実務対応』」（2022年）90頁

（5）書面交付請求制度

Q26 書面交付請求とは何ですか。

インターネットの利用が困難であることなどから書面による招集通知の受領を希望する場合，株主（電磁的方法による招集通知の発出を承諾した株主を除く）は，会社に対して電子提供措置事項を記載した書面（交付書面）の交付を請求することができるとされています（会社法325条の5第1項）。

前述のとおり電子提供制度は，株主総会資料を自社ウェブサイト等に掲載し，株主に対し当該ウェブサイトのアドレス等を記載した招集通知（アクセス通知）を送付すれば，株主総会参考書類等を書面で交付することは要しないとする制度ですが，インターネットを利用することが困難な株主にとっては，株主総会資料の入手に支障を来すことから，そのような株主の利益に配慮するため書面交付請求制度が設けられました。

Q27 株主はどのように書面交付請求を行うのですか。

株主は当該会社の株主名簿管理人か口座管理機関（証券会社等）に書面交付請求を行うことが可能です。

株主名簿に記録のある株主はどちらにでも請求を行うことが可能ですが，株式を取得したけれども基準日を迎えていないなどの理由で株主名簿に記録のない者は振替口座を開設している証券会社等で書面交付請求を行うこととされています。

書面交付請求は少数株主権等（振替法147条4項）には該当しないため個別株主通知は不要とされています。

【図表22】書面交付請求の請求ルート

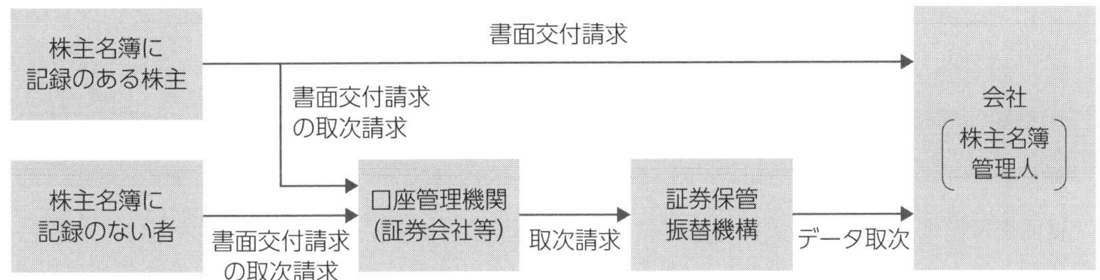

なお，株主名簿管理人に対して請求した場合は，書面交付請求書が株主名簿管理人に到達した日を書面交付請求の受付日とするとされています。

一方，証券会社等に対して取次請求した場合は，各証券会社等における取次請求の受付日が書面交付請求の受付日とされます。取次請求を受けた証券会社等が間接口座管理機関である場合など，当該取次請求が機構を経由して株主名簿管理人に到達するまでに時間を要することがあるため，株主名簿管理人に到達した日ではなく，証券会社等における取次請求の受付日とされています。株主が次回総会から交付書面の受領を希望する場合には，当該次回総会の基準日までに受付日を迎えておく必要があります。

株主から会社に対して，書面交付請求を行いたい旨の申出があった場合には，①株主名簿管理人に対して申し出るよう案内する，②株主の住所・氏名を確認し，株主名簿管理人に対して，当該株主に書面交付請求書を送付するよう指示する，のいずれかの対応が考えられます。

また，株主名簿管理人が株主宛に送付した書面交付請求書が，会社宛に送付された場合等には，株主名簿管理人に転送する対応が考えられます。

合併等の組織再編が行われた場合，消滅会社等に対して行われた書面交付請求の効力は，存続会社等に引き継がれないと解されています。書面交付請求は，会社毎に請求されるものであるため，組織再編が生じれば消滅会社等に対して行われていた書面交付請求の効力はなくなり，新たに株主となった存続会社等との関係での書面交付請求は，別途行うというのが株主の通常の意思に沿う取扱いであると考えられるためです。存続会社等に対して行われた書面交付請求の効力は，組織再編後も当然に効力を有するとされています。

Q28 基準日に遅れた書面交付請求にどのように対応したらよいですか。

書面交付請求は，株主総会の議決権行使に係る基準日までに行う必要があるとされています（会社法325条の５第２項）(4)。そのため，株主総会の議決権の基準日の経過後に行われた書面交付請求は，当該株主総会との関係では効力を有さず，会社は次回以降の株主総会における書面交付請求として取り扱えば足ります。

基準日経過後の書面交付請求について，会社が任意に交付書面を送付することは許容されますが，同じ時期に複数の株主から基準日経過後の書面交付請求を受けた場合には，株主平等の原則から，複数の株主の全員について一律の対応をすることが適切とされています。

Q29 書面交付請求株主に送付する書類は何ですか。

書面交付請求を行った株主に対しては，招集通知（アクセス通知）に際して，電子提供措置事項を記載した書面（交付書面）を送付しなければなりません（会社法325条の５第２項）。

交付書面には法定の電子提供措置事項が記載される必要がありますが，ウェブサイトに掲載された電子提供措置事項と交付書面の形式等が同一である必要はなく，ウェブサイトに掲載された電子提供措置事項を単純にプリントアウトしたものでも差し支えなく，サイズ設定を変更してプリントアウトすることや，カラーで掲載していたものをモノクロでプリントアウトすることでもよいとされています(5)。

法定の電子提供措置事項以外の任意に提供した情報（例えば，役員選任議案に記載した候補者一覧表，新任である旨の表示，候補者の顔写真，スキル・マトリックス等，事業報告に記載した政策保有株式の保有方針，経営理念，社会・環境問題への取組み，各種図表・写真等）については，交付書面への記載を省略することができます。

また，定款の定めがある場合，電子提供措置事項の一部について，交付書面への記載を省略することができます（会社法325条の５第３項）。

(4) 非公開会社など株主の変動がほとんどないことから議決権の基準日を定めない場合には，書面交付請求の期限は，当該株主総会の招集通知（アクセス通知）の発送時点となると解されています（渡辺邦広ほか「株主総会資料電子提供制度の実務対応Ｑ＆Ａ（３）－各論２－」商事法務2304号（2022年）41頁）。

(5) 渡辺邦広ほか「株主総会資料電子提供制度の実務対応Ｑ＆Ａ（３）－各論２－」商事法務2304号（2022年）42～43頁。

Q30 交付書面に記載を省略することができる範囲と手続を教えてください。

交付書面への記載省略を行う場合，株主総会参考書類に記載すべき事項について記載を省略するときは，総会招集の取締役会において，交付書面に記載しない事項を決定しなければなりません（会社法298条１項５号，会社法施行規則63条３号ト，Q15参照）。他方，事業報告，計算書類，連結計算書類に記載すべき事項について記載を省略するときは，特段の決議は不要です。

交付書面への記載を省略できる範囲は【図表23】のとおりです。記載を省略できる事項は，2022年12月26日付で公布・施行された改正法務省令により「連結貸借対照表・連結損益計算書」，「役員の責任限定契約に関する事項」，「貸借対照表・損益計算書」，「事業の経過及びその成果」，「対処すべき課題」，「補償契約に関する事項」および「役員等賠償責任保険契約に関する事項」も，交付書面から省略可能な事項として追加されました。

なお，株主総会参考書類，事業報告に記載すべき事項について，監査役等が異議を述べている事項は交付書面への記載を省略できないとされている点に注意が必要です（会社法施行規則95条の４第１項１号ロ，２号ロ）。

監査役等は，交付書面として送付した事業報告について，監査役等または会計監査人は，交付書面として送付した計算書類，連結計算書類について，監査対象書類の一部である旨を書面交付請求株主に通知すべきことを請求することができます。当該請求があった場合，取締役は，交付書面として送付した事業報告，計算書類，連結計算書類は監査対象書類の一部である旨を書面交付請求株主に通知しなければなりません（会社法施行規則95条の４第２項）。書面交付請求株主に対する通知の方法は，交付書面の内容である狭義の招集通知部分（会社法298条１項各号に掲げる事項）に記載することが考えられます。一体型アクセス通知を用いる場合には，一体型アクセス通知に記載することで差し支えないと考えられます。

【図表23】交付書面から省略可能な事項

電子提供措置事項		交付書面への記載省略の可否
招集通知（アクセス通知）	法298条１項各号に掲げる事項（会社法325条の３第１項１号）	×
	議決権行使書面に記載すべき事項（会社法325条の３第１項２号）	×（注１）
株主総会参考書類	議案（会社法施行規則73条１項１号，95条の４第１項１号イ）	×
	提案の理由（会社法施行規則73条１項２号）	○
	監査役等が議案について報告をすべき場合における報告の内容の概要（会社法施行規則73条１項３号）	○
	株主の議決権行使について参考となる事項（会社法施行規則73条２項）	○
	交付書面に記載しないことについて監査役等が異議を述べている事項（会社法施行規則95条の４第１項１号ロ）	×
	上記以外の事項	○

<table>
<tr><td rowspan="28">事業報告</td><td colspan="2">会社の現況に関する重要な事項（会社法施行規則118条１号）</td><td>○</td></tr>
<tr><td colspan="2">内部統制システムの整備についての取締役会の決議の内容の概要およびその運用状況の概要（会社法施行規則118条２号）</td><td>○</td></tr>
<tr><td colspan="2">会社の財務および事業の方針の決定を支配する者の在り方に関する基本方針に関する事項（会社法施行規則118条３号）</td><td>○</td></tr>
<tr><td colspan="2">特定完全子会社に関する事項（会社法施行規則118条４号）</td><td>○</td></tr>
<tr><td colspan="2">親会社等との間の取引に関する事項（会社法施行規則118条５号）</td><td>○</td></tr>
<tr><td rowspan="9">会社の現況に関する事項（会社法施行規則119条１号）</td><td>主要な事業内容（会社法施行規則120条１項１号）</td><td>○</td></tr>
<tr><td>主要な営業所・工場および使用人の状況（会社法施行規則120条１項２号）</td><td>○</td></tr>
<tr><td>主要な借入先および借入額（会社法施行規則120条１項３号）</td><td>○</td></tr>
<tr><td>事業の経過およびその成果（会社法施行規則120条１項４号）</td><td>○</td></tr>
<tr><td>重要な資金調達，設備投資，事業の譲渡，吸収分割または新設分割，他の会社の事業の譲受け，合併等についての状況（会社法施行規則120条１項５号）</td><td>×</td></tr>
<tr><td>直前三事業年度の財産および損益の状況（会社法施行規則120条１項６号）</td><td>○</td></tr>
<tr><td>重要な親会社および子会社の状況（会社法施行規則120条１項７号）</td><td>×</td></tr>
<tr><td>対処すべき課題（会社法施行規則120条１項８号）</td><td>○</td></tr>
<tr><td>その他会社の現況に関する重要な事項（会社法施行規則120条１項９号）</td><td>○</td></tr>
<tr><td rowspan="10">会社役員に関する事項（会社法施行規則119条２号）</td><td>氏名（会社法施行規則121条１号）</td><td>×</td></tr>
<tr><td>地位および担当（会社法施行規則121条２号）</td><td>×</td></tr>
<tr><td>責任限定契約の内容の概要（会社法施行規則121条３号）</td><td>○</td></tr>
<tr><td>補償契約に関する事項（会社法施行規則121条３号の２～３号の４）</td><td>○</td></tr>
<tr><td>報酬等に関する事項（会社法施行規則121条４号～６号の３）</td><td>×</td></tr>
<tr><td>辞任または解任された会社役員に関する事項（会社法施行規則121条７号）</td><td>○</td></tr>
<tr><td>重要な兼職の状況（会社法施行規則121条８号）</td><td>○</td></tr>
<tr><td>財務および会計に関する相当程度の知見を有している監査役等についての事実（会社法施行規則121条９号）</td><td>○</td></tr>
<tr><td>常勤の監査等委員または監査委員に関する事実（会社法施行規則121条10号）</td><td>○</td></tr>
<tr><td>その他会社役員に関する事項（会社法施行規則121条11号）</td><td>○</td></tr>
<tr><td colspan="2">役員等賠償責任保険契約（D&O保険契約）に関する事項（会社法施行規則119条２号の２，121条の２）</td><td>○</td></tr>
<tr><td colspan="2">株式に関する事項（会社法施行規則119条３号，122条）</td><td>○</td></tr>
<tr><td colspan="2">新株予約権等に関する事項（会社法施行規則119条４号，123条）</td><td>○</td></tr>
<tr><td colspan="2">社外役員等に関する事項（会社法施行規則119条２号，124条）</td><td>○</td></tr>
</table>

<table>
<tr><td rowspan="14"></td><td rowspan="2">会計参与に関する事項（会社法施行規則125条）</td><td>責任限定契約の内容の概要（会社法施行規則125条１号）</td><td>○</td></tr>
<tr><td>補償契約に関する事項（会社法施行規則125条２号～４号）</td><td>○</td></tr>
<tr><td rowspan="11">会計監査人に関する事項（会社法施行規則126条）</td><td>氏名または名称（会社法施行規則126条１号）</td><td>○</td></tr>
<tr><td>報酬等に関する事項（会社法施行規則126条２号）</td><td>○</td></tr>
<tr><td>非監査業務の内容（会社法施行規則126条３号）</td><td>○</td></tr>
<tr><td>解任または不再任の決定の方針（会社法施行規則126条４号）</td><td>○</td></tr>
<tr><td>業務停止処分に関する事項（会社法施行規則126条５号，６号）</td><td>○</td></tr>
<tr><td>責任限定契約の内容の概要（会社法施行規則126条７号）</td><td>○</td></tr>
<tr><td>補償契約に関する事項（会社法施行規則126条７号の２～７号の４）</td><td>○</td></tr>
<tr><td>当該会社およびその子会社が支払うべき金銭その他の財産上の利益の合計額等（会社法施行規則126条８号）</td><td>○</td></tr>
<tr><td>辞任または解任された会計監査人に関する事項（会社法施行規則126条９号）</td><td>○</td></tr>
<tr><td>剰余金の配当等に関する方針（会社法施行規則126条10号）</td><td>○</td></tr>
<tr><td colspan="2">交付書面に記載しないことについて監査役等が異議を述べている事項（会社法施行規則95条の４第１項２号ロ）</td><td>×</td></tr>
<tr><td rowspan="4">計算書類</td><td colspan="2">貸借対照表</td><td>○</td></tr>
<tr><td colspan="2">損益計算書</td><td>○</td></tr>
<tr><td colspan="2">株主資本等変動計算書</td><td>○</td></tr>
<tr><td colspan="2">個別注記表</td><td>○</td></tr>
<tr><td rowspan="4">連結計算書類</td><td colspan="2">連結貸借対照表</td><td>○</td></tr>
<tr><td colspan="2">連結損益計算書</td><td>○</td></tr>
<tr><td colspan="2">連結株主資本等変動計算書</td><td>○</td></tr>
<tr><td colspan="2">連結注記表</td><td>○</td></tr>
<tr><td rowspan="4">監査報告</td><td colspan="2">計算書類に係る会計監査人の監査報告</td><td>○</td></tr>
<tr><td colspan="2">連結計算書類に係る会計監査人の監査報告</td><td>○（注２）</td></tr>
<tr><td colspan="2">計算書類および事業報告に係る監査役等の監査報告</td><td>○</td></tr>
<tr><td colspan="2">連結計算書類に係る監査役等の監査報告</td><td>○（注２）</td></tr>
<tr><td colspan="3">株主の議案要領通知請求があった場合における当該議案の要領（会社法325の３第１項４号）</td><td>×</td></tr>
<tr><td colspan="3">電子提供措置事項を修正した旨および修正前の事項（会社法325条の３第１項７号）</td><td>×</td></tr>
</table>

（注１）議決権行使書面に記載すべき事項について電子提供措置をとらず，議決権行使書面を株主に交付する場合を除く。

（注２）連結計算書類に係る監査報告および会計監査報告については，そもそも会社法325条の５第１項に規定する「電子提供措置事項」に該当しないため，会社計算規則134条３項の規定に基づきこれらについて電子提供措置をとる場合であっても，交付書面に記載することを要しない（小林雄介他「会社法施行規則等の一部を改正する省令の解説」旬刊商事法務2316号６頁）。

Q31 異議申述手続とは何ですか。

異議申述手続（会社法325条の５第４項）とは，株主が過去に行った書面交付請求について，引き続き書面の交付を希望するか，当該株主の意思を会社が確認し，引き続き書面の交付を希望していることの確認がとれない場合には書面交付請求の効力を失わせることができる一連の手続のことをいいます。

書面交付請求の効力は，株主が自ら書面交付請求を撤回しない限り，請求後の株主総会において継続し，書面交付請求の効力は失われません。その結果，請求株主数が年々累積的に増加し，電子提供制度の意義が減殺されかねないため，異議申述手続が用意されています。

具体的には，書面交付請求の日（または異議申述の日）から１年を経過したときは，会社は，当該株主に対し，書面交付を終了する旨を通知し，かつ，これに異議のある場合は催告期間内に異議を述べるべき旨を催告することができます（会社法325条の５第４項）。

当該通知・催告を受けた株主が催告期間内に異議を述べないときは，当該株主が行った書面交付請求は，催告期間を経過した時に，その効力を失います（同条５項）。

異議申述手続を行うかどうか，行う場合にどのような頻度・サイクルで実施するのか等は会社の裁量によることとされています。書面交付請求をした株主の数の推移や当該手続を実施するためのコスト，通知・催告により期待される効果を勘案し実施することが考えられます。また，対象株主の一部のみに通知・催告を送付することも問題ないと解されています。

3　招集手続・日程

(1) 全体スケジュール

Q32 上場会社（大会社）のスケジュールを作成する上での留意点は何ですか。

まず株主総会の開催日をいつにするかが重要です。株主総会までのスケジュールは，株主総会の開催日を決定した上で，その日を起点として招集通知（アクセス通知）発送・書面交付請求株主に対する交付書面の発送期限や電子提供措置開始日が定まり，次に，基準日以後の計算書類等の作成，監査の日程を考慮して株主総会招集の取締役会の開催日を決定，さらに招集通知の印刷，封入日程を加味して招集通知の発送日を決定します。また，書面交付請求のない株主に対して，何を送付するのか，印刷会社，株主名簿管理人と協議することが考えられます。

株主総会の開催日は，過去の集中日開催の批判を受けて，分散化（前倒し）が進んでいますので，必要に応じて同業他社等の動向も勘案し各社の判断で決定することになります。

また，全株懇調査によると招集通知発送日についても，法定期限ぎりぎりではなく，株主総会開催日の３週間前等，早めに発送する会社が増加しており，電子提供措置の開始日についても，法定期限である３週間前より早期に開始する会社が多数を占めています。特に外国人株主の持株比率が高い会社ではその傾向が強いようですが，外国人株主については，議案の内容が常任代理人や名義株主を経て議決権行使指図権者である実質株主に伝達された後，実質株主の指図が名義株主や常任代理人を経て実際に議決権行使に反映されるまでの時間が，法定の２週間前までの発送では厳しいという事情がその背景にあります。

株主総会の開催日および招集通知発送日や電子提供措置の開始日（または，電子提供措置事項を記載した有価証券報告書等の提出）の前倒しを検討する場合，必然的に計算書類等の作成，監査を前倒ししなくてはなりません。社内の担当部署ならびに監査役，会計監査人と事前に十分な打合せをした上で，これらの日程を組み立てる必要があります。

上場会社（大会社）の株主総会日程例は【図表27】を参照してください。

コードの補充原則１－２②において招集通知の早期発送や発送前のウェブサイトへの掲載が求められています。また，補充原則１－２③では株主総会開催日をはじめとする株主総会の日程の適切な設定が求められています。コード対応という観点でも，株主総会開催日，招集通知発送日や電子提供措置の開始日が重要なポイントになっています。

(2) 基準日までの事前準備

Q33 基準日までに済ませておいたほうがよい事項は何かありますか。

少なくとも，株主総会開催日に加えて招集取締役会の開催予定日は基準日までに決定しておくのが望ましいでしょう。これらの日程が固まらないと株主総会の日程を組むことができないからです。

また，総会会場が自社施設でない場合は，早めに適切な会場を予約しておかなくてはなりません。社外の会場の手配については，前年の株主総会終了後，つまり１年前から予約を入れている会社が多いようです。アフターコロナの株主総会では，来場株主の増加に対する事前準備が必要になると思われ，株主総会の大型化への備え（座席数の増加や必要に応じて会場変更の検討，運営スタッフの手配等）を検討しておく必要があると思われます。

その他必要となる事項としては，必要に応じて監査日程に関する取締役・監査役・会計監査人間の意見交換・監査報告提出期限の合意，辞任した監査役や会計監査人がある場合の意見陳述に関する通知などがあります。

辞任した監査役や会計監査人は，辞任後最初の株主総会に出席して辞任した旨およびその理由を述べることができます（会社法345条）。この場合，辞任者が株主総会で述べる理由があるときは，その理由を事業報告に記載すること（会社法施行規則121条７号）とされています。事業報告作成の日程を勘案すると，辞任者に対して当該株主総会を招集する旨および株主総会の日時，場所に関する通知は基準日前に行うのが望ましいと思われます。

ただし，かかる通知の期限は特段定められていませんので，必ずしも基準日までの通知が必須というわけではありません。なお，その通知に際して，株主総会の日時，場所が決定していない場合には，その時点での予定または未定の旨を記載しておき，決定したところであらためて通知することになるでしょう。

また，電子提供制度の下で，書面による情報提供を求める株主は株主総会の議決権行使に係る基準月までに書面交付請求を行う必要があります。この点を株主に十分事前周知しておく必要もあると考えます。

(3) 少数株主権等の行使対応

Q34 少数株主権等の行使はどのような手続で行うことになりますか。

株主が少数株主権等を行使する場合，証券会社等（口座管理機関）を通じて，証券保管振替機構（以下「機構」という）に個別株主通知の申出を行い，機構が発行会社（株主名簿管理人）に対して個別株主通知を行った後4週間以内に，行使しなければなりません（振替法154条，振替法施行令40条）。

さらに，発行会社の株式取扱規程（株式取扱規則）により，発行会社に対する権利行使に際しては，個別株主通知の申出をした上，署名または記名押印した書面により行うものと定められていますので，これに従わなくてはなりません（発行会社が例外を認めることがありうる点はQ36参照）。また，発行会社は，株主の本人確認のため，株式取扱規程にもとづいて本人確認資料の提出を求めることが可能です（代理人による権利行使の場合は，委任状と代理人の本人確認資料の提出も求めることができます。Q35も参照）。

なお，少数株主権等とは，会社法124条１項に規定する権利を除いた株主の権利と定義（振替法147条４項）されており，会社法124条１項により基準日を定めて付与される議決権や配当受領権，株式分割を受ける権利等以外の株主の権利を意味しています。

【図表24】全株懇の株式取扱規程モデル（少数株主権等の行使に関する部分の抜粋）

（少数株主権等）
第12条　振替法第147条第４項に規定された少数株主権等を当会社に対して直接行使するときは，個別株主通知の申出をしたうえ，署名または記名押印した書面により行うものとする。

Q35 少数株主権等の行使に際してはどのように対応すればよいでしょうか。また，株主の本人確認はどのように行えばよいでしょうか。

発行会社に対して少数株主権等が行使された場合の対応は，全株懇が制定した事務取扱指針を参考にして行うことが考えられます。

全株懇の「少数株主権等行使対応指針」では，発行会社が行うべき事項として，①請求の方法，様式，添付書類等について定款・株式取扱規程に定めを置いている場合には，当該要件を確認すること，②請求書および本人確認資料の提出を確認すること，③請求者が個別株主通知に記載された株主本人であることを確認すること（代理人による場合は正当な授権行為の有無，代理人の本人確認を含む），④所有株式数や保有期間等の法定要件の確認を行うことを挙げています。

本人確認の方法については，全株懇の「株主本人確認指針」が制定されており，個人が請求者の場合として，①請求書への印鑑の押印と当該印鑑にかかる印鑑登録証明書，②運転免許証，各種健康保険証，国民年金手帳等（非対面の場合は，写しでも可），③官公庁発行書類等で氏名，住所の記載があり，顔写真が貼付されているもの，が例示されています（法人株主については別途例示されています）。

Q36 個別株主通知の申出を行っていない株主に対して，少数株主権等の行使を認めることが考えられるケースはあるでしょうか。

例えば，各種書類の閲覧・謄写請求権について，閲覧等の対象書類によっては個別株主通知の申出を行っていない株主が，会社に直接，権利行使してきた場合に，これを認めるということは考えられると思われます。個別株主通知は，会社に対する対抗要件にすぎず（振替法154条），会社が自らのリスクにおいて少数株主権等の行使を認めることは妨げられないからです。

閲覧等の対象書類が定款であれば，上場会社の場合，証券取引所のウェブサイトにも掲載されています。こうした実態を勘案すると，株主であることを確認するまでもなく，希望する者すべてに定款を閲覧させる対応も考えられます。計算書類や事業報告についても，有価証券報告書の添付書類として公衆縦覧に供されていますので，定款と同様に，希望する者すべてに閲覧させることも考えられます。

また，株主総会の直前のタイミングで附属明細書の閲覧等を希望する株主がいる場合，株主が証券会社等に個別株主通知の申出の取次請求をしてから会社（株主名簿管理人）に個別株主通知がなされるまでの日数がかかりますので，株主総会までに附属明細書を閲覧できない事態も考えられます。株主総会の直前で附属明細書の閲覧等を希望するのは，株主総会での発言等の準備を行う趣旨と考えられますので，個別株主通知がなかったとしても，議決権を有する株主であれば請求を認めるという対応も考えられると思われます。

なお，役員退職慰労金内規の閲覧請求は，少数株主権等の行使ではなく，当該内規は本来株主総会参考書類に記載されるべき事項ですので，議決権を有する株主には当然に閲覧が認められるべきものといえます。したがって，議決権を有する株主であることを確認して請求を認めることになります。書面交付請求も，議決権と密接に関連する権利であり，少数株主権等に該当せず，権利行使に際しては，個別株主通知は不要とされております。

Q37 株主提案権の行使はいつまで可能ですか。また，行使期限までに株主提案権の行使があった場合はどのように対処すればよいですか。

株主提案権の行使期限は，総会日の８週間前までとなります（会社法303条，305条）。

行使期限までに株主提案権の行使（株式取扱規程に定める方法での行使）があった場合は，個別株主通知後４週間以内の行使であること，個別株主通知時点での法定要件（持株要件と保有期間要件）等の確認を行った上で，請求を受け付けることになります（Q35参照）。また，株主提案権を行使した時点でも法定要件を満たしているかどうかを確認するために，発行会社が情報提供請求を行うことも考えられます。

次に，会社法では，取締役会設置会社の株主が議案要領通知請求権（会社法305条１項）を行使する場合に，同一の株主総会において提出することができる議案の数の上限を10に制限しています（会社法305条４項）。株主提案の議案の数が10を超える場合，10を超える数に相当する数の議案については，議案要領通知請求を拒絶することができます。これは，近年，１人の株主により膨大な数の議案が提出され，総会での審議の時間がこれらの議案に割かれることや招集通知の印刷コストの増加等の弊害が発生していることを考慮し，株主提案権の濫用的な行使を制限するために設けられました。議案の数の計算方法については，形式的に適用すると不都合が生じるため，役員等の選解任に関する議案や定款変更議案は一定の範囲で２以上の議案を１つの議案とみなして計算できることとされています（会社法305条４項各号）。

また，株主提案の議案の内容が法令または定款に違反しないか，実質的に同一の議案について株主総会で総株主の議決権の10分の１以上の賛成を得られなかった日から３年を経過していないかを確認することになりますが，これらに該当する場合には，株主提案を拒絶することが可能です（会社法304条）。

(4) 議決権の確定

Q38 定時株主総会で議決権を行使できない株式には何がありますか。

そもそも株式の内容として議決権を行使することができない株式（議決権のない株式や議決権制限株式）もありますが，議決権を行使することができる普通株式であっても，一定の場合には議決権を行使できなくなることがあります。具体的には以下のような場合です。

① 単元未満株式（会社法189条１項）

単元株制度を採用している場合，単元未満株式に議決権はありません。

② 自己株式（会社法308条２項）

発行会社自身が保有する自己株式には議決権がありません。

③ 相互保有株式（会社法308条１項，会社法施行規則67条）

総株主の議決権の４分の１以上を保有していることその他の事由を通じて会社がその経営を実質的に支配することが可能な関係にあるものとして法務省令で定める株主は，その会社に対して議決権を行使することができません。

また，親会社と子会社の保有分を合算して規定が適用されますので，子会社の異動には注意する必要があります。

なお，子会社が親会社株式を取得することは原則として禁止されていますが，例外的に子会社が親会社株式を保有している場合も，相互保有株式となることから当然に議決権を行使することができません。

④ 特別利害関係を有する株主の所有する株式（会社法160条４項等）

議案に特別の利害関係を有する株主は，議決権を行使できません。特別の利害関係を有する株主としては，上場会社の場合，特定の株主から自己株式を取得する議案における当該特定の株主が考えられます。

Q39 相互保有株式の株主の範囲はどこまでですか。

相互保有株式に関する規制は，株式会社以外の株主であっても適用になります。

具体的には，組合その他これに準ずる事業体が含まれます。もちろん，外国法人等もその範囲に含まれます。

Q40 相互保有株式に該当するかどうかの判断時点はいつですか。

相互保有株式に該当するかどうかの判断時点は，議決権の基準日です。基準日現在の議決権数を基準にして，株主である対象法人等の総株主の議決権の４分の１以上を保有しているかどうかを判断します。

ただし，以下の場合には，それぞれで定める日に相互保有株式に該当するかどうかを判断することになります（会社法施行規則67条３

項)。

（ア）基準日後に，その会社または子会社が株式交換や株式移転その他の行為により対象法人等の議決権のすべてを取得した場合には，その行為の効力が発生した日

（イ）基準日後，株主総会の招集事項のすべて（会社法298条１項各号）が取締役会で決定されるまでの間に，対象法人等の議決権の総数が増加または減少して，相互保有株式に該当しなくなり，または該当するようになることをその会社が知ったときは，当該事実を会社が知った日

したがって，基準日後に（ア）または（イ）に該当するようなことがあれば，相互保有株式に該当するかどうかをその時点で判断しなくてはなりません。

なお，株主総会の招集事項のすべてを取締役会が決定した日から株主総会の日までの間に生じた事情（上記（イ）の事実を知ったことを含む）は，会社の裁量により勘案することができるとされています（会社法施行規則67条４項）。

Q41 基準日後に新株を発行したのですが，新株主に議決権を付与することはできますか。

基準日制度を採用した場合，株主総会の議決権は基準日現在の株主に与えられます。ただし，株主総会の議決権については，基準日現在の株主の権利を害さない限り，基準日後の株式取得者に付与することができます（会社法124条４項）。

ここで，基準日現在の株主を害する場合とは，基準日現在の株主が，基準日後に所有する株式を譲渡し，その株式を譲り受けた者を会社が議決権を行使することができる者と定め，基準日現在の株主が議決権を行使できなくなるような場合をいいます。

したがって，基準日後に新株を発行した場合には，基準日現在の株主を害することはありませんので，基準日後に発行した新株を取得した者に対して株主総会の議決権を付与することができることになります。

会社法は，基準日後に発行した新株に議決権を与えるための手続を特段定めていませんので，具体的な手続としては，新株発行の取締役会決議または株主総会招集の取締役会決議において，当該新株に議決権を与える旨を定めればよいと思われます。

なお，定款で，基準日後に発行した新株に議決権を与えるときは公告する旨を定めている場合は，定款の定めに従って公告する必要があります。

Q42 基準日後に合併の効力が発生したのですが，合併に伴って新株を取得した株主に議決権を付与することは可能でしょうか。

合併に伴う新株発行についても，通常の新株発行の場合と同様に，基準日後に株式を取得した株主に対して議決権を付与することが可能です。

Q43 基準日後に自己株式を処分したのですが，新株主に議決権を付与することができますか。

基準日後に自己株式を処分した場合，当該処分された自己株式につき基準日現在の株主が発行会社自身である限り，当該自己株式には議決権がありませんので，基準日現在の株主の権利を害することはなく，自己株式の処分により株式を取得した者に対して議決権を付与することが可能です。

(5) 監査日程

Q44 監査のために会計監査人および監査役に提出する計算書類等は何ですか。

計算書類としては，貸借対照表，損益計算書，株主資本等変動計算書，個別注記表を作成し，さらにはその附属明細書を作成して，監査のために会計監査人および監査役に提出しなければなりません（会社法435条，436条，会社計算規則125条）。

このほか，大会社かつ有価証券報告書提出会社では，連結計算書類を作成しなければなりませんので，連結貸借対照表，連結損益計算書，連結株主資本等変動計算書，連結注記表を作成して，監査のために会計監査人および監査役に提出することになります（会社法444条，会社計算規則125条）。以上の監査対象となる計算書類等を総称して，計算関係書類と定義しています（会社計算規則２条３項３号）。

また，計算関係書類とは別に事業報告ならびにその附属明細書を作成して，監査のために監査役に提出しなければなりません（会社法435条，436条）。

監査基準委員会報告書720「その他の記載内容に関連する監査人の責任」が改正され，事業報告およびその附属明細書は，会計監査人の監査対象ではないものの，「その他の記載内容」として会計監査人は入手・通読のうえ，その結果を監査報告書に記載することが求められることとなりました。したがいまして，会計監査人と監査スケジュールについて十分コミュニケーションをとり，事業報告等の会計監査人への提出日，会計監査人からの監査報告書の提出日を確定する必要があります。

Q45 計算書類の確定手続は，どのようになりますか。

取締役が作成した計算書類およびその附属明細書を監査のために会計監査人，監査役（会）に提出し，監査結果が一定の要件を満たす場合には，取締役会の決議によって計算書類が確定することになります。

商法のもとで行われていた，いわゆる計算書類承認の取締役会（計算書類を監査に提出する前の取締役会）決議は，会社法のもとでは，不要なことが明確になりました。ただし，実務上は，取締役会等の機関で承認または報告してから計算書類を監査に提出することが多いようです。

なお，事業報告およびその附属明細書は，取締役が作成し，監査役（会）に監査のために提出，監査役（会）の監査終了後，取締役会がこれを承認することによって確定します。計算書類と事業報告では監査主体が異なることにも注意が必要です。

【図表25】計算書類確定の流れ

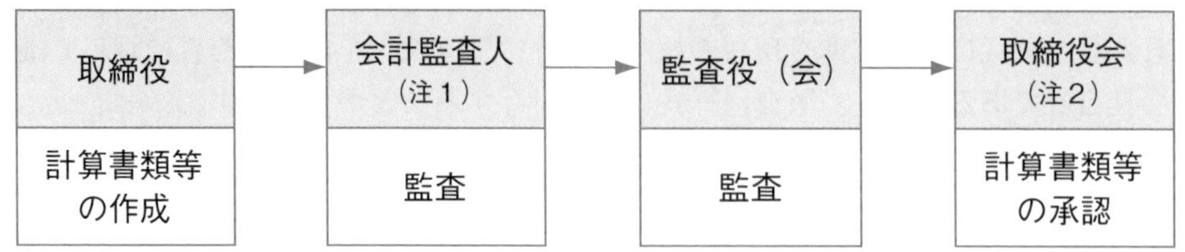

（注１）事業報告およびその附属明細書については，会計監査人の監査不要
（注２）取締役会非設置会社では，計算書類等の監査終了後，株主総会に提出され，承認を得る

Q46 会社法施行規則および会社計算規則に規定されている特定取締役，特定監査役とは何ですか。

特定取締役は，会計監査人や監査役会の監査報告の内容の通知を受領する等の権限を持つ者をいいます。また，特定監査役は，会計監査人の監査報告の内容の通知を受領し，特定取締役に監査役会の監査報告の内容を通知する等の権限を持つ者をいいます。関係者間での監査報告の内容の通知を円滑に行うために，取締役，監査役の中からそれぞれ責任者を定めることとしたものと思われます。特定取締役の役割とされているのは次の事項です。

（ア）会計監査人の会計監査報告に関する内容の通知の受領（会社計算規則130条１項）
（イ）監査役会の監査報告に関する内容の通知の受領（会社計算規則132条１項，会社法施行規則132条１項）
（ウ）特定監査役，会計監査人との間での会計監査報告通知日に関する合意（会社計算規則130条１項）
（エ）特定監査役との間での監査報告通知日に関する合意（会社計算規則132条１項，会社法施行規則132条１項）

特定監査役の役割とされているのは次の事項です。

（ア）会計監査人の会計監査報告に関する内容の通知の受領（会社計算規則130条１項）
（イ）監査役会の監査報告の内容の通知（会社計算規則132条１項，会社法施行規則132条１項）
（ウ）特定取締役，会計監査人との間での会計監査報告通知日に関する合意（会社計算規則130条１項）
（エ）特定取締役との間での監査報告通知日に関する合意（会社計算規則132条１項，会社法施行規則132条１項）

Q47 特定取締役，特定監査役の職務を行うのは誰ですか。

計算関係書類の関連では，特定取締役は次のとおり定められています（会社計算規則130条４項）。

・会計監査報告の通知を受ける者を定めた場合は，その者

・特に定めなかった場合は，計算関係書類の作成に関する職務を行った取締役

事業報告の関連では，次のとおりです（会社法施行規則132条４項）。

・監査報告の通知を受ける者を定めた場合は，その者
・特に定めなかった場合は，事業報告およびその附属明細書の作成に関する職務を行った取締役

また，計算関係書類の関連では，特定監査役は次のとおり定められています（会社計算規則130条５項）。

・監査役会が会計監査報告の通知を受ける監査役を定めた場合は，その監査役
・特に定めなかった場合は，すべての監査役

事業報告の関連では，次のとおりです（会社法施行規則132条５項）。

・監査役会が監査報告の内容の通知をすべき監査役を定めた場合は，その監査役
・特に定めなかった場合は，すべての監査役

特定取締役，特定監査役を選定する場合のメリットは，会計監査報告や監査報告の内容を通知する主体や相手方が明確になるということです。

特定取締役，特定監査役を選定しなくても，誰が通知を受ける（または通知する）権限を持つかは法務省令により明確ではありますが，特に，特定監査役を定めていない場合は，「すべての監査役」が特定監査役の職務を行うことになります（会社法施行規則132条５項２号ロ，会社計算規則130条５項２号ロ）。

例えば，通知期限の合意を別途行う場合には，「すべての監査役」の合意が前提となります。「すべての監査役」とは「監査役全員」を指すのではなく「監査役であれば誰でもよい」とする見解もあるようですが，この点の解釈は明らかではありません。また，特定取締役についても，計算関係書類と事業報告を別の取締役が作成する場合には，監査役会の監査報告の内容をそれぞれに通知しなければなりません。

Q48 特定取締役，特定監査役を選定するにはどうしたらよいですか。

特定取締役の選定方法は，法務省令に特に定められていませんので，必ずしも取締役会の決議による必要はなく，互選その他の適宜の方法で足りるとされています。ただし，実務上は，取締役会の決議によるのが自然であろうと思われます。また，取締役会規則により定める方法も考えられます。取締役会規則で定める場合は，代表取締役社長といった特定の役位で定めることになるでしょう。

一方，特定監査役の選定方法は，監査役会で定めることとされていますので，監査役会決議により直接定める方法や監査役会規則に基づき監査役会で決議する方法が考えられます。監査役会規則で特定監査役を定める場合には，常勤監査役とすることが考えられます（下記，日本監査役協会の監査役会規則ひな型第９条参照）。

【図表26】日本監査役協会の監査役会規則ひな型第9条

（特定監査役）
第9条
1．監査役会は，その決議によって次に掲げる職務を行う特定監査役を定める。
一　各監査役が受領すべき事業報告及びその附属明細書並びに計算関係書類を取締役から受領し，それらを他の監査役に対し送付すること[(注)]
二　事業報告及びその附属明細書に関する監査役会の監査報告の内容を，その通知を受ける者として定められた取締役（以下，本条において「特定取締役」という。）に対し通知すること
三　特定取締役との間で，前号の通知をすべき日について合意をすること
四　会計監査人から会計監査報告の内容の通知を受け，当該監査報告の内容を他の監査役に対し通知すること[(注)]
五　特定取締役及び会計監査人との間で，前号の通知を受けるべき日について合意をすること
六　計算関係書類に関する監査役会の監査報告の内容を特定取締役及び会計監査人に対し通知すること
七　特定取締役との間で，前号の通知をすべき日について合意をすること

2．特定監査役は，常勤の監査役とする。

（注）法務省令により特定監査役の職務とされていない事項（計算関係書類や事業報告の受領ならびに他の監査役への当該書類の配布または会計監査報告の内容の通知）が特定監査役の職務として定められている。

Q49 会計監査人の会計監査報告通知期限はどのようになりますか。

計算書類に関する会計監査報告の通知期限は，次のいずれか遅い日となります（会社計算規則130条1項1号）。

（ア）計算書類の全部を受領した日から4週間を経過した日
（イ）計算書類の附属明細書を受領した日から1週間を経過した日
（ウ）特定取締役，特定監査役および会計監査人の間で合意により定めた日があるときは，その日

また，連結計算書類に関する会計監査報告の通知期限は，連結計算書類には附属明細書がないことから左記（ア）を原則としますが，左記（ウ）を定めた場合はその日となります（会社計算規則130条1項3号）。

Q50 監査役会の監査報告通知期限はどのようになりますか。

計算書類に関する監査報告の通知期限は次の（ア）または（イ）のいずれか遅い日となりますが，連結計算書類に関する監査報告の通知期限は（ア）または（イ）のいずれかの日となります（会社計算規則132条１項）。

（ア）会計監査報告を受領した日から１週間を経過した日
（イ）特定取締役および特定監査役の間で合意により定めた日があるときは，その日

次に，事業報告に関する監査報告の通知期限は次の（ア）から（ウ）のいずれか遅い日となります（会社法施行規則132条１項）。

（ア）事業報告を受領した日から４週間を経過した日
（イ）事業報告の附属明細書を受領した日から１週間を経過した日
（ウ）特定取締役および特定監査役の間で合意した日

Q51 監査役会の監査報告はどのようにして作成すればよいですか。

監査役会の監査報告は，各監査役が作成した監査報告を基に作成すべきこととされています（会社計算規則127条，128条，会社法施行規則129条，130条）。よって，各監査役はそれぞれ監査報告を作成しなくてはなりません。

ただし，監査報告の作成方法に関しては特に規制がないことから，監査役会と各監査役の監査報告ごとに各別の監査報告を作成するのではなく，これらの監査報告を含むかたちで物理的には１通の監査報告書を作成することでも差し支えありません。

また，監査役会は，１回以上，会議を開催する方法または情報の送受信により同時に意見の交換をすることができる方法により監査報告の内容を審議しなくてはなりません（会社計算規則128条３項，会社法施行規則130条３項）。

なお，各監査役の作成した監査報告は，株主宛に送付する対象からは外されています（会社計算規則133条１項，会社法施行規則133条１項）が，本店に備置する必要はあるものと考えられます（会社法442条１項）。

Q52 取締役会で計算書類が確定できる要件は何ですか。

監査を受けた計算書類は取締役会で承認した後，定時株主総会に提出してその承認を受けなければなりません（会社法436条３項，438条２項）。ただし，会計監査人設置会社は，取締役会の承認を受けた計算書類が一定の要件を満たす場合には，定時株主総会の承認を受ける代わりに，報告事項とすることができます（会社法439条）。

取締役会で計算書類が確定できる一定の要件は，以下のとおりです（会社計算規則135条）。

（ア）計算関係書類についての会計監査報告の内容に無限定適正意見（会社計算規則126条１項２号イに定める事項）またはこれに相当する事項が含まれていること

（イ）会計監査報告に係る監査役会の監査報告の内容として会計監査人の監査の方法または結果を相当でないと認める意見がないこと

（ウ）会計監査報告に係る監査役会の監査報告に付記された内容が（イ）の意見でないこと

（エ）計算関係書類が会社計算規則132条３項の規定により監査を受けたものとみなされたものでないこと

(6) 総会招集の取締役会（総会招集の取締役会で決議すべき事項についてはQ14参照）

Q53 総会日が前年と著しく離れた日である場合に，招集の取締役会で注意すべき点は何ですか。

定時株主総会開催日が，前年の定時株主総会の応当日と著しく離れた日である場合には，招集の取締役会でその日時を決定した理由を決議しなくてはなりません（会社法施行規則63条１号イ）。また，その理由は，招集通知の記載事項とされています（会社法299条４項）。

総会日が前年の応当日と著しく離れた日となる理由としては，決算期変更の場合のほか，より多くの株主が出席できるよう集中日を避けて開催するために，前年より大幅に前倒しすることなどが考えられます。

また，コロナ禍，決算・監査業務の遅延により定時株主総会を延期した場合，当該理由を記載する会社が見られました。

Q54 総会日がいわゆる株主総会集中日となってしまいそうなのですが，招集の取締役会で集中日に開催する理由を決議しなくてはならないのでしょうか。

公開会社が株主総会を集中日に開催する場合，その日時を決定したことにつき特に理由があるときは，招集の取締役会でその理由を決議することとされています（会社法施行規則63条１号ロ）。

したがって，結果的に集中日での開催となってしまったというような場合は，集中日に開催することにつき特に理由がなければ，招集の取締役会で集中日開催の理由を決議しなくても大丈夫です。

Q55 総会の場所が昨年までと著しく離れた場所である場合に，招集の取締役会で注意すべき点は何ですか。

総会の場所が過去に開催した株主総会のいずれの場所とも著しく離れた場所であるときは，その場所を決定した理由を，招集の取締役会で決議しなくてはなりません（会社法施行規則63条２号）。

ただし，その場所が，定款で定めた招集地である場合や，株主総会に出席しない株主全員の同意がある場合は，総会の場所の決定理由を取締役会で決議する必要はありません。上場会社の場合，株主総会に出席しない株主全員の同意を得るのは現実的ではありませんので，定款に定めた招集地での開催であれば，その場所を決定した理由を決議する必要はないということになります。

過去の株主総会の場所と著しく離れた場所を決定した理由としては，これまで地方（本店所在地）で開催してきたが，株主数の増加や地域的な分布状況を勘案して，より多くの株主が出席できるよう都市圏（東京都区内等）の開催とすることなどが考えられます。本店移転に伴って，開催場所を変更するということも考えられるでしょう。

Q56 書面投票制度を採用するメリットは何ですか。

書面投票制度は，総会に出席できない株主が，会社から送付された議決権行使書面に賛否の意思表示をして会社に返送することで，株主総会の決議に参加できる制度です。議決権行使書面が会社に到達したことをもって，議決権が行使されたことになりますので，いわゆる委任状制度のように代理人が受任した上で株主総会に出席して議決権を行使するのと比べると，株主の議決権行使がより強力に保障されるという面があり，これがメリットといえます（ただし，総会場で動議が提出された場合等には，必ずしも株主の意思が決議に反映されないことがあります）。

Q57 電磁的方法による議決権行使（電子投票制度）を採用するメリットは何ですか。

電子投票制度は，パソコン，スマートフォン等を通じてインターネットにより議決権を行使することができる制度で，株主にとって手軽に議決権行使ができるというメリットがあります。この数年で採用する会社が大きく増え，現在では全株懇調査によると86.2％の会社が採用しています。

なお，電子投票制度の採用社数の増加の背景には，議決権電子行使プラットフォームの採用の増加があると考えられます。議決権電子行使プラットフォームは，株主である機関投資家等の背後にいる実質株主（年金基金等の投資主体）が直接議決権を行使することができる制度で，2021年のコード（補充原則１－２④）の改訂により，その採用が促進されることとなりました。そして，議決権電子行使プラットフォームを採用するには，電子投票制度を採用する必要があるため，電子投票制度の採用社数の増加につながっているものと考えられます。議決権電子行使プラットフォームを採用した場合，会社にとっても，機関投資家の議決権行使動向の早期把握が可能となるといったメリットがあります。

Q58 書面投票制度の採用が義務付けられるのはどのような会社でしょうか。

書面投票制度は，議決権を行使することができる株主が1,000人以上いる場合に，採用が義務付けられます（会社法298条２項。ただし，金商法に基づく委任状勧誘制度を採用する場合はこの限りでない）。

また，議決権を行使することができる株主

が1,000人未満の会社でも，取締役会の決議により書面投票制度を採用することが可能です。

上場会社については各証券取引所の上場規則が原則として書面投票制度の採用を義務づけていますので，この点に留意する必要があります。

Q59 書面投票制度または電子投票制度を採用する場合の議決権行使期限はいつまででしょうか。

書面投票制度を採用した場合の議決権行使期限は，原則として，株主総会の日時の直前の営業時間終了時となります（会社法施行規則69条）。会社は，当該営業時間終了時までに到達した議決権行使書を有効な行使分として集計することになります。

また，電子投票制度を採用した場合の議決権行使期限も，原則として，株主総会の日時の直前の営業時間終了時となります（会社法施行規則70条）。

なお，書面投票制度，電子投票制度ともに，上記の原則とは異なる時を特定の議決権行使期限として定めることが可能です。特定の議決権行使期限は，招集の取締役会で決議することが必要で，当該特定の議決権行使期限は招集通知の記載事項とされています（会社法299条４項，会社法施行規則63条３号ロおよびハ）。

Q60 特定の議決権行使期限はどのような場合に定めるのが得策でしょうか。

特定の議決権行使期限を定めることが考えられる場合としては，例えば次のようなケースがあります。

（ア）水曜日が休業日の会社が木曜日に株主総会を開催する場合，前々日の火曜日に議決権行使期限が到来してしまう。そこで，総会日前日の水曜日を議決権行使期限とするため，特定の議決権行使期限を定める（土日が休業日の会社における月曜総会で土曜日や日曜日を議決権行使期限とすることも考えられます）。

（イ）特に電子投票制度について，商法のもとでは株主総会の前日午後12時を行使期限としていたこととのバランスから，特定の行使期限を総会日前日の午後12時とする。

（ウ）株主総会を夕方（当日の営業時間終了後）に開催する場合に，総会日前日を特定の行使期限とする。

（エ）会社の営業時間終了時が午後８時等，一般的な会社とは異なるため，特定の行使期限として一般的な営業時間終了時（午後５時等）を定める。

実務上，どの程度の会社が特定の議決権行使期限を定めているかを見ると，全株懇調査では書面投票につき全体の26.1％が特定の議決権行使期限を定めたと回答しています。

なお，会社の営業時間終了時が広く株主に認知されていることはあまりないと思われますので，特定の行使期限を定めない場合であっても，招集通知に議決権行使期限を記載して株主に周知する取扱いが望ましいといえるかもしれません（特に電子投票制度を採用する場合）。

Q61 特定の議決権行使期限を定める場合の留意事項は何ですか。

特定の議決権行使期限は，株主総会の日時以前の時であって，招集通知を発送した日から２週間を経過した日以後の時でなくてはなりません（会社法施行規則63条３号ロおよびハ）。

したがって，株主総会の招集通知発送日と特定の議決権行使期限が属する日との間に中２週間が必要となりますので，原則的な取扱いと同様に総会日の前営業日に特定の議決権行使期限を定める場合であっても，招集通知の発送期限は１日繰り上がることになります。この点には十分に注意が必要でしょう。

Q62 不統一行使の事前通知方法は定めておいたほうがよいでしょうか。

不統一行使の事前通知を行う主体である常任代理人または株主（いずれも銀行等の金融機関が想定される）は，通常，口頭で通知することは考えられず，書面または電磁的方法により通知するものと想定されます。したがって，事前通知方法を定めておかなくても特段の不都合はないと考えられます。

Q63 代理人による議決権の行使について，取締役会の決議で一定の制限ができるようですが，どのような制限が可能でしょうか。

代理人による議決権行使に関する制限としては，例えば，代理人の資格を，議決権を行使することができる他の株主に制限したり，代理人の数を１名に限定したりすることが考えられます。

実務上は，「株主は，議決権を行使することができる他の株主１名を代理人として，その議決権を行使することができる」旨を定款で規定し，以後の株主総会では，招集の取締役会における決議を省略する会社が圧倒的に多いようです。

なお，株券電子化によって会社に対する届出印制度が廃止されたこととの関連で，代理権を証明する方法として委任状の提出とともに，株主本人の議決権行使書面や運転免許証のコピーなどの本人確認資料の提出を求める旨取締役会で決議し，招集通知にもこれを記載する（会社法298条１項５号，会社法施行規則63条５号）事例があります。

Q64 議決権行使書面に賛否の表示がない場合の取扱いは取締役会で決議する必要があるでしょうか。

議決権行使書面に賛否の表示がない場合，各議案について賛成，反対または棄権のいずれかの意思表示があったものとして取り扱う旨を取締役会の決議により定めることができます（会社法施行規則63条３号ニ，66条１項２号）。

また，定款で定めがある場合または決定を

取締役に委任する旨を決定した場合には，招集の取締役会で議決権行使書面に賛否の表示がない場合の取扱いを決議する必要はありません。ただし，代理人による議決権の行使とは異なり，定款でこのような事務的な取扱いを規定している事例は稀でしょうし，決定を取締役に委任するほどの対応のバリエーションがあるわけでもないため，通常は，議決権行使書面に賛否の表示がない場合は会社提案には賛成，株主提案には反対の議決権行使があったものとみなす旨を招集の取締役会で決定することになると考えられます。

なお，この場合の取締役会の決議は，株主総会の都度その取扱いが変更されるとは考えられませんので，特段の決議がない限り以後の株主総会でも同様に取り扱う旨を確認しておけば，株主総会の招集の都度取締役会で決議する必要はないでしょう（招集通知または招集通知に代わる議決権行使書面への記載はその都度必要です）。また，電子提供制度下，「議決権行使書面に賛否の記載がない場合の取扱い」等の招集の決定事項は一体型アクセス通知に記載する必要があることに留意する必要があります（【図表15】参照）。

Q65 書面および電子投票制度を採用している会社で，書面と電子投票の両方で異なる内容の議決権行使があった場合の取扱いはどのようになりますか。

書面および電子投票制度を採用した会社において重複して議決権が行使され，その内容が異なるものである場合に備え，当該株主の議決権の行使の取扱いを定めることができます（会社法施行規則63条４号ロ）。

具体的には，書面投票と電子投票のどちらを優先的に取り扱うかを招集の取締役会において定めることになりますが，電子投票を優先的に取り扱うのが通例です。当該取扱いについても，株主総会の都度変更になることは少ないと思われますので，特段の決議がない限り以後の株主総会でも同様に取り扱う旨を確認しておけば，その都度の取締役会決議は不要と考えられます。

同一の方法による議決権行使が重複して行われ，その内容が異なるものである場合の取扱いについても同様です（最後の議決権行使を有効と取り扱うのが通例です）。

これらの議決権行使の取扱いに関する招集通知の記載例は，（資料１）招集通知記載例，（資料１－２）招集通知記載例のとおりです。

【図表27】上場会社（大会社）の３月期決算（定時株主総会日は2024年６月27日（木））

上場会社（大会社）は，監査役会設置会社とします。

月・日・(曜日)	主要項目	関係法令	法律等の定め方	留意事項
1/10（水）	招集通知等印刷全体の打合せ			書面交付請求のない株主に対して，招集通知（アクセス通知）以外の書面（いわゆるフルセットデリバリーや電子提供措置事項を記載した書面のサマリー版）を送付するのか等を，印刷会社，株主名簿管理人とも協議のうえ，決定
2/9（金）	決算（連結を含む）日程打合せ・定時総会会場借用再確認			事業年度末より逆算して50日前あたりから総会準備に着手する会社が多い
同　日	取締役会（定時総会日確定）			定時総会の総合日程案の説明および主要事項の確定
同　日	総会議決権等基準日公告発注			定款に基準日の定めがある場合は不要。電子公告を採用している場合は公告の発注は不要。ただし，公告掲載の１週間前くらいまでに電子公告データの作成と調査機関への調査申込みを済ませておく
3/8（金）	総会議決権等基準日公告（定款の公告方法による）	会124条３項	基準日の２週間前までに公告 基準日で確定しようとする株主の権利は，定時総会議決権と期末配当受領権（定款）である	定款に基準日の定めがある場合は不要。公告紙を官報と定めている場合は，行政機関の休日は休刊となることに注意すること
3/28（木）	配当落ち（当日の取引以降は当期の配当受領権はない）	業務規程25条 施行規則18条	権利落日は権利確定日の１取引日前（確定日不算入）の日	東証以外の取引所も原則として同じ
3/31（日）	事業年度末日（議決権および配当基準日） 書面交付請求期限	会124条１項 会325条の５第１項，第２項	議決権および配当基準日 会社は，基準日までに書面交付請求をした株主に対し，「電子提供措置事項を記載した書面(以下，「交付書面」という)を交付しなければならない	基準日後発行の新株に対する定時総会の議決権を株式発行時の最初の株主に与えることも可能（会124条４項） 書面交付請求は，議決権と密接に関連する権利であるから，少数株主権等には該当せず，権利行使に際して個別株主通知は不要
4/3（水）	総株主通知の機構からの受理	振替151条，保振業務規程149条，保振規則182条，186条	株主確定日の翌営業日から起算して３営業日目に会社（代行機関）へ提出	株主情報と株数情報に分けて通知される
4/12（金）	期末株主確定，株主統計等を代行機関から受領			発行会社と代行機関との打合せにより決定
4/17（水）	書面交付請求株主数の確定			確定した書面交付請求株主数をもとに交付書面の印刷部数を決定
4/19（金）	取締役が計算書類，その附属明細書を作成し，監査役，会計監査人に提出	会435条２項，436条２項１号，会社計規125条	各事業年度に係る計算書類（貸借対照表，損益計算書，株主資本等変動計算書，個別注記表）ならびにその附属明細書を作成し，監査役および会計監査人に提出しなければならない	附属明細書は，計算書類と同時に作成することが多い 会計監査人設置会社では，監査役（会）および会計監査人の監査が必要 提出に際して任意に取締役会の決議を経ることも考えられる
4/25（木）	定時総会会場最終確認（会場内レイアウト内定）			
同　日	取締役が事業報告，その附属明細書を作成し，監査役に提出	会435条２項，436条２項２号，会施規129条	各事業年度に係る事業報告ならびにその附属明細書を作成し，監査役に提出しなければならない	会計監査人設置会社でも，会計監査人の監査は不要 提出に際して任意に取締役会の決議を経ることも考えられる
同　日	取締役が連結計算書類を作成し，監査役，会計監査人に提出	会444条３項・４項 会社計規125条	各事業年度に係る連結計算書類を作成し，監査役および会計監査人の監査を受けなければならない	連結計算書類とは連結貸借対照表，連結損益計算書，連結株主資本等変動計算書，連結注記表をいう 提出に際して任意に取締役会の決議を経ることも考えられる
5/1（水）	株主提案権の行使期限	会303条，305条	総会日の８週間前までに請求。 提案できる株主資格＝６カ月前から引き続き総株主の議決権の100分の１以上，または300個（単元株の場合は300単元）以上の議決権を有する株主	

5/10(金)	会計監査人から会計監査報告（連結分を含む）の内容を特定監査役・特定取締役へ通知（計算書類につき通知期限は５月18日，連結計算書類につき５月24日）	会社計規130条		
同　日	特定監査役から監査役会の監査報告（連結分を含む）の内容を特定取締役・会計監査人へ通知（計算書類につき通知期限は５月18日，事業報告につき５月24日）	会社計規127条，128条，132条，会施規132条	各監査役の作成した監査報告に基づき監査役会の監査報告を作成する	
5/13(月)	決算取締役会（計算書類，事業報告，附属明細書，連結計算書類の承認，定時株主総会招集事項および総会付議議案決定） 株主提案に対する取締役会の意見を決定	会298条，436条３項，444条５項，会施規63条，66条，93条	株主総会を開催する場合，取締役会は，株主総会の日時および場所等を定めなければならない 監査後の計算書類・事業報告・附属明細書・連結計算書類は取締役会の承認を受けなければならない	会計監査人および監査役会における全員の意見が適法・適正意見であるときは，計算書類はこの段階で確定 計算書類は定時総会に報告事項または決議事項として提出する 株主提案があった場合にこれに対する取締役会意見を決定し，参考書類に記載 役付取締役等の重要人事を内定することも多い 剰余金の配当等を取締役会で決定できる旨の定款の定めがある場合は，剰余金の配当を決定することができる。この場合，招集通知に配当金関係書類を同封して早期支払可能
同　日	決算発表	証券取引所より上場会社への要請（東証は有価証券上場規程404条）	決算短信は所定の様式	取締役会決議後直ちに提出（可能な限り当日）
5/27(月)	招集通知等の最終確定・印刷開始（終了５月29日）			
同　日	議決権行使書の株主氏名・議決権数等の印字開始（終了５月29日）	会298条２項，会施規66条（東証は有価証券上場規程435条）	株主は議決権行使書により議決権を行使できる 議決権行使書は議決権を有する株主数が1,000名以上の会社に適用（上場会社は全株主に委任状勧誘を行う場合を除き，議決権行使書の採用義務づけ）	議決権行使書は代行機関で作成。議決権行使書は総会の付議議案に対する賛否（棄権を含む）の指示に従うため総会における手続的動議等に対応できないので，大株主から包括委任状の提出を受けることが多い
同　日	株券等の分布状況表を提出（Targetにより上場証券取引所に提出）	証券取引所の上場規則（東証は有価証券上場規程施行規則423条）	所定の様式により事業年度経過後２カ月以内で分布状況の判明後遅滞なく提出	
5/31(金)	電子提供措置の開始	会325条の３	電子提供措置は，株主総会日の３週間前の日または招集通知(アクセス通知)の発出日のいずれか早い日（電子提供措置開始日）までに行わなければならない(電子提供措置開始期限６月６日午前０時)	電子提供措置開始日の午前０時までにウェブサイトに掲載される必要があるため，ウェブサイトへの掲載手続等は前日までに済ませる必要がある 議決権行使書面を交付するときは議決権行使書面について電子提供措置は不要

同　日	取引所における電子提供措置事項の公表（取引所における電子提供措置の開始）	証券取引所の上場規則（東証は有価証券上場規程446条，有価証券上場規程施行規則420条，437条）	株主に対して招集通知および株主総会資料を発送または電磁的な方法で提供する場合には，提供する資料をその発送日または提供日までに取引所へ提出 提出は電磁的記録によるものとし，当取引所が公衆の縦覧に供することに同意するものとする（東証） 上場会社は，会社法298条1項各号に掲げる事項，株主総会参考書類，株主提案があった場合の議案の要領，計算書類・連結計算書類および事業報告等を，株主総会の日の3週間前の日よりも早期に，電磁的方法により提供するように努めるものとする	公表日前日午後11時29分までにTDnetへの登録作業を完了しなければならない。また，東証のウェブサイトに掲載されるタイミングは，公表日の午前1時頃となる
同　日	独立役員届出書（記載内容に変更が生ずる場合）を上場証券取引所へ通知	証券取引所の上場規則（東証は有価証券上場規程施行規則436条の2） 企業行動規範（独立役員の確保に係る実務上の留意事項）	電子提供措置をとる株主総会資料の電子ファイルをTDnetを通じて取引所に提出する際や，招集通知の株主への発送に先立ってTDnetを通じて招集通知の電子ファイルを提出する場合はその際に独立役員届出書も併せて提出	原則として，変更が生じる日の2週間前までに変更内容を反映した「独立役員届出書」を提出しなければならない。変更された独立役員届出書を当取引所が公衆の縦覧に供することに同意するものとする（東証）
6/6（木）	招集通知（アクセス通知）発送（議決権行使書面を同封。書面交付請求株主には交付書面も同封）	会299条，325条の4，325条の5 会施規63条，95条の3，95条の4 証券取引所の上場規則（東証は有価証券上場規程446条，有価証券上場規程施行規則437条）（コーポレートガバナンス・コード補充原則1-2②）	定時総会日の2週間前までに発送（議決権を有する株主にのみ発送）（発送期限6月12日） ただし，議決権行使期限として特定の時を定めた場合は，その時の属する日と発送日の間に2週間あることを要する（会施規63条3号ロ，ハのカッコ書） 株主総会の日の2週間前よりも早期に発送するよう努めなければならない	ウェブサイトに電子提供措置事項が掲載されていることをなるべく早く株主に案内するのが望ましい
同　日	招集通知（アクセス通知）を取引所へ提出（一体型アクセス通知を用いる場合は，提出不要）	証券取引所の上場規則（東証は有価証券上場規程施行規則420条）	株主に対して招集通知および株主総会資料を発送または電磁的な方法で提供する場合には，提供する資料をその発送日または提供日までに取引所へ提出 提出は電磁的記録によるものとし，当取引所が公衆の縦覧に供することに同意するものとする（東証）	一体型アクセス通知を用いる場合，電子提供措置事項を5月31日に提出済であることから，改めて提出する必要はない 招集通知（アクセス通知）以外の書面（いわゆるフルセットデリバリーや電子提供措置事項を記載した書面のサマリー版）については，提出は任意
同　日	退職慰労金内規の備置き等の適切な措置	会施規82条2項	参考書類には退任役員の略歴を記載（会施規82条1項4号）	退職慰労金の具体的金額または支給基準を参考書類に記載すれば各株主が当該基準を知ることができるようにするための適切な措置を講じる必要はない
6/12（水）	計算書類・事業報告・附属明細書・監査役会および各監査役の監査報告ならびに会計監査人の会計監査報告（原本・写し）を本・支店に備置き	会442条	定時総会日の2週間前の日より備置き	原本を5年間本店に，写しを3年間支店に備置き 連結計算書類の備置きは不要
6/14（金）	配当金総括表受領			
6/18（火）	決議通知・配当金関係書類・報告書印刷開始（終了6月20日）			

同　日	配当金振込ファイルを全銀協に提出	株式配当金支払事務取扱要領（全銀協）	支払開始日の５営業日前までに新ファイル転送にて全銀協へ送信	
6/20（木）	株主総会リハーサル			
6/25（火）	質問書整理（到着分のみ）説明準備	会314条，会施規71条	質問書の提出があったときは，調査を要することを理由に説明を拒否できない	質問書のうち説明を要する事項のピックアップ，質問事項を整理し，一括回答することは可。また質問株主の氏名を明示することは必要でない
6/26（水）	質問書の最終整理，説明要領調整	会314条，会施規71条		定時総会日の相当期間前に到着分を整理
同　日	議決権行使書の最終集計	会311条，312条，会施規69条，70条	議決権行使書は定時総会の直前の営業時間終了時までに会社に提出することが必要。また，特定の時を定めることも可能（会施規63条３号ロ，ハ，69条，70条）	
6/27（木）	定時株主総会 連結計算書類の内容および監査の結果は報告事項となる	会124条，296条，309条，438条，439条，444条，454条	毎年１回事業年度末より３カ月以内に開催。決議は総株主の議決権の過半数を有する株主が出席し，その議決権の過半数を有する株主が賛成すると成立（原則）する。ただし定款をもって定足数の緩和を定めたり，逆に決議要件を加重することも認められる	事業報告および適法監査意見の付された計算書類は報告事項。総会付議議案が承認可決されると，原則として決議の効力発生。よって剰余金の配当議案が承認可決されれば配当金債権が具体化（効力発生日は議案に記載された日）
同　日	取締役会	会362条	取締役会の決議で代表取締役を選定する	代表取締役や役付取締役等の変更ある場合は後任者選定。株主総会からの委任事項の決定
同　日	監査役会（各監査役の役割分担，監査方法等決議，報酬配分の協議）	会335条，387条，390条，393条	監査役は社外監査役の要件を充たす者（半数以上）を含めて３人以上であることを要し，監査役会の決議で常勤となる監査役を定める。監査役は全員で監査役会を組織する。監査役会の決議は原則として監査役の過半数をもって行う ただし監査役の基本的な権限行使は妨げられない	
同　日	決議通知・報告書・配当金関係書類の発送（総会終了後）			全株主に発送
同　日	有価証券報告書を提出（電子開示システム（EDINET）により財務局長に提出）	金商24条１項，27条の30の２以下，193条の２ 開示府令15条以下	事業年度経過後３カ月以内に提出	有価証券報告書提出会社は決算公告不要
6/28（金）	配当金支払開始	会457条	効力発生日以降，株主の住所または通知した場所において支払い（持参債務）	配当金の除斥期間として，支払開始日から３年または５年で消滅する旨定款で定めることが通例
同　日	臨時報告書を提出（電子開示システム（EDINET）により財務局長に提出）	金商24条の５第４項，24条１項１号，27条の30の２以下，開示府令19条２項９号の２	決議事項の決議後，議決権行使結果を臨時報告書で遅滞なく提出	臨時報告書を有価証券報告書提出日までの間において提出した場合には，有価証券報告書の〔提出会社の参考情報〕２〔その他の参考情報〕にその書類名および提出年月日等を記載
同　日	コーポレート・ガバナンス報告書を提出（TDnetにより上場証券取引所に提出）	取引所の上場規則（東証は有価証券上場規程419条，有価証券上場規程施行規則415条）	コーポレート・ガバナンス報告書は所定の様式	独立役員届出書，有価証券報告書の記載内容の整合性に留意
同　日	委任状・議決権行使書の備置き（期限９月27日）	会311条等	定時総会終了後本店に３カ月間備置き	
7/1（月）	定時総会の議事録作成完了・備置き	会318条，会施規72条	議事の経過の要領およびその結果等を記載する	原本を10年間本店に，写しを５年間支店に備置き

同　日	取締役会の議事録作成完了・備置き	会369条，371条，会施規101条	議事の経過の要領およびその結果等を記載し，出席取締役および監査役が署名（記名押印）	10年間本店に備置き。議事録の閲覧謄写については裁判所の許可が必要
同　日	監査役会の議事録作成完了・備置き	会393条，394条，会施規109条	議事の経過の要領およびその結果等を記載し，出席した監査役が署名（記名押印）	10年間本店に備置き。議事録の閲覧謄写については裁判所の許可が必要
7/8（月）	変更登記（期限7月11日）	会915条	定時総会の決議（変更が生じたとき）後，2週間以内	登記事項に変更があった場合に必要
7/10（水）	配当金源泉税徴収分（第1回）の納付	所税181条，地税71条の31，復興財源確保法28条	支払月の翌月10日までに納付	税率原則20.315%（所得税15.315，地方税5）区分納付
7/19（金）	配当金支払調書の提出	所税225条1項2号，所規83条	支払確定日より1カ月以内に税務署長に提出	支払調書に共通番号を記載
7/31（水）	配当金支払期間終了			
9/27（金）	決議取消の訴え提起期限	会831条	決議取消の訴えは決議の日より3カ月以内に提起することができる	複数の訴えが同時に係属する場合には併合審理される
同　日	電子提供措置期間の満了日	会325条の3第1項	電子提供措置開始日から，株主総会の日後3カ月を経過する日までの間，継続して電子提供措置事項のウェブサイト等への掲載要	

<法令名等略称一覧>
会：会社法
会施規：会社法施行規則
会社計規：会社計算規則
振替：社債，株式等の振替に関する法律
金商：金融商品取引法
開示府令：企業内容等の開示に関する内閣府令
所税：所得税法
所規：所得税法施行規則
地税：地方税法
復興財源確保法：東日本大震災からの復興のための施策を実施するために必要な財源の確保に関する特別措置法
業務規程：業務規程（東京証券取引所）
施行規則：業務規程施行規則（東京証券取引所）
保振業務規程：株式等の振替に関する業務規程（証券保管振替機構）
保振規則：株式等の振替に関する業務規程施行規則（証券保管振替機構）

4　株主総会関係書類の作成

(1) 株主総会参考書類の作成

Q66 株主総会参考書類に記載すべき事項を教えてください。

株主総会参考書類に記載すべき事項は，会社法施行規則73条で一般的な記載事項が，また74条以下で各議案ごとの記載事項が定められています。一般的記載事項（各議案に共通する事項）と主な議案における固有の記載事項をまとめると【図表28】のとおりとなります。

また，内外の機関投資家の議決権行使基準ならびに議決権行使助言会社の助言方針は，年々厳格化の傾向にあり，最初の改定状況を踏まえた事前準備が必要になります。また，機関投資家の関心の高い事項（例えば，役員選任議案における候補者の氏名のふりがな，新任・再任，顔写真，性別，独立役員，在任年数，取締役会の出席状況等に加え，役員候補者一覧，企業のESG／SDGsの取組み，役員のスキル・マトリックス，指名委員会・報酬委員会の構成や権限・役割，活動状況など）について株主総会参考書類等に記載することが考えられます。

【図表28】株主総会参考書類の記載事項

議案等	記　載　事　項	根拠規定
一般的記載事項	①　議　案 ②　提案の理由（議案が取締役の提出に係るものに限り，株主総会において一定の事項を説明しなければならない議案での当該説明すべき内容を含む） ③　監査役が株主総会に報告すべき調査結果があるときはその結果の概要 ④　株主の議決権の行使について参考となると認める事項（記載することができる事項）	会社法施行規則73条
剰余金の処分議案（配当関係：現金配当かつ種類株式を発行していない場合）	＜決議すべき事項＞ ①　配当財産の種類および帳簿価額の総額 ②　株主に対する配当財産の割当てに関する事項 ③　当該剰余金の配当がその効力を生ずる日	会社法454条
剰余金の処分議案（損失の処理，任意積立金の積立てその他の剰余金処分）	＜決議すべき事項＞ ①　剰余金の処分の額 ②　法務省令で定める事項 ・増加する剰余金の項目 ・減少する剰余金の項目 ・処分する各剰余金の項目に係る額	会社法452条，会社計算規則153条
取締役選任議案	①　候補者の氏名，生年月日および略歴 ②　就任の承諾を得ていないときはその旨 ③　監査等委員会設置会社である場合において，監査等委員以外の取締役の選解任について監査等委員会の意見があるときは，その意見の内容の概要	会社法施行規則74条

	④　候補者との間で責任限定契約を締結済または締結予定であるときは，その契約の内容の概要 ⑤　候補者との間で補償契約を締結済または締結予定であるときは，その契約の内容の概要 ⑥　候補者を被保険者とする役員等賠償責任保険契約を締結済または締結予定であるときは，その契約の内容の概要 ＜公開会社である場合の特則＞ ①　候補者の有する当該株式会社の株式の数（種類株式発行会社の場合は種類ごと） ②　候補者が当該株式会社の取締役に就任した場合，重要な兼職に該当する事実があることとなる場合はその事実 ③　候補者と株式会社との間に特別の利害関係があるときは，その事実の概要 ④　候補者が現に当該株式会社の取締役であるときは当該株式会社における地位および担当 ＜公開会社かつ他の者の子会社等の場合の特則＞ ①　候補者が現に当該他の者（自然人であるものに限る）であるときは，その旨 ②　候補者が現に当該他の者（自社以外の当該他の者の子会社等を含む）の業務執行者であるときは，当該他の者における地位および担当 ③　候補者が過去10年間に当該他の者（自社以外の当該他の者の子会社等を含む）の業務執行者であったことを当該株式会社が知っているときは，当該他の者における地位および担当 ＜社外取締役候補者の場合の固有の記載事項は下記※の欄を参照＞	
監査等委員である取締役選任議案	①　候補者の氏名，生年月日および略歴 ②　候補者と株式会社との間に特別の利害関係があるときは，その事実の概要 ③　就任の承諾を得ていないときは，その旨 ④　議案が監査等委員会の提案に基づく場合はその旨 ⑤　監査等委員の選解任等に関する監査等委員の意見の概要 ⑥　候補者との間で責任限定契約を締結もしくは締結予定であるときは，その契約の内容の概要 ⑦　候補者との間で補償契約を締結済または締結予定であるときは，その契約の内容の概要 ⑧　候補者を被保険者とする役員等賠償責任保険契約を締結済または締結予定であるときは，その契約の内容の概要 ＜公開会社である場合の特則＞ ①　候補者の有する当該株式会社の株式の数（種類株式発行会社の場合は種類ごと） ②　候補者が当該株式会社の監査等委員である取締役に就任した場合，重要な兼職に該当する事実があることとなる場合はその事実 ③　候補者が現に当該株式会社の監査等委員である取締役であるときは当該株式会社における地位および担当	会社法施行規則74条の3

	＜公開会社かつ他の者の子会社等である場合の特則＞ ① 候補者が現に当該他の者（自然人であるものに限る）であるときは，その旨 ② 候補者が現に当該他の者（自社以外の当該他の者の子会社等を含む）の業務執行者であるときは，当該他の者における地位および担当 ③ 候補者が過去10年間に当該他の者の業務執行者であったことを当該株式会社が知っているときは，当該他の者における地位および担当	
監査役選任議案	① 候補者の氏名，生年月日および略歴 ② 候補者と株式会社との間に特別の利害関係があるときは，その事実の概要 ③ 就任の承諾を得ていないときはその旨 ④ 議案が監査役（会）の提案に基づく場合はその旨 ⑤ 監査役の選解任等に関する監査役の意見の概要 ⑥ 候補者との間で責任限定契約を締結済もしくは締結予定であるときは，その契約の内容の概要 ⑦ 候補者との間で補償契約を締結済または締結予定であるときは，その契約の内容の概要 ⑧ 候補者を被保険者とする役員等賠償責任保険契約を締結済または締結予定であるときは，その契約の内容の概要 ＜公開会社である場合の特則＞ ① 候補者の有する当該株式会社の株式の数（種類株式発行会社の場合は種類ごと） ② 候補者が当該株式会社の監査役に就任した場合，重要な兼職に該当する事実があることとなる場合はその事実 ③ 候補者が現に当該株式会社の監査役であるときは当該株式会社における地位 ＜公開会社で他の者の子会社等の場合の特則＞ ① 候補者が現に当該他の者（自然人であるものに限る）であるときは，その旨 ② 候補者が現に当該他の者（自社以外の当該他の者の子会社等を含む）の業務執行者であるときは，当該他の者における地位および担当 ③ 候補者が過去10年間に当該他の者（自社以外の当該他の者の子会社等を含む）の業務執行者であったことを当該株式会社が知っているときは，当該他の者における地位および担当 ＜社外監査役候補者の場合の固有の記載事項は下記※の欄を参照＞	会社法施行規則76条
※社外役員候補者である場合の固有の記載事項	① 当該候補者が社外取締役（監査役）候補者である旨 ② 当該候補者を社外取締役（監査役）候補者とした理由 ③ 当該候補者が社外取締役（かつ社外役員）に選任された場合に果たすことが期待される役割の概要 ④ 当該候補者が現に当該株式会社の社外取締役（かつ社外役員。監査役の場合は社外監査役かつ社外役員）の場合，当該候補者が最後に選任された後在任中に当該株式会社において法令または定款に違反する事実その他不当（監査役の場合は「不正」）な業務執行が行われた事実（重要でないものを除く）があるときは，その事実ならびに当該事実の発生の予防のために当該候補者が行った行為および当該事実の発生後の対応として行った行為の概要	会社法施行規則74条4項，74条の3第4項，76条4項

	⑤　過去５年間に他社の取締役，執行役または監査役に就任していた場合，当該他社における法令･定款違反の事実等不当（監査役の場合は「不正」）な業務執行が行われた事実があることを会社が知っている場合，その事実（重要でないものを除き，社外取締役・監査役であったときは発生予防行為および発生後の対応行為の概要を含む） ⑥　当該候補者が過去に社外取締役または社外監査役（社外役員に限る）となること以外の方法で経営に関与していない者の場合，職務を適切に遂行することができると会社が判断した理由 ⑦　当該候補者が特定関係事業者の業務執行者であることを会社が知っているときはその旨等特定関係事業者関係の記載…詳細はQ69参照 ⑧　当該候補者が現にその会社の社外取締役または監査役（監査等委員の場合は，社外取締役または監査等委員である取締役。監査役の場合は「監査役」のみ）である場合，これらの役員に就任してからの年数 ⑨　各事項に関する当該候補者の意見があるときはその意見の内容	
会計監査人選任議案	<候補者が公認会計士の場合> その氏名，事務所の所在場所，生年月日および略歴 <候補者が監査法人の場合> その名称，主たる事務所の所在場所および沿革 <共通する記載事項> ①　就任の承諾を得ていない場合はその旨 ②　監査役会（監査等委員会，監査委員会）が当該候補者を会計監査人の候補者とした理由 ③　会計監査人の意見がある場合はその意見の内容の概要 ④　候補者との間で責任限定契約を締結済もしくは締結予定であるときは，その契約の内容の概要 ⑤　候補者との間で補償契約を締結済または締結予定であるときは，その契約の内容の概要 ⑥　候補者を被保険者とする役員等賠償責任保険契約を締結済または締結予定であるときは，その契約の内容の概要 ⑦　当該候補者が現に業務の停止の処分を受け，その停止の期間を経過しない場合，当該処分に係る事項 ⑧　当該候補者が過去２年間に業務の停止の処分を受けた者である場合における当該処分に係る事項のうち，当該株式会社が株主総会参考書類に記載することが適切と判断した事項 <公開会社の場合の特則> 当該候補者が当該会社，親会社等または子会社等もしくは関連会社から，監査報酬等を除く多額の金銭その他の財産上の利益を受ける予定があるときまたは過去２年間に受けていたときはその内容	会社法施行規則77条
取締役（監査役）の報酬決定・改定（退職慰労金支給を含む）	<決議すべき事項>（取締役） ・確定額の場合……その額 ・不確定額の場合……具体的な算定方法 ・募集株式，募集新株予約権，募集株式・募集新株予約権と引換えにする払込みに充てるための金銭の場合……数の上限その他法務省令で定める事項 ・非金銭報酬（募集株式，募集新株予約権を除く）……具体的な内容 ①　相当とする理由（取締役） ②　報酬等の算定基準	会社法361条1項，4項，会社法施行規則82条，82条の２，84条

	③　すでに定められている報酬等を変更する場合は変更の理由 ④　議案が２人以上の取締役（監査役）についての定めであるときは，当該定めに係る取締役（監査役）の員数 ⑤　議案が退職慰労金に関するものであるときは退職する各取締役（各監査役）の略歴 ⑥　監査役（監査等委員）の報酬につき監査役（監査等委員）の意見があるときは，その意見の内容の概要 ⑦　監査等委員会設置会社である場合において，監査等委員以外の取締役の報酬等について監査等委員会の意見があるときは，その意見の内容の概要 ※退職慰労金支給議案について，議案が一定の基準に従い退職慰労金の額を決定することを取締役，監査役その他の第三者に一任するものであるときは株主総会参考書類に一定の基準の内容を記載するか，各株主が当該基準を知ることができるようにするための適切な措置を講ずる <公開会社で取締役の一部が社外取締役（かつ社外役員）の場合の特則> 上記②～④の事項は社外取締役と他の取締役の区分記載が必要	

Q67 剰余金の処分議案の参考書類作成上の留意点について教えてください。

会社法において，株主に対して「剰余金の配当」を行う場合は，原則として株主総会の決議が必要となります（会社法454条１項）。また，任意積立金の積立てや取崩し等，「剰余金についてのその他の処分」を行う場合も株主総会の決議が必要と定められています（会社法452条）。

このように，「剰余金の配当」と「剰余金についてのその他の処分」は規定する条文は別であるものの，「剰余金の処分」が双方の上位概念とされていることから，剰余金の配当と剰余金についてのその他の処分を同時に行う場合には，「剰余金の処分の件」という１つの議案として差し支えないと解されています。この場合，いずれを先に記載するかについては，条文の順番に記載する考え方（この場合は，「剰余金のその他の処分」に関する事項が先になる）や株主にとって重要性が高いと思われるものを先に記載する考え方（この場合は，「剰余金の配当（期末配当）」に関する事項が先になる）等が考えられます。

なお，剰余金処分の議案の参考書類を作成するに当たっての留意事項は以下のとおりです。

(1) 株主総会参考書類への記載事項としては，「剰余金の配当（現金配当かつ種類株式発行会社でない場合）の議案」の場合，決議すべき事項としての，①配当財産の種類および帳簿価額の総額，②株主に対する配当財産の割当に関する事項（１株当たり配当金額），③当該剰余金の配当の効力発生日の３項目の記載が必要です。

一方，「その他の剰余金の処分の議案」の場合，決議すべき事項として記載が必要なのは，①増加する剰余金の項目，②減少する剰余金の項目，③処分する各剰余金の項目に係る額の３項目となります。

これらに加えて，「提案の理由」の記載が必要となり，配当方針や内部留保等の方針を記載することが考えられます。

(2) 提案の理由として，配当方針・内部留保方針等を記載する場合は，事業報告や決算短信等の記載との整合性を確認することが必要です。

(3) 自己株式は配当の対象に含まれません。

(4) 配当金が効力を生ずる日は，総会日の翌営業日とするのが通例です。

(5) （その他）資本剰余金を原資とする配当を行う場合は，税制上の取扱いが異なる（みなし配当に該当する部分以外は，税法上の配当所得とはならない）ため，参考事項として資本剰余金を原資とする旨を記載することが考えられます。

また，株式数比例配分方式で配当金を受領する場合は口座管理機関で所得税等を源泉徴収等することになっていますので，発行会社はその配当金に関する情報を開示したら速やかに証券保管振替機構に対して，Target保振サイトを通じて所要の情報を提供する必要があります。

(6) 配当その他の剰余金の処分がない場合，当該議案の付議は不要です。

(7) 会社計算規則の定めにより，資本金の4分の1に達するまで，剰余金の配当を行った額に10分の1を乗じた額を資本準備金もしくは利益準備金に積み立てることが必要ですが，この分は議案の内容とする必要はありません。

(8) 純資産額が300万円を下回る場合には，剰余金の配当をすることができません。

(9) 最近，分配可能額を超える剰余金の配当や自己株式の取得がなされた事案が散見されます。剰余金の配当等を行う前提として，分配可能額を十分に確認する必要があります。

以下に剰余金処分議案の事例（『期末配当のみを決議している事例』と『期末配当に加えその他の剰余金の処分も決議している事例』）を掲載します。

<記載例１>　期末配当に関する事項のみ決議している例

第１号議案　剰余金の配当の件

剰余金の配当につきましては，連結業績を重視し連結当期純利益の○％以上を基本に，将来の会社を取り巻く環境なども勘案しながら実施しております。

このような方針の下，当事業年度の期末配当につきましては，１株につき前事業年度に比べ○円増配し，以下のとおりとさせていただきたいと存じます。

なお，内部留保資金の使途につきましては，持続的な成長を確保するため，財務体質のより一層の強化と将来の成長分野を中心とした投資ならびに研究開発活動などに活用する予定であります。

１．株主に対する配当財産の割当てに関する事項およびその総額

当社普通株式１株につき金○円（中間配当を含め年○円）

配当総額　○○○,○○○,○○○円

２．剰余金の配当が効力を生じる日

○○○○年○月○日

<記載例１－２>　期末配当とその他の剰余金の処分の両方を内容とするもの

第１号議案　剰余金の処分の件

当期の期末配当につきましては，連結ベースでの業績に連動させ，下記１.のとおり

とさせていただきたく存じます。

なお，同金額は連結ベースでの１株当たりの当期純利益の○％を基準とし，中間配当金（１株につき○円）を差し引いて算定しております。

また，経営体質の強化と今後の事業展開等を勘案し，内部留保にも意を用いて下記2.のとおり別途積立金への積立てを行うこととさせていただきたく存じます。

1．期末配当に関する事項

(1) 株主に対する配当財産の割当てに関する事項およびその総額
当社普通株式１株につき金○円　総額　○○○,○○○,○○○円

(2) 剰余金の配当が効力を生じる日
○○○○年○月○日

2．その他の剰余金の処分に関する事項

(1) 増加する剰余金の項目およびその額
別途積立金　　　　○,○○○,○○○円

(2) 減少する剰余金の項目およびその額
繰越利益剰余金　　○,○○○,○○○円

Q68 準備金減少議案に関する参考書類作成上の留意点ならびに記載例を教えてください。

準備金の額を減少するには，原則として株主総会決議が必要です（会社法448条）。この場合，議案として①減少する準備金の額，②減少する準備金の額の全部または一部を資本金とするときは，その旨および資本金とする額，③準備金の額の減少の効力発生日を定めることが必要です。

また，準備金の額の減少を行う場合には，総会決議に加えて原則として，債権者保護手続も必要です（会社法449条）。ここで留意すべきは，準備金の額の減少の効力発生日までに，債権者保護手続が完了していることが必要である点です。債権者保護手続の詳細は，会社法449条に定められていますが，異議申述期間として最低１カ月間の設定が必要ですので，債権者保護手続に必要な期間も勘案して，効力発生日を定めることが必要です。

なお，債権者保護手続は会社法449条１項但書に定める場合（欠損の額を超えない範囲で準備金のみを減少し，定時総会で決議を行う場合）には不要とされています。

減少する準備金の額について，旧商法においては，資本金の４分の１を超える部分に限られていましたが，会社法ではこのような制限はなく，効力発生日における準備金の額の範囲内で減少可能です（会社法448条２項）。

準備金減少議案においても，株主総会参考書類には，「提案の理由」として，準備金を減少する目的等を記載することが必要となります。

以下に，準備金減少議案の記載例を掲載します。

<記載例２>

第○号議案　準備金の額の減少の件

会社法第448条第１項の規定に基づき，資本準備金の取崩しを行い，次期の配当に備えるものであります。

1．減少する準備金の額
資本準備金○○,○○○千円のうち○,○○○千円

2．準備金の額の減少が効力を生ずる日
○○○○年○月○日

Q69 取締役選任議案に関する参考書類作成上の留意点ならびに記載例を教えてください。

取締役選任議案に関する株主総会参考書類の記載事項は，Q66記載のとおりですが，この中で注意すべき点は以下のとおりです。

① すべての株式会社で記載が必要な事項に加え，公開会社である場合の固有の記載事項，公開会社かつ他の者の子会社等の場合の固有の記載事項，社外取締役候補者である場合の固有の記載事項があるため，会社の属性ならびに候補者の属性を踏まえ，もれなく記載することが必要です。

また，候補者との間で補償契約や候補者を被保険者とする役員等賠償責任保険契約を締結済または締結予定であるときは，それらの契約の内容の概要の記載が求められます。

② 公開会社かつ他の者の子会社等の場合に，候補者が現に当該他の者（自然人であるものに限る）であるときは，その旨を記載することとなります（会社法施行規則74条３項１号）。具体的にこれに該当するのは，いわゆる「オーナー」で，典型的には個人で有する議決権割合が50％を超えている場合をいいます。また，「オーナー」がいる場合，候補者がオーナーの経営する別会社の業務執行者であるときは，当該別会社における地位および担当を記載することが必要となっています（会社法施行規則74条３項２号）。

なお，候補者が過去10年間にオーナーの経営する別会社の業務執行者であったことを会社が知っているときは，当該別会社における地位および担当を記載する必要があります（会社法施行規則74条３項３号）。

③「○○○○氏は，社外取締役候補者である」旨の記載を行った場合，会社法施行規則２条３項７号に定める「社外取締役候補者」となり，同規則74条４項各号所定の記載が必要になるとともに，その後社外役員として事業報告に所定の事項を記載することも必要となると考えられますので，社外取締役の形式的な要件を充足する者について，当該記載を行うかどうか念のため検討が必要です。また，当該候補者が社外取締役に選任された場合に果たすことが期待される役割の記載も必要です（会社法施行規則74条４項３号）。

④ 社外取締役候補者（重任者）に関する記載については，コーポレート・ガバナンス報告書の社外取締役に関する記載との整合性にも留意することが必要です。

⑤ 記載すべき事項の中には，「重要でないものを除く」等と定められているものがあ

りますので，各社の基準を確認し記載すべき範囲を決定することが必要です。

⑥ 「当該株式会社の取締役に就任した場合，重要な兼職に該当する事実があることとなる場合はその事実」は株主総会参考書類作成時点において確認できた兼職のうち重要なものを記載すれば足ります。なお，株主総会参考書類作成時点では兼職の事実があっても，取締役就任時までもしくは就任後まもなく兼職状態が解消される場合は記載不要と解されています。

⑦ Q66の箇所で記載している，社外役員候補者である場合の固有の記載事項中，⑦の「当該候補者が特定関係事業者の業務執行者などであることを会社が知っているときはその旨等特定関係事業者関係の記載」の部分をより具体的に記載すると以下のとおりとなります。

例えば，過去に当社に在籍していた方を社外役員として選任する場合には以下の「イ」に該当し，その旨を記載することが必要となります。また，社外取締役候補者が特定関係事業者の業務執行者である場合だけでなく，業務執行者でなくても監査役など「役員」である場合や当該「役員」の「配偶者」や「三親等以内の親族」である場合には，その旨を記載することとなります（【図表29】の「ハ」，「ホ」参照）。

【図表29】会社法施行規則74条４項７号，74条の３第４項７号，76条４項６号

当該候補者が次のいずれかに該当することを当該株式会社が知っているときは，その旨

イ　過去に当該株式会社またはその子会社の業務執行者または役員（業務執行者であるものを除く。ハおよびホ（２）においても同じ）であったことがあること

ロ　当該株式会社の親会社等（自然人であるものに限る。ロおよびホ（１）において同じ）であり，または過去10年間に当該株式会社の親会社等であったことがあること

ハ　当該株式会社の特定関係事業者の業務執行者もしくは役員であり，または過去10年間に当該株式会社の特定関係事業者（当該株式会社の子会社を除く）の業務執行者もしくは役員であったことがあること

ニ　当該株式会社または当該株式会社の特定関係事業者から多額の金銭その他の財産（これらの者の取締役，会計参与，監査役，執行役その他これらに類する者としての報酬等を除く）（注１）を受ける予定があり，または過去２年間に受けていたこと

ホ　次に掲げる者の配偶者，三親等以内の親族その他これに準ずる者であること（重要でないものを除く）

⑴当該株式会社の親会社等

⑵当該株式会社または当該株式会社の特定関係事業者の業務執行者または役員

へ　過去２年間に合併等により他の株式会社がその事業に関して有する権利義務を当該株式会社が承継または譲受けをした場合において，当該合併等の直前に当該株式会社の社外取締役または監査役（注２）でなく，かつ，当該他の株式会社の業務執行者であったこと

（注１）社外監査役候補者の場合，〜部分は「これらの者の監査役としての報酬等を除く」

（注２）社外監査役候補者の場合，〜部分は「社外監査役」

社外役員候補者に関する上記事項については「会社が知っているとき」にこれを記載すればよいこととされていますが，この趣旨はこれらの事項が開示事項とされていることを前提として行われる調査の結果として知っている場合を指し，十分な調査を行うことなく「知らない」という整理を許容するものではないとされています（「立案担当者による新会社法関係法務省令の解説」別冊商事法務300号（2006年）50頁参照）。したがって，株主総会参考書類を作成する前に当該社外役員候補者にアンケート等を行い該当の有無を確認すべきものと考えられます。

この他に記載を検討すべき事項として，独立役員に関する記載を行うか，候補者の氏名にふりがなを付すか，新任候補者に「※」または[新任]等の表示を行うか，顔写真を掲載するかなどが考えられます。

また，コード原則３－１(v)では，取締役・監査役候補の指名を行う際の個々の選任・指名についての説明が求められています。

社外取締役候補者については，選任の理由を記載することが義務付けられています（会社法施行規則74条４項２号）ので，当然にこれを記載していますが，コード対応の観点からは社外取締役候補者以外の取締役候補者についても選任の理由を記載することが考えられます。

さらに，コード補充原則４－11(i)では，取締役の有するスキル等の取み合わせを取締役の選任に関する方針・手続と併せて開示すべきとされており，いわゆるスキル・マトリックスを記載することが考えられます。さらには，投資家との対話の観点からは，コード補充原則４－11(i)で言及されるように経営戦略とスキルの関係を示すために，各スキルの選定理由や，各スキルの該当有無を判断するための定義・判断基準も記載することが考えられます。

以下に，取締役選任議案（社外取締役候補者の固有の記載がされているもの）の記載例を掲載します。

＜記載例３＞　取締役選任議案の記載例

第４号議案　取締役○名選任の件

取締役全員（○名）は本総会終結の時をもって任期満了となりますので，取締役○名の選任をお願いいたしたいと存じます。

取締役候補者は次のとおりであります。

<table>
<tr><th>候補者番号</th><th>氏　　名
（生年月日）</th><th>略歴，地位，担当および重要な兼職の状況</th><th>所有する当社の普通株式数</th></tr>
<tr><td rowspan="2">○</td><td rowspan="2">*** ***
○○○○
(○○○○年○月○日生)</td><td>○○○○年○月　○○○○株式会社入社
○○○○年○月　同社取締役○○部長
○○○○年○月　同社常務取締役
○○○○年○月　同社取締役常務執行役員
○○○○年○月　同社監査役（現任）
○○○○年○月　●●●●株式会社代表取締役社長（現任）
○○○○年○月　当社取締役（現任）</td><td>○○○株</td></tr>
<tr><td colspan="2">〈取締役候補者とした理由〉
○○○○氏は，長年にわたり……を務め，……に関する知見を有することから，……取締役として選任をお願いするものであります。</td></tr>
<tr><td rowspan="2">○</td><td rowspan="2">*** ***
××××
(○○○○年○月○日生)</td><td>○○○○年○月　弁護士登録
○○○○年○月　○○法律事務所代表弁護士（現任）
○○○○年○月　▲▲▲▲株式会社社外取締役（現任）
○○○○年○月　当社取締役（現任）</td><td>○○○株</td></tr>
<tr><td colspan="2">〈社外取締役候補者とした理由および期待される役割等〉
××××氏は，法律の専門家としての豊富な経験と高い見識を当社の経営に活かしていただくため，社外取締役として選任をお願いするものであります。選任後は，弁護士としての専門的な知見を活かし，さらなる経営全般の監督機能及び利益相反の監督機能の強化のため，尽力いただくことを期待します。また，同氏は過去に社外取締役または社外監査役となること以外の方法で会社の経営に関与したことはありませんが，上記の理由から社外取締役としての職務を適切に遂行できるものと判断しております。なお，同氏の社外取締役としての在任期間は，本定時株主総会の終結の時をもって○年となります。</td></tr>
<tr><td>○
新任</td><td>*** ***
△△△△
(○○○○年○月○日生)</td><td>○○○○年○月　□□株式会社入社
○○○○年○月　同社○○部長
○○○○年○月　同社取締役
○○○○年○月　同社常務取締役
○○○○年○月　同社専務取締役（現任）</td><td>○○○株</td></tr>
</table>

		〈社外取締役候補者とした理由および期待される役割等〉 △△△△氏は，企業経営者としての豊富な経験と高い見識を当社の経営に活かしていただくため，社外取締役として選任をお願いするものであります。選任後は，中長期経営計画の進捗状況の監督等経営経験者としての目線から取締役会等においてご発言いただくなど，更なる企業価値向上のため尽力いただくことを期待します。また，当社は□□株式会社との間に○○に関する取引がありますが，○○○○年○月期における取引額は，両社の連結売上高のそれぞれ0.5%未満であります。

（注）1．各候補者と当社との間には特別の利害関係はありません。

2．××××氏および△△△△氏は社外取締役候補者であり，○○証券取引所に独立役員として届け出ております。

3．当社は○○○○株式会社の子会社であり，同社は当社の特定関係事業者（親会社）であります。○○○○氏の過去10年間および現在の同社および同社の子会社における業務執行者および役員としての地位および担当は，「略歴，地位，担当および重要な兼職の状況」に記載のとおりであります。

4．××××氏が▲▲▲▲株式会社社外取締役として在任中の○○○○年○月に，補助事業等に係わる補助金の過大受給があったことが判明しました。同氏は社外取締役として取締役会を通じて事実についての社内調査および関係機関への報告等につき監督するとともに，過大受給となった額は○○○○年○月に全額返還されたことを確認いたしました。また，再発防止策についての諸施策の策定，実施についても同様に監督を行いました。

5．当社は社外取締役が期待される役割を十分発揮できるよう，現行定款第●条において，社外取締役との間で任務を怠ったことによる損害賠償責任を限定する契約を締結できる旨を定めております。これにより，××××氏は，当社との間で責任限定契約を締結しており，同氏の再任が承認された場合，上記責任限定契約を継続する予定です。また，社外取締役候補者である△△△△氏の選任が承認された場合，当社との間で上記と同じ責任限定契約を締結する予定であります。

6．○○○○氏および××××氏は，当社と会社法第430条の２第１項に規定する補償契約を締結しており，同項第１号の費用および同項第２号の損失を法令の定める範囲内において当社が補償することとしております。また，当社は，△△△△氏との間で，同内容の補償契約を締結する予定です。

7．当社は，会社法第430条の３第１項に規定する役員等賠償責任保険契約を保険会社との間で締結し，被保険者が負担することになる・・・・・・の損害を当該保険契約により塡補することとしております。候補者は，当該保険契約の被保険者に含まれることとなります。

8．社外取締役候補者××××氏に関する上記記載についての当該候補者の意見は以下のとおりであります。

・・・・・・

9．△△△△氏は○○○○年○月○日開催予定の□□株式会社定時株主総会および同社取締役会の承認をもって□□株式会社取締役社長に就任する予定であります。

Q70 監査役選任の議案に関する参考書類作成上の留意点ならびに記載例を教えてください。

監査役の選任議案における株主総会参考書類の記載事項は，Q66に記載のとおりですが，この中で注意すべき点は以下のとおりです。

① すべての株式会社で記載が必要な事項に加え，公開会社である場合の固有の記載事項，公開会社かつ他の者の子会社等の場合の固有の記載事項，社外監査役候補者である場合の固有の記載事項があるため，会社の属性ならびに候補者の属性を踏まえ，漏れなく記載することが必要です。

また，候補者との間で補償契約や候補者を被保険者とする役員等損害賠償責任保険契約を締結済または締結予定であるときは，それらの契約の内容の概要の記載が求められます。

② 他にも，Q66の【図表28】の監査役選任議案の<公開会社で他の者の子会社等の場合の特則>の③のとおり，候補者が過去10年間に，いわゆる「オーナー」の経営する別会社の業務執行者であったことを会社が知っているときは，当該別会社における地位および担当を記載することが求められています。

③ 社外監査役候補者（重任者）に関する記載については，コーポレート・ガバナンス報告書の社外監査役に関する記載との整合性にも留意することが必要です。

④ 記載すべき事項の中には，「重要でないものを除く」等と定められているものがありますので，各社の基準を確認し，記載すべき範囲を決定することが必要です。

⑤ 「重要な兼職の状況」の記載基準については取締役選任議案の記載箇所（Q69）をご参照ください。

⑥ Q66の箇所で記載している社外役員候補者である場合の固有の記載事項中，⑦の「当該候補者が特定関係事業者などであることを会社が知っているときはその旨等特定関係事業者関係の記載」については取締役選任議案の記載箇所（Q69）をご参照ください。

この他に検討すべき事項としては，取締役選任議案の場合と同様，独立役員の記載を行うか，候補者の氏名にふりがなを付すか，新任候補者に「※」または［新任］等の表示を行うか，顔写真を掲載するかなどが考えられます。

また，コード原則３－１(v)では，取締役・監査役候補の指名を行う際の選任・指名についての説明が求められています。社外監査役候補者については，選任の理由を記載することが義務付けられています（会社法施行規則76条４項２号）ので，当然これを記載していますが，コード対応の観点からは社外監査役以外の監査役候補者についても選任の理由を記載することが考えられます。

以下に，監査役選任議案（社外監査役候補者）の記載例を掲載します。以下の記載例において「提案の理由」に該当するのは「本総会終結の時をもって，監査役○○○○氏が任期満了となります」という箇所になります。

＜記載例４＞　監査役選任議案の記載例

第○号議案　監査役１名選任の件

本総会終結の時をもって，監査役○○○○氏が任期満了となりますので，あらためて監査役１名の選任をお願いいたしたいと存じます。

なお，本議案の提出につきましては，あらかじめ監査役会の同意を得ております。

監査役候補者は次のとおりであります。

氏　　名 （生年月日）	略歴，地位および重要な兼職の状況	所有する当社の株式数
＊＊＊＊ △△△△ （○○○○年○月○日） 新任	○○○○年○月　○○国税局入局 ○○○○年○月　○○税務署副署長 ○○○○年○月　○○税務署長 ○○○○年○月　△△税理士事務所開設（現任） 〈社外監査役候補者とした理由等〉 △△△△氏は，直接企業経営に関与された経験はありませんが，税務並びに会計分野における長年の経験に基づく高い識見に基づき，適切な監査を実施していただけるものと判断し，社外監査役の候補者といたしました。	○,○○○株

（注）１．△△△△氏は，社外監査役候補者であり，○○証券取引所に独立役員として届け出ております。

２．△△△△氏の選任が承認された場合，当社は，定款に基づき，同氏との間で法令に定める額を限度として賠償責任を限定する責任限定契約を締結する予定であります。

３．△△△△氏の選任が承認された場合，当社は，同氏との間で会社法第430条の２第１項第１号の費用および同項第２号の損失を法令の定める範囲内において当社が補償する旨の同項に規定する補償契約を締結する予定です。

４．当社は，会社法第430条の３第１項に規定する役員等賠償責任保険契約を保険会社との間で締結し，被保険者が負担することになる・・・・・・の損害を当該保険契約により塡補することとしております。候補者は，当該保険契約の被保険者に含まれることとなります。

５．△△△△氏と当社との間には特別の利害関係はありません。

Q71 監査等委員である取締役選任議案に関する参考書類作成上の留意点ならびに記載例を教えてください。

監査等委員である取締役の選任議案における株主総会参考書類の記載事項は，Q66に記載のとおりですが，この中で注意すべき点は以下のとおりです。

① すべての監査等委員会設置会社で記載が必要な事項に加え，公開会社である場合の固有の記載事項，公開会社かつ他の者の子会社等の場合の固有の記載事項，社外取締役候補者である場合の固有の記載事項があるため，会社の属性ならびに候補者の属性を踏まえ，漏れなく記載することが必要です。

また，候補者との間で補償契約や候補者を被保険者とする役員等賠償責任保険契約を締結済または締結予定であるときは，それらの契約の内容の概要の記載が求められます。

② 例えば，公開会社かつ他の者の子会社等の場合に，候補者が現に当該他の者（自然人であるものに限る）であるときは，その旨を記載する必要があります（会社法施行規則74条の3第3項1号）。具体的にこれに該当するのは，いわゆる「オーナー」で，典型的には個人で有する議決権割合が50%を超えている場合をいいます。また,「オーナー」がいる場合，候補者がオーナーの経営する別会社の業務執行者であるときは，当該別会社における地位および担当を記載することが必要となっています（会社法施行規則74条の3第3項2号）。

なお，候補者が過去10年間にオーナーの経営する別会社の業務執行者であったことを会社が知っているときは，当該別会社における地位および担当を記載する必要があります（会社法施行規則74条の3第3項3号）。

③ 社外取締役候補者については，当該候補者が社外取締役に選任された場合に果たすことが期待される役割の記載が必要です（会社法施行規則74条の3第4項3号）。なお，社外取締役候補者（重任者）に関する記載については，コーポレート・ガバナンス報告書の社外取締役に関する記載との整合性にも留意することが必要です。

④ 記載すべき事項の中には，「重要でないものを除く」等と定められているものがありますので，各社の基準を確認し，記載すべき範囲を決定することが必要です。

⑤ 「当該株式会社の取締役に就任した場合，重要な兼職に該当する事実があることとなる場合はその事実」は株主総会参考書類作成時点において確認できた兼職のうち重要なものを記載すれば足ります。なお，株主総会参考書類作成時点では兼職の事実があっても，取締役就任時までもしくは就任後まもなく兼職状態が解消される場合は記載不要と解されています。

⑥ Q66の箇所で記載している社外役員候補者である場合の固有の記載事項中，⑦の「当該候補者が特定関係事業者の業務執行者などであることを会社が知っているときはその旨等特定関係事業者関係の記載」については，取締役選任議案の記載箇所（Q69）をご参照ください。

この他に検討すべき事項としては，取締役選任議案の場合と同様，独立役員の記載を行うか，候補者の氏名にふりがなを付すか，新任候補者に「※」または新任等の表示を行うか，顔写真を掲載するかなどが考えられます。

また，コード原則3－1(v)では，取締役・監査役候補の指名を行う際の個々の選任・指名についての説明が求められています。社外取締役候補者については，選任の理由を記載することが義務付けられています（会社法施行規則74条の３第４項２号）ので，当然にこれを記載していますが，コード対応の観点からは社外取締役候補者以外の監査等委員候補者についても選任の理由を記載することが考えられます。

さらに，コード補充原則４－11(i)では，取締役の有するスキル等の取み合わせを取締役の選任に関する方針・手続と併せて開示すべきとされており，いわゆるスキル・マトリックスを記載することが考えられます。さらには，投資家との対話の観点からは，コード補充原則４－11(i)で言及されるように経営戦略とスキルの関係を示すために，各スキルの選定理由や，各スキルの該当有無を判断するための定義・判断基準も記載することが考えられます。

以下に，監査等委員である取締役選任議案の記載例を掲載します。

＜記載例５＞　監査等委員である取締役選任議案の記載例

第○号議案　監査等委員である取締役１名選任の件

監査等委員会の監査・監督体制を強化するため，新たに監査等委員である取締役１名の増員をお願いいたしたいと存じます。

なお，本議案に関しましてはあらかじめ監査等委員会の同意を得ております。

監査等委員である取締役の候補者は，次のとおりであります。

氏　名 （生年月日）	略歴，地位および重要な兼職の状況	所有する当社の株式数
＊＊＊＊ ◇◇◇◇ （○○○○年○月○日） 新任	○○○○年○月　株式会社○○銀行入行 ○○○○年○月　同行常務取締役 ○○○○年○月　株式会社■■専務執行役員（現任） （重要な兼職の状況） 株式会社■■専務執行役員 〈社外取締役候補者とした理由および期待される役割等〉 ◇◇◇◇氏は，金融機関の役員としての豊富な経験と高い見識を当社の監査・監督に活かしていただくため，社外取締役として選任をお願いするものであります。選任後は，金融機関の役員としての財務・会計の専門的知見を活かし，取締役会等においてご発言をいただくなど，更なる企業価値向上のため尽力いただくことを期待します。	○,○○○株

	また，当社は株式会社■■との間に○○に関するコンサルティング契約を締結しておりますが，○○○○年○月期における当該契約に基づく取引額は，両社の連結売上高のそれぞれ0.1％未満であります。	

（注）1．◇◇◇◇氏は社外取締役候補者であり，○○証券取引所に独立役員として届け出る予定であります。
2．◇◇◇◇氏の選任が承認された場合，当社は，当社定款に基づき，同氏との間で法令に定める額を限度として賠償責任を限定する責任限定契約を締結する予定であります。
3．◇◇◇◇氏の選任が承認された場合，当社は，同氏との間で会社法第430条の２第１項第１号の費用および同項第２号の損失を法令の定める範囲内において当社が補償する旨の同項に規定する補償契約を締結する予定です。
4．当社は，会社法第430条の３第１項に規定する役員等賠償責任保険契約を保険会社との間で締結し，被保険者が負担することになる・・・・・・の損害を当該保険契約により塡補することとしております。候補者は，当該保険契約の被保険者に含まれることとなります。
5．◇◇◇◇氏と当社との間には特別の利害関係はありません。

Q72 取締役の報酬等の改定議案に関する参考書類作成上の留意点ならびに記載例を教えてください。

取締役の報酬等を改定する議案における株主総会参考書類の記載事項は，Q66に記載のとおりですが，報酬等を変更する場合，株主総会参考書類には，（変更後の）報酬等の算定基準ならびに変更の理由（提案の理由）を記載することが必要です。問題となるのは，「（変更後の）報酬等の算定基準」をどこまで記載する必要があるかということです。この点については，具体的な報酬の算定基準があればそれを記載することになると思われますが，記載モデル等をみると抽象的な記載にとどまっている例が一般的です。

ただし，ISSの議決権行使助言基準によると，取締役報酬枠議案では，報酬枠の増額が業績連動型報酬の導入や上乗せを目的とする場合や，増額の具体的な理由が説明されている場合は，原則として賛成を推奨するとし，増額の具体的な理由の説明がない場合等には，株主資本利益率（ROE）に代表される資本の生産性やその傾向，株主総合利回り（Total Shareholder Return）等を考慮し，個別判断で推奨を行うとしていますので，この点には留意が必要です。

Q73 役員に対する自社株報酬制度にはどのようなものがありますか。また，上場会社での種類別の導入状況と議案の例につき教えてください。

コード（補充原則４-２①）では，「経営陣の報酬は，持続的な成長に向けた健全なインセンティブの一つとして機能するよう，中長期的な業績と連動する報酬の割合や，現金報酬と自社株報酬との割合を適切に設定すべきである」と定めています。このコードへのコンプライという目的からも，自社株報酬制度を採用する会社が増加しています。

自社株報酬制度の主な種類としては，「株式報酬型ストックオプション（いわゆる１円ストックオプション）」，「信託型株式報酬制度（株式報酬信託）」，「特定譲渡制限付株式（いわゆるリストリクテッド・ストック）」の３つが考えられます。これらの導入状況ですが，全株懇調査によると「株式報酬型ストックオプション」を「前回（2021年）以前から採用」との回答は169社（回答した会社1,603社の10.5%），「株式交付信託」を「前回以前から採用」との回答は323社（同20.1%）となっています。一方，「株式報酬型ストックオプション」を「今回（2022年）から採用」との回答は７社（同0.4%），「株式交付信託」を「今回（2022年）から採用」との回答は40社（同2.5%），「譲渡制限付株式（リストリクテッド・ストック等）」を「前回（2021年）以前から採用」との回答は440社（同27.6%），「譲渡制限付株式（リストリクテッド・ストック等）」を「今回から採用」との回答は86社（同5.4%）となっており，新規に自社株報酬制度を採用する場合には，「株式交付信託」，「譲渡制限付株式」を採用する会社が多数となっています。

なお，役員向けの自社株報酬を採用する場合には，指名委員会等設置会社を除き，株主総会の決議が必要となります。議案の例については，「譲渡制限付株式（リストリクテッド・ストック等）」は経済産業省の報告書「「攻めの経営」を促す役員報酬～企業の持続的成長のためのインセンティブプラン導入の手引～」に掲載されていますが，「株式交付信託」については雛型の類は公表されていませんのでこれまで導入した会社の例が参考になります。

Q74 バーチャルオンリー株主総会に関する定款の規定例を教えてください。

改正産業競争力強化法が2021年６月16日に公布・施行され，会社法の解釈上は実施することができないとされていたバーチャルオンリー株主総会を実施することが可能となりました。改正産業競争力強化法66条１項に基づく経済産業大臣および法務大臣の確認を受けた上場会社は，株主総会を場所の定めのない株主総会とすることができる旨を定款で定めることにより，バーチャルオンリー株主総会を開催することができます。定款の定めについて，全株懇の定款モデルでは，以下のような規定が示されています。

【図表30】場所の定めのない株主総会の定めの定款の規定例

第12条（招集）当会社の定時株主総会は，毎年６月にこれを招集し，臨時株主総会は，必要あるときに随時これを招集する。
２　当会社は，株主総会を場所の定めのない株主総会とすることができる。

(2) 事業報告の作成

Q75 事業報告の項目立てはどのようにすればよいのでしょうか。

事業報告に記載すべき事項は，会社法施行規則で複数の条文（118条～126条）に分けて定められていますが，事業報告の記載順序は必ずしも会社法施行規則の規定順に記載する必要はありません。株主が理解しやすいよう，適宜順序を入れ替えたり，項目をまとめたりすることも差し支えありません。

事業報告の記載モデルは，全株懇や日本経団連等から示されており，項目立ての基本的な構成は両者とも類似していますが，2023年３月期の事業報告についての分析結果（資料版商事法務475号「事業報告の記載事例分析〈第１回〉」）によると全株懇モデルと同じ６区分とした会社は，調査対象会社388社中111社（全体の28.6％）にのぼります。

ご参考までに全株懇モデルの項目立ては次頁【図表31】のとおりです。

2021年３月１日に施行された会社法の改正を踏まえ，会社の株式に関する事項に当該事業年度中に報酬等として交付された株式があるときは，役員の区分ごとの株式の数および株式を有する者の人数の記載，会社役員に関する事項として，補償契約，役員等賠償責任保険契約の内容の概要の記載，取締役の個人別の報酬等の内容についての決定方針の決定方法，内容の概要の記載，社外取締役が果たすことが期待される役割に関して行った職務の概要の記載などが求められています。

なお，連結計算書類作成会社においては，株式会社の現況に関する事項について，企業集団ベース（連結ベース）で記載すれば単体ベースの記載を省略することが可能です（会社法施行規則120条２項）が，株式会社の現況に関する事項をすべて連結ベースで記載することにより，単体ベースの記載の省略が可能との見解が有力である点に注意が必要です。

また，「会社の新株予約権等に関する事項」や「会社の支配に関する基本方針」等記載事項によっては，該当のない事項も考えられますが，その場合でも「該当がない」旨を記載することは不要と考えられます。

【図表31】

大項目	中　項　目（※）	根拠規定 （会社法施行規則）
1　企業集団の現況に関する事項	(1) 事業の経過およびその成果 (2) 設備投資等の状況 (3) 資金調達の状況 (4) 対処すべき課題 (5) 財産および損益の状況の推移 (6) 重要な親会社および子会社の状況 (7) 主要な事業内容 (8) 主要な営業所および工場 (9) 従業員の状況 (10) 主要な借入先 (11) その他企業集団の現況に関する重要な事項 (12) 事業の譲渡，合併等企業再編行為等	120条1項4号 同5号ロ 同5号イ 同8号 同6号 同7号，118条4号・5号 120条1号 同2号前段 同2号後段 同3号 同9号 同5号ハ～へ
2　会社の株式に関する事項	(1) 発行済株式の総数 (2) 株主数 (3) 大株主 (4) 当事業年度中に職務執行の対価として会社役員に交付した株式の状況 (5) その他株式に関する重要な事項	122条1項3号 同上 122条1項1号 同2号 同3号
3　会社の新株予約権等に関する事項	(1) 当事業年度末日における新株予約権の状況 (2) 当事業年度中に交付した新株予約権の状況 (3) その他新株予約権等に関する重要な事項	123条1号 123条2号 123条3号
4　会社役員に関する事項	(1) 取締役および監査役の氏名等 (2) 責任限定契約の内容の概要 (3) 補償契約の内容の概要 (4) 役員等賠償責任保険契約の概要 (5) 当事業年度に係る取締役および監査役の報酬等の額 (6) 社外役員に関する事項 (7) 辞任等の役員の状況	121条1号～3号，8号～11号 同3号の2～4 119条2号の2，121条の2 121条4号・5号 124条 121条7号
5　会計監査人の状況	(1) 会計監査人の名称 (2) 責任限定契約の内容の概要 (3) 補償契約の内容の概要 (4) 当事業年度に係る会計監査人の報酬等の額 (5) 非監査業務の内容 (6) 会計監査人の解任または不再任の決定の方針 (7) 会計監査人の業務停止処分等の状況 (8) 辞任等の会計監査人の状況	126条1号 同7号 同7号の2～4 同2号，8号イ 同3号，8号ロ 同4号 同5号・6号 同9号
6　会社の体制および方針	(1) 取締役の職務の執行が法令および定款に適合することを確保するための体制その他業務の適正を確保するための体制および当該体制の運用状況 (2) 株式会社の支配に関する基本方針 (3) 剰余金の配当等の決定に関する方針	118条2号 118条3号 126条10号

※補足説明等に基づき，一部「中項目」を追加している。

《各論：個別の記載事項》

Q76 「株式会社（企業集団）の現況に関する事項」として記載すべき事項につき，留意事項等を教えてください。

「株式会社（もしくは企業集団）の現況に関する事項」は，会社法施行規則120条で定められており，各記載事項の記載モデルは全株懇や日本経団連から示されています。

なお，個別の記載事項に関する留意事項の詳細は，119頁以下「（資料２）事業報告の記載例と記載要領」に記載のとおりですが，総論的な留意事項は以下のとおりです。

(1) 「当該事業年度における事業の経過及びその成果」，「財産及び損益の状況」，「対処すべき課題」以外の記載事項については，いずれも「主要な」ものや「重要な」ものに限定されていますので，「主要」あるいは「重要」とする基準を確認することが必要です。

(2) 事業が複数部門に分かれている場合は，事業部門別に記載することが困難である場合を除き，部門別に区別された事項を記載することが必要です。この点，当該定めの趣旨にもとづき，記載事項のいずれを部門別に記載すべきか，前年と同様の基準で問題ないか確認が必要です。

(3) 連結計算書類作成会社においては，各記載事項を企業集団ベースで記載することにより単体ベースでの記載を省略することが可能です。しかしながら，子会社の数等によっては，「主要な借入先」等を企業集団ベースで記載することは困難な場合も考えられることから，記載の基準（企業集団ベースとするか，単体ベースとするか）を検討することが必要です。

(4) 「財産及び損益の状況」について，会計方針の変更その他正当な理由により，直前３事業年度における数値を定時総会で報告した内容から変更することが可能とされています。したがって，会計方針の変更を行なった場合には，変更後の会計方針にもとづいた場合の数値に置き換えるかどうか検討すべきものと考えます。

Q77 「大株主の状況」として，具体的にどのような事項を記載することが必要なのでしょうか。

事業報告に記載すべき大株主の状況は，「当該事業年度の末日において発行済株式（自己株式を除く）の総数に対するその有する株式の数の割合が高い上位10名の株主の氏名又は名称，当該株主の所有株式数（種類株式発行会社では株式の種類及び種類ごとの数を含む）及び所有割合」とされています。

したがって，大株主上位10名の氏名・名称，所有株式数（株式の種類ごと），持株比率（分母は自己株式を控除後の発行済株式総数）を記載することが必要となります。

なお，議決権の基準日を事業年度末日後に

定めた場合，当該基準日時点の状況を記載することも可能です（会社法施行規則122条２項）。

また，10位の株主が複数いた場合，10位に該当する株主が著しく多くないならば，すべて記載する対応が無難と考えられます。

また，種類株式を発行している場合，所有株式数の記載箇所で，所有株式数の合計と種類ごとの所有株数を内訳で記載する対応が考えられますが，持株比率は種類ごとに記載せず分子は優先株式等の種類株式も含めた所有株式数となり，分母も優先株式等の種類株式も含めた発行済株式総数から自己株式の数を控除した数となりますので留意が必要です。

さらに，自己株式が上位10名に該当する場合，持株比率の計算にあたり，自己株式は分母および分子から除外されると解されていることから，上位10名には含めず，欄外注記にとどめる対応が適切と考えられます。

大株主の状況に関する事業報告の記載例は以下のとおりです。

＜記載例６＞

(4) 大株主

株　　主　　名	持　株　数	持　株　比　率
	千株	%

（注）持株比率は，自己株式（〇〇〇,〇〇〇株）を控除して計算しております。

Q78 監査役等の「財務及び会計に関する相当程度の知見」については，どのようなことを記載すればよいのでしょうか。

監査役，監査等委員もしくは監査委員（以下「監査役等」という）が，会計に関する相当程度の知見（知識・見識）を有することは，会計監査の一翼を担う監査役等の適任性を示す一要素であり，事業報告で開示を求めているものと考えられます。

ここにいう，「財務及び会計に関する相当程度の知見」とは，公認会計士，税理士等の会計に関する法的資格を有する場合，簿記等の会計に関する資格を有する場合，企業の会計に関する事務に携わったことがある場合などが該当するとされています（前掲『論点解説　新・会社法』「Q598」）。

なお，あくまで監査役等が「財務及び会計に関する相当程度の知見を有しているものであるときは，その事実」を記載するものとされていますので，該当がない場合は記載する必要はありませんし，監査役等は必ず財務および会計に関する知見が必要というわけでもありません。

以下に記載例を掲載します。

＜記載例７－1＞　公的資格の例

監査役○○○○氏は，公認会計士の資格を有しており，財務及び会計に関する相当程度の知見を有しています。

＜記載例７－2＞　経理業務経験の例

監査役○○○○氏は，長年にわたり弊社経理部で経理業務の経験を重ねてきており，財務及び会計に関する相当程度の知見を有するものであります。

Q79 事業報告における「会社役員」の記載事項について，記載すべき会社役員の範囲や記載時点はどのように考えればよいのでしょうか。

事業報告に記載すべき「会社役員」の範囲については，事業報告の記載事項により，直前の定時株主総会の終結の日の翌日以降に在任していた者に限定される記載事項とそのような限定がされない記載事項に分かれています。具体的には【図表32】のとおりです。

【図表32】会社役員の記載事項と記載すべき会社役員の対象

記載事項	記載すべき会社役員の範囲
①会社役員の氏名	「直前の定時株主総会の終結の日の翌日以降に在任していた者」（※）に限定される。
②会社役員の地位および担当	同　上
③責任限定契約の内容の概要	上記対象者の事業年度中に有効なすべての契約（変更内容含む）
④補償契約 ・締結している役員等の氏名 ・補償契約の内容の概要 ・防御費用を当該役員等に補償した会社が当該事業年度において当該役員が法令に違反したことまたは責任を負うことを知ったときは，その旨 または ・当該事業年度において，当該役員等に対して損害賠償金・和解金を補償したときは，その旨および補償した金額	上記対象者の事業年度中に有効なすべての契約（変更内容含む）
⑤役員等賠償責任保険契約 ・被保険者の範囲 ・役員等賠償責任保険契約の内容の概要	事業年度中に有効なすべての契約（変更内容含む）
⑥当該事業年度に係る会社役員の報酬等 ・当該報酬等が業績連動報酬または非金銭報酬等である場合には，業績連動報酬等，非金銭報酬等およびそれ以外の報酬等の種類	上記（※）の限定はない。ただし，「当該事業年度に係る」報酬等に限定される。

ごとの総額および員数 ・社外役員の報酬等につき種類別の内訳	
⑦会社役員の報酬等の全部または一部が業績連動報酬等である場合には，以下の事項 イ　当該業績連動報酬等の額または数の算定の基礎として選定した業績指標の内容および当該業績指標を選定した理由 ロ　当該業績連動報酬の額または数の算定方法 ハ　当該業績連動報酬等の額または数の算定に用いたイの業績指標に関する実績	当該事業年度に対応する会社役員の報酬等
⑧会社役員の報酬等の全部または一部が非金銭報酬等である場合には，当該非金銭報酬等の内容	同上
⑨会社役員の報酬等についての定款の定めまたは株主総会の決議による定めに関する以下の事項 イ　当該定款の定めを設けた日または株主総会の決議の日 ロ　当該定めの内容の概要 ハ　当該定めに係る会社役員の員数	会社役員の員数は株主総会決議時点の員数を記載。
⑩当該事業年度において受け，または受ける見込みの額が明らかとなった会社役員の報酬等	上記（※）の限定はない。ただし，「当該事業年度において受け，または受ける見込みの額が明らかとなった」報酬等に限定される（事業年度に在任しなかった会社役員も対象になる可能性あり）。
⑪取締役または執行役の個人別の報酬等の決定の方針を定めているときは，以下の事項 イ　当該方針の決定の方法 ロ　当該方針の内容の概要 ハ　当該事業年度に係る取締役の個人別の報酬等の内容が当該方針に沿うものであると取締役会が判断した理由	事業報告書作成時点
⑫会社役員の報酬等の額またはその算定方法に係る決定に関する方針を定めているときは，当該方針の決定の方法およびその方針の内容の概要	同上
⑬株式会社が当社事業年度の末日において，取締役会設置会社である場合において，取締役会から委任を受けた取締役その他の第三者が当該事業年度に係る取締役の個人別の報酬等の全部または一部を決定したときは，その旨および以下の事項 イ　イの者に委任された権限の内容 ロ　イの者にロの権限を委任した理由 ハ　イの者によりロの権限が適切に行使されるようにするための措置を講じた場合にあっては，その内容	同上

⑭当該事業年度に辞任した会社役員または解任された会社役員に関する事項	上記（※）の限定はない。ただし，「当該事業年度」における辞任・解任に限定される。
⑮当該事業年度に係る当該株式会社の会社役員（会計参与を除く）の重要な兼職の状況	上記（※）に限定される。ただし，記載対象者の事業年度初日～末日までの状況を記載する。
⑯会社役員のうち監査役，監査等委員または監査委員が財務および会計に関する相当程度の知見を有しているものであるときは，その事実	同　上
⑰その他，株式会社の会社役員に関する重要な事項	上記（※）の限定はない。事業年度に在任しなかった会社役員も対象になる可能性はあるが，「重要な事項」に該当するかどうかで考慮する。

Q80 事業報告等で固有の記載事項がある「社外役員」の定義を教えてください。

社外役員とは，社外取締役，社外監査役（形式的要件）に該当し，かつ以下に記載する会社法施行規則２条３項５号ロに定める要件のいずれかを充足した者であり「社外役員」として固有の記載が必要となります。

会社法改正により，一定の会社に社外取締役の選任が義務づけられ要件が見直されています（【図表33】）。

【図表33】会社法施行規則２条３項５号ロに定める要件

① 当該会社役員が会社法327条の２，331条６項，373条１項２号，399条の13第５項または400条３項の社外取締役であること
② 当該会社役員が会社法335条３項の社外監査役であること
③ 当該会社役員を当該株式会社の社外取締役または社外監査役であるものとして計算関係書類，事業報告，株主総会参考書類その他当該株式会社が法令その他これに準ずるものの規定に基づき作成する資料に表示していること

Q81 社外役員における特有の記載事項について教えてください。

社外役員については，他の役員に比べて固有の記載事項が多く，情報開示の充実が図られています。

具体的な記載事項は，会社法施行規則124条で【図表34】のとおり定められています。

【図表34】社外役員に関する固有の記載事項

① 社外役員が他の法人等の業務執行者であることが会社法施行規則121条８号に定める重要な兼職に該当する場合は，当該株式会社と当該他の法人等との関係

② 社外役員が他の法人等の社外役員その他これに類する者を兼任していることが会社法施行規則121条８号に定める重要な兼職に該当する場合は，当該株式会社と当該他の法人等との関係

③ 社外役員が次に掲げる者の配偶者，三親等以内の親族その他これに準ずる者であることを会社が知っているときは，その事実（重要でないものを除く）

（ⅰ）当該株式会社の親会社等（自然人である者に限る）

（ⅱ）当該株式会社または当該株式会社の特定関係事業者の業務執行者または役員（業務執行者であるものを除く）

④ 各社外役員の当該事業年度における主要な活動状況（以下の事項を含む）

（ⅰ）取締役会への出席の状況

（ⅱ）監査役会への出席状況（社外監査役），監査等委員会への出席状況（監査等委員），監査委員会への出席状況（監査委員）

（ⅲ）取締役会（監査役は監査役会，監査等委員は監査等委員会を含む。監査委員は監査委員会を含む）における発言の状況

（ⅳ）当該社外役員の意見により当該株式会社の事業の方針または事業その他の事項に係る決定が変更されたときは，その内容（重要でないものを除く）

（ⅴ）当該事業年度中に当該株式会社において法令または定款に違反する事実その他**不当な（＊）**業務の執行が行われた事実（重要でないものを除く）があるときは，各社外役員が当該事実の発生の予防のために行った行為および当該事実の発生後の対応として行った行為の概要**（＊社外監査役の場合「不正な」）**

（ⅵ）当該社外役員が社外取締役であるときは，当該社外役員が果たすことが期待される役割に関して行った職務の概要

⑤ 当該事業年度に係る社外役員の報酬等の総額および員数（総額開示の場合）

⑥ 当該事業年度において受け，または受ける見込みの額が明らかとなった社外役員の報酬等（⑤で開示した分等を除く）の総額および員数（総額開示の場合）

⑦ 社外役員が次の（ⅰ）または（ⅱ）に掲げる場合の区分に応じ，当該（ⅰ）または（ⅱ）に定めるものから役員としての報酬その他財産上の利益を受けているときは，当該報酬等の総額（社外役員であった期間に受けたものに限る）

（ⅰ）当該株式会社に親会社等がある場合　当該親会社等または当該親会社等の子会社等（当該株式会社を除く）

（ⅱ）当該株式会社に親会社等がない場合　当該株式会社の子会社

⑧ 上記各事項の内容につき社外役員の意見があるときはその意見の内容

以上のとおり，社外役員の固有の記載事項は多岐にわたりますが，該当があるもののみ記載すれば足りる（該当がない旨の記載は不要）と考えられること，多くの記載事項について「重要でないものを除く」こととされていたり，「会社が知っている場合」に限定するなど，記載対象を限定する配慮もみられます。

なお，記載上の留意点等については119頁以下（資料２）を参照ください。

Q82 社外役員の記載事項について，記載すべき社外役員の範囲はどのように考えればよいのでしょうか。

事業報告に記載すべき社外役員については，社外役員の記載事項ごとに，対象が限定される場合と限定されない場合に分かれています。

具体的には【図表35】に記載のとおりです。

【図表35】社外役員の記載事項と記載すべき社外役員の対象

記載事項	記載すべき社外役員の範囲
① 社外役員が他の法人等の業務執行者であることが重要な兼職に該当する場合は，当該株式会社と当該他の法人等との関係	「直前の定時株主総会の終結の日の翌日以降に在任していた者」（※）に限定される。ただし，記載対象者の事業年度初日～末日までの状況を記載する。
② 社外役員が他の法人等の社外役員を兼任していることが重要な兼職に該当する場合は，当該株式会社と当該他の法人等との関係	同　上
③ 社外役員が一定の者の配偶者，三親等内の親族関係にあることを当該株式会社が知っているときはその事実（重要でないものを除く）	同　上
④ 各社外役員の当該事業年度における主な活動状況	同　上
⑤ 各社外役員が果たすことが期待される役割に関して行った職務の概要	同　上
⑥ 当該事業年度に係る社外役員の報酬等	上記（※）の限定はない。ただし，「当該事業年度に係る」報酬等に限定される。
⑦ 当該事業年度において受け，または受ける見込みの額が明らかとなった社外役員の報酬等（報酬の内訳の開示を含む）	上記（※）の限定はない。ただし，「当該事業年度において受け，または受ける見込みの額が明らかとなった」報酬等に限定される（事業年度に在任しなかった社外役員も対象になる可能性あり）。
⑧ 社外役員が一定の関係にある会社から当該事業年度において役員としての報酬等を受けているときは，当該報酬等の総額（社外役員である期間に受けたものに限る。また報酬の内訳の開示を含む）	上記（※）の限定はない。ただし，「当該事業年度において役員としての報酬等を受けたもの」，かつ「社外役員である期間に受けたもの」に限定される。
⑨ 社外役員についての記載に関する意見があれば当該意見の内容	上記（※）の限定はないが，意見を述べるのは，記載対象となっている会社役員と考えられる。

Q83 会社法施行規則124条１項３号に定める「特定関係事業者」とはどのような者が該当するのでしょうか。

特定関係事業者は，会社法施行規則２条３項19号で定義されており，当該株式会社に親会社等がある場合は当該親会社等ならびに当該親会社等の子会社等（当該株式会社を除く）および関連会社（当該親会社等が会社でない場合におけるその関連会社に相当するものを含む）に加えて，当該株式会社の主要な取引先である者（法人以外の団体を含む）をいい，当該株式会社に親会社等がない場合は当該株式会社の子会社および関連会社と当該株式会社の主要な取引先である者（法人以外の団体を含む）をいいます。

また，「主要な取引先」とは，当該株式会社における事業等の意思決定に対して，親子会社・関連会社と同程度の影響を与えうる取引関係がある取引先が該当し，具体的には当該取引先との取引による売上高等が当該株式会社の売上高の相当部分を占めていること，当該株式会社の事業活動に欠くことのできないような商品・役務の提供を行っていること等が考えられると解説されています（「新会社法関係法務省令の解説（4）事業報告（上）」旬刊商事法務1762号（2006年）11頁）。社外役員については，特定関係事業者の業務執行取締役，使用人等との親族関係を開示することが必要ですが，これは社外役員の独立性に関する情報開示という趣旨で記載を求めているものと考えられます。

なお，具体的な記載例としては，「当社社外取締役○○○○氏は，当社の主要取引先である○○○○株式会社代表取締役社長○○○○氏の兄（もしくは三親等以内の親族）であります」といった記載が考えられます。

また，記載上の留意点等については119頁以下（資料2）を参照ください。

Q84 「社外役員の活動状況」で記載すべき事項，特に「取締役会における発言の状況」は，どのような事項をどの程度，記載すればよいのでしょうか。

社外役員の活動状況として記載すべき事項は，会社法施行規則124条1項4号に定められており，社外役員ごとに個別に状況を記載することが必要です。

このうち，取締役会への出席状況，ならびに監査役会（社外監査役），監査等委員会（監査等委員）もしくは監査委員会（監査委員）への出席状況については，事業年度中の各会議の開催回数と各自の出席回数を記載すれば足りますが，場合によっては欠席理由を記載することも考えられます。

なお，書面による取締役会が行われた分についてはここに言う取締役会の開催回数には含まれないと解されています。書面開催の場合「出席」という概念がないからです。

また，「取締役会および監査役会（監査等委員会，監査委員会）における発言の状況」については，発言の具体的内容ではなく，発言をしたか否か，どのような分野についてどのような視点で発言したか等，発言の概要を記載すれば足りると解説されています（前掲『論点解説　新・会社法』「Q606」）。発言内容を具体的に記載してしまうと，取締役会議事録等の内容を各株主に開示することになり，取締役会議事録等が裁判所の許可により閲覧・謄写が可能なこととの関係で問題が残ります。したがって，発言内容は抽象的にならざるをえないものと考えます。

なお，「社外役員の意見による事業方針等の変更」（同4号ハ）や「不正行為等に対する対応」（同4号ニ）は，いずれも重要でないものは記載の必要はなく，該当がない場合が多いと想定されますが，もし該当がある場合は，企業秘密等に配慮しながら，その概要を記載することが必要となります。

また，発言状況につき前年とまったく同じ表現とすることに抵抗がある場合は，適宜表現を変える工夫をすることも考えられます。

記載上の留意点等については119頁以下（資料2）を参照ください。

なお，会社法348条の2に基づき，社外取締役に業務執行を委任した場合（MBOに関する業務執行等），当該事業年度中の業務執行の状況を記載することが考えられます。

Q85 会社役員の報酬等を事業報告に記載するにあたり，留意すべき事項について教えてください。

会社役員の報酬等を事業報告に記載するにあたり，留意すべき事項は，以下のとおりです。

① 記載対象となる会社役員の範囲

Q79等で記載のとおり，「会社役員の報酬等」の記載対象となる会社役員については，直前の定時株主総会終結の日の翌日以降に在任した者に限定されません。

したがって，例えば，3月決算の会社において，2023年6月定時総会終結の時をもって退任した会社役員に対し，2023年4月から6月までに支給した定例報酬（月次報酬）は，2024年3月期の事業報告において「当該事業年度に係る会社役員の報酬等」に含めて記載することが必要となります。

② 報酬等の開示態様と記載事項の整理

事業報告に記載すべき会社役員の報酬等の開示については，総額開示，一部個別開示，個別開示の3つの態様に分かれるとともに，各態様ごとに事業報告に記載すべき事項が整理されています。多くの会社が採用していると思われる「総額開示」の場合，「取締役（監査等委員会設置会社にあっては，監査等委員である取締役又はそれ以外の取締役），会計参与，監査役または執行役ごとの報酬等の総額および員数」の記載が必要とされ，「報酬等の総額」に加え，「員数（ここにいう，員数は支給対象となる員数であり，無報酬の役員は含まれないと解されています）」も記載事項とされています。

③ 当該事業年度において受け，または受ける見込みの額が明らかになった会社役員の報酬の記載

これに該当する会社役員の報酬等の典型例としては，退職慰労金が考えられますが，事業報告作成対象の事業年度において退職慰労金を支給した場合には，記載金額（対象）をどのようにすべきか検討が必要となります。この点につき，例えば，過年度の事業報告において，当該事業年度に対応する分の引当金計上分を会社役員の報酬等に含めて記載していた場合，施行規則の考え方からすると，過年度ならびに当事業年度の事業報告で開示した当該引当金計上分は，「当該事業年度において受け，または受ける見込みの額が明らかになった」退職慰労金の額から控除すべきものと考えられます。

しかしながら，退職慰労金の額は支給（見込み）額の全額を記載し，ここには過年度ならびに当事業年度の事業報告での「会社役員の報酬等」への記載分○○万円を含む旨を記載する対応であっても，結果的に控除すべき金額が明示されていますので問題ないものと考えます。また，引当金計上額の残高を事業報告で記載済みであれば，以後支給される退職慰労金については支給時に記載する必要はないものと考えられます。

④ 報酬等の種類別の総額

取締役，監査役等に分けて業績連動報酬，非金銭報酬，その他の報酬別の総額および員数を開示する必要があります。

⑤ 業績連動報酬等に関する事項

業績指標の内容・選定理由，業績連動報酬の算定方法，業績指標に関する実績を記載する必要があります。

⑥ 非金銭報酬等に関する事項

非金銭報酬の内容について記載（非金銭報酬等によって会社役員に対して適切なインセンティブが付与されているかを株主が判断するために必要な程度の記載）する必要があります。

⑦ 報酬等についての定款または株主総会の定めに関する事項

当該定款の定めを設けた日または総会決議の日，定めの内容の概要，当該定めに関する会社役員の員数を記載する必要があります。

⑧ 取締役（監査等委員を除く）の報酬等の決定方針に関する事項

報酬等の決定方針の決定方法および内容の概要，個人別の報酬等の内容が決定方針に沿うと取締役会が判断した理由を記載する必要があります。

⑨ 各会社役員の報酬等の決定方針に関する事項（上記⑧以外）

監査等委員，監査役の報酬等の決定方針を定めているときは，当該方針の決定方法および方針の内容の概要を記載する必要があります。

⑩ 取締役の報酬等の決定の委任に関する事項（委任している場合）

委任を受けた者の氏名・地位・担当，委任された権限の内容，委任理由等を記載する必要があります。

⑪ 職務執行の対価として交付した株式に関する事項

事業年度中に交付した会社役員ごとの株式の数および株式の交付を受けた人数を記載する必要があります（株式に関する事項に記載しますので，参照することになります）。

⑫ 職務執行の対価として交付した新株予約権に関する事項

期末現在で，職務執行の対価として交付した新株予約権について，株式（上記⑪）と同様の事項を記載する必要があります（新株予約権に関する事項で記載しますので，参照することになります）。

＊　＊　＊

なお，事業報告モデルは，119頁以下（資料２）をご参照ください。

Q86 新株予約権等については，どのような事項を記載することが必要でしょうか。

新株予約権等に関する事項として記載すべき事項は，会社法施行規則123条に定められていますが，記載すべき項目は以下の３項目です。

① 当該事業年度の末日において，当該株式会社の会社役員が当該株式会社の新株予約権等を有する場合，（イ）取締役（監査等委員であるものおよび社外役員を除く）・執行役，（ロ）社外取締役（監査等委員であるものを除き，社外役員に限る），（ハ）監査等委員である取締役，（ニ）取締役・執行役以外の会社役員，の区分ごとの新株予約権等の概要および所有者の数
② 当該事業年度中に，（イ）使用人，（ロ）子会社の役員・使用人に交付した新株予約権等の内容の概要および交付した者の人数
③ 上記の他，当該株式会社の新株予約権等に関する重要な事項

記載上の留意事項は以下のとおりです。

① 事業年度末日において在任している役員につき，事業年度末時点での保有状況の記載を求めている一方で，使用人や子会社役職員については当該事業年度中に交付した新株予約権等の状況を記載させることとしており，記載基準が異なること。
② 記載対象はあくまで「職務執行の対価」として当該株式会社が交付したものに限るとされているため，会社法施行規則123条１号・２号の記載対象は会社法に基づき発行された新株予約権等と考えられること（職務執行の対価として募集新株予約権と引換えにする払込みに充てるための金銭を交付した場合において，当該金銭の払込みと引換えに当該新株予約権を交付した新株予約権を含む）。
③ 権利者の氏名等の開示は不要であること（あくまで，属性ごとでの保有，交付状況を記載することで足りること）。

なお，新株予約権等に関する記載例ならびに記載上の留意点等については119頁以下（資料２）を参照ください。

Q87 剰余金の配当等の権限を取締役会に授権する定款規定のある会社では，当該定款の定めにより取締役会に与えられた権限の行使に関する方針の記載が必要ですが，ここはどのように記載すればよいのでしょうか。

剰余金の配当等の権限を取締役会に授権する定款規定のある会社では，会社法施行規則126条10号により，剰余金の配当や自己株式の取得等に関する取締役会での権限行使に関する方針を記載することが求められています。

具体的には，短期的ならびに中長期的な配当方針（配当政策，目標配当性向，当期の配当の決定理由，配当の回数等）および自己株式取得の方針（短期的ならびに中長期的方針等）や内部留保の方針等を記載することになるものと考えられます。以下に記載例を掲載します。

<記載例８>

> **２．剰余金の配当等の決定に関する方針**
> 剰余金の配当につきましては，各事業年度の連結業績，財務体質の強化，今後のグループ事業戦略等を考慮して，連結当期純利益に対する配当性向○％以上を目安とし，利益還元を実施してまいりたいと考えております。
> また，内部留保につきましては，成長性，収益性の高い事業分野への投資とともに，既存事業の効率化，活性化のための投資をしてまいります。
> 自己株式の取得につきましても，株主に対する有効な利益還元の一つと考えており，株価の動向や財務状況等を考慮しながら適切に対応してまいります。

Q88 会計監査人の解任または不再任の決定の方針は必ず定めることが必要なのでしょうか。また決定の方針の記載例を教えてください。

会社法施行規則126条４号において，会計監査人設置会社における記載事項として，「会計監査人の解任又は不再任の決定の方針」を記載することが定められています。同号の規定は「会計監査人の解任又は不再任の決定の方針を定めているときは当該方針」とはなっていないため，会計監査人設置会社であれば当該方針は当然に定められているであろうという前提のもと，当該方針を事業報告に記載することが必要と考えられます。

したがって，当該方針を定めていない場合にはその旨を記載すべきものと考えられます。

会計監査人は，株主総会で別段の決議がされない限り，その総会で再任されたものとみなされる（会社法338条１項・２項）ため，会計監査人の解任または不再任の決定の方針を事業報告において開示させることで，その方針の妥当性や現実の会計監査人の職務執行その他の状況等に照らして再任を肯定すべきかどうか株主が判断できるようにしたものと解説されています（相澤哲・郡谷大輔「新会社法関係法務省令の解説(5)事業報告（下）」旬刊商事法務1763号（2006年）15頁）。

実際の記載事項としては，会計監査人がどの程度の処分を受けた場合，また会計監査人にどのような事由が生じた場合に，解任または不再任の議案を提出するのか等の方針を定めることになると考えられます。

なお，会計監査人の選解任等に関する議案の決定権は監査役会等にありますので，会計監査人の解任または不再任の決定の方針は監査役会等が定めることになります。

以下に，会計監査人の解任または不再任の方針の<記載例９>を掲載します。

＜記載例９＞

> **(3) 会計監査人の解任又は不再任の決定の方針**
> 当社では，会計監査人が会社法第340条第１項各号に該当すると認められる場合には，監査役全員の合意に基づき監査役会が，会計監査人を解任いたします。この場合，監査役会が選定した監査役は，解任後最初に招集される株主総会において，会計監査人を解任した旨と解任の理由を報告いたします。
> また，監査役会は会計監査人の継続監査年数等を勘案しまして，再任若しくは不再任の決定を行います。

Q89 会社法施行規則118条２号で「会社法362条４項６号等に規定する体制の整備についての決定又は決議があるときは，その決定又は決議の内容の概要および当該体制の運用状況の概要」を記載することが求められていますが，具体的にはどのような事項の記載が必要なのでしょうか。

会社法施行規則118条２号においては，「取締役の職務の執行が法令及び定款に適合することを確保するための体制その他株式会社の業務の適正を確保するために必要なものとして法務省令で定める体制」すなわち「内部統制システムの基本方針の決定（決議）の内容の概要」につき事業報告への記載を求めています。

内部統制システムの基本方針を決定しなければならず（会社法362条５項），またCG報告書等にも記載済みのため，CG報告書等の記載内容との整合性に配慮しながら概要を記載することが必要です。

なお，内部統制システムの基本方針の内容の概要について，事業年度中に見直しの決議をすることが考えられます。この場合，具体的な内容に入る前に，例えば「○○○○年○月開催の取締役会で決議した後，○○○○年○月開催の取締役会で一部見直しを行っております。なお，変更の内容ならびに変更後の体制は以下のとおりとなっています」等の記載を追加することが考えられます。

また，変更の内容としては，「反社会的勢力排除のための体制の整備」ならびに「財務報告の信頼性を確保するための体制の整備」を追加する会社が増えてきています。いずれも法令等の遵守体制（下記【図表36】取締役の職務執行関係①）に含まれるものであり，個別に決議することは義務付けられるものではありませんが，記載のない会社においては変更するか検討することが考えられます。

【図表36】内部統制システムの決議事項

取締役の職務執行関係（会社法362条４項６号，会社法施行規則100条１項）
①　取締役の職務執行が法令および定款に適合することを確保するための体制
②　取締役の職務の執行に係る情報の保存および管理に関する体制
③　当該株式会社の損失の危険の管理に関する規程その他の体制
④　当該株式会社の取締役の職務の執行が効率的に行われることを確保するための体制
⑤　当該株式会社の使用人の職務の執行が法令および定款に適合することを確保するための体制

⑥　当該株式会社の子会社の取締役，執行役，業務を執行する社員，会社法598条１項の職務を行うべき者その他これらの者に相当する者（⑧および⑨において「取締役等」という。）の職務の執行に係る事項の当該株式会社への報告に関する体制 ⑦　当該株式会社の子会社の損失の危険の管理に関する規程その他の体制 ⑧　当該株式会社の子会社の取締役等の職務の執行が効率的に行われることを確保するための体制 ⑨　当該株式会社の子会社の取締役等および使用人の職務の執行が法令および定款に適合することを確保するための体制 ⑩　その他当該株式会社ならびにその親会社および子会社から成る企業集団における業務の適正を確保するための体制
監査役の監査体制関係（会社法施行規則100条３項）
①　当該監査役設置会社の監査役がその職務を補助すべき使用人を置くことを求めた場合における当該使用人に関する事項 ②　前号の使用人の当該監査役設置会社の取締役からの独立性に関する事項 ③　当該監査役設置会社の監査役の①の使用人に対する指示の実効性の確保に関する事項 ④　当該監査役設置会社の取締役および会計参与ならびに使用人ならびに当該監査役設置会社の子会社の取締役，会計参与，監査役，執行役，業務を執行する社員，会社法598条1項の職務を行うべき者その他これらの者に相当する者および使用人またはこれらの者から報告を受けた者が当該監査役設置会社の監査役に報告をするための体制 ⑤　前号の報告をした者が当該報告をしたことを理由として不利な取扱いを受けないことを確保するための体制 ⑥　当該監査役設置会社の監査役の職務の執行について生ずる費用または債務に係る方針に関する事項 ⑦　その他当該監査役設置会社の監査役の監査が実効的に行われることを確保するための体制

Q90 「会社の支配に関する基本方針の内容等」は必ず記載が必要なのでしょうか。また，記載すべき事項を教えてください。

会社法施行規則118条３号では，株式会社（業務執行者または取締役会等の意思決定機関）が当該会社の財務および事業の方針の決定を支配する者のあり方に関する基本方針を定めている場合は，以下の事項（１，２は概要で可）を事業報告に記載することが必要と定めています（【図表37】）。

これらの事項を事業報告で開示させることにより，会社が導入している敵対的買収防衛策が，会社の基本方針に沿っているか，株主共同の利益を害さないかどうか，取締役の保身目的でないかどうかを株主に判断させることが目的と考えられます（各項目についての詳細な記載事項等は，前掲『論点解説　新・会社法』「Q613」以下参照）。

一般的には，敵対的買収防衛策を導入している会社では，当該基本方針の内容等を定めているものと想定されますが，必ず定めなければならないものでもありません。ただし，何らの開示をすることなく，新株予約権等を用いた敵対的買収防衛策を導入しようとした場合，不公正な発行としての差し止めリスクが高まると思われるとの指摘がされています（前掲『論点解説　新・会社法』「Q617」）。

【図表37】会社の支配に関する基本方針の内容等

記 載 項 目	記載すべき内容等
1　基本方針の内容	①　その会社の株主構成の考え方 ②　買収に対する賛否の判断基準 ③　会社の意思に反する買収が進行している場合に，株主の共同の利益を確保し，かつ，買収者の権利を不当に侵害しないようにするために配慮すべき事項およびその基本的な対応方針
2　次に掲げる取組みの具体的な内容	
(1) 当該株式会社の財産の有効な活用，適切な企業集団の形成その他の基本方針の実現に資する特別な取組み	○企業価値（株式価値）向上のための具体的な取組み（遊休不動産の有効活用，余剰資金の運用，企業グループの形成や関係強化等）
(2) 基本方針に照らして不適切な者によって当該株式会社の財務および事業の方針の決定が支配されることを防止するための取組み	○導入している敵対的買収防衛策の概要（買収防衛策の導入や発動により，会社や株主に生ずる利益および不利益，発動の基準等も記載）
3　2に掲げる取組みが右記の要件に該当するかどうかの取締役会の判断および判断に係る理由	(1) 当該取組みが基本方針に沿うものであること (2) 当該取組みが当該株式会社の株主の共同の利益を損なうものではないこと (3) 当該取組みが当該株式会社の会社役員の地位の維持を目的とするものではないこと

(3) 監査報告

Q91 監査役会設置会社において，各監査役が作成した監査報告も株主総会の招集通知に添付する必要があるのでしょうか。

監査役会設置会社においては，各監査役が監査報告を作成し，それをとりまとめて監査役会監査報告を作成することとなります。このうち，監査役会監査報告は株主総会招集通知の添付書類（株主への提供書類）と定められています（会社法施行規則133条1項2号ロ，会社計算規則133条1項2号ロ）が，各監査役の監査報告の添付（提供）までは義務付けられていません。

一方，監査報告については，計算書類等とともに本店に備置し，株主の閲覧・謄写に供することとなります（会社法442条1項1号）が，ここにいう監査報告は，監査役会監査報告に限定する旨の定めがない以上，実務上は，監査役会監査報告に加え，各監査役の監査報告も備置することが無難と思われます。

Q92 監査役会の監査報告において，単体と連結の監査報告を１つの監査報告に記載しても問題ないのでしょうか。また，計算書類に関する監査報告と事業報告に関する監査報告を１つの監査報告に記載することも可能でしょうか。

監査役会の監査報告は，理論上，単体の計算書類（附属明細書を含む）に関するもの，連結計算書類に関するもの，ならびに事業報告（附属明細書含む）に関するものの計３種類あります。しかしながら，会社法や会社法施行規則において，監査報告の作成形式（個別に作成が必要かなど）までは規定されていません。したがって，これらをまとめて１通の監査報告とすることは問題ないと考えられますし，監査結果の通知をうける特定取締役等や監査報告を目にする株主の立場からも１通にまとまっているほうが好都合とも思われます（日本監査役協会のひな型にもこのパターンのものが用意されています）。

ただし，連結計算書類の作成が単体より大幅に遅れる場合等には，単体の監査報告と連結の監査報告の２通を作成することも考えられます。

(4) 議決権行使書面

Q93 議決権行使書面への記載事項を教えてください。

議決権行使書面には，①株主の氏名または名称，議決権の数（議案ごとに議決権数が異なる場合は，議案ごとの異なる数）②議案ごとの賛否欄，③（候補者が複数の場合）各人ごとの賛否欄，④賛否の記載がない場合の取扱い，⑤重複行使の場合の優先順位（定款で定めている場合を除く），⑥議決権行使期限を記載することとされています（会社法施行規則66条１項）。会社法施行規則に基づく議決権行使書面では，株主の押印欄は不要です。

なお，上記①～⑥の記載事項のうち，①～③については，必ず議決権行使書面に記載しなければならず，④賛否の記載がない場合の取扱い，⑤重複行使の場合の優先順位（定款で定めている場合を除く），⑥議決権行使期限については，招集通知に記載すれば，議決権行使書面への記載は不要とされています（会社法施行規則66条４項）。

なお，電子提供制度が適用され一体型アクセス通知を利用する場合は（資料１）招集通知記載例，（資料１－２）招集通知記載例を参照いただければと思います。

また，電子提供制度下においても，議決権行使書面は引き続き書面で交付することが考えられ，その場合は電子提供措置をとることは不要とされています（Q20参照）。

（資料１）
招集通知記載例
<電子提供措置事項の一部を含む一体型アクセス通知>①
（電子投票制度・書面投票制度採用会社用）

（証券コード○○○○）②
○年○月○日 ③

株　主　各　位 ④

○○市○○町○丁目○番○号 ⑤
○ ○ ○ ○ 株式会社
⑥ 取締役社長 ○○ ○○

第○回 定時株主総会招集ご通知

拝啓　平素は格別のご高配を賜り，厚くお礼申しあげます。
さて，当社第○回定時株主総会を下記により開催いたしますので，ご通知申しあげます。
本定時株主総会の株主総会参考書類等（議決権行使書用紙を除く）の内容である情報（電子提供措置事項）は，電子提供措置をとっておりますので，以下の当社ウェブサイトにアクセスのうえ，[「IR情報」，「株主総会」の順に選択して,］ご確認くださいますようお願い申しあげます。
当社ウェブサイト　http://www.○○○.co.jp/　二次元コード ⑦

電子提供措置事項は，東京証券取引所（東証）のウェブサイトでも電子提供措置をとっております。以下の東証ウェブサイト（東証上場会社情報サービス）にアクセスのうえ，「銘柄名（会社名）」に「●●●●」または証券「コード」に「●●●●」（半角）を入力・検索し，「基本情報」，「縦覧書類/PR情報」の順に選択して，ご確認いただけます。
東証ウェブサイト（東証上場会社情報サービス）
https://www2.jpx.co.jp/tseHpFront/JJK010010Action.do?Show=Show　二次元コード ⑧

また，インターネットまたは書面によって議決権を行使することができますので，お手数ながら株主総会参考書類をご検討のうえ，当社の指定する議決権行使サイト（https://○○○）において賛否を入力されるか，同封の議決権行使書用紙に賛否をご表示のうえご返送いただくか，いずれかの方法により，○年○月○日（○曜日）午後○時までに到着するよう議決権を行使していただきますようお願い申しあげます。 ⑨，⑩，⑪

敬　具

記

１．日　時　○年○月○日（○曜日）午前10時 ⑫
２．場　所　○○市○○町○丁目○番○号 当社本店 ○階○○会議室 ⑬
（末尾の会場ご案内図をご参照ください）⑭
３．株主総会の目的事項
報告事項　１．第○期（○年○月○日から○年○月○○日まで）事業報告，連結計算書類の内容ならびに会計監査人および監査役会の連結計算書類監査結果報告の件 ⑮，⑯，⑰
２．第○期（○年○月○日から○年○月○○日まで）計算書類の内容報告の件
決議事項
第１号議案　剰余金の処分の件
第２号議案　定款一部変更の件 ⑮
第３号議案　取締役○名選任の件
・・・　　・・・
４．招集にあたっての決定事項 ⑱
次頁【議決権の行使等についてのご案内】をご参照ください。

以　上 ⑲

◎　当日ご出席の際は，お手数ながら同封の議決権行使書用紙を会場受付にご提出ください。
◎　電子提供措置事項に修正が生じた場合は，上記インターネット上の当社ウェブサイトおよび東証ウェブサイトに掲載させていただきます。⑳
◎　その他，株主様へのご案内事項につきましては，インターネット上の当社ウェブサイト（http://www.○○○.co.jp/）に掲載させていただきます。当社ウェブサイトより適宜最新情報をご確認くださいますようお願い申しあげます。㉑

【議決権の行使等についてのご案内】 ⑱

（1）　交付書面から一部記載を省略している事項

次の事項につきましては，法令および当社定款第○条第○項の規定に基づき，書面交付請求をいただいた株主様に対して交付する書面には記載しておりません。従いまして，書面交付請求をいただいた株主様に対して交付する書面は，監査報告を作成するに際し，監査役および会計監査人が監査をした対象書類の一部であります。㉒

①　連結計算書類の連結株主資本等変動計算書および連結注記表
②　計算書類の株主資本等変動計算書および個別注記表
③　事業報告の以下の事項
・・・

（2）　議決権行使書に賛否の意思表示がない場合の取扱い

各議案につき賛否の表示のない場合は，賛成の意思表示があったものとしてお取扱いいたします。

（3）　書面ならびにインターネットによる議決権行使が重複してなされた場合の取扱い

書面とインターネットにより重複して議決権を行使された場合は，インターネットによる議決権行使の内容を有効としてお取扱いいたします。

（4）　インターネットによる議決権行使が重複してなされた場合の取扱い

インターネットにより複数回数にわたり議決権を行使された場合は，最後に行使された内容を有効としてお取扱いいたします。

（5）　インターネットによる議決権行使のご案内　⑩

＜　本　文　省　略　＞

【チェックポイント（電子投票制度・書面投票制度採用会社）】

項　目	チェックポイント等
① 一体型アクセス通知	□ 招集通知（アクセス通知）と電子提供措置事項の会社法298条１項各号に掲げる事項は，一部重複する項目がある（後掲図表１参照）。これらを別々に作成すると作成の手間に加え，記載内容に齟齬や漏れが生じたり，作成途上で修正漏れが生じるリスクがあるため，招集通知（アクセス通知）と会社法298条１項各号に掲げる事項を網羅した「一体型アクセス通知」を用いることが考えられる
② 証券コード	□ 任意的記載事項であるが，記載するのが一般的
③ 発信日付	□ 総会日との間に中２週間の余裕があるか。その日までに発送できる日程が組まれているか。また，特定の議決権行使期限を定めた場合の招集通知（アクセス通知）発送期限に注意（「特定の時」の属する日と「発送日」の間に中２週間） □ 日付表記は，西暦，元号のいずれでも差し支えない □ 自社等のウェブサイトに掲載した日を明示するため，招集通知（アクセス通知）発信日とあわせて，ウェブサイトへの掲載日を「（電子提供措置の開始日　○年○月○日）」のように記載することも考えられる
④ 宛名	□ 「株主各位」が多いが，「株主のみなさまへ」等ソフトな表現も
⑤ 住所	□ 会社の登記上の本店所在地と一致しているかを確認。登記と実質上の本社事務所所在地が異なる場合，登記を優先（一般には併記）
⑥ 招集権者の肩書	□ 変更がないか。招集権者に関する定款の規定と齟齬がないか
⑦ 自社等のウェブサイト	□ 電子提供措置をとっているときはその旨およびウェブサイトのアドレスを記載する （会社法325条の４第２項，会社法施行規則95条の３第１項１号） □ 会社法上，株主が電子提供措置をとっているウェブページに到達するために必要な情報を招集通知（アクセス通知）に記載することが求められている。会社のウェブサイトのトップページ等のアドレスを記載し，当該トップページから目的のウェブページに到達するための方法を併記することもできる（法務省民事局参事官室「会社法の改正に伴う法務省関係政令及び会社法施行規則等の改正に関する意見募集の結果について」54頁）
⑧ 東証等の補助的なウェブサイト	□ 電子提供措置をとっているときはその旨およびウェブサイトのアドレスを記載する （会社法第325条の４第２項，会社法施行規則第95条の３第１項１号） □ 自社等のウェブサイトへのアクセスに障害等が発生する可能性を考慮し，自社等のウェブサイトに加え，東京証券取引所の投資者向け公衆縦覧サイトである東証上場会社情報サービスを補助的に利用することも可能である □ 証券取引所等のウェブサイトを補助的に利用する場合は，当該電子提供措置に係るウェブサイトで電子提供措置をとっている旨および電子提供措置に係るウェブサイトのアドレスを記載する
⑨ 定足数	□ 定足数を必要とする議題がある場合，議決権行使書提出の必要性を強調するか
⑩ 議決権のインターネット行使	□ 電磁的方法（インターネット）により議決権行使できる旨を記載しているか確認。議決権行使期限が，書面投票の期限と異なる場合は期限の記載に注意 □ 取締役会で別途行使期限を定めた場合，その内容と齟齬がないか等を確認 □ 詳細な事項は別途記載（「インターネットによる議決権行使のご案内」等）するのが一般的であり，記載漏れはないかも確認（代行機関からひな型の提示を受ける）
⑪ 書面投票制度	□ 書面で議決権行使できる旨を記載しているか確認。議決権行使書用紙（もしくは議決権行使書面）となっているか，議決権行使期限は記載しているか，取締役会で別途行使期限を定めた場合，その内容と齟齬がないか等を確認
⑫ 日時	□ 受付開始時間の記載も検討 □ 過去の総会と著しく離れた日時で開催する場合，開催日時の決定理由を総会招集の取締役会で決議し招集通知に記載することが必要

⑬ 開催場所	□ 変更がないか，定款で招集地を定めている場合，齟齬がないか確認 □ 過去の総会と著しく離れた場所で開催する場合（当該場所が定款所定の招集地である場合を除く），当該場所で開催する理由を総会招集の取締役会で決議し招集通知に記載することが必要 □ 開催場所を変更した場合，その旨付記する例が多い
⑭ 開催場所案内図	□ 開催場所案内図は招集通知（アクセス通知）とあわせて案内する □ 付近のビル等に変更がないか，実地調査で確認
⑮ 議題，議案等の記載順序	□ 報告事項については，会社法に基づく計算書類が記載されているか，連結計算書類の監査結果報告の件の記載漏れがないか確認 □ 決議事項については，総会招集の取締役会での決議事項と齟齬がないか確認（「剰余金の処分の件」等） □ シナリオ上，無理はないか □ 議案が１つなら単に「議案」と表記
⑯ 定時株主総会の期数（回数）	□ 期数，回数に間違いがないかを，前回の招集通知，P/Lの記載等との関連で確認
⑰ 計算書類等の期間表示	□ 去年のままになっていないか確認（特に決算期変更等を行った場合には要注意）
⑱ 招集にあたっての決定事項	□ 総会招集の取締役会で決定した事項（後掲図表２参照）を漏れなく記載する。記載事項が多岐にわたる場合は，別途【議決権の行使等についてのご案内】に記載し，その内容を参照する引用方式を検討 □ 招集通知（アクセス通知）の記載事項は議決権行使書用紙に記載すれば省略可能であるが（会社法施行規則66条４項），会社法298条１項各号に掲げる事項は議決権行使書用紙に記載しても省略できない。本招集通知記載例は，招集通知（アクセス通知）と会社法298条１項各号に掲げる事項を網羅した「一体型アクセス通知」であるため，会社法施行規則63条各号に掲げる「議決権行使書面に賛否の記載がない場合の取扱い」等の招集の決定事項は記載する必要があることに留意
⑲ 以上の記載	□ 狭義の招集通知（アクセス通知）の範囲を明確にするため，株主総会の目的事項もしくは招集にあたっての決定事項の次に「以上」と記載しているか確認
⑳ WEB修正文言	□ 電子提供措置をとる場合についても，修正後の事項を株主に周知させる方法を招集通知（アクセス通知）とあわせて通知することができる。当該方法をウェブサイトに掲載する方法と定め，招集通知（アクセス通知）とあわせて通知したときは，招集通知（アクセス通知）発送日から株主総会の日の前日までに交付書面の記載内容に修正が生じた場合であっても，修正事項をウェブサイトで周知すれば足り，書面で周知する必要はない □ 狭義の招集通知（アクセス通知）に記載することまでは義務付けられておらず，欄外に記載すれば足りる
㉑ 株主に対するその他のご案内事項	□ 満席の場合には入場を断ることや，お土産の配付を取りやめることなど，来場株主に伝えておくべき事項がある場合は，それらを記載することが考えられる □ その他，株主に伝えるべき事項が生じた場合には会社のウェブサイトでお知らせする旨を包括的に記載しておくことが考えられる
㉒ 交付書面の一部記載省略	□ 株主総会参考書類に記載すべき事項について交付書面への記載を省略する場合，招集取締役会において交付書面に記載しないものとする事項を決定し，「４．招集にあたっての決定事項」に記載する（引用方式で可） □ 監査役等が異議を述べている場合，株主総会参考書類および事業報告に記載すべき事項については，交付書面への記載を省略することができない □ 監査役等または会計監査人から，交付書面に記載された事項が監査対象書類の一部である旨を株主に通知するよう請求があれば，その旨を記載しなくてはならない。文言は，あらかじめ調整することが望ましい □ 根拠規定の条数を記載せず，「法令および当社定款の規定に基づき…」とすることも考えられる
㉓ その他	□ 誤字脱字や表記の統一性（「上げます」か「あげます」かなど）確認 □ 敬具の位置（なお書き，おって書きとの関係），表現の正確性（議決権行使書用紙，議決権行使書面），敬語の使い方は正確か

（資料１－２）
招集通知記載例
<電子提供措置事項の一部を含む一体型アクセス通知>①（書面投票制度採用会社用）

（証券コード○○○○）　②
○年○月○日　③

株　主　各　位　④

○○市○○町○丁目○番○号　⑤
○ ○ ○ ○ 株式会社
⑥　取締役社長　○○　○○

第○回 定時株主総会招集ご通知

拝啓　平素は格別のご高配を賜り，厚くお礼申しあげます。
さて，当社第○回定時株主総会を下記により開催いたしますので，ご通知申しあげます。
本定時株主総会の株主総会参考書類等（議決権行使書用紙を除く）の内容である情報（電子提供措置事項）は，電子提供措置をとっておりますので，以下の当社ウェブサイトにアクセスのうえ，[「IR情報」,「株主総会」の順に選択して,］ご確認くださいますようお願い申しあげます。
当社ウェブサイト　http://www.○○○.co.jp/　二次元コード　⑦

電子提供措置事項は，東京証券取引所（東証）のウェブサイトでも電子提供措置をとっております。以下の東証ウェブサイト（東証上場会社情報サービス）にアクセスのうえ，「銘柄名（会社名）」に「●●●●」または証券「コード」に「●●●●」（半角）を入力・検索し，「基本情報」,「縦覧書類/PR情報」の順に選択して，ご確認いただけます。
東証ウェブサイト（東証上場会社情報サービス）
https://www2.jpx.co.jp/tseHpFront/JJK010010Action.do?Show=Show　二次元コード　⑧

また，書面によって議決権を行使することができますので，お手数ながら株主総会参考書類をご検討のうえ，同封の議決権行使書用紙に賛否をご表示のうえ，○年○月○日（○曜日）午後○時までに到着するようご返送くださいますようお願い申しあげます。　⑨，⑩

敬　具

記

１．日　時　○年○月○日（○曜日）午前10時　⑪
２．場　所　○○市○○町○丁目○番○号 当社本店 ○階○○会議室　⑫
（末尾の会場ご案内図をご参照ください）　⑬
３．株主総会の目的事項
報告事項　１．第○期（○年○月○日から○年○月○○日まで）事業報告，連結計算書類の内容ならびに会計監査人および監査役会の連結計算書類監査結果報告の件　⑭，⑮，⑯
２．第○期（○年○月○日から○年○月○○日まで）計算書類の内容報告の件
決議事項
第１号議案　剰余金の処分の件
第２号議案　定款一部変更の件　⑭
第３号議案　取締役○名選任の件
・・・　　・・・
４．招集にあたっての決定事項　⑰
◎　議決権行使書に賛否の意思表示がない場合の取扱い
各議案につき賛否の表示のない場合は，賛成の意思表示があったものとしてお取扱いいたします。

以　上　⑱

◎　当日ご出席の際は，お手数ながら同封の議決権行使書用紙を会場受付にご提出ください。
◎　次の事項につきましては，法令および当社定款第○条第○項の規定に基づき，書面交付請求をいただいた株主様に対して交付する書面には記載しておりません。従いまして，書面交付請求をいただいた株主様に対して交付する書面は，監査報告を作成するに際し，監査役および会計監査人が監査をした対象書類の一部であります。⑲
　①　連結計算書類の連結株主資本等変動計算書および連結注記表
　②　計算書類の株主資本等変動計算書および個別注記表
　③　事業報告の以下の事項
　　　・・・
◎　電子提供措置事項に修正が生じた場合は，上記インターネット上の当社ウェブサイトおよび東証ウェブサイトに掲載させていただきます。⑳
◎　その他，株主様へのご案内事項につきましては，インターネット上の当社ウェブサイト（http://www.○○○.co.jp/）に掲載させていただきます。当社ウェブサイトより適宜最新情報をご確認くださいますようお願い申しあげます。㉑

【チェックポイント（書面投票制度採用会社）】

項　目	チェックポイント等
① 一体型アクセス通知	□ 招集通知（アクセス通知）と電子提供措置事項の会社法298条１項各号に掲げる事項は，一部重複する項目がある（後掲図表１参照）。これらを別々に作成すると作成の手間に加え，記載内容に齟齬や漏れが生じるリスクがあるため，招集通知（アクセス通知）と会社法298条１項各号に掲げる事項を網羅した「一体型アクセス通知」を用いることが考えられる
② 証券コード	□ 任意的記載事項であるが，記載するのが一般的
③ 発信日付	□ 総会日との間に中２週間の余裕があるか。その日までに発送できる日程が組まれているか。また，特定の議決権行使期限を定めた場合の招集通知（アクセス通知）発送期限に注意（「特定の時」の属する日と「発送日」の間に中２週間） □ 日付表記は，西暦，元号のいずれでも差し支えない □ 自社等のウェブサイトに掲載した日を明示するため，招集通知（アクセス通知）発信日とあわせて，ウェブサイトへの掲載日を「（電子提供措置の開始日　○年○月○日）」のように記載することも考えられる
④ 宛名	□ 「株主各位」が多いが，「株主のみなさまへ」等ソフトな表現も
⑤ 住所	□ 会社の登記上の本店所在地と一致しているかを確認。登記と実質上の本社事務所所在地が異なる場合，登記を優先（一般には併記）
⑥ 招集権者の肩書	□ 変更がないか。招集権者に関する定款の規定と齟齬がないか確認
⑦ 自社等のウェブサイト	□ 電子提供措置をとっているときはその旨およびウェブサイトのアドレスを記載する （会社法325条の４第２項，会社法施行規則95条の３第１項１号） □ 会社法上，株主が電子提供措置をとっているウェブページに到達するために必要な情報を招集通知（アクセス通知）に記載することが求められている。会社のウェブサイトのトップページ等のアドレスを記載し，当該トップページから目的のウェブページに到達するための方法を併記することもできる（法務省民事局参事官室「会社法の改正に伴う法務省関係政令及び会社法施行規則等の改正に関する意見募集の結果について」54頁）
⑧ 東証等の補助的なウェブサイト	□ 電子提供措置をとっているときはその旨およびウェブサイトのアドレスを記載する （会社法325条の４第２項，会社法施行規則95条の３第１項１号） □ 自社等のウェブサイトへのアクセスに障害等が発生する可能性を考慮し，自社等のウェブサイトに加え，東京証券取引所の投資者向け公衆縦覧サイトである東証上場会社情報サービスを補助的に利用することも可能である □ 証券取引所等のウェブサイトを補助的に利用する場合は，当該電子提供措置に係るウェブサイトで電子提供措置をとっている旨および電子提供措置に係るウェブサイトのアドレスを記載する
⑨ 定足数	□ 定足数を必要とする議題がある場合，議決権行使書提出の必要性を強調するか
⑩ 書面投票制度	□ 書面で議決権行使できる旨を記載しているか確認。議決権行使書用紙（もしくは議決権行使書面）となっているか，議決権行使期限は記載しているか，取締役会で別途行使期限を定めた場合，その内容と齟齬がないかなどを確認
⑪ 日時	□ 受付開始時間の記載も検討 □ 過去の総会と著しく離れた日時で開催する場合，開催日時の決定理由を総会招集の取締役会で決議し招集通知に記載することが必要
⑫ 開催場所	□ 変更がないか。定款で招集地を定めている場合，齟齬がないか確認 □ 過去の総会と著しく離れた場所で開催する場合（当該場所が定款所定の招集地である場合を除く），当該場所で開催する理由を総会招集の取締役会で決議し招集通知に記載することが必要 □ 開催場所を変更した場合，その旨付記する例が多い

⑬ 開催場所案内図	□ 開催場所案内図は招集通知（アクセス通知）とあわせて案内する □ 付近のビル等に変更がないか，実地調査で確認
⑭ 議題，議案等の記載順序	□ 報告事項については，会社法に基づく計算書類が記載されているか，連結計算書類の監査結果報告の件の記載漏れがないか確認 □ 決議事項については，総会招集の取締役会での決議事項と齟齬がないか確認（「剰余金の処分の件」等） □ シナリオ上，無理はないか □ 議案が１つなら単に「議案」と表記
⑮ 定時株主総会の期数（回数）	□ 期数，回数に間違いがないかを，前回の招集通知，P/Lの記載等との関連で確認
⑯ 計算書類等の期間表示	□ 去年のままになっていないか確認（特に決算期変更等を行った場合には要注意）
⑰ 招集の決定事項	□ 総会招集の取締役会で決定した事項（後掲図表２参照）を漏れなく記載する。記載事項が多岐にわたる場合は，別途【議決権の行使等についてのご案内】に記載し，その内容を参照する引用方式を検討 □ 招集通知（アクセス通知）の記載事項は議決権行使書用紙に記載すれば省略可能であるが（会社法施行規則66条４項），会社法298条１項各号に掲げる事項は議決権行使書用紙に記載しても省略できない。本招集通知記載例は，招集通知（アクセス通知）と会社法298条１項各号に掲げる事項を網羅した「一体型アクセス通知」であるため，会社法施行規則63条各号に掲げる「議決権行使書面に賛否の記載がない場合の取扱い」等の招集の決定事項は記載する必要があることに留意
⑱ 以上の記載	□ 狭義の招集通知（アクセス通知）の範囲を明確にするため，株主総会の目的事項もしくは招集にあたっての決定事項の次に「以上」と記載しているか確認
⑲ 交付書面の一部記載省略	□ 株主総会参考書類に記載すべき事項について交付書面への記載を省略する場合，招集取締役会において交付書面に記載しないものとする事項を決定し，「４．招集にあたっての決定事項」に記載する □ 監査役等が異議を述べている場合，株主総会参考書類および事業報告に記載すべき事項については，交付書面への記載を省略することができない □ 監査役等または会計監査人から，交付書面に記載された事項が監査対象書類の一部である旨を株主に通知するよう請求があれば，その旨を記載しなくてはならない。文言は，あらかじめ調整することが望ましい □ 根拠規定の条数を記載せず，「法令および当社定款の規定に基づき…」とすることも考えられる
⑳ WEB修正文言	□ 電子提供措置をとる場合についても，修正後の事項を株主に周知させる方法を招集通知（アクセス通知）とあわせて通知することができる。当該方法をウェブサイトに掲載する方法と定め，招集通知（アクセス通知）とあわせて通知したときは，招集通知（アクセス通知）発送日から株主総会の日の前日までに交付書面の記載内容に修正が生じた場合であっても，修正事項をウェブサイトで周知すれば足り，書面で周知する必要はない □ 狭義の招集通知（アクセス通知）に記載することまでは義務付けられておらず，欄外に記載すれば足りる
㉑ 株主に対するその他のご案内事項	□ 満席の場合には入場を断ることや，お土産の配付を取りやめることなど，来場株主に伝えておくべき事項がある場合は，それらを記載することが考えられる □ その他，株主に伝えるべき事項が生じた場合には会社のウェブサイトでお知らせする旨を包括的に記載しておくことが考えられる
㉒ その他	□ 誤字脱字や表記の統一性（「上げます」か「あげます」か等）確認 □ 敬具の位置（なお書き，おって書きとの関係），表現の正確性（議決権行使書用紙，議決権行使書面），敬語の使い方は正確か

【図表１】招集通知（アクセス通知）と会社法298条１項各号に掲げる事項の記載事項

	招集通知（アクセス通知）	会社法298条１項各号
株主総会の日時・場所　（会社法298条１項１号）	○	○
株主総会の目的である事項があるときは，目的事項（同項２号）	○	○
書面投票ができることとするときはその旨　（同項３号）	○	○
電子投票ができることとするときはその旨　（同項４号）	○	○
会社法施行規則63条各号に掲げる事項（※【図表２】を参照）（同項５号）	×	○
電子提供措置をとっているときはその旨（会社法325条の４第２項１号）	○	×
EDINETの特例を利用するときはその旨　（同項２号）	○	×
電子提供措置をとっているときは，電子提供措置に係るウェブサイトのアドレスその他の株主が電子提供措置をとっているページに到達するために必要な事項（同項３号，会社法施行規則95条の３第１項１号）	○	×
EDINETの特例を利用したときは，当該EDINETに係るウェブサイトのアドレスその他の株主が内容を閲覧するために必要な事項　（同項３号，会社法施行規則95条の３第１項２号）	○	×

（出所）塚本英巨・中川雅博『株主総会資料電子提供の法務と実務』（商事法務，2021年）に基づき当社作成

【図表２】株主総会招集の取締役会での決議事項として法務省令で定める事項

	決議事項	根拠規定
①	定時総会開催日が前年応当日と著しく離れた場合の開催日時の決定理由	会社法施行規則63①イ
②	公開会社で開催日を集中日に決定したことにつき特に理由がある場合の開催日時の決定理由	同①ロ
③	開催場所が過去に開催したいずれの場所とも著しく離れた場合の開催場所の決定理由（定款所定の場所での開催を除く）	同②
④	株主総会参考書類に記載すべき事項	同③イ
⑤	書面投票期限	同③ロ
⑥	IT行使期限	同③ハ
⑦	議決権行使書面に賛否の記載がない場合の取扱い	同③ニ
⑧	ウェブ開示により参考書類に記載しない事項	同③ホ
⑨	重複行使の場合の取扱い（書面－書面，IT－IT，書面－IT）	同③へ，④ロ
⑩	参考書類に記載すべき事項のうち，会社法325条の５第３項の規定により交付書面に記載しない事項[注1]	同③ト
⑪	電磁的方法での招集通知受領承諾株主に対し，請求があった場合に議決権行使書面を送付するときはその旨	同④イ
⑫	電子提供措置をとる旨の定款の定めがある場合に，電磁的方法での招集通知受領承諾株主に対し，請求があった場合に議決権行使書面に記載すべき事項に係る情報について電子提供措置をとることとするときはその旨[注1]	同④ハ
⑬	代理人の議決権行使について代理権を証明する方法，代理人の数，その他議決権行使に関する事項を定めたときはその事項	同⑤
⑭	不統一行使の事前通知の方法を定めたときはその方法	同⑥

（注１）電子提供制度の施行（令和４年９月１日）に伴い追加された事項

（資料２）事業報告の記載例と記載要領

本記載例は，監査役会設置会社を前提としたものです。
施規：会社法施行規則，計規：会社計算規則

~~（添付書類）~~ 1

事業報告
○年○月１日から
○年○月31日まで

１．企業集団の現況に関する事項 2

(1) 事業の経過および成果

当連結会計年度におけるわが国経済は，・・・3

・・・

当業界におきましては，・・・

・・・

このような情勢のなか，当社グループは，・・・

・・・，売上高は○○○億円（前期比○○.○％増），経常利益は○○億円（前期比○○.○％増），親会社株主に帰属する当期純利益は○○億円（前期比○○.○％増）となりました。

部門別の状況は次のとおりであります。

【○○部門】

・・・

・・・○○部門の売上高は○○○億円（前期比○○.○％増）となりました。

【○○部門】

・・・

・・・○○部門の売上高は○○○億円（前期比○○.○％増）となりました。

(2) 設備投資の状況 4

（省略）5

(3) 資金調達の状況 6

（省略）7

(4) 財産および損益の状況の推移 8

（単位　百万円）

区　分	第××期 ○年○月１日から ○年○月31日まで	第○×期 ○年○月１日から ○年○月31日まで	第○○期 ○年○月１日から ○年○月31日まで	第×○期 ○年○月１日から ○年○月31日まで
売上高				
経常利益				
親会社株主に帰属する当期純利益				
１株当たり当期純利益（円）				
総資産				
純資産				

（注）１．１株当たり当期純利益は，期中平均発行済株式総数（自己株式を控除した株式数）により算出しております。

２．（省略）9

(5) 対処すべき課題　（省略）10

項　番	記　載　要　領
1	□　事業報告は電子提供措置事項であり，招集通知に添付して送付する必要はない（書面交付請求株主を除く）。そのため，「添付書類」の記載をしないことが考えられる
2	□　会社の現況に関する事項は，連結ベースで「企業集団の現況に関する事項」を記載することで，単体の記載を省略可（施規120条２項）。この場合は，「企業集団の現況に関する事項」をすべて連結ベースで記載するのが原則的な取扱いと考えられる（以下，連結ベースで記載する前提で説明） □　事業が２以上の部門に分かれている場合，部門別に区別することが困難な場合を除き，その部門別に区分された事項を記載（施規120条１項）
3	□　当連結会計年度における「一般的な経済環境」，「業界の状況」，「企業集団の状況」の順に記載するスタイルが一般的 □　本文の記載に当たり，「企業集団」の用語は使用せず，「当社グループ」等の適宜の用語に置き換えることが考えられる □　記載する売上高等の数値は連結計算書類の数値と一致しているか注意（財産および損益の状況の推移についても確認）
4	□　売却・撤去等も含むため，見出しを「設備投資等の状況」とすることも考えられる □　重要なものを記載するため，「重要な設備投資の状況」とすることも考えられる
5	□　当連結会計年度中に完成した主要設備，当連結会計年度において継続中の主要設備の新設，拡充・改修，生産能力に重要な影響を及ぼすような固定資産の売却，撤去または災害等による滅失を記載 □　可能であれば，部門別に記載 □　資金調達の状況，附属明細書との整合性に注意
6	□　重要なものを記載するため，「重要な資金調達の状況」とすることも考えられる
7	□　増資，社債発行，多額の借入れ等設備投資に伴う非経常的な資金調達を記載 □　可能であれば，部門別に記載 □　設備投資の状況との整合性に注意
8	□　連結ベースを記載すれば足りるが，あわせて単体ベースを記載することも考えられる □　直前３連結会計年度の財産および損益の状況を記載するため，当連結会計年度も含めて４年度分記載 □　記載する売上高等の数値は連結計算書類の数値と一致しているか注意（事業の経過および成果についても確認） □　業績を示す指標として，１株当たり純資産額やROE，TSR等を記載することも検討 □　連結会計年度経過後の会計方針の変更その他の正当な理由により，過年度の定時株主総会で承認または報告された数値と異なることとなったときは，修正後の過年度事項を記載可（施規120条３項）。修正後の過年度事項を記載する場合は，平成21年12月４日付企業会計基準委員会公表の「会計上の変更及び誤謬の訂正に関する会計基準」（企業会計基準第24号）および「会計上の変更及び誤謬の訂正に関する会計基準の適用指針」（企業会計基準適用指針第24号）に従うことが考えられる
9	□　変動が著しい場合は，その要因を注記
10	□　グループ全体の当面の課題を記載 □　最近は中期経営計画についての記載が増加（ことに新中計策定時）

(6) 重要な親会社および子会社の状況 11

① 親会社の状況

当社の親会社は，○○○○株式会社で，同社は当社の株式を○,○○○,○○○株（出資比率○○%）保有いたしております。

当社は，親会社に対し，主として○○の販売を行っております。また，親会社との間で，……に関する取り決めをしております。

② 重要な子会社の状況

会社名	資本金	出資比率	主要な事業内容
	百万円	%	
	百万円	%	

③ 重要な企業結合等の状況 12

（省略）

(7) 主要な事業内容（○年○月31日現在）13

部　門	主要製品

(8) 主要な営業所および工場（○年○月31日現在）14

当　社	本　社	
	営業所	
子会社	本　社	
	工場	

(9) 従業員の状況（○年○月31日現在）15

従　業　員　数	前年度末比増減
○,○○○名	○○名増

(10) 主要な借入先（○年○月31日現在）16

借　入　先	借入金残高
株式会社○○銀行	○,○○○百万円
株式会社○○銀行	○,○○○百万円

(11) その他企業集団の現況に関する重要な事項 17

項　番	記　載　要　領
11	□ 親子会社の判定は，実質支配基準による。対象となる法人は株式会社に限られず，外国会社等も含まれる。ただし，事業報告への記載範囲は重要な親会社または子会社で足りる（施規120条１項７号） □ 親会社等との取引のうち，個別注記表への注記が必要なものは，当該取引にあたり当社の利益を害さないように留意した事項等を記載する必要あり（施規118条５号）。当該事項は親会社の状況に記載することが考えられる □ 親会社との間で重要な財務および事業の方針に関する契約等が存在する場合，その概要を記載する（施規120条１項７号カッコ書き） □ 特定完全子会社がある場合，その名称，住所，当該特定完全子会社の株式の帳簿価額等の記載が必要（施規118条４号）。重要な子会社の状況への記載が考えられる □ 重要な子会社の状況には，子会社の設立，解散，企業再編，商号変更，増資等の状況を注記することも考えられる
12	□ 合併等の重要な企業結合等の状況（事業の譲渡･譲受け，合併，会社分割，他の会社の株式・新株予約権の取得および処分（施規120条１項５号ハニホヘ））はここに項目を設けて記載することが考えられる。内容によっては，「事業の経過および成果」または「対処すべき課題」に記載もしくは独立の項目を設けての記載も考えられる □ 重要な業務提携や技術提携等についての記載も考えられる（施規120条１項９号）
13	□ 事業部門別に主要な製品名等を記載。その際には，「事業の経過および成果」との整合性に留意 □ 「事業の経過および成果」の事業部門別の記載で代替し，独立した項目で記載しないことも考えられる
14	□ 事業を行うための物的施設の状況（名称および所在地）を，当社と子会社等に区分するなどしてわかりやすく記載 □ 見出しは，事業内容に応じて，「主要な事業所」等に変更することが考えられる □ 所在地は，国内であれば都道府県，海外であれば国名を記載することが考えられる
15	□ 連結会計年度末の従業員数，前年度末比増減を記載。男性・女性に分ける例も □ 連結ベースを記載すれば足りるが，平均年齢や平均勤続年数を含めた単体ベースも記載することが考えられる □ 従業員の構成等に重要な変動がある場合には，その内容を注記
16	□ 主要な借入先について連結会計年度末日の借入金残高を記載。連結会計年度終了後に大きな変動がある場合は，注記を検討 □ 主要な借入先が有する会社の株式数は不要
17	□ (1)～(10)で記載した事項以外に，重要な訴訟の提起，判決，和解，事故，不祥事，社会貢献等，会社または企業集団の現況に関する重要な事項（財産・損益に影響を与えない重要な後発事象を含む（旬刊商事法務1762号６頁）がある場合には，項目を設けて記載することが考えられる（施規118条１号，120条１項９号）

2．会社の株式に関する事項 18
(1) 発行可能株式総数　　○,○○○,○○○株
(2) 発行済株式の総数　　○,○○○,○○○株（自己株式○○○,○○○株を含む）
(3) 株主数　　○,○○○名
(4) 大株主

株　主　名	持　株　数	持　株　比　率
	千株	%

（注）持株比率は，自己株式（○○○,○○○株）を控除して計算しております。

(5) 当事業年度中に交付した株式報酬の状況

	株式数	交付を受けた者の人数
取締役 （社外取締役を除く）	○株	○名
社外取締役	○株	○名
監査役	○株	○名

3．会社の新株予約権等に関する事項 19
(1) 当事業年度末日における新株予約権等の状況 20

	第○回新株予約権 （○年○月○日発行）	第×回新株予約権 （○年○月○日発行）
新株予約権の数	○,○○○個	○,○○○個
新株予約権の目的となる株式の種類および数	普通株式○,○○○,○○○株（新株予約権１個につき○○○株）	普通株式○,○○○,○○○株（新株予約権１個につき○○○株）
新株予約権の発行価額	１個あたり　○,○○○円	１個あたり　○,○○○円
新株予約権の行使価額	１個あたり　○,○○○円	１個あたり　○,○○○円
新株予約権を行使することができる期間	○年○月○日から○年○月○日まで	○年○月○日から○年○月○日まで
新株予約権の主な行使条件		

(2) 当事業年度末日における当社役員の保有状況

	名　称	個　数	保　有　者　数
取締役 （社外取締役を除く）	第○回新株予約権	○個	○名
	第×回新株予約権	○個	○名
社外取締役	第○回新株予約権	○個	○名
	第×回新株予約権	○個	○名
監査役	第○回新株予約権	○個	○名
	第×回新株予約権	○個	○名

<table>
<tr><th>項　番</th><th>記　載　要　領</th></tr>
<tr><td>18</td><td>□　発行済株式（自己株式を除く）の総数に対する保有株式数の割合についての上位10名の株主名・持株数（種類株式発行の場合，その種類ごとの株式数含む）・持株比率も記載（施規122条1項1号）。持株比率は，出資比率でも差し支えない。なお，種類株式を発行している場合，普通株式と合算（内訳も表示）し，一表で作成するのが通例
□　自己株式が上位10名の株主に該当する場合，一覧表には自己株式を除いた上位10名の大株主を記載し「自己株式は，上記大株主からは除いております。」と注記することが考えられる
□　外国人株主の氏名または名称は原則としてアルファベット表記で総株主通知がなされ，株主名簿上もアルファベット表記に。その結果，大株主の氏名または名称もアルファベット表記に
□　当該事業年度中に会社役員（であった者）に対し，職務執行の対価として交付した株式につき役員の区分ごとに株式数（種類株式発行会社にあっては株式の種類，種類ごとの株式数）と交付を受けた者の人数を記載する（施規122条1項2号）。職務執行の対価として株式を交付する場合に一定の条件や制約が付される場合に，株式に関する重要な事項に該当するときは，施規122条1項3号に基づいて事業報告に記載することが考えられる（旬刊商事法務2252号21頁）
□　その他株式に関する重要な事項（施規122条1項3号）としては，発行可能株式総数，発行済株式の総数，株主数を記載することが考えられる
□　新株発行や大量の新株予約権の行使，自己の株式の取得，自己株式の処分・消却，株式分割，株式併合，単元株式数の引き下げ，株式報酬制度，従業員持株ESOP信託の設定等，株式の状況に関するトピックスは，その内容の記載（注記）が考えられる</td></tr>
<tr><td>19</td><td>□　該当がなければ項目自体不要</td></tr>
<tr><td>20</td><td>□　施規（123条1号）では，事業年度末日における役員（当該事業年度末日において在任している者に限る）が事業年度末日現在で保有する新株予約権等（職務執行の対価として交付されたものに限る）について，当該新株予約権等の内容の概要および取締役，社外取締役，取締役以外の役員に区分した新株予約権等の保有者数を記載することとされている。ただし，従業員等に交付された新株予約権等も含め網羅的に記載したうえで，取締役，社外取締役，取締役以外の役員の区分ごとに保有状況を記載することも考えられる
□　記載例は，網羅的な記載をしたうえで役員の区分ごとの保有状況を記載しているが，施規123条1号に定める事項のみを記載する場合は，見出しを「当社役員が保有する職務執行の対価として交付された新株予約権」等と限定的に記載するのが望ましい
□　新株予約権の払込金額を報酬債権と相殺する場合，その旨を記載することが考えられる。また，いわゆる1円ストックオプションの場合，新株予約権の払込金額は無償，新株予約権の行使に際して出資される財産の価額は1円である旨を記載することが考えられる</td></tr>
</table>

(3) 当事業年度中に交付した新株予約権等の状況 21

当事業年度中に交付した新株予約権等は（1）に記載の第×回新株予約権のとおりであります。

第×回新株予約権のうち当社従業員，当社子会社役員および従業員への交付状況

	個　数	交付者数
当社従業員（当社役員を兼ねている者を除く）	○個	○名
当社子会社役員および従業員（当社役員および当社従業員を兼ねている者を除く）	○個	○名

(4) その他新株予約権等に関する重要な事項 22
（省略）

4．会社役員に関する事項

(1) 取締役および監査役 23

地　位	氏　名	担当および重要な兼職の状況
代表取締役会長		
代表取締役社長		
取締役		○○本部長
取締役		
常勤監査役		
監査役		○○○○保険相互会社　社外監査役
監査役		△△△△株式会社　社外監査役

（注）1．取締役○○○○氏は，社外取締役であり，○○証券取引所に独立役員として届け出ております。
2．監査役○○○○氏および○○○○氏は，社外監査役であり，○○証券取引所に独立役員として届け出ております。
3．監査役○○○○氏は，○○○の資格を有しており，財務および会計に関する相当程度の知見を有しております。

項　番	記　載　要　領
21	□ 施規（123条２号）では，事業年度中に，従業員，子会社の役員および従業員に対して交付した新株予約権等（職務執行の対価として交付されたものに限る）について，当該新株予約権等の内容の概要および新株予約権等の交付者数を記載することとされている。ただし，事業年度中に交付した新株予約権等の全体像を記載したうえで，従業員等の区分ごとに交付状況を記載することも考えられる。この場合，新株予約権等の内容の概要が前記「(1) 当事業年度末日における新株予約権等の状況」で記載したものと重複する場合は，前記の記載を参照する形で記載することも考えられる □ 記載例は，事業年度中に交付した新株予約権等の全体像を記載したうえで，従業員等の区分ごとに交付状況を記載（ただし重複記載箇所は参照）する方式で記載。施規123条２号に定める事項のみを記載する場合は，見出しを「当事業年度中に職務執行の対価として従業員等に交付した新株予約権の状況」等と限定的に記載するのが望ましい
22	□ その他新株予約権等（職務執行の対価として交付されたものでないもの）に関する重要な事項があれば記載（施規123条３号）。転換社債型新株予約権付社債の残高，ストックオプション以外の新株予約権発行等の記載が考えられる。該当なければ項目自体不要
23	□ ①氏名，②地位および担当，③会社役員と当社との間で責任限定契約を締結している場合の当該契約の内容の概要，④重要な兼職の状況，⑤監査役が財務および会計に関する相当程度の知見を有しているものであるときはその事実を記載。①から⑤の記載事項となる会社役員の範囲は，直前の定時株主総会の日の翌日以降に在任していた者に限られる（施規121条１号）。事業年度中の会社役員の異動状況は項番24で記載することが考えられる □ 重要な兼職の状況（施規121条８号）には，他の法人等の代表状況も含まれる □ 社外取締役および社外監査役である旨や，監査役が財務および会計に関する相当程度の知見を有する場合のその事実（施規121条９号）は注記 □ 独立役員について注記することが一般的 □ 社外役員が他の法人等の業務執行者を兼職しており，当該兼職が事業報告に記載すべき内容である場合には，兼職先と当社の関係を記載（施規124条１項１号）。社外役員が他の法人等の社外役員を兼職している場合についても同様（同124条１項２号） □ 兼職先と当社の関係は，たとえば取引関係であれば「○○に関する取引がある」旨等を記載することが多いが，あわせて取引の規模についても記載することが考えられる □ 兼職先と当社との関係については，明文上，重要なものに限るという限定は特にされていないが，社外役員としての職務執行になんら影響を与えるおそれがない一般的な取引条件に基づく単なる取引関係等については，開示の対象とならないものと考えられる（旬刊商事法務1863号19頁） □ 社外役員の兼職先と当社の関係については，項番30「社外役員に関する事項」で記載しない場合には，こちらに記載することが考えられる

(2) 当事業年度中の取締役および監査役の異動 24

① 就任

○年○月○日開催の第○×回定時株主総会において，○○○○，○○○○の両氏が取締役に，○○○○氏が監査役に選任され，それぞれ就任いたしました。

② 退任

○年○月○日開催の第○×回定時株主総会終結の時をもって，専務取締役○○○○，取締役○○○○，○○○○，○○○○の各氏は退任いたしました。常勤監査役○○○○氏は○年○月○日辞任いたしました。

③ 当事業年度中の取締役の地位・担当等の異動

氏　名	新	旧	異動年月日

(3) 責任限定契約の内容の概要 25

会社法第427条第１項の規定に基づき，取締役○○○○氏，監査役○○○○氏および○○○○氏と同法第423条第１項の損害賠償責任を限定する契約を締結しております。当該契約に基づく損害賠償責任の限度額は，○百万円または法令で規定する額のいずれか高い額としております。

(4) 補償契約の内容の概要等 26

取締役○○○○氏および○○○氏，ならびに監査役○○○○氏および○○○○氏と会社法第430条の２第１項に規定する補償契約を締結しております。当該契約では，同項第１号の費用および同項第２号の損失を法令の定める範囲内において当社が補償することとしております。

(5) 役員等賠償責任保険契約の内容の概要等 27

当社は，取締役および監査役の全員を被保険者とする会社法第430条の３第１項に規定する役員等賠償責任保険契約を保険会社との間で締結しております。当該保険契約では，被保険者が負担することとなる……などの損害が填補されることとなります。

項　番	記　載　要　領
24	□　氏名等を記載すべき会社役員の範囲は直前の定時株主総会の日の翌日以降に在任していた者に限られる（施規121条１号）ことから，直前の定時株主総会終結の日の翌日以降の事業年度中の異動状況を記載するが，直前の定時株主総会終結の日以前の異動状況も記載することが考えられる □　事業年度中に辞任した会社役員がある場合は，辞任の時期にかかわらず氏名等を記載しなくてはならない（施規121条７号）ので，注意が必要 □　事業年度中の役員の異動状況が少ない場合は,「取締役および監査役」（4.(1)）の注記として記載することが考えられる
25	□　責任限定契約を締結している場合は，その概要（限度額等含む）を記載 □　当該契約によって役員の職務の適正性が損なわれないようにするための措置を講じている場合は，その措置の内容も記載 □　定款に責任限定契約の定めはあるが，未締結の場合，その旨の記載も考えられる
26	□　会社と役員間で補償契約を締結している場合，締結者の氏名，契約の内容の概要（当該契約により役員の職務の執行の適正性が損なわれないようにするための措置を含む）を記載する（施規121条３号の２） □「職務の執行の適正性が損なわれないようにするための措置」としては，例えば補償契約において会社が補償する額につき限度額を設けることや，会社が役員に対して責任を追及する場合には（防御費用を含め）補償ができないこととすることなどが考えられる（旬刊商事法務2252号16頁）
27	□　役員等賠償責任保険契約を締結した場合，①被保険者の範囲②当該役員等賠償責任保険契約の内容の概要の記載が必要 □　契約の内容の概要には，①被保険者の実質的な保険料負担割合，②填補の対象とされる保険事故の概要，③当該役員等の職務の執行の適正性が損なわれないようにするための措置を講じている場合には，その措置の内容を含む □　被保険者の範囲は，被保険者の範囲を特定できるのであれば氏名の記載は不要 □　被保険者の範囲には，役員等賠償責任保険の被保険者に役員等でない者（執行役員など）が含まれている場合，当該役員等でない者も含まれる □　役員等賠償責任保険の被保険者に子会社役員等が含まれる場合，当該子会社が実質的に保険料の一部を負担していたとしても，契約者ではないため，当該子会社の事業報告での記載は不要。一方，契約者である親会社は，被保険者の範囲として子会社の役員等が含まれることにつき記載が必要（以上，旬刊商事法務2252号19頁～21頁等）

(6) 取締役および監査役の報酬等の総額 28

役員区分	支給人数	報酬等の総額			
			基本報酬	業績連動報酬	株式報酬
取締役 (うち社外取締役)	名 (名)	百万円 (百万円)	百万円 (百万円)	百万円 (百万円)	百万円 (百万円)
監査役 (うち社外監査役)	名 (名)	百万円 (百万円)	百万円 (百万円)	百万円 (百万円)	百万円 (百万円)
合計	名 (名)	百万円 (百万円)	百万円 (百万円)	百万円 (百万円)	百万円 (百万円)

(注) 1. 取締役の報酬等の総額には，使用人兼務取締役の使用人分給与は含まれておりません。
2. 上記の支給人数には，○年○月○日開催の定時株主総会終結の時をもって退任した取締役○名（うち社外取締役○名），監査役○名（うち社外監査役○名）を含んでおります。29

〈上記報酬等に関する事項〉

① 業績連動報酬等に関する事項

・・・・・・・・・

② 非金銭報酬等に関する事項

・・・・・・・・・

③ 取締役および監査役の報酬等に関する株主総会の決議に関する事項

当社取締役の金銭報酬の額は，20XX 年●月●日開催の第●回定時株主総会において年額●●●円以内（うち，社外取締役年額●●●円以内）と決議しております（使用人兼務取締役の使用人分給与は含まない。）。当該定時株主総会終結時点の取締役の員数は○名（うち，社外取締役は○名）です。また，当該金銭報酬とは別枠で，20XX 年●月●日開催の第●回定時株主総会において，株式報酬の額を年額●●●円以内（社外取締役は付与対象外）と決議しております。当該定時株主総会終結時点の取締役（社外取締役を除く）の員数は○名です。

当社監査役の金銭報酬の額は，20XX 年●月●日開催の第●回定時株主総会において年額●●●円以内と決議しております。当該定時株主総会終結時点の監査役の員数は○名です。

④ 取締役の個人別の報酬等の内容についての決定方針に関する事項

イ．当該方針の決定の方法

・・・・・・・

ロ．当該方針の内容の概要

・・・・・・・

ハ．当該事業年度に係る取締役の個人別の報酬等の内容が当該方針に沿うものであると取締役会が判断した理由

・・・・・・・

⑤ 監査役の個人別の報酬等の額の決定方針に関する事項

イ．当該方針の方法

・・・・・・・

ロ．当該方針の内容の概要

・・・・・・・

⑥ 取締役の個人別の報酬等の内容の決定の委任に関する事項

イ．委任を受けた者の氏名，地位および担当

項　番	記　載　要　領
28	□　会社役員の報酬等は，当該事業年度に係る会社役員の報酬等を記載（施規121条４号)。記載方法は，取締役および監査役の区分ごとの報酬等の総額（業績連動報酬等，非金銭報酬等，その他の報酬等に分かれている場合は各々の総額）の記載および員数を記載 □　社外役員の報酬等についても上記と同様の考え方に基づく記載が必要 □　当該事業年度に係る会社役員の報酬等の額には役員賞与，役員退職慰労金，ストックオプションや株式報酬を含み，使用人兼務取締役の使用人分給与（使用人分賞与）は含まない。使用人分給与を含まない旨を注記することも考えられる。使用人分給与が多額である場合には，その金額を注記することが望ましい（施規121条11号） □　役員賞与は，当該事業年度中に役員賞与引当金として費用計上した額（役員賞与支給議案を定時株主総会で付議する予定がある場合にはその議案に定める予定額）を計上 □　退職慰労金は，会社役員の当該事業年度における役員退職慰労引当金の繰入額を計上 □　ストックオプションは，当該事業年度の報酬分（費用計上額）に相当するものを計上 □　業績連動報酬等に関する記載事項は，業績連動報酬等の額または数の算定の基礎として選定した業績指標の内容および当該業績指標を選定した理由，当該業績連動報酬等の額または数の算定方法，当該業績連動報酬等の額または数の算定に用いた業績指標に関する実績（施規121条５号の２） □　非金銭報酬等に関する記載事項は，非金銭報酬等の内容を記載する（同５号の３)。たとえば，非金銭報酬等に募集株式が含まれる場合は当該募集株式の当該種類，数や当該募集株式を割当てた際の条件の概要等の記載が考えられる □　報酬等に関する株主総会決議に関する記載事項は，株主総会決議の日，当該決議の内容の概要，当該決議に関する会社役員の員数を記載（同５号の４)。会社役員の員数は，総会決議時点での員数を記載する □　一定の期間を対象とした報酬等についての株主総会の決議による定めについては，当該期間が経過し，当該枠組みによる報酬等が付与されるまでは，事業報告に記載することが必要になると考えられる □　取締役の個人別の報酬等の内容についての決定方針に関する事項は，当該方針の決定の方法，当該方針の内容の概要，個人別の報酬等の内容が当該方針に沿うと取締役会が判断した理由を記載する（同６号） □　報酬決定の方針の概要の記載時点は，事業報告の作成または当該事業年度末日時点のいずれの考え方もある。ただし，事業年度中または事業年度末日後に変更があった場合には，変更前の方針についても記載をすることが考えられる □　当該方針の決定の方法としては，取締役会の決議により決定したこと等に加えて，任意に設置した報酬諮問委員会への諮問を行ったり外部の専門家の助言を受けた場合にはその旨を記載することが考えられる（旬刊商事法務2252号18頁） □　報酬の決定方針の決定を義務づけられている会社が取締役を除く各会社役員（監査役）の報酬等の決定方針に関する事項を定めているときは，当該方針の決定方法と方針の内容の概要を記載する □　取締役の個人別の報酬等の内容の決定の委任を受けた取締役が当該事業年度に係る取締役の個人別の報酬等の内容の全部または一部を決定した場合に記載する事項は，その旨，当該委任を受けた者の氏名および当該内容を決定した日における地位・担当，委任された権限の内容，委任理由，権限が適切に行使されるための措置を講じた場合はその内容を記載する（同６号の３） □　任意の報酬委員会が取締役の個人別の報酬等の内容の全部または一部を決定したときは，当該委員会の各構成員が「当該委任を受けた者」に該当する

・・・・・・・・

ロ．委任された権限の内容・理由等

・・・・・・・・

(7) 社外役員に関する事項 30

① 重要な兼職先と当社との関係

（省略）

② 特定関係事業者との関係 31

（省略）

③ 当事業年度における主な活動状況等 32

区　分	氏　名	主な活動状況
社外取締役		当事業年度開催の取締役会○回のうち○回（○%）に出席し，必要に応じ，企業経営者としての専門的見地からの発言を行っております。また，上記のほか，指名諮問委員会の委員長を務め，当該事業年度開催の当該委員会の全て（○回）に出席するなどにより，独立した客観的立場から経営陣の監督に務めております。
社外監査役		当事業年度開催の取締役会○回のうち○回（○%），監査役会○回のうち○回（○%）に出席し，必要に応じ，弁護士としての専門的見地からの発言を行っております。
記載省略		

④ 社外役員が当社の親会社等または当社の親会社等の子会社等から当事業年度の役員として受けた報酬等の総額

○名　　○百万円

項　番	記　載　要　領
29	□　無報酬の会社役員は員数に含まないことや，記載すべき会社役員の対象が「直前の定時株主総会の終結の日の翌日以降に在任していた者」に限定されないことから，「会社役員の氏名」の箇所で記載した役員の員数と会社役員の報酬等の箇所で記載する員数が一致しないことがある。この場合，員数が不一致となる理由を注記することが考えられる
30	□　社外取締役または社外監査役ごとに，施規124条１項各号に掲げる事項を記載。必須記載項目は，「主な活動状況」，「社外取締役の期待役割に関し行った職務の概要」（施規124条４号ホ），「社外役員に対する報酬等の総額」である。その他の項目は，該当がないまたは重要でない場合は記載不要 □　社外役員ごとに各項目を箇条書きする方法，各項目を網羅的に一覧表形式とする方法も考えられる □　施規124条１項１号・２号で開示が求められる「当社と兼職先との関係」は，明文上，重要なものに限るという限定は特にされていないが，社外役員としての職務執行に何ら影響を与えるおそれがない一般的な取引条件に基づく単なる取引関係等については，開示の対象とならないとされている（旬刊商事法務1863号19頁） □　社外役員が親会社等や親会社等の子会社等，親会社等がない場合，会社の子会社から役員としての報酬等を受けている場合，その総額を記載する必要がある（社外役員であった期間に受けたものに限定）
31	□　社外役員が，会社またはその特定関係事業者（施規２条３項19号）の業務執行者または役員（業務執行者であるものを除く）ならびに会社の親会社等（自然人に限る）の配偶者，３親等以内の親族その他これに準ずる者であることを会社が知っているときは，重要でないものを除き，その事実を記載 □　「知っているとき」とは，事業報告への記載を前提に行った調査の結果として知っている場合を意味する（旬刊商事法務1762号11頁）ため，事前に書面等により確認するのが望ましい
32	□　社外取締役については取締役会（社外監査役については取締役会および監査役会）への出席，発言の状況を記載。出席回数や発言回数を定量的に記載するだけでなく，どういった観点から発言をしたのか等，定性的な記載が求められる □　取締役会の回数には書面開催分は含まれないものと解される □　以下について該当がある場合は，重要でないものを除き記載 ・社外役員の意見により，会社の事業の方針または事業その他の事項に係る決定が変更されたときはその内容 ・事業年度中に法令または定款違反その他不当な（社外監査役は「不正な」）業務執行が行われた事実があるときは，社外役員が当該事実の発生の予防のために行った行為および当該事実の発生後の対応として行った行為の概要 □　仮に当該社外役員への期待役割に関して行った職務が，施規124条４号イ〜ニの記載事項と重複する場合でも，事業報告で期待役割との関連性を示したうえで，当該社外役員の職務の内容の概要をより具体的に記載することが求められる

5．会社監査人に関する事項 33

(1) 会計監査人の名称
○○○○有限責任監査法人

(2) 会計監査人の報酬等の額

①	当社が支払うべき報酬等の額	○○百万円
②	当社および当社子会社が支払うべき金銭その他の財産上の利益の合計額	○○百万円

(注) 1．当社と会計監査人との間の監査契約においては，会社法上の監査に対する報酬等の額と金融商品取引法上監査に対する報酬等の額等を区分しておらず，かつ，実質的にも区分できないことから，上記①の金額はこれらの合計額を記載しております。当該金額について監査役会が同意をした理由は，……です。
2．当社の重要な子会社のうち，○○株式会社，○○○○ Ltd. は当社の会計監査人以外の監査法人の監査を受けております。

(3) 非監査業務の内容
（省略）

(4) 会計監査人の解任または不再任の決定の方針
（省略）

6．業務の適正を確保するための体制の整備に関する事項 34
（省略）

7．会社の支配に関する基本方針 35
（省略）

8．剰余金の配当等の決定に関する方針 36
（省略）

本事業報告に記載の金額および株式数は，表示単位未満を切り捨てております。
また，比率は表示単位未満を四捨五入しております。

項　番	記　載　要　領
33	□　会計監査人の氏名または名称，報酬等の額，報酬等の額につき監査役会が同意をした理由，非監査業務の対価を支払っているときは当該非監査業務の内容，責任限定契約を締結している場合は当該契約の内容の概要，補償契約を締結しているときは当該契約の内容の概要等一定の事項，会計監査人を被保険者とする役員等賠償責任保険契約を締結しているときは役員等賠償責任保険契約に関する事項（4．会社役員に関する事項で記載した場合を除く），会社および子会社が支払うべき金銭その他の財産上の利益の合計額，会社の会計監査人以外の監査法人等が子会社の計算関係書類の監査をしているときはその事実，会計監査人の解任または不再任の決定の方針等を記載 □　「当社および当社子会社が支払うべき金銭その他の財産上の利益の合計額」は，あくまで「当社の会計監査人である監査法人」に「当社および当社子会社」が支払うものを記載するものであり，有価証券報告書に記載する基準と異なる点に注意する □　有限責任監査法人への移行や合併等による会計監査人の名称変更については，その旨を注記することも考えられる □　報酬等の額は，会計監査人との契約において会社法上の監査と金融商品取引法上の監査を明確に区分せず，かつ，実質的にも区分できない場合には，合算して開示し，その旨を注記することが考えられる。会計監査人が複数の場合，それぞれについて記載する □　会計監査人の解任または不再任の決定の方針は，決定していない場合はその旨を記載。また，会計監査人が株主総会によらず解任された場合で，会計監査人から解任についての意見があるときはその意見を事業報告に記載（施規126条９号ニ）
34	□　業務の適正を確保するための体制（いわゆる内部統制システム）について，取締役会決議の内容の概要および当該体制の運用状況の概要を記載。事業年度中に取締役会決議で変更している場合，変更前後の決議の内容の概要がわかるように記載するのが望ましい □　「反社会的勢力排除に向けた体制整備に関する内容」や金融商品取引法上の「財務報告の信頼性を確保するための体制の整備」についても記載することが考えられる □　「コーポレート・ガバナンスに関する報告書」や有価証券報告書に記載する「コーポレート・ガバナンスの状況等」と平仄が合うように注意
35	□　株式会社の支配に関する基本方針を定めている場合に，基本方針の内容の概要，取組みの具体的な内容の概要等を記載。買収防衛策を導入した会社では記載するのが通例 □　「コーポレート・ガバナンスに関する報告書」や有価証券報告書の記載ぶりと平仄が合うように注意
36	□　剰余金の配当等の決定権限を取締役会に委譲する旨の定款の定めがある場合は記載が必須。当該定款の定めがなければ，項目自体不要であるが，CGコード対応という観点等から任意に配当の方針等を記載することも考えられる

（資料２－２）事業報告記載事項の記載対象時点について（資料２の項目立てに基づく）

項　　目	記載すべき時点等	根拠条文
1．企業集団の現況に関する事項		
(1) 事業の経過および成果	事業年度初日～末日	施規120①四
(2) 設備投資の状況	事業年度初日～末日	施規120①五
(3) 資金調達の状況	事業年度初日～末日	施規120①五
(4) 財産および損益の状況の推移	直前３事業年度	施規120①六
(5) 対処すべき課題	事業報告作成時点	施規120①八
(6) 重要な親会社および子会社の状況ならびに重要な企業結合等の状況（親会社との重要な財務・事業方針に関する契約等の内容の概要を含む）	事業年度初日～末日 特定完全子会社の名称および住所等は事業年度末日時点	施規120①七 施規120①五 施規118四，五
(7) 主要な事業内容	事業年度末日時点	施規120①一
(8) 主要な営業所および工場	事業年度末日時点	施規120①二
(9) 従業員の状況	事業年度末日時点	施規120①二
(10) 主要な借入先	事業年度末日時点	施規120①三
(11) その他企業集団に関する重要な事項	①事業年度初日～末日 ②末日後事業報告作成時点まで	施規120①九
2．会社の株式に関する事項		
(1) 発行可能株式総数	（事業年度末日または基準日時点）	（施規122①三）
(2) 発行済株式の総数	（事業年度末日または基準日時点）	（施規122①三）
(3) 株主数	（事業年度末日または基準日時点）	（施規122①三）
(4) 大株主	事業年度末日または基準日時点	施規122①一
(5) 職務執行の対価として交付した株式	当該事業年度中に交付（会社役員であった者への交付含む）	施規122①二
（その他株式に関する重要な事項）	①事業年度初日～末日 ②末日後事業報告作成時点まで	施規122①三

3．会社の新株予約権等に関する事項		
(1) 当事業年度末日における新株予約権等の状況	(事業年度末日時点)	—
上記新株予約権のうち当社役員の保有状況	事業年度末日時点の在任役員が有する事業年度末日時点の状況	施規123一
(2) 当事業年度中に交付した新株予約権等の状況	(事業年度中の交付分(失権分・行使分も含む))	—
上記新株予約権のうち当社従業員，当社子会社役員および従業員への交付状況	事業年度中に従業員等であった者への事業年度中の交付分(失権・行使分含む)	施規123二
(3) その他新株予約権等に関する重要な事項	①事業年度初日～末日 ②末日後事業報告作成時点まで	施規123三
4．会社役員に関する事項		
(1) 取締役および監査役 ① 氏名，地位および担当 ② 重要な兼職の状況(社外役員の兼職先との関係含む) ③ 財務および会計に関する相当程度の知見 ④ 常勤監査(等)委員の選定の有無，理由	〈記載対象者〉 ＊直前定時総会翌日～事業年度末日(辞任・解任を含む)の会社役員 ＊重要な兼職の状況については，上記記載対象者の事業年度初日～末日までの状況(異動含む)を記載	施規121一，二，八～十 施規124一，二
(2) 当事業年度中の取締役および監査役の異動	事業年度初日～末日(辞任または解任以外の場合には，総会翌日からの異動で可)	施規121七　イ
(辞任または解任会社役員の意見または理由)	事業年度初日～末日に①・②のいずれか ①意見または理由が判明 ②意見または理由を総会で申述	施規121七ロ，ハ
(3) 責任限定契約の内容の概要	上記対象者の事業年度中に有効なすべての契約(変更内容含む)	施規121三
(4) 補償契約に関する事項(補償契約に基づく補償実施の記載も含む)	上記対象者の事業年度中に有効なすべての契約(変更内容含む)	施規121三の二～三の四
(5) 役員等賠償責任保険契約に関する事項	事業年度中に有効なすべての契約(変更内容含む)	施規119二の二 施規121の2

(6) 取締役および監査役の報酬等の総額 (業績連動報酬等および非金銭報酬等関連事項，報酬等の総会決議日・決議内容の概要等，報酬等の内容の決定方針概要等，報酬等の内容の決定の委任関連事項等を記載) ＊社外役員の報酬等につき種類等の内訳の記載が必要 ＊社外役員がグループ会社の役員報酬等を受けているときは総額の記載が必要	・当該事業年度に対応する報酬等（役員の種別ごとの総額（確定額，業績連動，非金銭に分かれる場合，種類ごとの総額）および員数） ・報酬等の内容の決定方針は事業報告作成時点 ・社外役員がグループ会社から受領した役員報酬等の総額は，当該事業年度のうち社外役員であった期間の受領分	施規121四～六の三 施規124五 施規124七
(当該事業年度において受けまたは受ける見込みの額) ＊社外役員の分も同様	事業年度初日～末日に①・②のいずれか ①支払予定額が確定 ②実際に支払い	施規121五 施規124六
(7) 取締役の個人別の報酬等の決定方針の決定方法，方針の内容の概要等（指名委員会等設置会社）	事業報告作成時点	施規121六
(8) 社外役員に関する事項	○記載対象者：直前定時総会翌日～事業年度末日（辞任・解任を含む）	施規124
(ⅰ) 特定関係事業者との関係	上記記載対象者の事業年度初日～末日の状況	施規124三
(ⅱ) 当事業年度における主な活動状況	同上	施規124四イ～ニ
(ⅲ) 社外取締役の期待役割に関して行った職務の概要	同上	施規124四ホ
5．会計監査人に関する事項		
(1) 会計監査人の名称	事業年度初日～末日（辞任・解任を含む）	施規126一
(2) 会計監査人の報酬等の額および監査役会が当該報酬等に同意した理由	事業年度対応分	施規126二
(3) 非監査業務の内容	事業年度初日～末日	施規126三
(4) 会計監査人の解任または不再任の決定の方針	事業報告作成時点	施規126四
(5) 会計監査人の業務停止処分等に係る事項	事業報告作成時点	施規126五
(6) 会計監査人の過去２年間の業務停止処分に係る事項	過去２年間の起算点は事業報告作成時点	施規126六
(7) 責任限定契約の内容の概要（締結している場合）	事業年度中に有効な全ての契約（変更内容含む）	施規126七

(8) 補償契約に関する事項（補償契約に基づく補償実施の記載も含む）（締結している場合）	事業年度中に有効なすべての契約（変更内容含む）	施規126七の二～七の四
(9) 役員等賠償責任保険契約に関する事項	事業年度中に有効なすべての契約（変更内容含む）	施規119二の二 施規121の2
(10) 当該会社およびその子会社が支払うべき金銭その他の財産上の利益の合計額 子会社（重要なものに限る）の監査を他の監査法人が行っているときはその事実	事業年度対応分	施規126八
6．業務の適正を確保するための体制の整備に関する事項	事業年度中に存在した決定または決議（事業報告作成時点の直近の決定たは決議とする見解あり） 運用状況の概要は事業年度初日～末日	施規118二
7．会社の支配に関する基本方針	事業報告作成時点	施規118三
8．剰余金の配当等の決定に関する方針	事業報告作成時点	施規126十

（資料3）株主総会参考書類　記載例と記載要項

本記載例は，監査役会設置会社を前提としたものです。
施規：会社法施行規則

株主総会参考書類 1・2

議案および参考事項

第1号議案　剰余金の処分の件 3

当社は，財務基盤の強化と株主の皆様への利益還元を両立すべく……ことを基本方針としております。このような方針のもと，当期の剰余金の処分につきましては，次のとおりといたしたいと存じます。

1．期末配当に関する事項
　(1) 株主に対する配当財産の割当てに関する事項およびその総額
　　当社普通株式1株につき　金○円　　総額　○○○円
　(2) 剰余金の配当が効力を生じる日
　　○年○月○日
2．その他の剰余金の処分に関する事項
　(1) 増加する剰余金の項目およびその額
　　別途積立金　　　○○○円
　(2) 減少する剰余金の項目およびその額
　　繰越利益剰余金　○○○円

第2号議案　定款一部変更の件 4

1．変更の理由
2．変更の内容
　変更の内容は次のとおりであります。

（下線は変更部分です）

現　行　定　款	変　更　案

項番	記載要領
1	□ 書面投票制度採用会社は，株主に対して招集通知と併せて株主総会参考書類および議決権行使書面を交付しなければならない（会社法301条）
2	【一般的記載事項】 □ 株主総会参考書類には，①議案および提案の理由，②会社法384条または389条３項により監査役が株主総会に報告すべき事項があるときはその結果の概要，③株主の議決権行使について参考となると認める事項，を記載（施規73条１項，２項） □ 提案の理由は取締役会が提出する議案について記載
3	□「剰余金の配当」と「その他の剰余金の処分」は根拠条文が異なるが，同一の議案（剰余金の処分の件）で付議することでよい。会社法459条１項の定款の定めのある会社は，取締役会で決議すればよく，本議案の上程は不要 □ 提案の理由は，議案作成の方針（配当方針，内部留保方針等）を記載することでよいと考えられる。提案の理由の記載は，各項目ごとでも，まとめて冒頭に記載することでもよい 【剰余金の配当関係】（会社法454条） □ 剰余金の配当のみを付議する場合には，議題を「剰余金の配当の件」としてもよい。①配当財産の種類および帳簿価額の総額，②株主に対する配当財産の割当に関する事項，③配当の効力発生日，を記載 □ 資本剰余金を配当の原資とする場合には，税制上の取扱いが異なることから，その旨を参考事項として記載することが考えられる。また，配当金に関する情報を開示したら速やかに証券保管振替機構に対して，Target保振サイトを通じて所要の情報を提供する必要がある（「みなし配当等の通知事項の通知に関する事務取扱要領」平成22年11月26日　日本証券業協会・全国株懇連合会協定） 【その他の剰余金の処分関係】（会社法452条，計規153条１項） □ ①増加する剰余金の項目，②減少する剰余金の項目，③処分する各剰余金の項目にかかる額，を記載
4	□ 提案の理由（変更の理由）を記載 □ 現行定款と変更案を新旧対照表の形式に記載し，変更箇所に下線を引くのが一般的。下線を引く基準を表全体で統一させる □ 新旧対照表において，新旧いずれか一方にのみ条文が記載される場合，もう一方には「新設」「削除」「現行どおり」「条文省略」等の記載をするのが一般的であるが，これらの用語には「　」，（　）等をつけて具体的な規定ではないことを明確にする □ 条文の新設，削除等により，条数の変更が生じる場合，他の箇所で定款の条数を引用しているときには，当該引用箇所においても条数の変更が必要となるため注意 □ 附則を設ける場合，内容により削除時期や削除方法について定めることも考えられる □ 取締役の任期を１年に短縮する場合，既存の取締役の任期を維持するための附則を定めることも考えられる。ただし，会社法459条１項の定めを設ける場合，任期２年の取締役がいる間は剰余金の配当等を取締役会決議で行うことはできない □ 取締役の責任軽減および非業務執行取締役との責任限定契約に関する定款変更議案を提出する場合には，各監査役の同意が必要であることから，各監査役の同意を得ている旨を記載することが考えられる（会社法425条３項，427条３項）

第３号議案　取締役○名選任の件　５・６

取締役全員（○名）は，本総会終結の時をもって任期満了となりますので，取締役○名の選任をお願いいたしたいと存じます。

取締役候補者は次のとおりであります。

<table>
<tr><th>候補者
番号</th><th>氏　　名
（生年月日）</th><th>略歴，地位および重要な兼職の状況</th><th>所有する当社
の普通株式数</th></tr>
<tr><td rowspan="2">○</td><td>＊＊＊＊＊＊
○○○○
（○年○月○日生）</td><td>○年○月　当社入社
○年○月　当社取締役
○年○月　当社常務取締役（現任）</td><td>○○○株</td></tr>
<tr><td colspan="3">〈取締役候補者とした理由〉
○○○○氏は，長年にわたり……の業務を担当し，……に関する知見を有することから，取締役として選任をお願いするものであります。</td></tr>
<tr><td rowspan="2">○</td><td>＊＊＊＊＊＊
××××
（○年○月○日生）</td><td>○年○月　弁護士登録
○年○月　○○法律事務所代表弁護士（現任）
○年○月　××株式会社取締役（現任）
○年○月　当社取締役（現任）</td><td>○○○株</td></tr>
<tr><td colspan="3">〈社外取締役候補者とした理由等および期待される役割等〉
××××氏は，法律の専門家としての豊富な経験と高い見識を当社の経営に活かしていただくため，社外取締役として選任をお願いするものであります。選任後は弁護士としての専門的な知見を活かし，主に法的な観点から経営全般の監督機能および利益相反の監督機能の強化のため尽力いただくことを期待します。
また，同氏は過去に社外取締役または社外監査役となること以外の方法で会社の経営に関与したことはありませんが，上記の理由から社外取締役としての職務を適切に遂行できるものと判断しております。なお，同氏の社外取締役としての在任期間は，本定時株主総会の終結の時をもって○年となります。</td></tr>
<tr><td rowspan="2">○
新任</td><td>＊＊＊＊
△△△△
（○年○月○日生）</td><td>○年○月　□□株式会社入社
○年○月　同社○○部長
○年○月　同社取締役
○年○月　同社常務取締役
○年○月　同社専務取締役（現任）</td><td>○○○株</td></tr>
<tr><td colspan="3">〈社外取締役候補者とした理由等および期待される役割等〉
△△△△氏は，企業経営者としての豊富な経験と高い見識を当社の経営に活かしていただくため，社外取締役として選任をお願いするものであります。選任後は，経営経験者としての専門的な知見を活かし，主に経営的な目線から経営計画の策定等に関し取締役会等においてご発言をいただくとともに経営計画の進捗状況等につき監督していただくことを期待します。
また，当社は□□株式会社との間に○○に関する取引がありますが，平成○年○月期における取引額は，両社の連結売上高のそれぞれ0.1％未満であります。</td></tr>
</table>

（注）1．各候補者と当社との間に特別の利害関係はありません。７
2．××××氏および△△△△氏は社外取締役候補者であり，○○証券取引所に独立役員として届け出ております。
3．××××氏が××株式会社社外取締役として在任中の平成○年○月に，■■事業等に係わる補助金の過大受給があったことが判明しました。同氏は社外取締役として取締役会を通じて事実についての社内調査および関係機関への報告等につき監督するとともに，過大受給となった額は平成○年○月に全額返還されたことを確認いたしました。また，再発防止策についての諸施策の策定，実施についても同様に監督を行いました。
4．当社は社外取締役が期待される役割を十分発揮できるよう，現行定款第●条において，社外取締役との間で任務を怠ったことによる損害賠償責任を限定する契約を締結できる旨を定めております。これにより，××××氏は，当社との間で法令に定める額を限度として賠償責任を限定する責任限定契約を締結しており，同氏の再任が承認された場合，上記責任限定契約を継続する予定です。また，社外取締役候補者である△△△△氏の選任が承認された場合，当社との間で上記と同じ責任限定契約を締結する予定であります。８
5．当社は，会社法第430条の３第１項に規定する役員等賠償責任保険契約を保険会社との間で締結し，被保険者が負担することになる・・・・・の損害を当該保険契約により填補することとしております。候補者は，当該保険契約の被保険者に含まれることとなります。９
6．○○○○氏，××××氏は，当社と会社法第430条の２第１項に規定する補償契約を締結しており，同項第１号の費用および同項第２号の損失を法令の定める範囲内において当社が補償することとしております。また，当社は，△△△△氏との間で同内容の補償契約を締結する予定です。９
7．△△△△氏は，○年○月○日開催予定の□□株式会社定時株主総会および同社取締役会の承認をもって同社取締役社長に就任する予定であります。10

項番	記載要領
5	□ 提案の理由に加え，①候補者の氏名，生年月日および略歴，②就任承諾を得ていないときはその旨，③候補者と当社との間で責任限定契約や補償契約を締結しているときまたは当該契約を締結する予定があるとき，また役員等賠償責任保険契約を締結または締結予定があり，候補者が被保険者となる場合は，その契約の内容の概要等を記載する（施規74条１項１号，２号，４号～６号） □ 公開会社においては，①から③に加え，④候補者の有する当社の株式の数（種類ごと），⑤取締役に就任した場合において施規121条８号に定める重要な兼職に該当する事実があることとなるときは，その事実，⑥特別利害関係があるときは，その事実の概要，⑦現に当社の取締役であるときは，当社における地位および担当を記載 □ 公開会社かつ他の者の子会社等であるときは，上記①から⑦の記載に加え，(i) 候補者が現に当該他の者（自然人に限る）であるときは，その旨，(ii) 候補者が現に当該他の者（当該他の者の子会社等（当該株式会社を除く）を含む）の業務執行者であるときは，当該他の者における地位および担当，(iii) 候補者が過去10年間に当該他の者の業務執行者であったことを当社が知っているときは，当該他の者における地位および担当を記載。過去10年間等の起算点は株主総会参考書類作成時（５年→10年の改正は2021年３月決算会社の株主総会参考書類から。監査役選任議案も同様） □ 書面投票制度採用会社では，候補者番号を付番。機関投資家の要請等もあって，「候補者の氏名」にふりがなを付すことや新任候補者に新任の旨を表示すること，社内取締役候補者も個々に候補者とした理由の記載，性別の記載や顔写真の掲載も増加
6	□ 候補者が社外取締役候補者である場合には，提案の理由および項番５の内容に加え，⑧社外取締役候補者である旨，⑨社外取締役候補者とした理由のほか，施規74条４項に定める事項を記載 □ 「当該候補者が社外取締役に選任された場合に期待される役割の概要」の記載が必要（施規74条４項３号）。株式会社が社外取締役候補者に対して，どのような視点からの取締役の職務の執行の監督を期待しているかなど，具体的に記載することが求められている □ 特定関係事業者（施規２条３項19号）は次に掲げるものをいい，自然人を含む親会社等が含まれている イ．次の(1)または(2)に掲げる場合の区分に応じ，当該(1)または(2)に定めるもの (1) 親会社等がある場合　親会社等ならびに親会社等の子会社等（当社を除く）および関連会社（親会社等が会社でない場合におけるその関連会社に相当するものを含む） (2) 親会社等がない場合　当社の子会社および関連会社 ロ．会社の主要な取引先である者（法人以外の団体を含む）
7	□ 独立役員の候補者である場合には，その旨を記載することや，属性情報（「取引」，「相互就任」，「寄付」の関係）に該当する場合はその概要（金額や売上高に占める比率等）を記載することが考えられる □ 独立役員に指定しない社外役員の独立性に関する情報（指定しない事情等を含む）についても記載することが考えられる
8	□ 責任限定契約の対象範囲には非業務執行取締役，監査役等の非業務執行取締役等が含まれる（会社法427条１項）。定款変更により定款の文言を「社外取締役」から「取締役（業務執行取締役等であるものを除く）」に変更した場合は，変更後の定款の文言に合わせ「取締役（業務執行取締役等であるものを除く）」と記載することも考えられる

第４号議案　監査役○名選任の件 11・12・13

監査役全員（○名）は，本総会終結の時をもって任期満了となりますので，監査役○名の選任をお願いいたしたいと存じます。

なお，本議案に関しましては，監査役会の同意を得ております。

監査役候補者は次のとおりであります。

候補者番号	氏　名 （生年月日）	略歴，地位，担当および重要な兼職の状況	所有する当社の普通株式数
1	△△△△ （○年○月○日生）	○年○月　当社入社 ○年○月　当社○○部長 ○年○月　当社取締役 ○年○月　当社監査役（現任）	○○○株
	〈監査役候補者とした理由〉 △△△△氏は，長年にわたり……に務め，……に関する知見を有することから，……監査役として選任をお願いするものであります。		
○ 新任	○○○○ （○年○月○日生）	昭和○年○月　○○株式会社入社 昭和○年○月　同社○○部長 平成○年○月　同社取締役 平成○年○月　同社代表取締役社長（現任）	○○○株
	〈社外監査役候補者とした理由等〉 ○○○○氏は，企業経営者としての豊富な経験と高い見識を当社の監査体制の強化に活かしていただくため，社外監査役として選任をお願いするものであります。また，当社は○○株式会社との間に○○に関する取引がありますが，平成○年○月期における取引額は，両社の連結売上高のそれぞれ0.1％未満であります。		
○	×××× （○年○月○日生）	昭和○年○月　弁護士登録 昭和○年○月　○○○○法律事務所入所（現在） 平成○年○月　当社監査役（現任）	0株
	〈社外監査役候補者とした理由等〉 ××××氏は，法律の専門家としての豊富な経験と高い見識を当社の監査体制の強化に活かしていただくため，社外監査役として選任をお願いするものであります。また，同氏は過去に社外取締役または社外監査役となること以外の方法で会社の経営に関与したことはありませんが，上記の理由から社外監査役としての職務を適切に遂行できるものと判断しております。なお，同氏の社外監査役としての在任期間は，本定時株主総会の終結の時をもって○年となります。		

（注）1．各候補者と当社との間に特別の利害関係はありません。14
2．○○○○，××××の両氏は社外監査役候補者であり，○○証券取引所に独立役員として届け出ております。
3．当社は社外監査役が期待される役割を十分発揮できるよう，現行定款第●条において，社外監査役との間で任務を怠ったことによる損害賠償責任を限定する契約を締結できる旨を定めております。これにより，××××氏は，当社との間で法令に定める額を限度として賠償責任を限定する責任限定契約を締結しており，同氏の再任が承認された場合，上記責任限定契約を継続する予定です。また，社外監査役候補者である○○○○氏の選任が承認された場合，当社との間で上記と同じ責任限定契約を締結する予定であります。15
4．当社は，会社法第430条の３第１項に規定する役員等賠償責任保険契約を保険会社との間で締結し，被保険者が負担することになる・・・・・の損害を当該保険契約により填補することとしております。候補者は，当該保険契約の被保険者に含まれることとなります。16
5．○○○○氏，××××氏は，当社と会社法第430条の２第１項に規定する補償契約を締結しており，同項第１号の費用および同項第２号の損失を法令の定める範囲内において当社が補償することとしております。また，当社は，△△△△氏との間で同内容の補償契約を締結する予定です。16
6．××××氏は○年○月○日開催予定の××株式会社定時株主総会の承認をもって××株式会社の社外監査役に就任する予定です。17

項番	記載要領
9	□ 会社と当該候補者が補償契約を締結済または締結（更新）予定があるときや候補者を被保険者とする役員等賠償責任保険契約を締結済または締結（更新）予定があるときは，その契約の内容の概要を記載する（施規74条1項5号，6号） □「締結しているとき」とは，当該候補者が取締役に就任した場合に被保険者に含まれる役員等賠償責任保険契約が参考書類作成時において存在しており，「締結する予定があるとき」とは参考書類作成時には存在しないが，締結する予定があることをいう □ 役員等賠償責任保険契約を締結済の場合も，役員等賠償責任保険契約は通常1年更新であることから，参考書類作成時において次回更新時において候補者を被保険者とする役員等賠償責任保険契約を更新する予定であることを参考書類に記載することが考えられる □ 契約の内容の概要につき事業報告に記載されている場合は，当該箇所を引用することが考えられる
10	□ 重要な兼職の状況は，参考書類の作成時点において，候補者が当該株式会社の取締役に就任したと仮定した場合における重要な兼職の状況を記載することでよい □ したがって，将来の就任時における兼職状況を参考書類作成時点で予想した上で開示する必要はないが，他の会社の株主総会および取締役会での承認を経て就任する場合には，参考情報としてその旨を注記することも考えられる
11	□ 提案の理由に加え，①候補者の氏名，生年月日および略歴，②特別利害関係があるときは，その事実の概要，③就任承諾を得ていないときはその旨，④議案が監査役会の請求により提出されたものであるときはその旨，⑤監査役の選任もしくは解任または辞任について意見があるときはその概要，⑥候補者との間で責任限定契約や補償契約を締結済または締結（更新）予定があるとき，また候補者を被保険者とする役員等賠償責任保険契約を締結済または締結（更新）予定があるときは，その契約の内容の概要等を記載（施規76条） □ 公開会社では，①から⑥に加え，⑦候補者の有する当社の株式の数（種類ごと），⑧監査役に就任した場合において施規121条8号に定める重要な兼職に該当する事実があることとなるときは，その事実，⑨現に当社の監査役であるときは，当社における地位を記載 □ 候補者が親会社の業務執行者である場合には，当該親会社における地位および担当を記載 □ 公開会社かつ他の者の子会社等であるときは，上記①から⑨を記載するとともに，(i)候補者が現に当該他の者（自然人に限る）であるときは，その旨，(ii)候補者が現に当該他の者（当該他の者の子会社等（当該株式会社を除く）を含む）の業務執行者であるときは，当該他の者における地位および担当，(iii)候補者が過去10年間に当該他の者の業務執行者であったことを当社が知っているときは，当該他の者における地位および担当を記載。過去10年間等の起算点は株主総会参考書類作成時とする（経団連ひな型） □ 書面投票制度採用会社では，候補者番号を付番。機関投資家の要請等もあって，「候補者の氏名」にふりがなを付すことや新任候補者に新任の旨を表示すること，社内についても個々に候補者とした理由を記載すること，顔写真を掲載する会社も増加
12	□ 監査役の選任に関する議案を株主総会に上程する際には，監査役会の同意が必要であるため，当該同意を得ている旨を記載することが一般的（会社法343条1項，3項）

第５号議案　取締役の報酬等の額改定の件 18

現在の取締役の報酬等の額は，〇年〇月〇日開催の第〇期定時株主総会において，使用人兼務取締役の使用人分給与を除き「月額〇〇百万円以内」とご承認いただき，今日に至っておりますが，取締役員数の増加や……等の事情を勘案し，取締役の報酬等の額を「年額△△百万円以内」（うち社外取締役分年額△百万円以内）に改定させていただきたいと存じます。

なお，今般の報酬額の改定は，上記の事情を勘案し見直すものであり，当社報酬諮問委員会からも，当社取締役会で決議した取締役の個人別の報酬等の内容に係る決定方針（その概要は事業報告●頁に記載のとおり）にも沿うもので妥当との意見をいただいております。また，本議案をご承認いただいた場合にも，当該方針を変更する予定はございません。以上より，本議案の内容は相当であると判断しております。

また，従来どおり，この報酬等の額には使用人兼務取締役の使用人分給与は含まないものといたします。また，現在，報酬等の支給対象の取締役の員数は〇名（うち社外取締役△名）でありますが，第〇号議案が原案どおり承認可決されますと，対象の取締役の員数は〇名（うち社外取締役△名）となります。

以上

項番	記載要領
13	□　候補者が社外監査役候補者である場合には，提案の理由および項番12の内容に加え，⑩社外監査役候補者である旨，⑪社外監査役候補者とした理由のほか，施規76条４項に定める事項を記載 □　特定関係事業者（施規２条３項19号）は次に掲げるものをいい，自然人を含む親会社等が含まれている イ．次の(1)または(2)に掲げる場合の区分に応じ，当該(1)または(2)に定めるもの (1)　親会社等がある場合　親会社等ならびに親会社等の子会社等（当社を除く）および関連会社(親会社等が会社でない場合におけるその関連会社に相当するものを含む) (2)　親会社等がない場合　当社の子会社および関連会社 ロ．会社の主要な取引先である者（法人以外の団体を含む）
14	□　独立役員の候補者である場合には，その旨を記載することや，属性情報（「取引」,「相互就任」,「寄付」の関係）に該当する場合はその概要（金額や売上高に占める比率等）を記載することが考えられる □　独立役員に指定しない社外役員の独立性に関する情報（指定しない事情等を含む）についても記載することが考えられる
15	□　責任限定契約に関する記載は，取締役選任議案の記載例ならびに項番８の記載要領参照
16	□　補償契約，役員等賠償責任保険契約に関する記載は，取締役選任議案の記載例ならびに項番９の記載要領参照
17	□　重要な兼職の状況は，株主総会参考書類の作成時点において，候補者が当該株式会社の監査役に就任したと仮定した場合における重要な兼職の状況を記載することでよい □　したがって，将来の就任時における兼職状況を株主総会参考書類作成時点で予想した上で開示する必要はないが，他の会社の株主総会および取締役会での承認を経て就任する場合には，参考情報としてその旨を注記することも考えられる
18	□　報酬等の額を変更する場合は，変更の理由を記載する必要があるが，「業容の拡大」,「経済情勢の変化」,「諸般の事情」等の表現は議決権行使助言会社の反対推奨も想定されるため具体的な理由を説明することが考えられる 【取締役の報酬等の額を変更する場合】（施規82条） □　提案の理由に加え，①報酬等の算定の基準（イ．確定額分については，その額，ロ．不確定額分については，その具体的算定方法，ハ．募集株式（募集株式と引換えにする払込みに充てるための金銭も含む）については，募集株式の数の上限その他法務省令で定める事項，ニ．新株予約権（新株予約権引換えにする払込みに充てるための金銭も含む）については，新株予約権の数の上限その他法務省令で定める事項，ホ．非金銭分については，その具体的な内容），②変更の理由，③取締役の員数を記載する □　不確定額もしくは非金銭の報酬等を支給する議案だけでなく，確定額報酬等の支給議案（改定議案）についても，当該報酬等を相当とする理由を記載しなければならない □　報酬等の決定方針の変更が予定されている場合には，方針がどのように変更となるのか，記載する □　公開会社であり，かつ取締役の一部が社外取締役である場合は，上記①から③について社外取締役と社外取締役以外の取締役を区分して記載する必要があるが，報酬等の枠および員数を区別して記載している例が多い（変更の理由は社外取締役以外の取締役と同一であることが多い） 【監査役の報酬等の額を変更する場合】（施規84条） □　提案の理由に加え，①報酬等の額，②変更の理由，③監査役の員数，④監査役の意見があるときはその意見の内容の概要，を記載する。社外監査役の報酬等は社外取締役と異なり法令上社外監査役以外の監査役と区分して記載することは求められていないが参考情報として記載することも考えられる

株主との対話

三菱UFJ信託銀行株式会社 法人コンサルティング部
会社法務・コーポレートガバナンスコンサルティング室

1　対話が求められている背景

2022年度株式分布状況調査によると，外国法人等の株式保有比率は30.1％と前年比0.3ポイント減少したものの，３年連続で30％を超えた。投資部門別株式保有比率の推移を見ると，1975年は3.6％，1985年は7.0％，1995年に10.5％と10％，2003年に21.8％と20％，2013年に30.8％と30％をそれぞれ超えるなど，外国法人等の株式保有比率は概ね右肩上がりで推移しているといえる。

外国法人等のうち主要な投資主体は機関投資家であると考えられ，国内の機関投資家も加えれば，機関投資家による株式保有は相当に高まっているはずである。

こうした背景もあって，伊藤レポート「持続的成長への競争力とインセンティブ～企業と投資家の望ましい関係構築～」プロジェクト「最終報告書」では，「問題意識と仮説」として，「企業と投資家の対話の欠如がもたらす悪循環」を指摘している。その上で，「良質な対話・エンゲージメントは，相互理解を促進するとともに企業価値を高め，企業と長期志向の機関投資家の双方に利益をもたらすことができるものであるという共通認識を醸成することが重要である」（伊藤レポート86頁）とし，「企業にとって，対話・エンゲージメントを行う目的は，投資家の理解と支持を得て，長期的・持続的成長への原資を確保すること，資本コストを低減することである。上場責任を果たすとは，まさに株主・投資家との効果的な対話を通じて持続的な企業価値創造を目指すことである。経営者と投資家とが『持続的成長』に向けた協創者であるならば，持続的成長に向けたシナリオを共に理解し，共有する必要がある。そのためにも本質的かつ双方向の対話・エンゲージメントが必要である」とする。

そして，CGコードには基本原則５として「株主との対話」が盛り込まれた。具体的には，「上場会社は，その持続的な成長と中長期的な企業価値の向上に資するため，株主総会の場以外においても，株主との間で建設的な対話を行うべきである」とする。なお，「株主総会の場以外においても」とされているので，「株主総会の場」においても建設的な対話を行うべきことは当然ということになる。この点については，伊藤レポートでも「対話の場としての株主総会プロセスの見直し」について，「企業が株主との対話を行い，説明責任を果たす場として，株主総会プロセスを活性化することは重要な課題である」とし，総会開催日や基準日の合理的な設定，招集通知期間の精査期間の確保等，総会前の実質株主等との対話・エンゲージメントの有効なあり方等を見直しまたは検討することを提言している（伊藤レポート91頁）。

2　どのような対話があるか

具体的な対話としては，前記のとおり，株主総会における対話と株主総会以外における対話に分けることができる。

1　株主総会における対話

株主総会における対話は，全国株懇連合会の「企業と投資家の建設的な対話に向けて～対話促進の取組みと今後の課題～」（https://www.kabukon.tokyo/activity/data/study/study_2016_05.pdf）（以下「全株懇提案書」という）によると，「株主と会社が事前の議決権行使等を通じて対話を図るものと，株主が株主総会という会議体に実際に出席し，質問権や賛否に対する意思表示等を通じて会社と直接対話を行うものの２つに分けられる」が，具体的な対話の手法（建設的な対話のための環境整備を含む）として，会社と株主が事前の議決権行使等を通じて対話を図るものについて，①招集通知の早期発送，②招集通知の発送前ウェブサイト掲載，③電子投票制度の採用，④招集通知の英訳，⑤機関投資家や議決権行使助言会社への議案等事前説明，⑥有価証券報告書の総会前開示，⑦議決権行使結果の分析の７項目があげられる（電子提供制度下では①招集通知（アクセス通知）の早期発送，②電子提供措置開始日の早期化が該当する）。また，株主が株主総会という会議体に実際に出席し会社と直接対話を行うものについて，⑧総会開催日の分散化，⑨招集通知の作成上の工夫，⑩グローバルな機関投資家等の総会出席への対応，⑪株主総会当日の対応（映像，プレゼンテーション，質疑応答）があげられる（⑨は事前の議決権行使等を通じた対話と会議体に実際に出席して行う直接の対話の双方に関係するが，便宜上，後者に含めている）。

以下では，全株懇提案書を参考にしつつ，株主総会における対話の取組み状況を簡単に見ていくこととする。

（1）招集通知（アクセス通知）の早期発送など

①招集通知（アクセス通知）の早期発送，②電子提供措置開始日の早期化，③電子投票制度の採用，④招集通知の英訳，⑧総会開催日の分散化については，本書１頁（2023年６月 株主総会のデータ分析）に記載のとおりで，いずれも機関投資家の要請に沿って議案検討期間の確保等への取組みが着々と進んでいる。

（2）機関投資家や議決権行使助言会社への議案等事前説明（⑤）

全株懇調査によると，【図表１】のとおり，実施会社は236社，14.6％（前年比1.0ポイント減）となっている。議案等事前説明を行っている会社がそれほど多くないのは，議案内容が固まってからの対話となると，株主総会までの期間があまりないためであり，特に６月総会会社の場合には，機関投資家等も繁忙期に入り，面談時間が確保できないという事情があるものと思われる。

【図表1】国内外機関投資家（議決権行使助言会社を含む）への議案の事前説明

	有		計	無	合計
	今年初めて実施	従来から実施			
2021年	23社	217社	240社	1,422社	1,662社
	1.4%	13.1%	14.4%	85.6%	100.0%
2022年	28社	222社	250社	1,351社	1,601社
	1.7%	13.9%	15.6%	84.4%	100.0%
2023年	20社	216社	236社	1,385社	1,621社
	1.2%	13.3%	14.6%	85.4%	100.0%

（出典）全株懇調査

（3）有価証券報告書の総会前開示（⑥）

仮に有価証券報告書が総会前に開示されれば，株主は，有価証券報告書に記載された情報を株主総会の議決権行使に活用できることから，機関投資家から実施の要請がある事項である。有価証券報告書を総会前に開示している会社は，旬刊商事法務「株主総会白書」（以下，「株主総会白書」という）によると，52社1.3％（前年比0.2ポイント減）と多くはない（【図表2】）。機関投資家目線では，米国のように議決権基準日を決算日と異なる日に定めて，3月決算会社が7月等に株主総会を開催するようになれば，6月中に開示される有価証券報告書を活用できるので，本来的には議決権基準日の変更を検討してもらいたいという要請でもある。現時点では，議決権基準日を決算日と異なる日に定めているのは数社にとどまっており，また，有価証券報告書を総会前に開示するといっても，数日前の開示であれば議決権行使に活かすことは困難で，あまり効果がないことから実施会社も多くないのかもしれない。

なお，2023年1月31日，金融庁は「企業内容等の開示に関する内閣府令等の一部を改正する内閣府令」（改正開示府令）を公表し，同日付で公布・施行した。これにより，2023年3月31日以後に終了する事業年度に係る有価証券報告書から「従業員の多様性に関する記載（女性管理職比率，男性の育児休業取得率，男女間賃金格差）」，「サステナビリティに関する考え方および取組（サステナビリティ全般に関する記載，人的資本に関する記載）」，「取締役会や指名委員会・報酬委員会の活動状況の記載」，「内部監査の実効性」，「政策保有株式の発行会社との業務提携等の概要」に関する開示が新たに求められるようになっており，有価証券報告書における開示の充実が進んでいる。

（4）議決権行使結果の分析（⑦）

CGコードの補充原則1－1①で，上場会社は，相当数の反対票が投じられた会社提案議案があった場合，その原因分析を行い，株主との対話その他の対応の要否について検討を行うべきことが規定されている。

賛否集計結果については，取締役会で報告する会社も相応にあるものと考えられるが，相当数の反対票が投じられた場合，これらの会社では，取締役会レベルで相当数の反対票が投じられた原因分析や対応要否の検討が行われているものとみられる。

なお，スチュワードシップ・コードの改訂により，各機関投資家は議決権行使結果を議案ごとに開示することを求められるようになった。上場会社としては，相当数の反対とまではいかない場合であっても，機関投資家

【図表２】定時株主総会前の有価証券報告書の提出

社数　（）内％

	総会同日以降に提出※1	総会開催日より前に提出※2											集計社数
		総会前日	2日前	3日前	4日前	5日前	6日前	7日前	8日前	9日前	10日前以前	合計	
2021年	1,667 (95.3)	44 (2.5)	5 (0.3)	3 (0.2)	1 (0.1)	3 (0.2)	−	5 (0.3)	1 (0.1)	−	7 (0.4)	69 (4.1)	1,749※3 (100.0)
2022年	3,275 (98.5)	15 (0.5)	4 (0.1)	5 (0.2)	−	3 (0.1)	3 (0.1)	5 (0.2)	2 (0.1)	0 (0.0)	14 (0.4)	51 (1.5)	3,326 (100.0)
2023年	3,807 (98.7)	15 (0.4)	4 (0.1)	6 (0.2)	2 (0.1)	2 (0.1)	4 (0.1)	7 (0.2)	−	1 (0.0)	11 (0.3)	52 (1.3)	3,859 (100.0)

（出所）株主総会白書（旬刊商事法務2280号，2312号，2344号）より当社作成
※１　決算遅延等により期限内に提出していない会社を含む。
※２　事業年度末日と議決権基準日が異なる会社を含む。
※３　無回答（13社，0.7％）を含む。

の開示内容を有効に活用するよう努めるべきであろう。

「相当数の反対票」の解釈は取締役会の合理的な判断に委ねられているが，英国のコーポレートガバナンス・コードを参考に，その水準を20％とすることも考えられる。

（５）招集通知の作成上の工夫（⑨）

前記（３）のとおり，機関投資家からは有価証券報告書の記載を議決権行使の判断に活用したいとの要請がある。また，議決権行使に有用な情報はできるだけ招集通知にまとめて掲載してほしいという声もある。

会社としては，こうした機関投資家からの要請に対応することが考えられる。また，2023年３月以降，電子提供制度の本格運用が開始され，株主総会参考書類等は原則としてウェブ上で提供することとなったことで紙面の制約がなくなった。このことは，株主への情報提供の観点から記載内容の拡充を検討する会社を後押しするといえよう。

CGコードの影響も大きく，全株懇調査によると，2021年のCGコード改定により開示が求められるようになったスキル・マトリックス（同4-11①）を株主総会参考書類に記載した会社は1,311社，80.8％（前年比8.4ポイント増）となっている。

なお，議決権行使助言会社や主要な機関投資家の議決権行使基準を踏まえて情報を記載する会社もみられる。2023年６月総会における日経225採用銘柄のうち，役員候補者の性別を記載した会社は185社中75社，40.5％（前年比13.8ポイント増），政策保有株式の保有・削減状況を記載した会社は185社中57社，30.8％（前年比3.5ポイント増）といずれも増加傾向である（当社調べ）。

（６）グローバルな機関投資家等の総会出席への対応（⑩）

名義株主でないグローバル機関投資家等から株主総会への出席を求められた場合の基本方針については，株主総会白書によると，「会社の裁量により総会の傍聴を認める」（全国株懇連合会「グローバルな機関投資家等の株主総会への出席に関するガイドライン」におけるルートＢに相当）とする会社が356社，72.8％（前年比1.8％増）と大多数を占めている。一方で実際にグローバル機関投資家等か

ら総会出席の申出があるケースはまれであることもあり，ケース・バイ・ケースで対応するとしている会社も93社19.0％と相応にある（詳細はQ８参照）。

（7）株主総会当日の対応（映像，株主総会のデジタル化，プレゼンテーション，質疑応答）（⑪）

いわゆるIR型総会が典型であるが，株主総会当日に来場した株主に対して，株主総会の目的事項を分かりやすく説明する工夫，具体的には事業報告等についてスライドや動画の活用といった総会のビジュアル化が広く行われている。

2020年総会以降は，コロナ禍での株主総会における株主との対話・情報提供の充実を目的として，株主総会のデジタル化が進展した。代表的なものはバーチャル株主総会だが，総会出席の代替策として，参加型を中心にバーチャル株主総会を採用した会社は年々増加している（詳細は５参照）。それ以外にも，事業報告等のビジュアル資料・動画の事前ウェブ掲載，株主総会の様子を録画した映像の事後（オンデマンド）配信を行う会社も増加傾向にある（【図表３】）。また，株主総会への出席を見送る株主に対して質問の機会を与えるため事前質問を受け付け，株主の関心が高い事項は，総会前にウェブサイトで回答，総会中に取り上げて回答（ライブ配信併用が多い），または総会後にウェブサイトで回答等の対応が見られた。事前質問とライブ配信あるいは事後配信を組み合わせることで，当日来場できない株主との対話を充実させていくことも可能であり，注目される。

これらインターネットを利用した総会への出席・参加（事前質問を含む）や事前・事後の情報提供は，コロナ禍で必要に迫られて，来場株主抑制策としての利用が進んだものではあるが，その結果として，従来，遠隔地のため会場への出席が難しかった株主等，より多くの株主に株主総会への参加機会を提供し，また，株主総会での株主との対話をより充実させる効果が得られており，今後の株主総会においても，さらに利用されていくとみられる。

【図表３】株主との対話，情報提供のための施策の実施状況

	事前質問対応		オンデマンド配信	
	自社HPで事前質問を受け付け	自社HP上で事前質問への回答結果を公表	株主にのみ公開	一般に公開
2021年	142社	72社	43社（2.6%）	282社（17.0%）
2022年	179社	75社	52社（3.2%）	311社（19.4%）
2023年	200社	98社	50社（3.1%）	320社（19.7%）

（出所）全株懇調査

２　株主総会以外における対話

株主総会以外における対話は，全株懇提案書によると，①株主判明調査，②機関投資家向け説明会等，③個人投資家向け説明会等，④株主優待制度，⑤株主懇談会の５項目があげられる。

（1）株主判明調査

機関投資家は，株主名簿上の名義株主を通じて議決権行使の指図等を行っており，会社が株主名簿上の記載から，議決権の指図権を有する機関投資家を把握することは困難なことが多い。そうした場合，株主名簿上の株主の背後にいる国内・海外機関投資家の株式保有状況の調査（株主判明調査）を実施することが考えられる。株主判明調査そのものは「対話」には当たらないが，自社の実質株主を把握することは対話のための第一歩と考えることができる。

全株懇調査によると，株主判明調査を実施している会社は536社，33.1％（前年比1.9ポイント増）と増加傾向にある。

（2）機関投資家向け説明会等

機関投資家との対話には，投資家を対象としたIR活動と株主を対象としたSR活動がある。

IR活動は，個別銘柄を選別して株式投資を行う機関投資家（アクティブ運用）を対象として，会社の情報提供を行い，投資家の会社に対するリスク認識を低下させることにより，長期保有安定株主の確保や適正な株価形成，円滑な資本政策の実施等を目的に実施されている（全株懇提案書30頁参照）。

一方，SR活動は，主に株主総会における議決権行使の促進および賛成票の確保を目的に実施されている。このため，主に機関投資家の議決権行使の判断材料となるコーポレートガバナンスについての説明が中心であり，SR活動は株主総会における議案の確定後に実施しているケースが多かった。しかしながら，株主総会前の時期は機関投資家側の繁忙期にもあたるため，議案以外のコーポレートガバナンスの取組み・考え方については，他の時期に実施するほうが，十分に時間をかけた建設的な対話が可能となるため，通年で取り組む会社も出てきている（全株懇提案書30頁参照）。

全株懇調査によると，国内でのIR活動の実施状況について，機関投資家向け会社説明会を実施する会社はリアルが533社（32.8％，前年比7.0ポイント増），オンラインが685社（42.1％，前年比3.5ポイント増），アナリスト向け会社説明会を実施する会社はリアルが533社（32.8％，前年比4.3ポイント増），オンラインが663社（40.8％，前年比2.6ポイント増），アナリスト取材への対応を実施する会社はリアルが848社（52.2％，前年比7.1ポイント増），オンラインが836社（51.4％，前年比5.0ポイント増）となっており，オンラインでの実施を中心に普及している。次に海外でのIR活動状況について，欧州での機関投資家向け会社説明会を実施する会社はリアルが105社（6.5％，前年比3.1ポイント増），オンラインが208社（12.8％，前年比0.6ポイント減），欧州でのアナリスト向け会社説明会を実施する会社はリアルが50社（3.1％，前年比1.2ポイント増），オンラインが125社（7.7％，前年比0.5ポイント減）とまだまだ実施社数は少ない。

（3）個人投資家向け説明会等

個人投資家による株式の新規取得や長期保有を促すことを目的に，個人投資家の会社に対する理解を深めるために個人投資家向け説明会を実施する会社もみられる。個人投資家向け説明会は，各社で実施する証券会社の支店等での説明会や，複数の会社が相乗りで実施するIRフェア等に加え，最近ではインターネットを利用したウェブ説明会を活用する会社がある（全株懇提案書31頁参照）。

全株懇調査で実施状況をみると，既存個人株主向けの会社説明会を実施する会社はリアルが173社（10.6％，前年比3.1ポイント増），オンラインが222社（13.7％，前年比2.6ポイント増），新規個人株主向けの会社説明会を実施する会社はリアルが207社（12.7％，前年比3.2ポイント増），オンラインが288社（17.7％，前年比2.6ポイント増）と，リアルよりオンラインで実施している会社の割合が多くなっている。

(4) 株主優待制度

株主優待制度には主に個人株主を対象とした対話の側面がある。新NISA等をきっかけに個人株主向け施策も注目されるところであるが，株主優待制度を実施する会社は625社，38.4％（前年比0.6ポイント減）で，保有期間に応じた株主優待の優遇を行う会社も262社，38.5％（同1.6ポイント減）とやや減少傾向である。

(5) 株主懇談会等

株主懇談会等のイベントは，主に個人株主との懇談の場として，株主総会終了後に実施されることが多い。コロナ禍ではその実施社数は少数にとどまっていたものの，直近では140社，8.6％（前年比7.3ポイント増）が実施しており，再開の兆しがみられている。

3 機関投資家の議決権行使状況

2017年のスチュワードシップ・コードの改訂により，機関投資家は議決権行使結果の個別開示を要請されるようになり，国内大手機関投資家を中心に個別開示に踏み切る動きが広まっている。また，2020年の再改訂により，投資先企業との建設的な対話に資する観点から重要と判断される議案については，賛否を問わず，その理由を公表すべきであるとされた。

機関投資家によって議決権行使基準が異なる以上，同じ会社の同一議案に対して，賛否が分かれるケースがみられる。これも個別開示がスタートしたことにより明らかとなった事象である。例えば，同じ経営トップの選任について，経営に対する不満を伝えるために反対票を投じる機関投資家があれば，経営トップの交代までを求める意図はないので積極的には反対しないという機関投資家もあるようだ。また，不祥事企業の経営トップ選任についても，不祥事の責任を取るべきという観点から反対票を投じる機関投資家があれば，不祥事の原因解明・再発防止策の策定に取り組み，問題を解決に導くことで経営責任を果たすべきという観点から賛成票を投じる機関投資家もある。

なお，スチュワードシップ・コードの改訂に伴って，機関投資家の議決権行使結果にどのような影響があったかについては，一概に判断することはできない。機関投資家は毎年議決権行使基準の見直しを行っており，議決権行使基準が改訂（通常は会社にとっては厳しい方向での改訂）されれば，反対票を投じるケースは増えることになる。また，会社も機関投資家の議決権行使基準の内容を踏まえて，賛成票を得るために必要な対応を取ることも多いので，機関投資家が賛成票を投じるケースが増えることがある。例えば，再任の社外役員候補者について取締役会の出席比率が75％未満であれば反対票を投じるという基準を採用する機関投資家が少なくないが，当初は多くの反対票が投じられたものの，最近は出席比率が75％以上となるよう早めに取締役会のスケジュールを確定したり，臨時取締役会の開催が必要な場合であっても案件の軽重により書面取締役会を開催するなどの対応により，当該基準に抵触したために反対票が投じられるケースは相当に減少している。

【図表４】は，日経225採用銘柄について，主要な議案の賛成率の推移を調査した結果である。買収防衛策を除いて，いずれの議案も90％を超える高い賛成率となっている。機関投資家の議決権行使判断が厳しくなる一方，会社側でもこうした状況を踏まえ，投資家との対話等を通じて行使動向を把握し，ガバナンス等の強化をより進めていることが１つの要因と推察される。

ただし，監査役選任議案の平均賛成率は前

【図表４】日経225採用銘柄の議案別賛成率

議案	2021年６月総会		2022年６月総会		2023年６月総会		前年比（平均賛成率）
	平均賛成率	最低賛成率	平均賛成率	最低賛成率	平均賛成率	最低賛成率	
剰余金処分	99.0%	88.3%	98.6%	79.7%	98.3%	59.5%	−0.3ポイント
定款変更	96.6%	81.6%	98.2%	79.4%	98.0%	77.8%	−0.2ポイント
取締役選任	96.2%	64.7%	95.2%	58.5%	94.7%	56.3%	−0.5ポイント
監査役選任	95.7%	58.6%	96.0%	61.3%	96.4%	50.2%	+0.4ポイント
役員報酬	96.9%	72.5%	96.6%	80.3%	98.0%	92.5%	+1.4ポイント
買収防衛策	61.6%	61.3%	56.1%	55.3%	−	−	−

（出典）当社調べ。役員選任議案は候補者１人当たり１議案でカウント

年とほぼ同水準であるものの，社外役員に対する独立性の懸念等の理由から，最低賛成率は前年を大幅に下回り（前年比▲11.1ポイント），50％台にとどまった。

4　どのように対話を行えばよいか

前記のとおり，株主との対話は，株主総会における対話と株主総会以外での対話に分けることができる。株主総会における対話は，2020年７月に経済産業省が「新時代の株主総会プロセスの在り方研究会」報告書を策定，公表したが，最終的には議決権行使により議案の賛否に帰着する。なお，前記２．１で紹介した具体的な対話の手法は，株主との対話そのものではなく，対話のための環境整備や会社の情報開示に関するものも含まれているが，建設的な対話を行うための前提条件として重要な要素であることに変わりない。招集通知（アクセス通知）の早期発送や電磁的方法による早期提供に関する努力義務などは，CGコードの補充原則や有価証券上場規程施行規則に取り入れられており，その重要性は明らかである。対話の前提条件が整っていないことを理由に，議案に対する反対票が投じられる恐れもあるだろう。

株主総会以外の対話は，対象を機関投資家に絞れば，SR活動ということができる。SR活動は株主総会における議決権行使の促進および賛成票の確保を目的にするものであり，やはり株主総会での議案の賛否につながるものである。

前記１のとおり，伊藤レポートでは「企業にとって，対話・エンゲージメントを行う目的は，投資家の理解と支持を得て，長期的・持続的成長への原資を確保すること，資本コストを低減することである」とする。この「投資家の理解と支持」の表現方法の一つに「株主総会での議決権行使による議案の賛否の表明」があると捉えることは可能であろう。

そのように理解すると，会社側の視点でみた株主との対話は，株主総会（議決権行使による賛否の表明）を中心とした以下のようなサイクルと整理することが可能である。

まず，招集通知を発送（開示）する前までに行われる「株主総会に向けた対話」がある。例えば，決算発表後に決算内容の説明とあわせて株主総会に付議する議案の内容を説明し，理解を求めることが考えられる。また，決算発表後は機関投資家が多忙となることから，より面談しやすい時期に事前説明ができるよう，議論になりやすい役員人事，買収防衛策，報酬制度等の議案に関連する情報の適時開示を早期に行うことも考えられる。こうすれば機関投資家との対話を踏まえて，招集通知の

記載内容を工夫することも可能である。

次に，招集通知の発送（開示）後に行われる「株主総会前の対話」がある。特に，議決権行使助言会社から反対推奨を受けた場合に，補足説明資料を追加で開示したり，機関投資家が面談可能であれば訪問して説明することが考えられる。

さらに，議決権行使による賛否の表明というかたちで行われる「株主総会における対話」がある。一般的には，機関投資家が総会当日に出席することはほとんどないので，議決権行使期限までに行われる電子投票（または書面投票）が反映される。

最後は，「株主総会を踏まえた対話」であり，CGコード補充原則１－１①にあるとおり，相当数の反対票が投じられた議案についてその原因を分析し，必要に応じて，株主（機関投資家）との対話を検討することになる。

以上の一連の対話について，会社として能動的に機関投資家に働きかけて行うかどうかは，会社の株主構成次第という面がある。機関投資家の持株比率が高い場合は，何もしない場合，多くの反対票を投じられるリスクが高まるし，議案の否決リスクにつながることもある。そのような会社であれば否応なく対話に取り組まざるを得ない。

一方，機関投資家の持株比率が低い場合は，機関投資家との対話に向けたプレッシャー（インセンティブ）は小さい。費用対効果という面もあるので，積極的には対話しないという選択肢もあるだろう。機関投資家から対話を求める声が届いた場合には真摯に対応するというスタンスで十分かもしれない。

米国では，2011年に上場企業に対して経営者報酬に関する株主総会の勧告的決議（Say on Pay）を義務付けたことから，上場会社が会社提案への支持を獲得するため，機関投資家と積極的に対話を行うようになっているようだ。また，株式保有比率がそれほど高くないアクティビストによる株主提案が他の機関投資家の賛同を得て承認されるケースも見られ，有事の際に会社側を支持してもらうためには，平時からの対話が有効との認識も広まっている。

日本においても，株主提案の議案が機関投資家の支持を得て承認されるケースが現れているし，承認可決に至らなくても相当に賛成比率が高いケースも見られる。今後，政策保有株式が一層縮減していけば，機関投資家の株式保有比率は一段と高くなることが想定される。現状では株主総会の議案について反対票の懸念が特段ない会社についても，自社の株主構成に占める主要な機関投資家との間で対話ができる環境を構築しておくことは有用であろう。例えば，定期的に決算説明の機会を設けて接点を保持しておくことなどが考えられる。

なお，2023年から，東京証券取引所は，株主との対話の実施状況についてコーポレート・ガバナンス報告書に記載するよう上場会社に要請している。この要請をきっかけに，機関投資家等との対話が促進されることも期待される。

5　株主総会における新たな対話の手法（バーチャル株主総会について）

前記のとおり，2020年以降，新型コロナウイルス感染拡大の影響を受けたことをきっかけに，株主総会をインターネット配信するバーチャル株主総会は急激に増加している。来場株主数を抑制する方策の１つとして，バーチャル株主総会を実施する会社が多かったが，元々，バーチャル株主総会は，遠隔地に居住する株主にも総会の審議に参加する機会を提供すること等を目的としており，新型

【図表５】バーチャル株主総会３類型の主な違い

	参加形態	物理的会場	動議	議決権行使	法的な質問
バーチャルオンリー型	出席	なし	○	○	○
ハイブリッド「出席型」	出席	あり	○（※）	○	○
ハイブリッド「参加型」	参加	あり	×	×（事前行使必要）	×（いわゆるコメントとして受付）

（出所）当社作成
（※）ただし，経済産業省「ハイブリッド型バーチャル株主総会の実施ガイド」では，「原則として動議の提出については，リアル出席株主からのものを受け付けることで足りる」としている。

コロナウイルス感染症が収束した後も株主との対話の手法の１つとして，多いに注目されている。

以下，バーチャル株主総会の概要や実施状況および実施するにあたっての実務的な論点について述べる。

（１）バーチャル株主総会の概要

バーチャル株主総会とは，会場の模様をインターネット配信する株主総会を言う。さらに，バーチャル株主総会は「バーチャルオンリー型」，「出席型」，「参加型」に分類され，主な違いは【図表５】のとおりである。「バーチャルオンリー型」は実会場がなく，株主はオンライン上でのみ株主総会に出席することができる開催形態で，実会場に出席したのと同等の権利を行使することができる。

「出席型」は，株主がインターネット配信を視聴しながら，議決権行使や質問をすることができる開催形態で，基本的には実会場に出席したのと同等の権利を行使することができる。一方，「参加型」は，インターネット配信を視聴しながら議決権行使をすることができないため，議決権行使を行う場合は，事前行使が必要である。議長への質問は，法的質問としてではなく，発行会社が任意でコメントを受け付け，株主総会当日や後日ホームページ等で紹介することができる。

（２）バーチャル株主総会の実施状況

2023年６月総会におけるバーチャル株主総会の実施状況は，【図表６】のとおり，「オンリー型」が11社（前年比３社増），「出席型」が16社（前年比▲２社），「参加型」が390社（前年比＋22社）と，「参加型」を中心にさらなる広がりを見せた。当初，バーチャル株主総会は新型コロナウイルス感染症対策の一環として，会場への来場自粛をお願いすることと引き換えに，会場に来場しなくても総会当日の模様を視聴できるようにするという考えのもとで広まってきたが，アフターコロナにおいても感染症に限らず株主との対話や情報提供拡充のため実施を検討する会社は引き続き多いものと考えられる。

（３） バーチャルオンリー株主総会

会社法上の解釈では日本では実会場のないバーチャルオンリー型は認められないと解されていたが，2021年６月16日に産業競争力強化法が改正され，上場会社は経済産業大臣および法務大臣の確認を受け，場所の定めのない株主総会を開催できる旨の定款の定めを置けば，将来にわたってバーチャルオンリー株主総会を開催することが可能となった（定款変更例はQ74参照）。

バーチャルオンリー株主総会では質問や動議，議決権行使について，実会場で出席した際と同等の権利が株主に与えられることから，

【図表6】 6月総会におけるバーチャル株主総会の実施状況

	2019年6月総会	2020年6月総会	2021年6月総会	2022年6月総会	2023年6月総会
バーチャルオンリー型	—	—	—	8社	11社
ハイブリッド「出席型」	実施なし	9社	14社	18社	16社
ハイブリッド「参加型」	5社	113社	309社	378社	390社
計	5社	122社	323社	404社	417社

（出所）各社の招集通知開示内容をもとに当社作成（招集通知同封のチラシ，ホームページ等は考慮しない）

実施にあたってはシステム面の整備が重要となる。実施にあたっての主な検討課題としては，①招集通知の記載・記録事項，②バーチャルオンリー株主総会への出席と事前の議決権行使の効力の関係，③通信方法に係る障害に関する対策についての方針，④インターネットを使用することに支障のある株主の利益の確保に配慮することについての方針，⑤質問・動議の取扱い，⑥代理人の取扱い等があげられる。なお③，④については，両大臣の「省令要件（産業競争力強化法に基づく場所の定めのない株主総会に関する省令（以下「省令」という）1条で定める要件）」の該当性の確認においても，確認を受けることとなる（詳細は，経済産業省経済産業政策局産業組織課　2023年7月「産業競争力強化法に基づく場所の定めのない株主総会制度説明資料」参照）。

（4）ハイブリッドバーチャル株主総会「出席型」「参加型」の実務上の論点とその対応

ハイブリッドバーチャル株主総会を実施する上での主な実務的な検討課題として，以下の事項があげられる。なお，バーチャルオンリー株主総会の実施に当たっての検討課題は「出席型」と共通する部分が多いと考えられる。

①　通信環境

バーチャル出席を認める場合には，株主がインターネット等の手段を活用するため，サイバー攻撃や大規模障害等による通信手段の不具合（以下「通信障害」という）が発生する可能性が考えられる。そのため，通信障害に備えたバックアップシステムを検討することが望ましい。例えば，インターネット回線の断線による通信障害対策と安定的な通信速度を確保するため，バーチャル株主総会専有のインターネット回線を2本敷設すること等が考えられる。

②　質問や動議の取扱いと招集通知への記載

(i)「出席型」の場合

「出席型」は，リアル株主総会に加えて，バーチャル出席という選択肢を追加的に提供するものである一方で，オンライン等の手段を用いた「出席」として提供する以上，リアル株主総会との違いについて，事前に説明を行うなど，適切な対応を行う必要があるとされている。

株主からの質問について，実施ガイドでは，バーチャル出席株主からの質問の受付方法として，テキストメッセージの送受信が想定されているが，1人が提出できる質問回数や文字数，送信期限などの事務処理上の制約や，質問を取り上げる際の考え方について，あらかじめ運営ルールとして定め，招集通知や

web上で通知することが推奨されている。

また，動議の提出については，原則として，リアル出席株主からしか受け付けないことも許容されるとされ，その場合には，株主に対し，事前に招集通知等において，「バーチャル出席者の動議については，取り上げることが困難な場合があるため，動議を提出する可能性がある方は，リアル株主総会へご出席ください」といった案内を記載することが推奨されている。

(ii) 参加型の場合

前記のとおり，参加型は，バーチャル出席株主からの質問や動議の提出は認められない。そのため，念のため，招集通知に質問や動議の提出は認められないこと等を記載することが考えられる。また，会社法上の質問ではなく，いわゆるコメントとして受け付けることは可能であるため，その場合は招集通知に任意で株主からの質問等をメッセージとして受け付ける際，会社法で定める法的な質問としては扱わないことを招集通知に記載することが考えられる。

なお，参加型の場合，株主総会当日は議決権行使できないため事前行使が必要なことを招集通知に記載することが望ましい。

③ 議長シナリオ

インターネットによるライブ配信を実施していること，リアル株主総会の出席株主へのプライバシー配慮として，会場後方より役員席付近のみを撮影していること，質疑の際は氏名等ではなく，出席番号のみをご発言頂くようお願いをすること等，ライブ配信により広く公開されることを前提とした議長シナリオを準備することが考えられる。なお，内容によっては，招集通知に予め記載しておき，総会当日での説明は行わないという対応も考えられる。

④ 株主からの問い合わせ対応

バーチャル株主総会は，IDとパスワードの組み合わせ等により株主本人の確認を行うため，「IDやパスワードがわからない」といった問い合わせが考えられる。加えて，株主側のインターネット環境の整備が前提となるため，「映像が再生されない」等，インターネット環境に係る技術的な問い合わせにも対応できる体制構築が望ましい。

⑤ 議事進行中の通信障害等の緊急事態が発生した場合の対応

議事進行中，通信障害等の緊急事態が発生した場合に備え，関係者間の情報伝達手順や，復旧を待たずに議事を進行することを事前に周知しておくと安心である。なお，「参加型」の場合は，会社法上の「出席」でないから参加株主に株主総会の映像，音声を配信できなくなったとしても，これを理由に株主総会決議が取り消される現実的なリスクはないとされる。また，「出席型」についても，通信障害などの不具合が生じたからといって，決議取消事由に該当する可能性は極めて低いと考えられている（澤口実編著，近澤諒＝本井豊著『バーチャル株主総会の実務〔第２版〕』（商事法務，2021年））。

その他，事後配信等を代替策として準備し，通信障害等により視聴できなかった株主に対するリカバリーを検討しておくことが考えられる。

社外取締役の株主総会対応マニュアル

日比谷パーク法律事務所
弁護士 松山 遙

1 はじめに

2015年５月の会社法改正および同年６月のコーポレートガバナンス・コードの適用開始を受けて，多くの上場企業で社外取締役が選任されることとなり，監査等委員会設置会社へ移行する企業が増加した。また，その後のコーポレートガバナンス・コードの改訂を受けて，監査役会設置会社であっても，社外取締役を主要な構成員（または過半数）とする指名・報酬委員会を任意に設置する企業が増えている。このように企業のガバナンスにおける社外取締役の役割・職務について注目が集まる中，株主総会においても，社外取締役の存在感が増している。社外取締役の活動状況等に関する質問が出されるだけでなく，社外取締役に対して直接質問される例も散見されるようになった。

社外取締役に対する質問の中には，社内取締役が代わって回答できるものもあるが，その内容に照らして，社内取締役が回答することは適切ではなく，社外取締役自身が回答・説明するべきものもある。

そのため，これからの株主総会運営としては，社外取締役にも当社の取締役の一員として説明義務を尽くしてもらうことを前提に，準備を進める必要がある。

2 社外取締役に対して想定される質問

それでは，社外取締役に対して想定される質問として，具体的にどのようなものが考えられるだろうか。

1 経営・ガバナンスに関する一般的な質問

社外取締役は，取締役会のメンバーとして取締役会に出席し，重要な業務執行につき決定するとともに，取締役・執行役の職務執行の状況を監督することが期待されている。したがって，当社の経営・ガバナンスに関する質問は当然に予想されるところである。

これらの質問については，業務執行取締役・執行役（以下「社内取締役等」という）の立場から説明できる事項も多いものの，業務執行から独立した立場からの意見を求められることもある。また，女性や外国人の社外取締役を選任している企業では，女性・外国人の視点から見てどう思うかといった質問が出されることもある。

このように独立した立場からの意見を聞きたい，あるいは特定の社外取締役の意見が聞きたいという質問が出された場合には，社内取締役等が代わって回答したのではすれ違いの答弁となってしまうため，社外取締役自身に回答してもらうことが望ましい。

また，近年では取締役会の議長を社外取締役が務める会社も増えている。このようにガバナンスの要となるべき地位を社外取締役が担っている場合には，株主総会においても議長たる社外取締役が答弁に立つべき場面が増加することになる。

これまでの株主総会実務では，たとえ社外取締役宛ての質問が出されたとしても，原則として社内取締役等が回答し，社外取締役には極力回答させないという方針で臨んでいた企業も多い。しかし，社外取締役を活用してガバナンスを強化することが求められている中，株主総会の場で社外取締役から直接株主に説明してもらう機会を設けることは，当社における社外取締役の活動状況を示すためにも有意義である。最初から社外取締役等に回答してもらうことは困難であっても，最初に社内取締役等が回答し，その後に社外取締役としての意見を述べるといった方法も考えられる。

ただし，著名な人物（例えば，他の大企業の経営トップ，ニュース番組でコメンテーターを務める経済評論家や学者など）を社外取締役として選任している場合には，当社の業務とは全く関係のない時事問題や政治経済情勢，さらには他社の不祥事などについてコメントを求めるような質問が出る可能性がある。最近では株主総会の目的事項に関しないとして説明を拒むケースは滅多にないが，このような質問に対しては回答を差し控えることになろう。

2　指名・報酬委員会の活動状況に関する質問

社外取締役が任意に設置された指名・報酬委員会の委員を務めている場合には，委員会における審議内容や活動状況について質問されることも考えられる。

指名・報酬については，その方針と手続を開示することが求められており（コーポレートガバナンス・コード原則３－１），独立社外取締役を主要メンバーとする指名委員会・報酬委員会を設置して，社外取締役の適切な関与・助言を得ることが要請されている（同補充原則４－10①）。

このようなコーポレートガバナンス・コードの趣旨に照らすならば，指名・報酬委員会における審議・活動状況について，委員である社外取締役から説明を聞きたいという質問が出された場合には，社内取締役等が代わって回答するのは適切ではなく，社外取締役に回答してもらうことが望ましい。特に指名・報酬委員会の委員長を社外取締役が務めている会社において，委員長の見解を聞きたいという質問が出された場合には，委員長たる社外取締役が回答するべきと考えられる。

ただし，指名・報酬委員会の審議内容には，個々の候補者に対する人事評価や個別の報酬金額など機微にわたる情報も多く含まれており，不特定多数の株主が集まる株主総会においてどこまで具体的に話してよいのか，悩ましいことが多い。審議内容を詳らかに外部に開示することで委員会の場における自由闊達な意見交換を萎縮させるおそれもあるため，委員会の場で誰からどのような意見が出されたかといった点については回答を差し控えざるを得ない。

その一方で，委員会の活動状況やプロセスなどに関する質問，具体的には，いつ頃に何回委員会を開催したのか，どのようなテーマについて議論したのかといった点については，ある程度具体的に説明することも可能である。指名・報酬に関する質問については，紋切り型の抽象的な回答となりがちであるが，せっかく社外取締役が回答するのであれば，できる限り質問の趣旨に沿った納得感のある回答を準備するべきである。

また，社外取締役から回答することが望ましいのは，社外取締役が独立した立場で指名・報酬の決定プロセスに関与することによって業務執行者に対する監督・モニタリング機能が適切に発揮されているかどうかという点である。そのような観点から，社外取締役として回答するべき内容はどこまでかを検討して準備しておく必要がある。たとえば，報酬金額の具体的な算定方式やその前提となる業績評価のシステムなど，詳細にわたる事柄については，社内取締役等が代わって説明しても特に問題はないと思われるため，委員長たる社外取締役が回答するべき質問と社内取締役が代わって回答してもよい質問を整理しておくことも必要である。

3　監査委員会・監査等委員会の活動状況に関する質問

指名委員会等設置会社・監査等委員会設置会社の場合には，監査委員会・監査等委員会における審議・活動状況について，委員である社外取締役に対して質問が出る可能性がある。特に最近は日本を代表する大企業において組織的な関与が疑われる不祥事が散見されているほか，経営トップが関わる不祥事も報道されており，独立した立場の社外取締役に対し，当社の監査体制のあり方等に関して質問されることも考えられる。

このような監査体制のあり方等に関する質問については，監査される側の社内取締役等が代わって回答することはできない。もっとも，監査役会設置会社であれば社内出身の常勤監査役がいるため，監査に関する質問に対しては常勤監査役が回答するのが通例である。仮に社外監査役を指名して質問されることがあっても，まずは常勤監査役が回答し，それを補足する形で社外監査役が回答すれば足りるというのが，これまでの総会実務であった。

しかし，指名委員会等設置会社・監査等委員会設置会社では，監査委員会・監査等委員会の委員長を社外取締役が務めている例が増えている。委員長を社外取締役が務めている場合には，委員である社内出身の取締役が回答するよりも，委員長である社外取締役が回答することが適切と考えられるケースも予想されるため，監査役会設置会社の場合よりも社外取締役が回答に立つ場面が増えてくると考えられる。

監査体制に関する質問の中には，具体的な監査活動の状況，内部監査部門や会計監査人との連携のあり方など，事実関係に基づく説明が求められるものもあれば，当社における監査体制・コンプライアンス体制についての評価など意見を求められるものもある。また，実際にコンプライアンス違反が疑われる事象があった場合には，それに対する会社の対応の是非，監査委員会・監査等委員会としてどのように対応したのかなど，慎重に回答しなければならない場面も想定される。

いかに委員長であるからといって，たとえば当該会社の監査・コンプライアンスに係る社内体制の詳細に関する質問などに対応することは困難である。そのため，監査委員会・監査等委員会に関する質問については，委員長である社外取締役のための想定内容を準備するほか，社内出身の監査委員等との役割分担を整理しておくことが重要である。

4　不祥事等に関する質問

仮に当社で大きな不祥事等が発生し，それが報道されて広く株主にも周知されている場合には，株主総会において，当該不祥事等の原因や再発防止策の説明，業績への影響，役員責任の有無などについて厳しく質問されることが予想される。その際には，社長ほか業務執行取締役・執行役に対する質問だけでなく，社外取締役に対して質問される可能性も高いため，入念に準備しておく必要がある。

社外取締役に対する質問として考えられるのは，不祥事等が発覚した後の原因調査・再発防止策の検討に際し，社外取締役としてどのように関与したのかという点である。

原因調査においては客観性が求められるため，社外取締役を委員とした第三者委員会が立ち上げられることもある。そのような場合には，委員となった社外取締役に対し，調査の方法・プロセス，調査結果として明らかになった不祥事等の事実関係・原因分析についての説明はもとより，それらを踏まえた再発防止策の合理性・相当性などについて質問される可能性がある。

このような第三者委員会を立ち上げない場合であっても，社長以下の業務執行者だけが行った調査に対しては，客観性に欠けるのではないか（身内による甘い調査になっているのではないか）という疑いを抱かれることがあり，独立した立場の社外取締役には厳正な調査が実施されているかどうかを監督することが求められる。そのため，社外取締役として会社の実施した調査についてどのような助言・関与をしたのか，会社の実施した調査の方法・体制等は適切だったかどうかなどについて質問される可能性がある。

また，監査委員・監査等委員たる社外取締役に対しては，監査が適切だったのかどうかについても質問される可能性がある。不祥事等が発覚した場合には，なぜ当該不祥事等を防止できなかったのか，内部統制システムが適切に構築・運用されていなかったのではないかという批判を受ける可能性が高い。そうなると，内部統制システムを通じた組織監査を原則とする監査委員会・監査等委員会に対しても，内部統制システムに対するモニタリングが甘かったのではないか，そのために不祥事等を防止できなかったのではないかという厳しい質問が出されることも想定される。

さらに，不祥事等によって会社に大きな損害が発生している場合には，不祥事等に関与した役職員の処分の是非についても厳しい質問が出されることが予想される。役員については法的・道義的な責任の有無，従業員については処分の是非について質問されることは当然として，不祥事に関与した役員を再任する議案を提出している場合には，どうして当該役員を取締役候補者とするのかについての説明を求められることもあり得る。

社外取締役に期待される役割は，独立した立場から業務執行者を監督・モニタリングすることであり，不祥事が発覚した場面というのはまさに監督・モニタリングのあり方が問われる場面である。そうである以上，社外取締役に対して不祥事対応に関する質問が出された場合には，社内取締役が代わって答えるのではなく，社外取締役自身が回答することが望ましい。

そのため，仮に万一，当社において大きな不祥事が発生した場合には，社外取締役に対して上記のような様々な質問が出されることを想定し，複数いる社外取締役のうち誰がどのように回答するのかをあらかじめ検討し，準備しておく必要がある。

なお，不祥事等に関しては，将来的に役員責任追及訴訟へ発展する可能性もある。回答内容について慎重に精査するべきは当然として，場合によっては社外取締役の対応を非難するような質問が出る可能性もゼロではないため，回答に立つ社外取締役に答弁の練習等をしていただくことも検討に値する。

5　業務委託を受けている場合の質問

社外取締役は会社から独立した立場で経営陣を監督することを職責としており，当該会社の業務を執行した場合には，社外取締役の要件を充たさないこととなる。

しかし，マネジメント・バイアウトや親子会社間の取引などの利益相反が問題となる場面において，取引・判断の公正さを担保するために社外取締役を活用したい場面がある。そのような場合に社外取締役が「業務を執行した」とみなされる懸念があると，社外取締役の活動機会を過度に制約してしまうことになりかねない。

そこで，令和元年の会社法改正により，株式会社は，当該株式会社と取締役（指名委員会等設置会社においては執行役）との利益が相反するおそれがあるとき，その他取締役（執行役）が当該株式会社の業務を執行することにより株主の利益を損なうおそれがあるときは，その都度，取締役会の決議によって，当該株式会社の業務を執行することを社外取締役に委託することができると明記された（会社法348条の２第１項・２項）。かかる委託を受けて業務執行を行った社外取締役は，業務執行取締役（執行役）の指揮命令により委託業務を執行しない限り，社外性の要件が失われることはない（会社法348条の２第３項）。

また，会社法施行規則では，社外取締役の活用に関する議論等を踏まえ，社外取締役選任議案において「当該候補者が社外取締役に選任された場合に果たすことが期待される役割の概要」を記載するとともに，事業報告において「当該社外役員が果たすことが期待される役割に関して行った職務の概要」を記載することとされている。

このとおり，社外取締役の活動状況に関しては，これまで開示が求められてきた内容（取締役会等への出席・発言状況，その意見により事業の方針等に係る決定が変更された場合の内容，不祥事等への予防・事後対応）に加え，個々の候補者に期待される役割とそれに関する職務の概要についても開示が求められるようになった。それに加えて，社外取締役の複数選任が一般的になり，その多様性（社外取締役の属性・知見の組み合わせなど）が重視されるようになっていることを考えると，これからの株主総会では，指名・報酬委員会の委員長あるいは筆頭社外取締役が回答に立つだけでは十分ではなく，個々の社外取締役においても，各自の役割・職責について質問された際に回答できるように準備しておく必要が出てくると考えられる。

ただし，社外取締役がマネジメント・バイアウトその他の特別な業務の委託を受けた場合には，その職責や進捗状況に応じて開示できない事項もあると考えられるため，株主総会で回答できる事項・できない事項を整理し，どこまで回答するべきかについて十分に検討しておく必要がある。

3　株主総会に向けた準備

1　想定問答の作成

以上のとおり，これからの株主総会では社外取締役に対してさまざまな質問が出される可能性があるため，新たに社外取締役用の想定問答を作成しておく必要がある。

想定される主な質問項目については各社の置かれた状況や業績，社外取締役の属性等に応じて，具体的かつ幅広に検討しておくべきである。

例えば，新たに中期経営計画を公表するタイミングであれば，計画策定に当たり社外取締役がどのように関与したのか，社外取締役の目から見て今中期経営計画における最も重要な経営上の課題は何だと考えているのかといった質問が出される可能性がある。また，改訂コーポレートガバナンス・コード（2021年６月改訂）では，自社のサステナビリティをめぐる取組みについての基本方針・気候変動に係るリスクおよび収益機会が自社の事業活動や収益等に与える影響等についての開示・中核人材の登用等における多様性の確保についての考え方や目標などを開示することが求められる。このようなテーマについて，社外取締役としての考えを質問されることも想定される。

このような質問については，中期経営計画の内容・課題，サステナビリティや気候変動リスクについて会社がどのような方針を開示しているのか，外国人・女性・中途採用者の管理職の比率，育休・時短制度の有無などの当社の実情を把握しておかないと，社外取締役として適切に回答することができない。そのため，通り一遍の想定問答を作成するだけでなく，回答の前提となるべき情報についてもあらかじめ社外取締役に説明しておくことが有益である。

指名・報酬委員会や監査委員会・監査等委員会に関しては，どこまで回答してよいのか判断に迷う質問が出される可能性が高い。社外取締役が回答に窮することがないよう，あらかじめ回答できる内容・できない内容の区分を整理した上，答弁担当の社外取締役に説明しておくことが重要である。また，せっかく委員長たる社外取締役に回答していただくのに，紋切り型の抽象的な説明に終始するだけでは株主に与える印象もよくないため，ガバナンス強化に向けた当社の取組みや社外取締役の活動状況をうまく伝えることができるような回答内容を工夫すべきである。

そのほか，万一大きな不祥事等が発生した場合には，社長ほか社内取締役等の側でも徹底した想定問答を準備することとなるが，その中で社外取締役向けの想定問答についても作成しておく必要がある。

２　役割分担の取り決め

想定問答の作成と並行して，個々の想定質問に対して誰が回答するのかの役割分担を決めておく必要がある。

前項で述べたとおり，これからの株主総会では，社外取締役が回答しなければならない場面が増えてくることが予想される。実際に近年の株主総会では，答弁担当者に社外取締役を指名して回答してもらった事案も散見されている。とはいえ，社外取締役自身が回答に立つという例はまだまだ少ないため，まずは当社の社外取締役に対し，株主総会で社外取締役宛ての質問が出された場合にはご自身で回答していただく可能性があることを伝え，了解をとっておく必要がある。

また，社外取締役は１年間当社の取締役会に参加しているとはいえ，社内取締役等ほど当社の組織・体制や実情等に詳しくないため，具体的かつ細かい質問を投げかけられると回答し切れない可能性が高い。そのため，詳細な事柄については社内取締役等から説明してもらい，業務執行から離れた独立した立場から回答しなければならない事柄については社外取締役が回答するという形でお互いの役割分担を決めておく必要がある。実務では，まずは社内取締役等が回答し，それを補足する形で社外取締役に回答してもらうという方法も多いため，双方の回答内容に矛盾がないように整理しておく必要もある。

さらに，複数の社外取締役のうち誰が回答するのかについてもあらかじめ決めておく必要がある。

もちろん，女性・外国人の視点からの意見・見解を求められた場合や指名・報酬委員会あるいは監査委員会・監査等委員会の審議・活動状況について質問された場合など，特定の社外取締役でなければ回答できない質問については当該社外取締役が回答するべきである。また，会社法施行規則によれば，

「当該候補者が社外取締役に選任された場合に果たすことが期待される役割の概要」や「当該社外役員が果たすことが期待される役割に関して行った職務の概要」を開示することが求められているため，個々の取締役に対して職責や活動状況を質問される可能性もあり，このような質問については当該社外取締役が回答するべきである。その一方，一般的に社外取締役の意見が聞きたいという質問もありうる。そのような場合には，社外取締役のうち誰に回答してもらうのかをあらかじめ決めておく必要がある。

このようにして質問事項ごとに回答担当者が決まった場合には，社外取締役に対して各自が担当する分野の想定問答を交付し，総会前に読んで頭に入れておいてもらわなければならない。

3　株主総会リハーサルへの出席

社外取締役向けの想定問答を作成し，誰がどの質問に回答するのかの役割分担を決め，各取締役に担当する分野の想定問答を渡して読み込んでもらうだけでなく，社外取締役にも株主総会リハーサルに出席してもらい，実際に答弁の練習をしてもらう例もある。

社外取締役にはさまざまな経歴の方がいる。経営者出身の方であれば自分の会社で何度も株主総会を経験し，答弁に慣れていると考えられるが，学者・研究者の方などは株主総会の経験が比較的少ないため，事前にリハーサルで答弁練習をしておくことも考えられる。

また，株主総会の運営実務は会社によって若干の違いがあるため，本番当日に慌てることがないよう，リハーサルに出席して議場の雰囲気，答弁席の配置，議事支援システムの使い方などに慣れていただくことも有益である。

さらに，業績低迷や不祥事等により厳しい質問が出ることが予想される場合には，社外取締役に対して説明を求められる可能性も高く，場合によっては厳しい質問がぶつけられる可能性もゼロではないため，できる限り社外取締役にもリハーサルに出席していただき，全員で準備しておく必要がある。

株主提案への実務対応

日比谷パーク法律事務所
弁護士　松山　遙

1　はじめに

株主提案は，かつては一部の上場企業，例えば思想・信条に基づき行動する株主や対決姿勢の強い労働組合があるなど特殊事情を抱えている会社に固有のものであったが，ここ数年はごく普通の企業においても生じ得る出来事となっている。株主提案の件数も増加傾向にあり，その提案内容も，一般的な機関投資家等の賛同を集めそうな提案が増えている。近年はスチュワードシップ・コードを受けて議決権行使助言会社だけでなく国内機関投資家も議決権行使基準を厳格化しているため，株主提案が承認可決される可能性も高まっている。

株主提案を受けてプロキシーファイトという事態になれば，株主総会までの１～２カ月の間で適時適切な対策を講じていかなければならない。すなわち，株主提案が出されてからでは手続を勉強して対策を考える時間はほとんどないと言ってよい。

そこで本稿では，いざという場面であわてないためにも，株主提案の要件・手続および会社がとるべき対応・留意点を概説する。加えて，万一プロキシーファイトに至った場合の留意点についても，過去の事例を踏まえて，いくつか指摘することとする（なお，本稿では，公開会社かつ書面投票制度を採用している会社を前提に解説している）。

2　株主提案への対応

1　株主提案の要件・手続

（1）株主提案とは

一般的に株主総会は，会社の側で会議の目的事項（議題）およびその提案内容（議案）を決定し，その内容を記載した招集通知および参考書類を株主に送付して，総会当日に審議・採決を行い，株主の賛成多数をもって当該会社提案が承認可決されるという流れで進められる。

しかし，このような通常の流れでは，株主は会社提案に対する賛否の意思表示をすることができるだけで，株主の側から提案したい事項があったとしても，総会に付議することができない。

そこで会社法は，株主の側から提案するための方法として，①一定の事項を株主総会の目的とすることを請求する権利（議題提案権，会社法303条），②株主総会の目的事項につき議案を提出する権利（議案提案権，同304条），③株主総会の目的事項につき当該株主が提案しようとする議案の要領を株主に通知することを請求する権利（議案の通知請求権，同305条）を認めている。

これらのうち，議案提案権については，すでに会社が会議の目的事項と定めた議題に関して総会の議場で「修正動議」を提出するという形で行使することもできる。

しかし，修正動議は，既に会議の目的事項となっている議題（すなわち会社提案に係る議題）に対してしか提出できず，一般株主が通常予測し得る範囲を超えた修正あるいは一般株主にとって不利な内容への修正を提案することはできない。

したがって，会社提案とは異なる新たな議題および議案を株主総会に提出し，一般株主に対して賛否を問いたいと考える株主は，議題提案権，議案提案権および議案の通知請求権を行使して「株主提案」を行うことになる。

（2）株式保有要件

株主は議題提案権，議案提案権および議案の通知請求権を行使して株主提案を行うことができるのであるが，議題提案権（会社法303条）および議案の通知請求権（同305条）に関しては，誰でも行使できるわけではなく，株式保有要件が定められている。

具体的には，総株主の議決権の100分の１以上の議決権または300個以上の議決権を６カ月前から引き続き保有する株主でなければ，株主提案を行うことはできない。ただし，この保有議決権数については単独で満たしている必要はなく，複数の株主が共同して行使することもできる。

株主提案の行使日から遡って６カ月の間株式を保有していること，基準日より前に株主提案権が行使された場合には基準日の時点でも保有議決権数を満たしていることが必要である。

（3）株主提案の期限

議題提案権（会社法303条）および議案の通知請求権（同305条）を行使するためには，株主総会の日の８週間前までに取締役に対して請求しなければならない。

したがって，総会の日の８週間前を過ぎてから提出された株主提案については，会社は採り上げる必要はない。

（4）個別株主通知

株主提案権は「少数株主権等」（社債等振替法147条４項）に該当するため，個別株主通知がされた後４週間が経過する日までの間でなければ，行使することができない（同法154条２項）。

（5）株主提案の方式・手続

株主提案の方式・手続については，会社法で特段の定めは置かれていない。旧商法の下では，株主提案は「書面ヲ以テ」請求することとされており（旧商法232条ノ２），提案理由の字数も400字と定められていたが（旧商法施行規則17条１項１号），会社法では書面によることは要件とされておらず，提案理由の字数も会社が定めることはできるとされているものの，明文で字数制限は置かれていない。

そのため多くの企業では，株式取扱規則において株主提案の方式・手続に関する定めを置いている。

実務的に必ず置いたほうがよいのは，株主提案は書面で行う旨の定めである。口頭または電子メールでの株主提案を採り上げなければならないとなると，提案権の行使時期も不明確になるほか，提案内容の正確性も担保できずに参考書類へ記載した提案理由の内容等に関して後々もめる可能性が残るからである。

字数制限については，旧商法施行規則にならって400字と定める会社も多いが，あらかじめ会社が字数制限を設けていなくても，不適当なほど提案理由が長い場合には概要を記載すれば足りるとされている（会社法施行規則93条）。

（6）拒否事由

要件を満たした株主提案であっても，①当該議案が法令もしくは定款に違反する場合，②実質的に同一の議案につき株主総会において総株主の議決権の10分の１以上の賛成を得られなかった日から３年を経過していない場合のいずれかに該当するときには，採用する必要はない（会社法304条ただし書，同305条４項）。法令・定款違反の提案を提出できないことは当然であるが，さらに濫用的な株主提案権の行使を防ぐための規定である。

ただし，定款違反の株主提案（例えば定款の取締役の員数上限が10名と定められている会社において12名の取締役の選任を提案する場合）については，定款変更議案を併せて提案し，その承認可決を条件として株主提案を行うことは可能と解される。

（7）株主が提案することができる議案の数の制限

近年，非常に多数の株主提案が出された事例が複数散見されている。それらの中には真摯な株主提案がたまたま複数重なって多数に上った例もある一方，特定の株主から常識の範囲を超える多数の株主提案が出された例もあり，特に後者の場合において，総会が長時間化して重要な議案の審議が形骸化するなど株主全体にとって不利益となる可能性が高い。そのため，令和元年の会社法改正により，株主が提案することができる議案の数を10に制限することとされた。この場合において，次に掲げる議案の数については，次に掲げる議案の区分に応じ，それぞれ①から④までの方法によって数えるものとされている（会社法305条４項）。

① 取締役，会計参与，監査役又は会計監査人（以下「役員等」という。）の選任に関する議案
当該議案の数にかかわらず，これを一の議案とみなす
② 役員等の解任に関する議案
当該議案の数にかかわらず，これを一の議案とみなす
③ 会計監査人を再任しないことに関する議案
当該議案の数にかかわらず，これを一の議案とみなす
④ 定款の変更に関する二以上の議案
当該二以上の議案について異なる議決がされたとすれば当該議決の内容が相互に矛盾する可能性がある場合には，これらを一の議案とみなす

株主が提出しようとする議案の数が10を超える場合には，「10を超える数に相当することとなる数の議案」については議案要領通知請求（会社法305条１～３項）が認められない。どの議案が「10を超える数に相当することとなる数の議案」に該当するのか，すなわち，どの議案を拒否するのかについては，取締役が定めることとされているが，株主が優先順位を定めている場合には，取締役が当該優先順位に従って定めなければならない（会社法305条５項）。

2　招集通知・参考書類・議決権行使書面における取扱い

(1) 会社提案との関係

適法な株主提案が提出された場合には，取締役はこれを採り上げて株主総会に付議しなければならない。

その際に留意しなければならないのが，株主提案と会社提案の関係である。というのも，株主提案はその内容次第で，会社提案とは全く別個独立の議案となることもあれば，会社提案と二者択一の関係に立つこともあるからである。

例えば，役員改選期でない株主総会において「取締役２名選任の件」という株主提案が提出された場合には，定款違反とならない限り，当該株主提案についてはその他の会社提案とは全く別個独立の議案として付議すれば足りる。

しかし，役員改選期において，会社からも取締役選任議案が提出されている中で「取締役２名選任の件」という株主提案が提出された場合には，会社提案との関係を検討・整理しなければならない。

例えば，当該会社の取締役の員数上限が10名で会社から「取締役８名選任の件」が提案されている場合なら，上記株主提案は取締役２名の追加選任の提案であるとして，会社提案とは別個独立の議案として付議することもできる。しかし，員数上限10名で会社から「取締役10名選任の件」が提案されている場合には，定款変更なしに取締役２名の追加選任をすることはできない。会社・株主の提案する候補者12名の中から10名の取締役を選任することとなれば，会社提案と株主提案は実質的に両立しない議案として一括審議しなければならなくなる。

このように，会社提案と株主提案の関係によっては，招集通知等での記載方法や総会当日の審議・採決の方法も変わってくる。そのため，株主提案を総会に付議する場合には，当該株主提案と会社提案の関係を検討・整理しておく必要がある。

(2) 招集通知の記載方法

会社が株主提案を総会に付議する場合には，株主に送付する招集通知の決議事項として株主提案を記載しなければならない。議案の内容によって特に付議するべき順序が決まる場合を除き，先に会社提案に係る議案を記載し，その後に株主提案に係る議案を記載するのが一般的である。

会社提案と株主提案が二者択一の関係に立つ場合には，会議の目的事項としては別個の議題として記載しておき審議・採決のみ一括して行う方法のほか，会議の目的事項として同一の議題として記載し，その下に会社提案に係る議案と株主提案に係る議案を並記する方法も考えられる。

(3) 参考書類の記載方法

株主提案に係る議案を総会に付議する場合には，①議案が株主の提出に係るものである旨，②議案に対する取締役会の意見があるときは，その意見の内容，③株主が議案の通知請求に際して会社に対して提案の理由を通知したときは，その理由（ただし，当該提案の理由が明らかに虚偽である場合またはもっぱら人の名誉を侵害もしくは侮辱する目的によるものと認められる場合を除く），④議案が取締役・会計参与・監査役・会計監査人の選任に関するものである場合において，株主が議案の通知請求に際して会社に対して会社法施行規則74～77条に定める事項（役員選任議案における参考書類記載事項）を通知したときは，その内容（ただし，当該事項が明らかに虚偽である場合を除く）を記載しなければならない（会社法施行規則93条１項）。

これらのうち，③提案理由，④役員選任議

案における参考書類記載事項については，株主から通知された内容が参考書類にその全部を記載することが適切でない程度の多数の文字・記号その他のものを使って構成されている場合には，概要を記載すれば足りる。また，会社がその全部を記載することが適切であると考える分量を定めておくこともできる。そのため，社内規程（定款および株式取扱規程，あるいは株式取扱規程）において字数制限を設ける会社もあり，字数としては旧商法施行規則17条１項１号にならって400字と定める例が多い。

２以上の株主から同一の趣旨の提案が提出されている場合であっても，参考書類にその議案を各別に記載する必要はなく，２以上の株主から同一の趣旨の提案があった旨を記載すれば足りる（会社法施行規則93条２項）。また，２以上の株主から同一の趣旨の提案理由が提出されている場合も，提案理由を各別に記載する必要はない（会社法施行規則93条３項）。

（4）議決権行使書面の記載方法

議決権行使書面には，①各議案についての賛否を記載する欄，②賛否の欄に記載がない議決権行使書面の取扱い，③書面投票・電子投票の重複行使についての取扱い，④議決権の行使の期限，⑤議決権を行使すべき株主の氏名・名称および行使することができる議決権数を記載しなければならない（会社法施行規則66条１項）。

会社提案と株主提案が二者択一の関係に立つ場合には，会社提案と株主提案のいずれにも賛成と記載された議決権行使書面は，当該議決権行使に関して無効として取り扱われる。

そのため，会社提案と株主提案を議題（会議の目的事項）として別個に記載した場合には「第○号議案（※会社提案）につき賛の表示をする場合は，第○号議案（※株主提案）については否の表示をしてください」と注記しておく必要がある。両提案を同一の議題（会議の目的事項）の下に記載した場合には，「第○号議案につき賛の表示をされる場合は，会社提出議案または株主提出議案のいずれか１つのみにしてください」と注記することになる（なお，役員選任議案の場合には，候補者ごとに議案となるため，投票方法を検討の上，詳しく注記しておく必要がある）。

３　総会当日の対応

（1）運営シナリオ

株主提案が出された場合には，株主からの質問が増えると予想されるため，想定問答もきちんと準備しておく必要がある。そのほか，提案株主に趣旨説明をさせるかどうか，株主提案に関する質問が出た場合にどのように回答するのか，動議が出された場合の対応など，検討しておくべき課題は多い。

さらに，総会前日までの票読みで会社提案の否決が判明した場合あるいは会社提案・株主提案の票数が拮抗していて総会当日に投票をしなければいずれが可決されるのかわからない場合には，当日の総会運営シナリオを事前に差し替える必要性が出てくる。具体的な当日の総会運営シナリオとしては，①事前の集計結果で会社提案可決・株主提案否決と判明している場合，②事前の集計結果で会社提案否決・株主提案可決と判明している場合，③事前の集計結果で会社提案・株主提案のいずれが可決されるか判明していないため，議場で投票・集計作業を行う場合の３パターンがあり得る。

そのため，まずは事前の集計作業をきちんと行い，その票読みに応じて，上記３パターンのいずれになるかを検討し，それに応じたシナリオを準備しておく必要がある。

（2）審議の順序

会社提案と株主提案の審議の順序について

は，会社法上，特段の定めはない。議案の付議の順序に関しては，一般論としておよその順序が決まっているほか（例えば，剰余金配当議案→定款一部変更議案→取締役選任議案など），定款変更の承認可決を条件とする議案を付議するには当該定款一部変更議案を先議しなければならないが，それ以外には特段の制約はない。

（3）提案株主による趣旨説明

株主総会では，報告事項の報告を終えた後，付議議案の上程・説明を行うことになるが，株主提案であっても会社から付議している以上，会社の側でその内容および提案理由を説明しなければならない。

しかし，会社としては，自ら提案したわけではなく，提案株主から提出された提案理由（会社法施行規則93条１項３号）どおりの説明しかできないため，提案株主から補足説明をしたいという要求がある場合には，提案株主を指名して提案理由の説明をさせることが多い。これは法律上義務づけられた手続ではないが，会社提案と株主提案が拮抗している場合などでは，公平性を担保することが重要となる。

もっとも，趣旨説明が不当に長時間に及んだり，虚偽を含むなど不適切な説明がされた場合には，議長の権限に基づき説明時間・発言を制限することができると解される。無用な紛糾を避けるためにも，議長としては，趣旨説明の機会を与える際にあらかじめ説明時間を定めておくべきである。

なお，会社としては，提案株主に対する取締役会の意見を定めることができるから（会社法施行規則93条１項２号），提案株主による趣旨説明に続けて，それに対する取締役会の意見を説明することは当然に認められる。

ただし，その説明時間に関しても，提案株主による趣旨説明の時間とのバランスを考える必要がある。

（4）会社役員の説明義務の範囲

議案の上程・説明が終わると，議場にいる株主から質問を受け付けることになる。取締役等は，株主に対し説明義務（会社法314条）を負っているため，株主から質問があれば原則として回答する必要があるが，株主提案に至った経緯や提案内容の詳細について質問を受けた場合には回答できない。

そのため，株主提案に関する質問が出された場合には，議長としては，提案株主を指名して質問に回答させることになる。

しかし，株主提案であっても会社が付議している以上，取締役は株主提案に対する質問に対しても説明義務を負う場合がある。例えば，当該株主提案が承認された場合に業績その他に与える影響，その他当該株主提案を承認するかどうかを判断する上で必要と考えられる会社情報については，提案株主に回答させるのではなく，取締役から回答する必要があると解される。

（5）会社提案の撤回・投票シナリオ

事前の集計結果から株主総会前日の時点で会社提案が否決される見込みであることが判明した場合には，会社提案を撤回するのか，そのまま付議して否決された形にするのかを決めておかなければならない。

株主総会の目的事項とされた議案については，招集通知の発送後には勝手に撤回することはできないが，株主総会の議場で撤回の動議を提出し，それが承認可決されれば撤回することができる。

そのため，会社としては，淡々と審議を進めて会社提案を否決させるという方法以外に，会社提案の撤回を議場に諮り，その承認可決をもって撤回するという方法を採ることが可能である。なお，撤回する場合には，撤回の動議を提出する理由について「多数の株主様から積極的なご支持をいただいていないという状況にあり，本議案を総会にお諮りすることは株主様の総意にかなうものではないと考え，撤回を申し出たものです」などと説明することになる。

いずれの方法を採るにせよ，それに沿った形でシナリオを修正しておく必要がある。

そのほか，事前の集計結果から会社提案・株主提案のいずれが承認可決されるのか判明せず，総会当日に投票しなければならない場合には，株主に対する投票方法の説明，集計作業中の休憩，採決の結果の報告など，新たにシナリオに組み込まなければならない点が多数ある。会社と提案株主の間でプロキシーファイトが行われた場合には，このように事前の集計結果で勝敗が判明しないほどの僅差になることも考えられる。

3 プロキシーファイトとなった場合の留意点

1 議決権行使書面および委任状の取扱い

(1) はじめに

プロキシーファイトとなった場合には，会社の側でも提案株主に対抗して，会社に対する賛成票を集めなければならない。

多くの場合，会社は書面投票制度に基づき議決権行使書面によって自らへの賛成票を集め，提案株主は委任状勧誘を行って自らへの賛成票を集めることになる。

会社法は議決権行使書面の取扱いや代理権を証明する方法などに関して会社があらかじめ定めることができるとしているため（会社法施行規則66条，63条５号），会社としては，法律で認められた範囲で，自らへの賛成票を確保するために必要な事項を定めておく必要がある。

(2) 賛否の記載のない場合の取扱い

まず，会社は，賛否の欄に記載のない議決権行使書面が提出された場合には，それを各議案についての賛成・反対・棄権のいずれの取扱いにするのかを決めることができる（会社法施行規則63条３号ニ）。

したがって，会社としては，白紙の議決権行使書面は会社提案に賛成，株主提案の反対として取り扱う旨をあらかじめ定めておく例が多い。

(3) 重複行使の場合の取扱い

会社は，株主が重複行使をした場合についても，どの議決権行使の意思表示があったものとして取り扱うのかを決めることができる（会社法施行規則63条３号へ，４号ロ）。したがって，重複行使の取扱いについてもあらかじめ定めておくべきである。

しかし，議決権行使書面と委任状が重複行使された場合の取扱いについては，会社の側で定めることができず，委任状が優先すると解される。これは，書面投票制度は総会に出席しない株主に対して議決権行使を認めるための制度であり，総会への出席があればそちらが優先されるところ，委任状を提出した株主は代理人を総会に出席させていると評価されるからである。

(4) 代理権を証明する方法の取り決め

会社は，代理人による議決権の行使について，代理権（代理人の資格を含む）を証明する方法，代理人の数その他代理人による議決権の行使に関する事項を定めることができる（会社法施行規則63条５号）。

この点，ほとんどの会社では定款で代理人を「当社の株主１名」に限るものと定めており，代理人資格を当社株主，人数を１名に制限している。

また，代理権を証明する方法については，

株式取扱規程の中で株主確認の方法として次のような定めを置く例が多い[(1)]。

<株主確認>

1　株主（個別株主通知を行った株主を含む）が請求その他株主権行使（以下「請求等」という）をする場合，当該請求等を本人が行ったことを証するもの（以下「証明資料等」という）を添付し，または提供するものとする。ただし，当会社において本人からの請求等であることが確認できる場合はこの限りでない。

2　当会社に対する株主からの請求等が，証券会社等および機構を通じてなされた場合は，株主本人からの請求等とみなし，証明資料等は要しない。

3　代理人により請求等をする場合は，前2項の手続のほか，株主が署名または記名押印した委任状を添付するものとする。委任状には，受任者の氏名または名称および住所の記載を要するものとする。

4　代理人についても第1項および第2項を準用する。

ここでいう「当該請求等を本人が行ったことを証するもの」として何を求めるのかについては，株主提案を不当に制約するなどの批判を受けない範囲で合理的な取扱いを定めることが必要である。

全株懇作成の株主本人確認指針（2008年12月5日全株懇理事会決定）では，株主本人確認資料として犯罪収益移転防止法に定める資料が例示列挙されており，①実印押印と印鑑証明書の提示，②運転免許証等の原本またはコピーの提示などによって本人確認をすることが考えられる。

2　書面投票の勧誘と利益供与

プロキシーファイトとなった場合には，会社と提案株主はお互いに自らへの賛成票を1票でも多く獲得できるよう，一般株主に働きかけることになり，その過程で，各種の説明文の送付，説明会の開催を行うことが多い。

しかし，そのような働きかけの中で，会社が一般株主に何らかの利益を提供すると，株主の権利行使に関する利益供与（会社法120条）とみなされ，決議取消事由に該当する可能性がある。

平時であれば特に問題視されない行為，例えば書面投票を促進するための優待策や株主説明会におけるおみやげ・軽食の提供などであっても，プロキシーファイトの下では相当性を欠くものとして「株主の権利行使に関する利益供与」に該当すると判断されるおそれがあるので，注意が必要である。

この点に関する裁判例として，①プロキシーファイトを戦っている中で，会社が株主に対し書面投票を促進するための優待策（議決権行使書面または委任状を提出した株主に対してクオカードを進呈する）を実施したことが「株主の権利行使に関する利益供与」に該当すると判断され，会社提案の役員選任議案を承認可決した決議が取り消された例（「モリテックス判決」東京地判平19.12.6 判例タイムズ1258号69頁），②少数株主の株主総会招集請求権に基づき開催された臨時株主総会に対して株主総会開催禁止の仮処分が申し立てられた事案において，当該クオカードの贈与の表明は招集手続またはその一部として行われたものではないから，これによって直ちに違法になり得るものとは認められないと判示された例（東京高決令和2年11月2日金判1607号38頁）などがある。

(1)　2008年8月22日全国株懇連合会理事会決定「株式取扱規程モデルの制定について」。

3　手続的動議対応（委任状勧誘の併用の是非）

プロキシーファイトを戦って会社が議決権行使書面を集め，会社提案に対する賛成が過半数に達したとしても，それだけでは総会運営を円滑に進めるためには不十分である。というのも，議決権行使書面と委任状とでは，手続的動議に対する意思表示につき授権できるかどうかの点で違いがあるからである。

委任状の場合には，包括的な白紙委任は認められていないものの，手続的動議に対する意思表示を代理人に委任することは認められている。しかし，議決権行使書面の場合には，手続的動議について代理権を授与したとは認められない。

そのため，会社が議決権行使書面で賛成票を集め，提案株主が委任状で賛成票を集めている場合には，たとえ事前の票読みで会社提案に対する過半数の賛成を獲得していたとしても，議場における過半数を占めているかどうかはわからない。総会の議場で手続的動議が出された場合には，事前に提出された議決権行使書面をカウントできないため，委任状で手続的動議についても受任を受けている提案株主の側が過半数の賛成を獲得し，当該動議が承認可決されてしまう可能性が高い。このように，議場での過半数を提案株主の側に占められてしまうと，議長不信任などの動議が提出されればそれらがみな承認可決されてしまうことになる。これでは総会の円滑な運営などできない。

したがって，会社としては，議決権行使書面で過半数の賛成を獲得したとしても，それだけで安心することなく，総会当日の議場での過半数も獲得できるように準備を進めておかなければならない。

そのためには，委任状勧誘規制の適用除外になる範囲（会社またはその役員のいずれでもない者が10人未満の者から委任状を集める方法）で大株主から包括委任状を集め，その委任状で議場の過半数を獲得できるかどうかをまず確認すべきである。仮に大株主10人未満の者から包括委任状を集めたとしても，議場での過半数を獲得できない場合には，手続的動議に対応するべく，会社の側でも書面投票制度と並行して委任状勧誘規制に則り委任状勧誘を行うべきかどうか，検討する必要がある。

4　株主提案が出された場合の新型コロナウイルス感染防止策

2020年２月以降，新型コロナウイルスの感染拡大に伴い，株主総会の運営実務においても様々な対策が実施された。それと同時に，バーチャル総会の導入も進み，株主総会の規模（来場者数）や所要時間の縮少傾向が続いている。本年の株主総会においても，バーチャル総会への取組みは続くものと考えられるが，一方でリアルの株主総会の運営については，感染状況を見ながら慎重に対応を決定する必要がある。

というのも，新型コロナウィルスの感染拡大状況下で実施された株主総会では，不特定多数の株主が長時間にわたり密室の中にいることを避けるため，株主総会の規模（来場者数）を縮小し，所要時間を短縮するという施策が実施されており，感染拡大防止という公益目的のために株主権を一定レベルで制約することが許容されていた。もっとも，これらの措置は，新型コロナウイルスの感染拡大という非常事態の下，感染防止のためにやむを得ないものとして許容されたものであり，どのような措置まで許容されるのかについては，感染拡大防止のための必要性と当該措置によって制約されることになる株主権の重要性を比較考慮して検討・判断される必要がある。

大株主や機関投資家等から取締役選任議案等の重要議題について株主提案が提出され，

会社提案と株主提案が拮抗している場合には，株主総会当日における質疑応答の重要性も平時と比較すれば相対的に高いといわざるを得ず，感染拡大防止のために総会の規模・時間を短縮することが提案株主の権利を過度に制約していないかどうか，提案株主からクレームが出て決議取消訴訟につながるリスクがないかどうかについて，慎重に検討しておくべきである。

まず，株主総会に入場する株主数の制限については，新型コロナウイルスの感染拡大防止に必要な対応をとるためにやむを得ないと判断される場合には，会場に入場できる株主の人数を制限することや事前登録した株主を優先的に入場させる等の措置をとることも可能とされている（経済産業省「株主総会運営に係るQ&A」（2020年４月））。

しかしながら，平時であれば，入場を希望する株主が総会会場に入場できない場合には招集の手続または決議の方法の違法になり得るとされており[(2)]，株主総会の入場を制限することは株主権の制約の度合いが高い。

そのため，提案株主やその支援株主らが入場を希望している場合には，感染防止策を徹底しつつ入場を認めることができるよう，想定される人数が間隔を空けて着席することができ，換気設備も備えた広い会場を確保することが望ましい。株主提案が提出された後で会場を変更することは難しいと考えられるが，会場の設営等を工夫することで対応できるのであれば，可能な限り配慮するべきである。

次に，株主総会の議事シナリオの短縮についても，感染拡大防止のために必要な対応をとるためにやむを得ないと判断される場合には，例年に比べて議事の時間を短くすることも可能とされており（前記「株主総会運営に係るQ&A」），実際に多くの企業で議事シナリオの短縮が図られた。しかし，提案株主の発言・質疑を過剰に制約した場合には，後から決議取消訴訟等を提起されるリスクも高い。そのため，議事シナリオの短縮に当たっては，監査報告・事業報告・議案説明を可能な限り短縮することで質疑応答の時間を確保するよう努力するべきである。その上で，当日の質疑の状況・内容等を見ながら，慎重に質疑打ち切りのタイミングを計ることが重要である。

また，バーチャルを活用して株主に対する情報開示・対話の充実を図る取組み（いわゆる参加型バーチャル総会）として，株主総会の会議中にインターネット等を通じて参加株主からコメントを受け付ける場合には，会社提案・株主提案に関して様々な立場からのコメントがされる可能性もあるため，コメントの紹介・回答方法についても公正さに疑義を持たれることがないように方針を検討しておく必要がある。

最後に，来場した提案株主や支援株主の議決権行使を集計する方法についても検討しておくべきである。

株主総会の決議は，議案に対する賛成の議決権数が決議の成立に必要な数に達したことが明確になったときに成立することから，株主総会の議決の方法については，事前の議決権行使の結果とあわせて議案に対する賛否の判定ができる方法であればよく，議長は会議体の運営に関する一般の慣行に従って適当な方法をとることができるとされてきた[(3)]。そのため，総会実務においては，事前の議決権行使の結果で議案に対する賛否が判明している場合には，総会に出席した株主の賛否を個別に確認・集計することなく，拍手等の方法により採決することが一般的である（ただ

(2) 東京弁護士会会社法部編『新・株主総会ガイドライン（第２版）』（商事法務，2015年）48頁，大阪高判昭和54年９月27日判時945号23頁。
(3) 前掲注２・東京弁護士会会社法部編・265頁，東京地判平成14年２月21日判時945号23頁。

し，事前の議決権行使の結果で賛否が判明しない場合には，総会当日に投票等の方法をとらなければならない)。

一方で，有価証券報告書を提出しなければならない上場企業においては，株主総会の決議について，議決権行使結果を臨時報告書によって開示する義務がある（企業内容等の開示に関する内閣府令19条２項９号の２，金融商品取引法24条の５第４項，24条１項各号)。この議決権行使結果の集計については，実務的に合理的な方法であればよいと解されており，一般的には，事前の議決権行使分および当日出席株主の一部を集計対象の範囲としている(4)。なお，ここで集計対象の範囲とされた当日出席株主とは，会社が出席を依頼している株主であることが多いと考えられる。

しかしながら，それなりの数の賛成票が見込まれる内容の株主提案が出されており，かつ，提案株主やその支援株主が来場している場合には，提案株主側の当日出席株主についても集計対象の範囲に含めないと，臨時報告書で開示された株主提案への賛否の数が実態と乖離してしまう可能性が高い。

そのため，株主提案の内容によっては，事前の議決権行使によって否決されることがわかっていたとしても，総会当日の出席株主の議決権をどこまで集計対象の範囲に含めるべきかを検討しておく必要がある。

(4) 前掲注２・東京弁護士会会社法部編・296頁。

不祥事が発生した場合の総会運営

日比谷パーク法律事務所
弁護士　松山　遙

1　はじめに

企業において不祥事が発生し，大きく報道された場合には，消費者に敬遠されて売上が急激に落ちる，業務停止命令などの行政処分により受注数・契約数が落ち込む，金融機関との取引が縮小するなどの経済的なダメージに直結することも多く，当然ながら株価も下落するため，株主総会において，会社の経営陣に対し，不祥事による業績不振について厳しい質問が出ることが多い。場合によっては，不祥事を防止できなかった会社役員の責任を追及しようという動きにつながる可能性もある。

そのため，不祥事を起こしてしまった企業では，株主から厳しい質問を受ける前に，会社の側から不祥事の内容・原因・再発防止策などについて説明する機会を設けるといった総会運営をとる例が増えている。

また，会社法の施行に伴い，社外役員に関する事業報告・参考書類の記載事項が増えており，それらの記載事項の中で社外役員による再発防止策への提言や取組みなどについて触れなければならないこともある。さらに，昨今は監査役の果たすべき役割についても注目が集まっており，監査報告書の中で不祥事を予防するためのリスク管理体制が適切に構築・運用されているかどうかについても言及しなければならない。

このように，当該事業年度中に不祥事が発生した場合には，株主総会に向けた準備においても，検討・留意しなければならない事項は多い。

そこで，本稿では，不祥事が発生した企業における総会運営上の留意点について，①事業報告・参考書類の作成，②想定問答の準備，③総会当日のシナリオ等に分けて，整理・解説する。

2　事業報告・参考書類の作成

1　はじめに

株主総会とは，当該事業年度における事業の状況およびその成果を出資者たる株主に対して説明・報告するための年に１度の会議である。したがって，当該事業年度において不祥事が発生し，それが会社の業績あるいはレピュテーションに何らかの影響を及ぼしかねない場合には，株主から委託を受けた会社役員としては，当然に当該不祥事の内容・原因・対策などについて株主に対し説明・報告するべきである。

しかしながら，不祥事といっても軽微なものから重大な事案まで千差万別であり，どのような性質・規模の不祥事であれば説明・報告するべきなのかについては，特段の決まりはない。また，説明・報告の方法としても，株主総会の場で説明すればよいのか，事前に発送する招集通知・事業報告・参考書類の中で記載する必要があるのかについて，明確なルールが定まっているわけではない。

ただし，会社法の施行に伴い，事業報告・参考書類の記載事項が拡充されており，特に社外役員に関する事業報告・参考書類において，不祥事が発生した場合に当該社外役員がどのような対応をとったのかを記載しなければならないこととされている。このように事業報告・参考書類の中で不祥事に言及しなければならないのであれば，社外役員の対応として記載するだけではなく，会社の姿勢・取組みとして正面から記載することをも検討するべきである。

そこで，以下では，不祥事に関する事業報告・参考書類の記載事項に沿って，不祥事に関してどのような記載方法が考えられるのかを検討する。

2　事業報告における不祥事の記載方法

（1）会社としての姿勢・対応策

事業報告は，当該事業年度における当該株式会社の状況に関する重要な事項，内部統制システムの決定・決議の内容および運用状況の概要，会社の支配に関する基本方針などを株主に対して報告するものである（会社法施行規則118条）。したがって，当該事業年度中に当該株式会社の業績やレピュテーションに影響を及ぼし得るような重大な不祥事が発生した場合には，事業報告の中のいずれかの箇所でその事実を記載し，その原因・再発防止策などを含めた会社としての姿勢・取組みについて株主に対して報告する必要がある。

ただし，どのような不祥事であれば事業報告の中で記載する必要があるのか，どこにどのような内容を記載すればよいのかについては，会社法施行規則でも特段の定めは置かれておらず，各社の判断に委ねられている。

他社事例を見ても，事業報告の中のどこで不祥事について記載すべきかについては，「その他株式会社（企業集団）の現況に関する重要事項」（会社法施行規則120条１項９号）として独立した項を設ける方法のほか，「対処すべき課題」（同条１項８号）として記載する方法，「当該事業年度における事業の経過及びその成果」（同条１項４号）として記載する方法などさまざまである。そのほか，任意の記載事項として，まったく別の項目を設けたり，社長のあいさつ等の中で触れる例もある。

したがって，当該事業年度中に何らかの不祥事が発生した場合には，各社において，当該不祥事の内容・原因・今後の対応策について事業報告に記載して株主に報告する必要があるのかどうか，必要があると判断された場合，事業報告の中のどこに記載するべきか，記載するとしてどのような内容を記載するべきかについて検討する必要がある。

当該不祥事の内容，会社の業績やレピュテーションに与えた影響，社会的な注目度などを勘案しつつ，「当該事業年度における会社の状況に関する重要な事項を株主に報告する」という事業報告の趣旨に照らして最も落ちつきどころのよい記載方法・内容を決めることになろう。

一般論としては，多数の被害者が出るなど

社会的な注目を集めている場合，売上減少等により業績にかなりの悪影響が出ている場合など，いわゆる重大な不祥事が発生した場合には，独立した項目を設けるなどして大きく採り上げげたほうがよく，そこまで重大ではないと考えられる場合には「対処すべき課題」，さらには「当該事業年度における事業の経過及びその成果」へと記載場所を検討していくことになる。

（2）社外役員の不祥事への対応

社外役員がいる場合には，事業報告のうち「会社役員に関する事項」として，当該社外役員の不祥事への対応について記載することが求められている。

まず，社外役員の当該事業年度における主な活動状況として，「当該事業年度中に当該株式会社において法令又は定款に違反する事実その他不当（社外監査役については「不正」）な業務の執行が行われた事実（重要でないものを除く）があるときは，各社外役員が当該事実の発生の予防のために行った行為及び当該事実の発生後の対応として行った行為の概要」を記載しなければならない（会社法施行規則124条4号ニ）。

したがって，当該事業年度中に不祥事が発生した場合には，会社の姿勢・取組み・対応方針を記載するかどうかという点のほか，社外役員の不祥事に対する予防および事後対応について記載するべきかどうかという点についても検討しなければならない。

この点，会社法施行規則124条4号ニは「法令定款違反その他の不当な業務執行」が行われた場合には常に記載しなければならないと定めているわけではなく，重要でない不祥事については除くとされている。

どのような不祥事が「重要でない」と言えるのかについては，特に決まりはなく，各社の判断に任されている。したがって，この重要性の判断基準についても，事業報告の趣旨に照らして，不祥事の内容，業績やレピュテーションに与えた影響，社会的な注目度などのほか，当該不祥事の原因（組織的・体制的な要因があるのかどうか），再発防止対策の必要性なども勘案しつつ，検討する必要がある。

なお，不祥事に対して社外役員がとった対応については，事業報告で開示事項とされているだけでなく（会社法施行規則124条4号ニ），社外役員の選任議案においても開示事項とされているため（会社法施行規則74条4項3号，4号），注意が必要である。

特に，社外役員が他の株式会社の役員を兼務している場合には，過去5年間に発生した当該他の株式会社の不祥事についても記載しなければならないため（会社法施行規則74条4項4号），兼務先の会社と当社の間で参考書類の記載事項が異なってしまうことがあり得る。同じ不祥事について，兼務先会社では重要性があると判断して参考書類に記載しているのに当社においては記載していないという事態は避けたほうがよいので，できることなら，事前に当該兼務先会社との間で意見交換しておくべきである。

また，社外役員の不祥事に対する予防および事後対応（会社法124条4号ニ）として記載するべきかどうか，記載するとしてどのような内容を記載するべきかを検討するに当たっては，当該不祥事に関する会社としての姿勢や今後の対応策についての記載（前記（1）の記載）とのバランスも考慮する必要がある。

たとえば，当該株式会社において明らかな法令違反行為が行われた場合には，事業報告の中で会社としての姿勢・取組み・今後の対応策について記載するほか，社外役員のとった予防および事後対応としても記載しておくべき場合が多いと思われるが，不当な業務執行が行われた場合には，「対処すべき課題」

として指摘するにとどめ，不祥事として社外取締役のとった予防および事後対応を記載することはしないという判断もあり得るのではないかと思われる。

そのほか，子会社で社会的な耳目を集める重大な不祥事が発生した場合には，事業報告の中で企業集団としての姿勢・取組み・今後の対応策について記載すべきであるが，会社法施行規則124条４号ニは「当該株式会社において」不祥事が発生した場合の社外役員の予防および事後対応を記載することとしているから，これには該当しない。

しかし，親会社の取締役会には企業集団における内部統制システムを決定することが求められており，子会社で重大な不祥事が発生した場合に親会社の社外取締役が予防および事後対応として何をしたのかについて，株主から問われる可能性もある。そのため，社外役員の取締役会における発言状況（会社法施行規則124条４号ロ）などに絡めて記載するか，任意に記載することも考えられる。

（３）監査役の対応

監査役は，監査報告において「当該株式会社の取締役の職務の遂行に関し，不正の行為又は法令若しくは定款に違反する重大な事実があったときは，その事実」を記載しなければならない（会社法施行規則129条１項３号，130条２項２号）。

したがって，不祥事の内容が取締役の職務の遂行に関わるものである場合には，監査報告で何らかの記載をするべきかどうかを検討しなければならない。

監査役は，取締役の業務執行の当・不当を判断する立場ではなく，その違法性を監査する立場であるから，著しく不当な業務執行として善管注意義務違反に該当しない限り，取締役の不当な業務執行については記載対象とならない。

また，取締役の私生活におけるスキャンダル等は「職務の執行に関する」違法行為等ではないから，記載対象とはならない。

さらに，「取締役の」職務の執行に関する違法行為等でなければならないから，従業員の違法行為等による不祥事についても，原則として記載対象とはならない。ただし，取締役は従業員の職務執行を監督する義務があるので，当該不祥事の原因・経緯等によっては取締役の法令違反に該当する可能性はゼロではない。

このような従業員の違法行為等による不祥事が起きた場合には，内部統制システムの相当性としての検討が別途必要となる。

会社法では，取締役・取締役会には内部統制システム構築義務があると明記されており（会社法348条３項４号，362条４項６号），従業員の違法行為等によって会社に重大な損害が発生した場合には，必ずと言っていいほど，取締役がそのような違法行為を予防するためのリスク管理体制（内部統制システム）を構築していなかったのではないか，内部統制システム構築義務違反ではないかという議論となる。そして，監査役は，監査報告において「第118条第２号に掲げる事項（＝内部統制システムの整備についての決定又は決議の内容の概要及び当該体制の運用状況の概要）がある場合において，その内容が相当でないと認めるときは，その旨及びその理由」を記載しなければならないとされている（会社法施行規則129条１項５号，130条２項２号）。そのため，従業員の違法行為等による不祥事であっても，取締役の決定した内部統制システムの決定内容および運用状況が相当であるかどうかという観点から，監査報告に記載するべきかどうかの検討が必要となってくるのである。

この内部統制システムの決定内容および運用状況の相当性の判断基準についても，法律・規則における特別の決まりはなく，いかなる場合に不相当となるのかについては，各社の判断に任されている。ただし，監査報告とは，原則として違法性のレベルに限定して指摘するものであるが，この内部統制システムについては違法性のレベルを超えて相当性についても判断しなければならないという点は留意すべきである。すなわち，取締役の職務執行に関する重大な違法行為等に該当するかどうかという観点を超えて，不相当かどうかという視点から広く検討する必要がある。

過去の記載例を見ると，「内部統制システムに関する決定・決議の内容が相当でない」とは記載しないまでも，「内部統制システムを見直して再発防止に努めております」という記載をしている例などが見受けられる。

また，内部統制システムの決議・決定の内容のみならず，運用状況についても事業報告に記載することとされており，運用状況が相当かどうかに関して監査報告に記載しなければならない点についても注意が必要である。

企業不祥事に関連して役員責任が追及された場合，内部統制システムの構築義務違反が認められるリスクは低いと考えられるが，運用の不備を理由に注意義務違反が認められるリスクはあり得る。そのため，従業員による違法行為等によって会社に損害が発生した場合には，なぜ当該違法行為を未然に発見・防止できなかったのか，内部統制システムが適切に運用されていたのかどうかを検証し，事業報告に何らかの記載をすべきかどうか，また，監査役は内部統制システムの運用状況の相当性についてどのような意見を言うべきか，慎重に検討する必要がある。

(4) その他

以上のほか，不祥事の内容によっては「偶発債務」に該当する場合もあり，その場合には注記表に記載されることになる。会社の財産または損益の状態を正確に判断するために必要な事項として「その他の注記」に記載されることもある。

3　参考書類における不祥事の記載方法

会社法では，社外役員候補者の役員選任議案の参考書類においても，不祥事に関する記載事項が定められている。

まず，当該候補者が現に当該会社の社外役員である場合において，当該候補者が最後に選任された後在任中に当該会社に法令または定款に違反する事実その他不当（社外監査役については「不正」）な業務の執行が行われた事実（重要でないものを除く）があるときは，その事実ならびに当該候補者が当該事実の発生の予防または事後対応として行った行為の概要を記載しなければならない（会社法施行規則74条４項３号，76条４項３号）。

また，当該候補者が過去５年間に他の株式会社の役員に就任していた場合において，その在任中に当該他の株式会社に法令または定款に違反する事実その他不当な業務の執行が行われた事実（重要でないものを除く）があることを会社が知っているときは，その事実（当該候補者が当該他の株式会社の社外取締役または社外監査役であったときは，当該事実の発生の予防または事後対応として行った行為の概要を含む）を記載しなければならない（会社法施行規則74条４項４号，76条４項４号）。

いずれの場合であっても，事業報告（会社法施行規則124条４号ニ）の場合と同様，重要でない不祥事については除くとされており，どのような不祥事が「重要でない」と言えるのかについては，各社の判断に任されている。参考書類の趣旨に照らして，不祥事の内容，業績やレピュテーションに与えた影響，社会的な注目度などのほか，当該不祥事の原因（組織的・体制的な要因があるのかどうか），再発防止対策の必要性なども勘案しつつ，検討する必要がある。

また，当社において不祥事はなくとも，社外役員の兼務先会社において不祥事が発生した場合には，当該兼務先会社における社外役員の不祥事に対する予防および事後対応についても記載しなければならないため，兼務先企業ではどのような開示をするのかについて事前に確認しておくべきである。

3　想定問答の準備

1　はじめに

不祥事が発生した場合には，株主総会の場で株主から質問されることを想定して，回答内容を準備しておかなければならない。特に，当該不祥事がマスコミ等で報道され社会的に注目を集めている場合や事業報告・参考書類の中で当該不祥事について報告している場合には，株主から質問が出る可能性が高いため，念入りな準備が必要である。

株主総会に出席しているのは，株主という利害関係者であるから，単に当該不祥事の内容・原因について説明を求めるといった一般的な質問ではなく，当該不祥事によって会社にどのような悪影響が出たのか，それはひいては株主の損害ではないか，そのような損害を回復するための対策を講じているのかどうか，そのような損害をもたらした役員の責任はどうなっているのかなど，もう一歩踏み込んだ質問が想定される。

これらの質問に対しては，そもそも自らに生じた不祥事について詳細に言及するのは避けたいという一般的な心理が働いて，どうしても一般的・抽象的な回答に終始しがちである。しかし，昨今は，不祥事が起きた後の事後対応に会社が適切に取り組んでいるかどうかという点が会社の業績・レピュテーションに大きく影響することも多いため，会社としては，できる限り真摯に事実関係・原因・今後の対応策（再発防止策）について説明することが重要である。

一方で，これらの不祥事に関する質問の中には，被害弁償の方針など総会の時点では確約できないものもあるほか，答え方によっては役員責任につながりかねない微妙な問題を含んでいることもある。そのため，回答にあたって不用意・不適切な発言が出ないように，慎重に準備しておく必要がある。

不祥事に関わる想定問答として準備しておくべき質問は，当該不祥事の種類・内容によって多岐にわたるが，以下では，「従業員がその職務に関して違法行為を行い，それによって会社に損害が生じた」というごく一般的なモデルを前提として，準備しておくべきポイントを解説する。

2　不祥事の内容・原因

不祥事が発生した場合には，その内容（事実関係）および原因について質問が出ることが想定される。これは最も基本的な質問であり，会社としても当該事業年度の状況として当然に説明するべき事柄であるから，事業報告の中で「その他株式会社（企業集団）の現況に関する重要事項」（会社法施行規則120条1項9号），「対処すべき課題」（同条1項8号），あるいは「当該事業年度における事業の経過及びその成果」（同条1項4号）として記載・報告していることも多いと思われる。

しかし，「これらの記述だけでは不十分であるため，もう少し詳しい説明がほしい」という質問が出ることも考えられるため，そのような質問を受けた場合には，不祥事の内容・原因をよりわかりやすく説明するべきである。特に，不祥事の事実関係が複雑であったり，専門的な事柄にわたる場合には，会社としては説明しているつもりであっても，当該業界の専門知識を有していない一般株主にとっては理解できないということがあり得るので，一般人にも理解できるような平易な表現による説明内容を準備しておく必要がある。

また，この説明に当たっては，会社が総会以前に行った不祥事の内容・原因に関する説明内容とずれることがないよう注意する必要がある。不祥事についてマスコミ等で報道された場合には，マスコミ関係者向けに記者会見を行っていたり，決算短信その他の説明会でアナリスト向けに説明を行っていることがある。また，被害者が存在する場合には，被害者に対する説明会などを行っていることもある。これらの説明会・記者会見の場面でも，当然ながら当該不祥事の内容・原因について質問され，会社としての見解を説明しているはずである。したがって，株主総会の場で当該不祥事の内容・原因について詳しい説明を求められたとしても，従前に行っていた説明内容とずれが生じないように，基本的に同じスタンスで説明を行うべきである。

さらに，どの程度詳しく説明しなければならないのかという点についても，すでにマスコミ・アナリスト・被害者等に向けた説明会を行っているのであれば，そこでの説明内容が基準となり，そこで話した内容と同じレベルの説明は行うべきである。そのため，株主総会に向けた想定問答を準備するに当たっては，会社がすでに行った記者会見・説明会，その他広報を通じて発表した内容などをすべて再確認しておく必要がある。

そのほか，重大な不祥事に関しては，会社が発表した内容とは異なり，マスコミが独自の取材に基づき報道している可能性もあるため，当該不祥事に関するマスコミ報道についてもチェックしておき，かかる報道記事に基づく質問が出た場合の回答についても準備しておくべきである。

3　今後の再発防止策

不祥事が発生した場合には，その内容（事実関係）および原因についての質問と合わせて，今後の再発防止策について質問されることが多い。

不祥事は，起きないように未然に予防することが大切ではあるものの，それと同様あるいはそれ以上に，会社が適切に事後対応および再発防止策を行ったのかどうかが重要である。

いかにリスク管理体制を構築したとしても，避けられない不祥事というものは存在する。株主としても「起きてしまったことは仕方ないが，今後の再発防止はだいじょうぶなのか」と感じていることが多い。会社としても，不祥事の再発について不安を感じている株主に対して，会社の姿勢・取組みを説明して安心させるということは，非常に重要である。

したがって，不祥事が起きた場合の株主総会においては，不祥事の原因を説明するとともに，それを踏まえてどのような再発防止策を講じているのかをわかりやすく説明することが，重要なポイントとなる。

4　業績への影響

次に，不祥事が発生した場合には，それによって会社の今期あるいは将来の業績にどのような影響が出るのかという点について質問されることが想定される。

一般的に，上場企業の株主が最も関心を有しているのは株価・配当であるから，不祥事が株価・配当に悪影響を及ぼす可能性についても当然に関心が高い。したがって，不祥事が当該会社の業績にどのような影響を与えているのかという点については，一般株主からも質問が出る可能性が高いと言える。

しかし，これは会社側としては回答しづらい質問である。というのも，業績への悪影響というのは会社が被った損害を意味するから，ここで会社が影響を受けた額として一定の数字を回答してしまうと，仮に将来役員責任追及訴訟などが提起された場合には，一定の損害額を会社が自認していたなどと主張されかねないからである。したがって，会社側のスタンスとしては，なるべく具体的な金額・数字を出さずに回答するということになる。

一方で，株主の側から見れば，会社の業績に与えた影響は，そのまま株価・配当原資という株主みずからの経済的利益に対する影響でもある。そのため，このような株主の利害については当然ながら説明義務の範囲内にあるとして，株主から執拗に回答を迫られるといった事態も考えられる。

この点，確かに不祥事によって会社の業績にどの程度の影響が生じたのかという点は説明義務の範囲内であると言わざるを得ず，株主から不祥事が業績に与えた影響額を回答せよと迫られた場合には，当該不祥事によって会社が被った損害額が判明している限り，具体的な数字を説明せざるを得ないと解される。もちろん，損害の範囲のとらえ方等によって損害額が変わってくる可能性はあるが，だからといって会社側が回答を拒む正当な理由になるとは言えず，何らかの形で判明している損害額を回答せざるを得ない。

また，会社の将来の業績に与える影響についても，株主の側からすれば，その影響の如何によっては，当該会社の株式を保有し続けるべきかどうかを検討しなければならなくなるから，概算値でよいから説明してほしいという質問が出る可能性がある。こちらの質問に対しては，いまだ損害額として確定しているわけではなく，あくまで将来の見込みという不確定なものであるから，仮定に基づく回答は差し控えたいとして具体的な数字を明言しないという方針をとることもできる。ただし，将来の業績に与える影響額について来期の決算予想の中に織り込んでいるような場合には，会社の側で一定の仮定条件を置いて見込額を算定・公表しているわけであるから，仮に株主から執拗に回答を迫られた場合には，その数字を回答せざるを得ないと解される。

5　被害者への補償・加害者への賠償請求

不祥事が起きた後の会社の対応に関しては，再発防止策などの社内対策のみならず，被害者に対する損害賠償等の補償はどうなるのか，加害者に対して損害賠償請求をしているのかどうかなど，第三者との交渉経緯について質問されることも多い。

不祥事の中には，会社が事故を起こして多くの被害者が出ている場合，取引先とのトラブルにより多額の賠償を求められる場合など，会社が第三者から損害賠償請求を受ける可能性が高いものがある。一方で，特定の役員・従業員による特別背任・業務上横領行為があった場合，取引先の事故により業務に支障が出た場合など，会社が第三者に対して損害賠償請求を行うべき事案もある。

これらの第三者に対する補償や請求は，金額の規模によっては会社の業績に重大な影響が出る可能性もあり，株主の利害に関わる問題であるから，株主総会の場においても「被害者への補償はどうなっているのか」「加害者に対して損害賠償を求めているのか，その回収の見込みはどうか」などの質問が出ることが考えられる。

しかしながら，これらの質問に対しては，交渉相手のいる問題であるから，総会の時点で明言できないことも多い。例えば，被害者に対する補償・弁償については，もし解決済みであればその旨を回答すればよいが，いまだ交渉過程である場合には金額・見込みについて回答することはできない。回答の内容次第で，交渉上の立場が弱くなったり，あるいは交渉相手（被害者）の感情を傷つけて解決が遠のくリスクがあるからである。

したがって，このような場合には，交渉中であるため明言できない旨を回答し，「誠心誠意協議しております」など会社の交渉に臨む姿勢を説明することになろう。どうしても回答を迫られた場合には，「回答することが株主の共同の利益を著しく害する場合」（会社法314条）に該当すると説明するしかないと解される。

また，会社が第三者に対して損害賠償請求するかどうかという点についても，会社の方針が決定済みなのであればその旨を回答すればよいが，いまだ検討中である場合には，請求するのかどうか，その金額などを不用意に明言しないよう留意するべきである。第三者に対する損害賠償請求に当たっては，相手方にも言い分があって話し合いでは解決しない可能性があり，訴訟等を提起したとしても敗訴リスクはゼロではなく，会社側の落ち度を考慮されて減額される可能性もある。仮に勝訴できたとしても，相手方に資力がなければ回収できないのであるから，回収の見込みも踏まえて提訴するかどうかを検討・決定する必要がある。

したがって，損害賠償請求するかどうかの方針がいまだ決まっていない場合には，株主からの質問に対し，未定である旨を回答し，安易に損害賠償請求するかのような印象を与えることは避けるべきである。

6　役員責任

最後に，不祥事が起きた場合に株主から厳しく糾弾される可能性があるのは，役員責任に関する質問である。不祥事によって業績が悪化し，株価が低迷し，万一にも配当額に影響が出たような場合には，株主から「今回の不祥事に関して役員責任をどう考えているのか」という質問が出されることが多い。

会社とすれば，業績の悪化を招いた役員に経営責任があることは否定できないから，不祥事によって業績悪化という重大な結果が生じた場合には，「経営責任を認めて謝罪する」というスタンスで臨むべきである。例えば，経営責任として取締役の報酬減額・賞与返上や一部の役員の辞任・降格といった社内処分を実施している場合には，それらの措置をとっていることを回答して株主の理解を求めることになる。

しかし，これらの「経営責任」と，役員の会社に対する損害賠償責任を意味する「法的責任」はまったく異なるものである。法的責任とは，役員の会社に対する善管注意義務・忠実義務違反があったということであり，担当役員に善管注意義務違反があったということになれば，それを見過ごした担当外役員の監督義務違反，ひいては内部統制システム構築義務違反にもつながりかねない。

したがって，役員責任に関する質問に回答するに当たっては，「経営責任」と「法的責任」については明確に分けて回答するべきである。

例えば旧役員の特別背任行為が発覚して会社が当該役員を訴追しているようなケースは別であるが，会社が役員の法的責任を認めていない場合には，誤解を招くことがないよう「経営責任・道義的責任は認めるが，法的責任は認めない」というスタンスを明確にして回答しなければならない。

4　総会当日のシナリオ等

1　はじめに

重大な不祥事が発生した場合には，株主からの質問に備えて回答内容を準備するとともに，株主から質問を受ける前に，会社の側から不祥事を起こしたことを謝罪し，その内容・原因・対策等を説明しておくことも検討する必要がある。

こうすることで会社の当該不祥事に対する姿勢を示すとともに，株主からの質問を減らすことができる。加えて，質疑応答における会社側の回答の基本スタンスを示すことで統一的な回答をすることができるようになる。

このように会社側から先手を打って不祥事についての報告・説明を行う場合には，総会当日のシナリオを一部修正することを検討する必要がある。

2　株主への謝罪

不祥事によって多数の被害者が出るなど社会的な注目を集めている場合，売上減少等により業績にかなりの悪影響が出ている場合など，いわゆる重大な不祥事が発生した場合には，株主総会の冒頭で会社役員が株主に対して謝罪することがある。マスコミ等で「謝罪総会」「大荒れ総会」などと報じられているのは，ほとんどが冒頭で謝罪している会社である。

また，事業報告の中で別項を設けて不祥事について報告したり，「対処すべき課題」として大きく採り上げているような場合には，事業報告の説明をする中で，会社役員から株主に対して改めて謝罪することもある。

総会当日の流れの中，どのタイミングで謝罪するかについては不祥事の重大性に応じて異なるが，一般的には，重大な不祥事であれば冒頭で謝罪し，そこまで重大ではないが謝罪をしたほうがよいと思われる不祥事であればシナリオの途中（事業報告で記載した箇所など）で謝罪する例が多いと思われる。

謝罪の方法としても，①全役員が起立して礼をする，②全役員が席に座ったまま礼をする，③シナリオの中で社長が謝罪の言葉を述べるだけなど，さまざまなパターンがあり，一般的に，重大な不祥事であれば前者の方法をとることになる。

これらの組み合わせでシナリオを決めていくことになるが，事業報告等への記載方法と同様，どれくらい重大な不祥事であれば冒頭で謝罪しなければならないのか，どの程度の不祥事なら特段シナリオで触れなくてもよいのかといった点については決まりはなく，各社の判断に任されている。不祥事の規模・程度・社会的注目度などを勘案するほか，株主総会前には，会社にかかってくる電話の数，議決権行使書面等に記載された株主のコメントなどから，株主の反応がある程度予想できる場合もあるため，そのような情報収集も行いながら，総会当日のシナリオを決めていくべきである。

3　不祥事の内容・原因・対策の説明

次に，総会当日のシナリオの中に不祥事の内容・原因・対策の説明を組み込むかどうか，組み込むとしたらどこに入れるべきかを検討する必要がある。

事業報告の中で別項をたてて不祥事の内容・原因・対策を記載している場合，あるいは「対処すべき課題」として記載している場合には，それぞれ事業報告の中の当該箇所の説明として時間をとればよい。また，総会の冒頭で会社役員が謝罪するような場合には，シナリオの中で不祥事に関する説明の時間を設けるべきと思われる。

そのほか，事業報告の中では特に言及していない場合，「事業の経過及びその成果」として軽く触れているだけで特に説明の時間を設けていない場合には，一括回答の中に入れて説明するという方法もある。

一括回答とは，株主から事前の質問状が届いた場合に，多くの株主の関心が高いと思われる代表的な質問について，あらかじめ会社の側から（質問を受ける前に）回答するというものである。

会社の側で株主総会の場で不祥事に関する説明を行うべきかどうかを検討しているような場合というのは，当該不祥事に対する一般株主の関心が高いと思われる場面であるから，株主から事前に寄せられた質問に対する一括回答として不祥事の内容・原因・対策について説明するのは不自然ではない。むしろ，一括回答をしておくことで，その後の質疑応答で再び不祥事に関する質問が出た際にも，答弁役員としては一括回答の内容に沿った統一的な回答を行うことが容易となる。

したがって，総会当日のシナリオの中で特に不祥事に関する説明の時間を設けるほどではないと考えた場合であっても，一括回答の中で説明するという方法は検討しておくべきである。

4　質疑応答での留意点

最後に，総会当日の質疑応答での留意点であるが，これは事前に準備しておいた想定問答を頭に入れ，会社のスタンスがぶれないように説明することが一番重要である。

一般的には，事前に準備しておいた回答をそのまま読み上げる紋切り型の答弁は株主に与える印象がよくないため，「自分の言葉で説明するように」というアドバイスを受けることも多いと思われる。

しかし，不祥事に関する答弁においては，自らの言葉で真摯に謝罪することも当然に重要なのであるが，一方で被害弁償や損害賠償の行方に影響したり，役員責任の追及につながりかねない微妙な問題もはらんでいるため，アドリブは危険であり，その言い回しには細心の注意を払う必要がある。

不用意な発言・説明を避けるためには，事前に準備しておいた会社のスタンスをきちんと理解し，そこからはずれないように注意しながら回答するという以外に方法はない。そのためには，不祥事に関する質問に対する回答担当者をあらかじめ決めておき，①不祥事の内容・原因・対策，②業績への影響，③役員責任についての考え方などのジャンルごとに答弁の仕方を検討・準備しておくことが重要である。

また，不祥事に関しては，監査役あるいは社外取締役に質問される可能性があるため，質問された場合の対応方針を決めておく必要がある。特に，近年散見される経営トップによる不祥事の場合には，監査役や社外取締役が果たすべき役割が大きく，厳しい質問が出ることも考えられる。

かつての総会運営では，監査役に対する質問に対しても業務執行取締役がまず回答し，監査役が回答を補足するという対応をとることも多かった。

しかし，質問している株主とすれば，違法性監査を担当する監査役の見解を聞きたいのであるから，監査役宛の質問に対して業務執行取締役が回答するのでは「すれ違い答弁」という印象をぬぐえない。

そのため，昨今では，監査役に対する質問はそのまま監査役に回答させるという対応が増えている。その事前準備として，答弁担当者となるべき常勤監査役をあらかじめ指定し，不祥事に対する監査役会としての意見，不祥事が発生した当時のリスク管理体制（内部統制システム）の相当性，再発防止策としてのリスク管理体制の見直し，その相当性などについて，回答を準備しておく必要がある。

さらに，社外取締役への注目が高まっていることもあり，昨今では社外取締役に対して質問される例も散見される。不祥事への対応に関しても，特に社外の立場から原因究明や再発防止についてどのように関与したのかといった質問がされる可能性があり，対応方針を検討しておく必要がある。

社外取締役に対する質問が出されたとしても，実際に社外取締役を指名して回答してもらうべきかどうかについては，慎重な対応をとる企業が多い。というのも，実際に答弁を担当してもらうためには，事前に想定問答を読み込んで準備をしてもらう必要があるため，非常勤の社外取締役にお願いするのはハードルが高いためである。

しかし，コーポレート・ガバナンス強化の流れの下，社外取締役の役割・責務を明確化している場合には，実際に社外取締役に回答してもらわざるを得ない場面も出てくると考えられる。例えば取締役会の議長，監査（等）委員会や任意のコンプライアンス委員会の委員長を社外取締役が務めている企業において，株主から不祥事対応に関する議長または委員長の見解を聞きたいと質問されれば，それを業務執行取締役が代わって回答するのは不自然であり，委員長たる社外取締役が回答せざるを得ないと考えられる。

また，不祥事に関連して役員責任が問題となる事案では，任意の指名・報酬委員会の委員長に対して，経営陣の役員責任について委員会でどのような議論がされたのかを質問される可能性も考えられる。そのような場合も，やはり委員長たる社外取締役が回答したほうがよいと思われる。

以上のとおり，株主からの質問内容によっては，業務執行取締役が代わって回答するべきでなく，社外取締役が自ら回答しなければならないケースも考えられる。そのため，今後の総会運営に当たっては，どのような質問が出された場合に答弁担当者として社外取締役を指名すべきかをあらかじめ検討し，その際の想定問答を準備し，答弁担当者となるべき社外取締役と打ち合わせておくことが必要となる。

バーチャル株主総会の運営

日比谷パーク法律事務所
弁護士　川本　拓

1　はじめに

上場企業の株主総会は，従来，物理的に存在する会場において開催され，株主は現実に足を運んで出席してきた。しかし，ITの発展により，会場への物理的な出席を必ずしも必要としない株主総会（バーチャル株主総会）の可能性が広がってきた。その中で，コロナ禍を契機としてバーチャル株主総会の導入が注目されることとなった。

「株主総会の電子化」自体は，2001年11月の商法改正以来徐々に進展していたが[(1)]，（株主と役員等による会議体である）株主総会の「場」そのものにITを利用しようとする意味での「電子化」は近年，動きが著しい。経済産業省が2018年９月に立ち上げた「さらなる対話型株主総会プロセスに向けた中長期課題に関する勉強会」，2019年８月に設置した「新時代の株主総会プロセスの在り方研究会」における検討を踏まえ，2020年２月26日に「ハイブリッド型バーチャル株主総会の実施ガイド」（以下「実施ガイド」という）が策定された。コロナ禍の始まりと時期が重なったこともあり，この時期からバーチャル株主総会を実施する企業は増加していった。その後，2021年２月３日には実施ガイドの別冊として「実施事例集」も策定され，2021年６月には産業競争力強化法の改正により，従来は法解釈上難しいとされてきた「バーチャルオンリー型株主総会」（「場所の定めのない株主総会」）の活用が認められた。

2023年において，各社におけるバーチャル株主総会の導入の検討はひと段落した様子もあり，実施企業に大きな増加は見られなかった[(2)]。その内訳は，ハイブリッド参加型を採用する企業がほとんどであり，ハイブリッド出席型やバーチャルオンリー型を実施する企業はごく少数にとどまる[(3)]。導入した企業における視聴率が１％を大きく下回ることが各

⑴　その趣旨は，招集手続や議決権行使にあたって，書面を電磁的方法・記録に代替することを可能にすることにあった。
⑵　商事法務編集部「二〇二三年版株主総会白書」商事法務2344号14頁。
⑶　前掲注２・商事法務編集部・171頁。

社を及び腰にさせている面もあるようであるが[4]，2023年のG20サミットにおいて了承されたOECDコーポレート・ガバナンス原則でも，バーチャル株主総会は，株主の参加に係る時間・コストを削減することで，株主の関与を促進する手段として位置づけられている[5]。本稿では，まずバーチャル株主総会の類型を整理した上（２），実務的な観点から採用の可能性が高いハイブリッド参加型バーチャル株主総会における各種施策（３）および留意点（４）について説明し，最後に，ハイブリッド出席型バーチャル株主総会およびバーチャルオンリー型株主総会について今後の展望とともに触れる（５）。

２　バーチャル株主総会の類型

バーチャル株主総会を広く，会場の模様をインターネット配信する株主総会と捉えたとき，最もラディカルにバーチャルを追求した類型として，リアル株主総会を開催することなく，取締役や株主等が，インターネット等の手段を用いて，株主総会に会社法上の「出席」をする株主総会を考えることができる。実施ガイド上，このような株主総会は「バーチャルオンリー型株主総会」と呼ばれているところ，産業競争力強化法に基づき，一定の要件の下で実施が可能となっている。この点は後記５において述べる。

次に，インターネット等を通じての会社法上の「出席」を株主に認める株主総会というものが考えられ，これは実施ガイド上，「ハイブリッド出席型バーチャル株主総会」と呼ばれている。会社法施行規則72条３項１号がリアル株主総会の物理的な開催場所以外の場所からの「出席」がありうることを前提としていることから，適法と解されている[6]。ハイブリッド出席型については後記５で触れるとおり，実施事例も見られるものの，導入企業が大きくは増えていないことからすると，実務的なハードルはいまだ相当程度高いものと考えられる。

そこで，多くの企業における現実的なバーチャル株主総会の選択肢としては，株主がインターネット等の手段を用いて審議等を確認・傍聴することができるものの，それを会社法上の「出席」として取り扱わない株主総会ということになる。実施ガイド上は「ハイブリッド参加型バーチャル株主総会」と呼ばれているが，その中でも株主とのどのようなコミュニケーションを求めるかにより，差異が生じてくる。

なお，株主ではなく，役員がリアル会場に在所しないという意味での「バーチャル」も考えられる。これは会社法施行規則72条３項１号により認められており，実際にも役員のオンライン出席が約５％の企業において行われている[7]。オンライン出席した役員については，当該役員が株主としての議決権行使をする場合，インターネットを通じての音声や行動，メールでの確認という他の株主とは異なる議決権行使を認めても，株主平等原則に反するとまではいえないと解されている（「実施事例集」11頁）。

---

(4)「３月総会を振り返って」商事法務2324号59頁。

(5) OECD (2023), *G20/OECD Principles of Corporate Governance 2023*, II.C.3., p16, OECD Publishing, Paris, https://doi.org/10.1787/ed750b30-en.

(6) 弥永真生『コンメンタール会社法施行規則・電子公告規則（第３版）』（商事法務，2021年）381頁。

(7) 前掲注２・商事法務編集部・132頁。

3　ハイブリッド参加型バーチャル株主総会における各種施策

実施ガイドでは，ハイブリッド参加型バーチャル株主総会は，「遠隔地等，リアル株主総会の場に在所しない株主が，会社から通知された固有のIDやパスワードによる株主確認を経て，特設されたWEBサイト等で配信される中継動画を傍聴するような形」が想定されるとしている（8頁）。株主への動画配信の方法としては，株主総会実施中にライブ配信を行うものと，株主総会終了後にビデオの事後配信を行うものとを区別することができるところ，実施ガイドは前者を念頭に置いている。これに対し，事後配信であれば，回線等の心配をする必要はなく，編集によりプライバシーへの懸念を解消できるほか，株主側から見ても自分の都合に合わせて視聴できることがメリットとなる(8)。そのため，リスク・コストを抑える観点からは，事後配信のみ行うとすることも十分検討に値する。もちろん，事後配信にとどまらず，リアルタイムでのライブ配信を行ったほうが，株主に対してオープンな姿勢を示すことができるという考え方もできる。

次に，ライブ配信を行うとした場合，株主からコメントを認めるか否かという点を検討する必要がある。バーチャル参加する株主は会社法上「出席」していないため，そのコメントが取締役に説明義務を生じさせることはないものの，総会実施中にコメントを受け付けて回答することができれば，ハイブリッド出席型バーチャル株主総会における質問・回答に近づくことになり，株主との双方的コミュニケーションの向上に資することは明らかである。しかし，システム整備のためのコストがかかるほか，コメント数の予測もつかない中で質問の選別から回答までの実務を適切に行うためには，それなりの準備と訓練が必要である。また，リアル株主総会において発言を希望する株主が必ずしも多数派ではないことを踏まえると，株主総会を意見表明の場とすることにこだわらない株主も少なくないと思われる(9)。「限られた予算と準備期間の中で，できるだけ株主の満足を高める」という観点からは(10)，コメントを通じたコミュニケーションについて，コメント機能を運用するためのコストに見合う価値が見出せないのであれば，コメントを受け付けないという選択肢もとりうるところである。

コメントによる株主との対話に関しては，「事前の質問受付」制の導入という方法も検討対象となる。これは総会開催の一定期間前まで（例えば1週間前まで）株主からの質問を受け付け，総会当日に回答したり，総会前・総会後にウェブサイトに回答を掲載したりするというものである。これまでの総会実務においても，活動的な株主から事前質問状が提出された場合などには一括回答により対応するという運用が行われていたが，これを広く一般株主からの質問受付制とすることで株主との対話に活用しようというものであり，「株主の参加機会の拡充という点で，ハイブリッド出席型バーチャル株主総会と並ぶほどの効用がある」とされている(11)。

さらに，配信対象を株主に限るか，一般的に公開するかについても検討が必要である。

---

(8) 澤口実編著『バーチャル株主総会の実務〔第2版〕』（商事法務，2021年）221頁。

(9) 実施ガイド8頁においては，当日の総会に参加する株主が，質問や動議よりも，経営者の声や将来の事業戦略を直に聞くことに意味を見出している場合が多いことが，アンケートの結果から述べられている。

(10) 前掲注8・澤口・26頁。

(11) 倉橋雄作「新しい株主総会実務のあり方」商事法務2242号18頁。

実施ガイドはその８頁注４において，「ハイブリッド参加型バーチャル株主総会」は配信対象を株主に限定したものとして整理しているが，株主総会を「株主との対話を超えたより広いIRとしての場」と位置づけるのであれば，一般公開により総会運営の透明性を高めることも期待して，配信対象を株主に限定しないという選択肢も十分検討に値する(12)。ただし，一般に公開するとした場合，肖像権・プライバシーへの配慮がより求められるほか，特にリアルタイムで配信している場合，イレギュラーな事態が生じたときの対応が一般公開されてしまうというリスクがあることには注意する必要がある。

現時点で考えられる実務的な施策はおおよそ上記のとおりであるが，いずれの手法をとるにせよ，バーチャル参加する株主は法的には「出席」しているわけではないので，重大な法的問題点は生じないとされており(13)，適法である。

4　ハイブリッド参加型バーチャル株主総会の留意点

（1）システム・会場の準備

バーチャル株主総会を実施するにあたっては，リアル株主総会の模様を配信するためのシステムを準備する必要がある。そこでまず，いかなるシステム・ツールを利用するかを検討することとなる。ウェブ会議やウェビナーにも用いられる一般的なZoomやYouTube Live等を利用する方法のほか，バーチャル株主総会の支援サービスを提供する業者に配信等の業務を委託することも考えられる(14)。ハイブリッド参加型の場合であれば，バーチャル出席や議決権行使に対応する必要がないため，システムに要求される技術的水準は「リアル株主総会を動画又は音声でリアルタイムに傍聴するための技術にとどまる」(15)とされており，一般的には，ハイブリッド出席型よりもコストや手間がかからない。システムの準備にあたっては，どのようなバーチャル株主総会にしたいかにより，コメントを受け付けるか否か，配信を株主に限定するか否か，といった点を決めることになる。

システムそれ自体以外にも，バーチャル株主総会ではリアル株主総会からライブ配信を行うことになるため，物理的な総会会場の設備を確認する必要がある。会場には，「インターネット回線の断線による通信障害対策と安定的な通信速度を確保するため，バーチャル株主総会専有のインターネット回線を２本敷設することが必要」(16)とされている。

その他，テストサイトの設置も重要である(17)。株主が招集通知を受け取り，一度テストサイトで動画視聴のテストを行ってから株主総会当日を迎える流れにすることで，当日に初めて接続する場合と比べ，株主側の理由で視聴できなかったというトラブルを少なくすることができる。

(12)　濱口耕輔＝山本ゆり「バーチャル株主総会実務の課題と展望」商事法務2241号19頁。
(13)　澤口実「ハイブリッド型バーチャル株主総会」ジュリスト1548号16頁。
(14)　官澤康平「総会IT化を可能とするシステム・技術への理解」ビジネス法務2020年12月号16頁。
(15)　岡村優希「情報通信技術の観点から見る電子株主総会の実現可能性」ジュリスト1548号35頁。
(16)　三菱UFJ信託銀行株式会社法人コンサルティング部株主戦略コンサルティング室コンサルティンググループ「2020年６月総会におけるバーチャル株主総会の実施状況―「参加型」の視聴者属性分析を中心に」ビジネス法務2020年12月号19頁。
(17)　マイナビニュース「バーチャル株主総会の法的整理と運営の実際(3)－実務上の留意点」（2020年４月30日，https://news.mynavi.jp/article/20200430-1026533/）。

(2) 議事進行シナリオにおける対応

ハイブリッド参加型バーチャル株主総会を実施する場合のシナリオ[18]では，まず冒頭において，株主の一部がインターネット等の手段を用いてバーチャル参加している旨，また，バーチャル参加している株主から受け付けたコメントを取り上げることがある旨を説明することが考えられる。

次に，質疑応答に入る段階で，会場の出席株主に向けて，会場の模様がライブ配信されることから氏名を言わない（発言時には出席番号のみを明らかにする）ようお願いする等，プライバシーに関する注意事項を伝えることも考えられる。あわせて，バーチャル参加する株主のコメントをとり上げる場合には，そのタイミングや，コメントの受付期限について説明することも検討される[19]。

また，議事進行中，通信障害等の緊急事態が発生した場合に備えたシナリオも準備しておく必要がある。バーチャルオンリー型やハイブリッド出席型でない限り，会場に所在しない株主は会社法上「出席」していないため，会社はシステムの復旧を待たずに議事を進行することができるところ，その点を周知するような説明があれば株主も関係者も安心である[20]。通信障害等が実際に発生した場合には，視聴できなかったバーチャル参加株主には事後配信等の代替策を用意することが望ましい。

(3) 参加方法の周知

株主がバーチャル株主総会に参加する方法としては，会社が株主に対して発行したIDとパスワードにより，動画の配信される株主総会用のウェブサイトにアクセスする方法がある。また，会社が既存の株主専用サイトにおいて動画を配信する場合は，それにアクセスする方法も考えられる。なお，動画の配信先を株主に限定せず，一般公開する場合は，アクセスに際してIDとパスワードによる本人確認は不要となる[21]。

いずれの参加方法を認めるにせよ，会社は株主にどのような手段でインターネット等から株主総会にアクセス可能であるかを事前に通知しておく必要がある。IDとパスワードによるアクセスとする場合は招集通知に案内状を同封して通知する方法が考えられる。また，株主専用サイトで配信する場合や一般公開とする場合は，議決権行使サイトへのログインID等との混同ないし見落とし[22]が生じるおそれも小さいため，招集通知の中に記載しておく方法でもよいと考えられる。通信の安定性の確保のためには，バーチャル参加の希望者に事前登録を促すという工夫がありうるところである（「実施事例集」12頁）。

バーチャル参加する株主は，当日の総会に「出席」したことにはならず，したがって，当日の決議に参加することはない[23]。したがって，議決権を行使したいと考える株主は，

(18) 西川恵祐「バーチャル株主総会の運営ポイント」旬刊経理情報1594号45頁において，具体的なシナリオ例が一部紹介されている。

(19) 前掲注8・澤口・112頁。

(20) 前掲注16に同じ。

(21) 実施ガイド9頁注7。

(22) 松村真弓「バーチャル株主総会実施への道のり」資料版商事法務432号50頁。

(23) なお，実施ガイド9頁注6は，会社法施行規則63条3号ハの解釈により，ハイブリッド参加型バーチャル株主総会であっても，バーチャル参加する株主も採決時に電磁的方法による議決権行使を行うことが可能となる考え方を紹介している。これに対しては，実務上，議案の賛否は総会開催前に決していることが大半であり，総会を運営する会社側から見ても事前に決しているほうが円滑に進めやすく，株主側の議決権行使へのニーズも高くないと指摘されており（澤口ほか編著『バーチャル株主総会の実務』（商事法務，2020年）86頁），現在の議決権行使期限の実務と集計システムを前提とすれば実現に向けたハードルは相当程度高い（伊藤広樹「ハイブリッド型バーチャル株主総会の活用と課題」ビジネスロージャーナル2020年5月号57頁）。

事前に，書面や電磁的方法による議決権行使を行うか，委任状等により代理権を授与した代理人によって議決権行使を行う必要がある。バーチャル参加によって株主総会に「出席」でき，議決権も当日行使することができると考える株主が一定数は存在することが想定されるため，誤解を招かないよう，招集通知や案内状にその点を明記してあらかじめ周知することが望ましい(24)。

なお，何らかの理由で総会の様子を閲覧できないという障害が発生し，それが総会開始時刻になって判明することもありうる。障害の原因が株主側の視聴環境（通信端末，通信ネットワーク，周辺機器等）に起因する場合もあるため，アクセスするための推奨環境を事前に明らかにし，テスト視聴用のテストサイトのURLや視聴に関するFAQを記載しておくことが望ましいと考えられる(25)。

（4）コメントへの対応

バーチャル参加する株主は，会社法上「出席」していないため，動議を提出したり，取締役に説明義務を生じさせうる質問を行ったりすることはできない。しかし，会社がそのような「質問」とは区別されたものとして，「コメント」や「メッセージ」等を受け付けることは妨げられない。

コメントを受け付けるとした場合，コメントに送信制限や文字制限を加えることも検討される。これはリアル株主総会において，例えば株主１人につき２問まで質問数を制限したり，質問の要点を簡潔にまとめるよう議長からお願いしたりする実務慣行があることを踏まえたものである(26)。取り上げるべきコメントとしては，議案に関係のあるものや，経営や事業に関するもので総会の場で株主に伝えるべきものなどが挙げられる(27)。逆に，リアル株主総会の質疑応答ですでに回答しているものは優先順位を下げてもよいであろう。会社法314条に準じて考えれば，株主総会の目的事項から外れているコメント等，取締役の説明義務の範囲外となるものをとり上げる必要性は小さい。

受け付けたコメントについては，いかなるタイミングで紹介・回答するかが問題となる。リアル株主総会の開催中に紹介する場合は，事業報告の際に行うことや，質疑応答中・質疑応答後に行うことが考えられるが，リアル出席株主の質問が途切れなかった場合，その質問を打ち切ってまでバーチャル参加株主のコメントを紹介するべきかについては実務上悩ましい。実際に物理的会場に足を運んでいる株主の質問の時間を奪ってまでコメントをとり上げることは議長や事務局にとって心理的な抵抗が強いと思われる一方で，バーチャル参加株主から寄せられた有益なコメントであればそれをできる限り紹介することが望ましいという考え方もありうるところであり，画一的な対応が求められるものではなく，議長の裁量により臨機応変に判断していくことになる(28)。

総会運営中のオペレーションとしては，受け付けたコメントを専任の確認担当者が確認し，どのコメントをとり上げるべきか運営責任者と協議の上決定し，議長に伝えるという方法がとられたグリー株式会社の例があり(29)，他社においても参考になる。

なお，実施ガイドでは，リアル株主総会の開催中以外にも，株主総会終了後（株主説明

(24) 遠藤佐知子「『ハイブリッド型バーチャル株主総会の実施ガイド』の解説」商事法務2225号29頁。
(25) 前掲注22・松村・48頁。
(26) 松本加代ほか「ハイブリッド型バーチャル株主総会の実務対応」商事法務2225号19頁。
(27) 前掲注26・松本ほか・20頁。
(28) 前掲注12に同じ。
(29) 前掲注26・松本ほか・19～20頁。

会や株主懇談会の場など）や，後日にホームページで，というタイミングでコメントを紹介する取扱いも考えられるとしている（10頁）。

その他，視聴している株主が，他の株主が送信したコメントを閲覧できるようにすべきかについては，参加株主間のコミュニケーションが過剰に盛り上がってしまうことが，議事の妨げとなることを懸念するのであれば[30]，株主のコメントは会社のみが閲覧できる設定とすることも検討される。

（5）株主のプライバシー・肖像権への配慮

バーチャル株主総会の実施にあたっては，ライブ配信に伴い，録音・録画により株主の肖像・声が電磁的に記録され，視聴者による何らかの形式による保存が可能となるため，株主の肖像権・プライバシーとの関係が問題となる。この点，配信先が株主に限定されている場合には，リアル出席した場合に直接確認できる情報がインターネット等の手段により他の株主に共有されたものと整理できるため，ライブ配信自体が違法性を帯びることはないとされる[31]。

ただし，株主からすると，自分の様子がインターネット等を通じて配信されることに心理的圧迫を感じ，質問を躊躇するようになることはありうる。また，株主に配信を限定する場合であっても動画の外部流出のおそれは否定できない。そのため，動画が一般公開される場合に強く意識されるところではあるが，株主に配信を限定する場合も含め，株主のプライバシーや肖像権への配慮が求められる。バーチャル株主総会の模様の録画・転載を禁じることがまずは考えられる。

具体的な配慮の方法としては，会場後方から役員席付近のみを撮影するという方法が検討される（反射による映り込みにも注意を要する）。また，動画配信時に株主の発声をカットすることや，株主の質問開始時に氏名ではなく出席番号のみを述べてもらう方法などもある。リアル総会会場の株主に対しては，入場の際や，総会冒頭において，会場の模様がライブ配信されていることを告知し，注意を促しておくことも考えられる。さらに，事後配信を行う場合には，編集が可能であることから，質疑応答部分を削除することや，質問の概要をテキストに置き換えるといった対応も考えられる。

（6）その他

ハイブリッド参加型バーチャル株主総会に係る機関決定の要否については，バーチャル参加する株主は株主総会に会社法上「出席」しないため，ハイブリッド参加型を開催することは招集に関する決定事項に該当せず，取締役会の決議は不要である[32]。

株主総会議事録についても，インターネット等の手段による参加を認めた旨を記載する必要はない。ただし，（出席株主からの質問とは区別して）視聴株主等からのコメントとそれに対する回答を記載することは検討されるところであり，仮に記載することとした場合は，インターネット経由等にて視聴が可能となっている点を議長が付言したことも記載することが考えられる[33]。

なお，お土産については，交通費をかけて来場した株主へのお礼と考えられることから，ハイブリッド出席型バーチャル株主総会を開

(30) 前掲注22・松村・50頁。
(31) 前掲注8・澤口ほか・178頁。
(32) ただし，取締役会の承認を得ておくことが「先例の集積もない現状では，無難である」との見解もある（前掲注6・澤口ほか・142頁）。
(33) 全国株懇連合会提案書「今後の対話型株主総会について～ヴァーチャル総会の利用も視野に～」（2019年10月）52～53頁。

催した場合であっても，会場に足を運んでいないバーチャル出席株主に配らないとすることは不公平ではない旨が実施ガイド25頁において述べられており，会社法上の「出席」をしていないハイブリッド参加型における株主についても同様に考えることができる。

5　ハイブリッド出席型とバーチャルオンリー型

（1）ハイブリッド出席型株主総会

ハイブリッド出席型バーチャル株主総会は，バーチャル参加する株主を会社法上「出席」するものと取り扱うため，検討すべき運営上の法的論点がハイブリッド参加型と比べて多岐にわたる。また，必要となるシステムについても，リアルタイムの議決権行使を可能にすることは当然として，事前の議決権行使を行っていた株主がバーチャル出席した場合の処理等を行う必要が出てくるため，技術的な要求はより高度になる。要求される技術的水準は，即時性と双方向性を満たすものと解されているが，オンライン上で障害が起きて議決権行使等が妨げられた場合等には，株主総会決議が取り消される等の法的問題を生じさせる懸念がある(34)。そのため，実施ガイドでは，開催の前提となる環境整備について考え方を示し，通信障害リスクの事前告知と「合理的な対策」をとれば決議取消事由には当たらないと解することも可能と整理しているが(13~14頁)，とるべき「合理的な対策」については，より明確化する必要があるとの指摘もある(35)。

実施ガイドはその他，バーチャル出席株主の本人確認，バーチャル出席と議決権事前行使の効力の関係，バーチャル出席株主からの質問・動議の取扱いなどについても考え方を整理している。

本稿では紙幅の関係で各論点について触れることはできないものの，十分なシステムが整うのであれば，ハイブリッド出席型による開催も検討されるところである。また，パイプドHD株式会社(36)や富士ソフト株式会社(37)の事例も参考となりうる。さらに，実施ガイドの別冊として2021年に策定された「実施事例集」でも，出席型の論点について具体的に取り上げられている。

ハイブリッド出席型は，株主から見ればバーチャルとリアルの両方の出席・権利行使も可能であるため，最も充実した実施形態と考えられる。他方で，会社としては，バーチャル・リアルのいずれのオペレーションも必要となるため，工数や費用の負担がハイブリッド参加型やバーチャルオンリー型よりも大きくなりやすい。そのうえ，議長としても，議事運営においてバーチャル・リアルの両方に目を配り，一体的な議事を行う必要がある(38)。多くの企業がバーチャル総会の「開催に係るコスト・手間の増加」や「システム等の技術的な環境整備」を課題と認識しているところ(39)，各社ごとに株主総会に投入できる

---

(34) 前掲注15・岡村・36頁。
(35) 宮内優彰「バーチャル株主総会についての展望と課題―経団連提言の構成に沿って―」商事法務2244号47頁。なお，通信障害に備えた予備日の設定も法的な論点である。
(36) 仲摩篤史「ハイブリッド出席型バーチャル総会の実践」資料版商事法務435号・22頁以下。
(37) 赤松理「富士ソフトの株主総会対応」ビジネス法務2020年6月号67頁。
(38) 丸谷国央＝入江政幸「2022年6月総会におけるバーチャル株主総会の実施状況～金融機関を中心に～」金融法務事情2192号14頁。
(39) 前掲注12に同じ。

人的資源の大小は異なることから[40]，それぞれの会社が参考にできる実施事例の蓄積が待たれるところである。

（2）バーチャルオンリー型株主総会

従来，「株主総会の……場所」が，株主総会招集の際の決定事項（会社法298条１項１号）や招集通知の記載事項（同法299条４項）に含まれているため，バーチャルオンリー型株主総会は認められないとの見解が多数であり[41]，政府答弁においても「解釈上難しい面がある」とされていた[42]。そこで，2021年６月の法改正により，「場所の定めのない株主総会」の活用が認められ，リアル株主総会を必要としない，バーチャルオンリー型株主総会の開催が解禁された（産業競争力強化法66条１項）。

すなわち，上場会社は，経済産業大臣及び法務大臣から，一定の要件に該当することについて確認を受けた場合には，「場所の定めのない株主総会」を行うことができる旨を定款で定めることができる。そして，定款の定めがある場合には，総会の招集決定者が，上記の両大臣から確認を受けた要件が充足されていることを確認したうえで，バーチャルオンリー型株主総会を招集し，開催が可能となる。両大臣の確認に関しては，経済産業省を窓口として事前相談を行うことが想定されており，定款変更決議を行う場合には取締役会開催予定日のおおよそ２カ月前に相談を開始することが望ましいとされている[43]。

確認を受けることとされている要件は省令[44]に定められており，①通信方法に関する事務責任者の設置，②通信障害に関する対策方針の策定，③インターネット使用に支障のある株主への配慮方針の策定，④株主名簿上の株主数が100人以上であること，の４つである。

経済産業省によると，2023年６月30日時点でバーチャルオンリー型株主総会を実施した企業は52社あり，定款変更を決議した企業は411社あった[45]。実施企業の事例として，ユーグレナ株式会社[46]やグリー株式会社[47]，freee株式会社[48]，アステリア株式会社[49]を参考にすることができる。

バーチャルオンリー型株主総会への移行が進んでいる米国と異なり[50]，現時点では日本における急速な普及は見込まれないものの，

(40) 北村雅史ほか「〈座談会〉株主総会の現在・過去・未来〔第三部〕これからの株主総会のあり方〔上〕」商事法務2287号15頁。
(41) 藤田友敬「特集にあたって」ジュリスト1548号15頁。
(42) 2018年11月13日の衆議院法務委員会における小野瀬厚・法務省民事局長（当時）答弁（第197回国会衆議院法務委員会議録第２号３頁）。
(43) 経済産業省「場所の定めのない株主総会（バーチャルオンリー株主総会）に関する制度」（2020年10月13日）https://www.meti.go.jp/policy/economy/keiei_innovation/keizaihousei/virtual-only-shareholders-meeting.html。
(44) 産業競争力強化法に基づく場所の定めのない株主総会に関する省令（令和３年法務省・経済産業省令第１号）１条各号。
(45) 経済産業省「産業競争力強化法に基づく場所の定めのない株主総会　制度説明資料」（2023年７月10日）https://www.meti.go.jp/policy/economy/keiei_innovation/keizaihousei/pdf/230711_explanatory-material.pdf
(46) 薗田玲子「インタビュー 開催要件や株主対応などをどうクリアした? ユーグレナの日本初バーチャルオンリー株主総会」旬刊経理情報 1626号21頁。
(47) 松村真弓・徳田千紗「株主との対話の深化につながるグリー株式会社の取組み」ビジネス法務2022年２月号55頁。
(48) 林慶彦・廣瀬史昂「これまでと異なる視点でゼロから総会を考えるfreee株式会社の取組み」ビジネス法務2022年２月号62頁。
(49) 平野洋一郎「法改正にも完全対応したアステリア流•バーチャル株主総会のすべて」ビジネス法務2023年６月号83頁。
(50) 米国は，例えばデラウェア州法におけるように，通信途絶により出席株主の質問等や動議を取り上げなくても決議取消しの問題が生じないという点でわが国とは前提が異なっているとの指摘がある。太田洋ほか編『バーチャル株主総会の法的論点と実務』（商事法務，2021年）233頁。

物理的な会場確保に係るコストを抑え，地理的な制約のない株主総会が実施できるというメリットについては一考に値する。そのため，近い将来に実施する予定がない企業においても，起こり得るパンデミック等への対応策の１つとしてバーチャルオンリー型総会という選択肢を確保しておくという実務対応は合理的と考えられており(51)，定款変更を実施することは十分検討されてよいと思われる。この点，議決権行使助言会社であるISSは，バーチャルオンリー型総会の実施を「感染症拡大や天災地変の発生に限定する」ような規定でなければ，原則として定款変更議案に反対を推奨するとしていることには注意する必要がある(52)。これに対し，グラス・ルイスは，定款変更にあたって両大臣の確認が求められていることを踏まえて，原則として賛成推奨としている(53)。

（3）今後の展望

バーチャル株主総会は，ITの活用により，株主総会当日の会議体としての側面を再考する端緒となるものと考えられており(54)，議論も活発化している(55)。バーチャル株主総会に関する議論が，リアル株主総会に関する議論を逆照射するという側面もあり(56)，導入を検討すること自体が今までの総会運営全体を見直すきっかけとなる(57)。

多くの上場会社では，年間を通じた情報開示や株主との対話により，株主総会プロセス全体が実質的な審議の場として機能し，総会前日までには事前の議決権行使により決議の趨勢も判明するため，「意思決定機関としての株主総会」は実質的には事前に果たされている(58)。そのため，多大な時間とコストのかかる入念な準備をしてまで，既に結論の出ている総会当日に株主が実際に一堂に会して会合を開くことは，資源の浪費ではないかとの指摘もある(59)。会社法が純粋な書面投票のみによる株主総会を認めず，「会議」としての開催を要求していることを正当化する理由があるのか疑問を呈する見解もあり(60)，物理的な会合に限らず，オンラインで開催される株主総会も含めてその「会議体としての株主総会」の意義は改めて問い直されている。

今後も議論の深まりが待たれるところであるが，各会社においても，バーチャル株主総会の実施を検討するにあたっては，「会議体としての株主総会」において株主といかなる対話の場が設けられるべきなのか，会社としてどのような株主総会を開催すべきと考えるのかを踏まえた検討が求められることになる。

---

(51) 倉橋雄作「バーチャルオンリー総会の実務対応〔上〕」商事法務2285号31頁。
(52) ISS「2023年版 日本向け議決権行使助言基準（2023年２月１日施行）」19頁。
(53) Glass Lewis「2023 Policy Guidelines — Japan」49～50頁。
(54) 前掲注24・遠藤・26頁。
(55) 北村雅史＝田中亘＝茂木美樹＝澤口実＝藤田友敬「<座談会>会社法における会議体とそのあり方〔Ⅰ〕―株主総会編―」商事法務2326号６頁。
(56) 松井秀征「バーチャル株主総会（産業競争力強化法改正を含む）（２）理論的・法的論点の検討」日本取引所金融商品取引法研究24号76頁。
(57) 小川周哉＝太郎田耀「バーチャル株主総会の現状と課題」資料版商事法務467号72頁。
(58) 経済産業省「『新時代の株主総会プロセスの在り方研究会』報告書」（2020年７月22日）10～11頁。
(59) 舩津浩司「会議体としての株主総会の未来を考える」商事法務2186号６頁。
(60) 田中亘「会議体としての株主総会のゆくえ」企業会計2020年６月号44頁。

議事進行シナリオ

日比谷パーク法律事務所
弁護士　西本　強

1　はじめに[(1)]

上場企業においては，株主総会を株主に対するIR・PRの場として捉える傾向が定着して久しい。これに伴い，質疑応答ではできる限り株主からの質問に丁寧に回答する，株主総会開催日についても集中日を避ける，事業報告等においてビデオを上映したりスライドを用いてビジュアル化を進めるなど，一般株主を強く意識した総会運営が行われている。このような状況にあっては，株主総会の議事進行シナリオも，一般株主を十分に意識したものとすべきである。

コーポレートガバナンス・コードにおいても，上場会社は，株主総会が株主との建設的な対話の場であることを認識し，株主の視点に立って，株主総会における権利行使に係る適切な環境整備を行うべきであるとされている（原則1－2）。

コロナ禍での総会の効率化・短縮化の動きや，バーチャル株主総会も広がりをみせつつある。

以上を踏まえ，本稿では，委任状争奪戦などが行われない平時で，かつ，一般株主を想定した議事進行シナリオの内容および注意点等について説明する[(2)]。

2　議事進行シナリオ策定の必要性

株主総会を運営する際に最も遵守しなければならないのは，総会を「適法」に運営する，ということである。ここでいう「株主総会の適法な運営」とは，株主総会決議取消しの訴え（会社法831条）の対象となる事由に該当するような総会運営を行わないこと，すなわち，総会進行との関係ではほとんどの場合，会社法831条1項1号の「決議の方法が法令若しくは定款に違反し，又は著しく不公正なとき」に該当しないような総会運営を行うことを意味する。

(1)　本稿は，川井信之弁護士著「議事進行シナリオ」（本書平成20年版）を同弁護士の了解のもと，著者においてアップデートしたものである。
(2)　本稿では，会社法上の大会社でかつ上場企業の株主総会を想定して，シナリオ作成の分析を行っている。

具体的には，①取締役および監査役等が，会社法314条・会社法施行規則71条所定の説明義務を尽くすこと，②議案について，定足数も含めて会社法上の適法要件を充足すること，③議事運営が公正なものであること，④会場設営が総会参加者の人数等を勘案して相当なものであることに注意しなければならない。

そして，これらはぶっつけ本番の対応では不可能であり，議事運営に関する方針決定とその具体化である株主総会シナリオを事前に準備しておくことが不可欠である。

3　一般株主を中心に想定した議事進行シナリオの策定

近年の株主総会の特徴である一般株主の積極的発言といった傾向は，コロナ禍後の総会となってますます強まっている。いわゆる総会屋はごく一部の例外を除いて減少傾向にあるといってよい。よって，株主総会運営の準備も，原則として一般株主に対する対応を想定して行うことが必要である。

もっとも，ごく一部とはいえ，総会屋または特殊な個人株主は存在し，一部の総会に出席している事実がある以上，万が一に備える必要性も欠くことはできない。したがって，原則としてはあくまで一般株主を念頭に置きつつも，いざという時に備えて総会屋あるいは特殊な株主向けの対応も準備しておくことが望ましい。

すなわち，全体を通した進行シナリオでは一般株主を主に想定した進行手順にしつつ，総会屋等が質問・議事妨害等をした場合については個別の対応シナリオ・マニュアルを準備しておくことが必要となる。

4　一括上程方式と個別上程方式

総会の運営方式には，いわゆる一括上程方式と個別上程方式とが存在する。

一括上程方式とは，議長が開会宣言をした後，監査報告，事業報告，（連結）計算書類の報告を行い，決議事項（議案）を一括して上程し，質疑応答をすべての報告事項・議案について一括して行う，という運営方式である。

一括上程方式によれば，株主は，議長に指定された質疑応答の時間に，報告事項であれ，議案の内容についてであれ，どの事項についても質問をすることができる。動議も基本的に同様である。質疑応答の時間が終了すれば，第１号議案から最後の議案まで，順次採決をすることになり，採決がすべて終了すれば，閉会宣言がなされる。

これに対して，個別上程方式は，議案ごとに上程・質疑応答・採決を行う運営方式である。個別上程方式によれば，議長が開会宣言をした後，監査報告，事業報告，（連結）計算書類の説明を行い，第１号議案を上程し，ここで報告事項と第１号議案に関する質疑応答および採決を行い，引き続き，第２号議案の上程，質疑応答，採決といった具合に，議案ごとに上程→質疑応答→採決を行うことになる。

要するに，一括上程方式と個別上程方式の大きな相違点は，質疑応答および採決をまとめて行うか，それとも議案ごとに１つずつ行うかという点である。ただし，実務的には，個別上程方式によりながらも報告事項に関する質疑応答において決議事項の議案に関する質問も受けつけ，各議案の質疑においては質問が出ずにすぐ採決される，すなわち，実際上は一括上程方式とほとんど変わらないケースも散見される。

法律上はどちらかの運営方式に従わなくて

はならないということはない。しかしながら，「一般株主に対する対応」という視点からみた場合，一括上程方式のほうが優れていると考えられる。

それではなぜ一括上程方式のほうが一般株主に対する対応策としてより優れているのか。

質問をしようとする一般株主としては，質問内容がどの議案に対応するものか整理されていない場合も少なくない。また，ある質問が，単一の議案でなく，複数の議案にまたがった質問や提案である場合も往々にして存在する（例えば，剰余金処分議案と取締役の報酬議案という２つの議案に対し，「取締役の報酬や退職慰労金を減らして剰余金の配当を増やして欲しい」という意見がある場合など）。

このような場合には，個別上程方式を採用していると事務局でそうした質問をどのように処理するかで時間を要することになるが，一括上程の場合にはそのような問題はない。

また，一般株主が複数の質問を用意したときには，個別上程であれば，その株主は議案ごとに一々挙手をして質問をしなければならないが，一括上程の場合には挙手は１度で足り，株主にとって便宜は大きい上に，そうした挙手・指名に要する時間を少なくして審議により時間を割くことができる。

以上で述べたことは，バーチャル総会でも当てはまることであり，バーチャル総会においても一括上程方式のほうが議事進行しやすく，望ましい。

このように，一般株主の総会における質問の実態および便宜から考えても，質疑応答を各議案ごとに行う個別上程方式よりも，質疑応答を議案の区別なくまとめて行う一括上程方式のほうが，結局は一般株主の利益に資するものと思われる。

ちなみに，2023年の株主総会において一括上程方式を採用した上場会社は，あるアンケート調査によれば全体の76.4％である（「株主総会白書」旬刊商事法務2344号（2023年）121頁）。

5　総会シナリオ

以下，一括上程方式のシナリオの要点を紹介する。なお，コロナ禍後の総会では，コロナ禍で短くしたシナリオをコロナ前のシナリオに戻すべきところは戻すなど適宜修正すべきである。

（1）開会宣言

議長は開会宣言を行い，議長就任およびその根拠（多くの場合定款規定）を宣言する。議長就任を宣言してから開会宣言をする場合もある。いずれでも構わない。

バーチャル総会の場合，冒頭で，出席型，参加型の類型に応じて，議長から留意点を述べたり，ライブ配信を行うことに伴い，発言時に氏名を言わないよう注意喚起することもある。

（2）議題の提出および議事進行方法の確認

議長は，総会の目的事項（議題）を提出するとともに，株主総会の議事進行の方法について株主に確認する。質疑応答の時間まで発言を禁止する旨も併せて述べる。コロナ感染防止の観点から，できるだけ開催時間を短くしたり，効率的な運営をこころがける旨を述べる例や「１時間を目途とする」などあらかじめ開催時間の目途を述べる例もあったが，コロナ禍後はあえてそのようなことは必要ない。

（3）監査報告

議長は，審議に先立ち，監査役に監査報告を求める。常勤監査役１名が監査役会を代表して監査報告を行う。この段階で，取締役の職務執行に関する監査報告のみならず，連結計算書類に関する監査報告（会社法444条７項）も併せてなされることも多い。

（4）出席株主数および行使される議決権個数の発表

議長または事務局が集計結果を発表する。定足数を充足していることも併せて宣言する。集計にかかる時間を考慮し，より正確な数を報告できるように，この発表を事業報告および計算書類の報告の後に行う会社もある。この集計の実際の基準時は総会開始の10分ないし５分前の時刻とする会社が多い。なお，ここでの議決権個数の発表はあくまで定足数の充足を宣言することに目的があることから，実際の行使議決権個数と数字が異なっても何ら問題ない。また，具体的な個数は含めず，定足数の充足のみを宣言する例もあるが，法的にはそれで問題ない。

（5）事業報告，計算書類の内容報告

大会社では，単体のみならず，連結計算書類の内容についてもここで報告が行われる（単体の計算書類の内容報告：会社法438条３項。連結計算書類の内容報告：会社法444条７項）。

企業によっては，連結計算書類と単体の計算書類の双方についてそれらの内容を議場で説明すると，計算書類の説明に長い時間を要し，それが総会全体の時間の相当程度の割合を占めることとなるので，連結または単体の一方のみの計算書類の説明で済ませたい，と考える場合がある。この点については，近時の株主の関心は連結ベースでの収益状況であるといった観点から，単体の計算書類の議場での説明は短縮ないし省略し，連結計算書類についてのみ概要を説明するといった工夫も，法的には問題ない。実際にも連結計算書類のみを議場で説明する会社も多い。

報告の方法については，議長がシナリオを読み上げるスタイルがなお多いが，最近では，①スライド，パワーポイントで要点を示しながら議長がシナリオを読み上げる，②ナレーション付きのスライドまたはビデオで報告するなどの方法を取るスタイルが年々増加している。

なお，電子提供措置の導入に伴い，参考書類を交付しない会社にあっては，従来の「お手許の招集ご通知●頁」というフレーズは適宜修正すべきである。

（6）議案の説明

各議案の内容および提案理由を説明する。その際には，可能な限り，わかりやすい言葉を用い，一般の株主が理解しやすいように心がける。ただし，シナリオ全体の長さとのバランスを考慮して，議案の説明を簡略化する工夫は適宜行われている。

（7）質疑応答

ここで，すべての報告事項および決議事項について，株主の質問，意見および動議を含めた審議に関するすべての発言を受ける。かかる審議の方法を議長の独断で採用するのは望ましくないことから，かかる審議方法について議場の株主の過半数の支持を得て進める会社も多い。バーチャル総会の場合，質問その他の発言の方法について，ルールの説明を行う必要がある。

また，質疑応答に入る前に，事前の書面質問に対する回答を行う会社もある。最近では，これを行わず，質疑応答の時間の質問に任せる会社も多いが，重要な事項については，株主の便宜のために，この回答を行う会社も見られる。

コロナ対策の観点から，１人１問に質問数を制限する例は多かったが，コロナ禍後は，そのような制限はなくすか，１人２問までとする会社が多い。

なお，事前の書面質問に対する回答を行う

前に，説明義務の範囲外の事項について回答しない旨を述べることが通例であるが，この部分で具体的な事項を列挙する際には，会社法・会社法施行規則における説明義務（会社法314条，会社法施行規則71条）の規定内容に合わせた用語を用いることが多い。

質疑応答については，質問の機会を株主に十分保障することが大切である。なお，第２会場を使用する場合には，第２会場の株主の発言希望に十分配慮する必要がある。

質問がまったく出ない場合でも，時間をまったく置かずすぐに質疑を打ち切るのではなく，議長が株主に対し，本当に質問がないか再度問いかけ，それでも質問が出ない場合に質疑を打ち切るのが通常は望ましい。

（8）採　決

第１号議案から順に採決を行う。①議決権行使書により，すでに当日出席株主の議決権の個数や当日出席株主の採決の動向にかかわらず決議要件を満たしている場合，②議決権行使書に当日出席の大株主の採決の結果を加算して決議要件を満たす場合，③大株主に限らず，当日出席の株主の採決の結果により決議要件を満たすか否かが変わる場合で，採決のあり方が変わる。ほとんどの場合，①または②であり，拍手によるのが通例である。バーチャル総会の場合，バーチャル出席の株主が議決権行使を行う方法やタイミングなどについて，システムの機能に応じた説明を行うことになる。

（9）閉　会

総会の目的事項をすべて終了すると閉会であり，議長はこれを宣言する。

個別上程方式の場合は，上記（５）から（８）の部分が，（５）および第１号議案の説明，質疑応答，採決，第２号議案の説明，質疑応答，採決，……と構成しなおされるが，それぞれの質疑応答の時間に質問の機会を株主に十分保障することが必要になる。

6　議事運営のあり方

以上の進行シナリオを前提にした場合，株主総会の中心となる部分は，時系列でいうと第１に，前記５（５）の報告部分である。すでに紹介したように，従来は，一律に議長がシナリオを読み上げるだけであったが，最近では，スライドやビデオなどで説明方法をビジュアル化することに加え，説明内容についても，IRの一環としての株主総会との見地から，当期の収益予想を含め会社の対処すべき課題をていねいに説明するなどの工夫を取り入れる会社も増加している。

なお，総会の冒頭などに騒いで議事運営を妨害する株主も一部にみられる。そのような株主には，適切な警告を与えた上で，必要に応じて，躊躇なく退場させる必要がある。退場訓練も必要に応じてリハーサルしておくべきである。

第２に中心となるのは，質疑応答の部分である。前述のとおり，総会屋が著しく減少した現状においては，総会では一般株主の質問に対して誠実に回答することが基本である。そのためには，一般株主の質問の要旨を正確に理解・整理し，それに対して答えをはぐらかすのではなく，真正面から回答することが大切である。

一般株主の質問は，要領を得ない場合も多くみられる。また，そもそも一般株主の発言が質問なのか，意見なのか，判然としない場合も多い。そういった場合，議長としては，一般株主の発言を自分なりに咀嚼し，「今株主様が言われたことは，……についての質問ということですね」「今株主様が言われたことは，……についての御意見として承りました」等述べて，その趣旨を適宜確認することも有効である。事務局においても，答弁もれが生じないよう質問事項と答弁内容を正確に把握し，答弁もれが生じそうになったら答弁者に注意喚起する。実際に答弁もれが生じた場合，次の答弁の際に補足して答弁することも考えられる。

また，会社との個別のトラブル（取引トラブルなど）を持ち出す株主や，明らかに不適切な質問を行う株主も存在する（最近は会社のOB株主でこの種の発言をする事例も目立つ)。この場合には，あくまで真摯に応対するという姿勢は保ちつつも，会議の目的事項に関係のない発言をした場合には，総会の目的事項の範囲外であることを明確にして対応することが望ましいときもある。

１人２問に制限しても，実際には株主から３問以上質問されることも少なくない。議長においてうまく２問の質問としてまとめて受けたり，発言を引きとったりして，効率的な運営をしたいところである。

また，１つの質問をするのに，関係のない話を長く続けてなかなか本題に入らない株主も存在する。このような場合には，できるだけ株主の発言は受けとめつつも，会場の雰囲気からあまりに長い発言の場合には，「申し訳ございませんが株主様，ご発言のご趣旨を端的にお願いできますでしょうか」と促すことも必要である。

特に質疑応答の最初の段階でまとまりのない株主の発言をいったん議長が容認してしまうと，その後の株主の発言も同様の傾向に流されやすいことから，総会の場の雰囲気を締める意味でも，早期の段階で議長は適切な対処が必要な場合があることに注意すべきである。

株主の質問が想定問答の内容とはややズレがあるにもかかわらず，答弁役員が想定問答の型どおりの回答をしてしまうことも往々にして見られるが，質問内容をよく聞いて，「問いに対する回答になっているか」を考えつつ適切な回答を行うべきである。

質疑応答の場面で，会社の商品，サービスや経営全般について，質問ではなく，意見を述べる一般株主も最近は多い。こうした発言に対しては，通常，「貴重なご意見，ありがとうございます」といった対応で足りると思うが，具体的な回答が可能な場合には，端的にコメントを添えることも効果的である。

議長は，質疑応答を株主との年に１度の対話の場と考え，みずからに経営を任せることに十分な納得感を得て帰ってもらうという気概で質疑応答に臨むことが必要である。そして，議長を含めた答弁役員は，想定問答に頼ることなく，想定問答を総会当日までに十分咀嚼して，みずからの言葉で回答できるように仕上げておくべきである。

なお，近時，株主が，社外役員に回答を求めるケースが散見されるようになった。社外役員を答弁者として指名するか否かは議長の裁量であるが，悪意のあるような例外的な場合を除き，社外役員を指名する扱いがよい。また，回答の際，答弁役員の回答の後に，議長（通常は社長）が回答を補足したり，総括的な立場から回答をまとめることで，株主の納得感が非常に高まり，総会の場がぐっと締まることがあるので，質問内容によってはこのような方法も検討してよい（特に会社に批判的な質問の場合に功を奏することがある)。

株主が「議長である社長の回答が欲しい」と要望しても，必ずしもそれに従う必要はないし，また社長自身が回答しないことが適切な場合もあるが，やはり一般株主としては社長みずからの発言が聞きたいとの願望も強い場合があることから，一定の場合には社長みずからが回答することが有効である。

最後に，総会での社員株主の態度は十分に注意する必要がある。社員株主が声を挙げたり拍手をすることそれ自体が問題であるとは言えないが，それが一般株主に威圧的ととられるようなトーンになることは避けなければならない。

また，たとえ威圧的でなくても，議案の決議や議長が株主に承認を求める以外の特に必要性もない場面で（例えば，議長の事業報告の後の場面等で）不必要に大きな（または不自然に揃った）声で「了解」と発言したり，役員入場の際に大きく拍手したりすることなどは再検討が必要である。

こうした社員株主の行動は，一般株主の会社に対するイメージも悪くしてしまい，開かれた総会，IR総会という昨今の流れに反するものであることを十分認識すべきである。以上より，社員株主については，その数は最低限とし，不自然な発言は可能な限り避けるとの方針で臨むことが重要である（社員株主による質問等の是非が争点となった東京高判平29.7.12金判1524号８頁（フジ・メディア・ホールディングス株主総会決議取消訴訟控訴審判決）も参照のこと）。なお，コロナ対策の意味合いもあり，バーチャル株主総会が脚光を浴びている。シナリオについても，参加型にするか，出席型にするか，質問や動議を認めるかなどによって変わり得る。バーチャル総会の詳細は，本書199頁以下の論稿を参照されたい。

最新

想定問答

本文中設問横の＊印は2024年版で新規に挿入・修正が多い設問を指す。

1．議案（配当）

質問1-1 〈配当政策〉

当社の配当政策について，具体的な方針を説明してほしい。配当政策は株主にとって最も関心のある事柄であるにもかかわらず，当社の招集通知では抽象的な記載しかされていないが，配当方針があるなら招集通知に記載するべきではないのか。

回答例①

当社はかねてより，短期的な業績に連動させるよりも中長期的な安定配当を維持継続することが株主様への利益還元につながるものと考えており，業界全体の経済情勢や当社の業績などを総合的に勘案して配当金額を決定しております。そのような観点から，招集通知には「安定配当の維持継続」を配当方針として記載させていただいたものであります。

回答例②

当社は，配当は株主様への利益還元のための最も重要な方法であることから，配当性向40％の水準を目安とし，当社をとりまく社会経済情勢等を総合的に勘案して毎年の配当金額を決定しております。本年度については，今後の事業展開に備えた研究開発・生産設備等への投資や積極的な新規事業への取組み等に備えることを勘案して，招集通知記載のとおりご提案させていただきました。また，招集通知への記載については，上記の考え方をコンパクトにまとめて記載させていただいたつもりでありますが，さらに株主様にわかりやすい記載方法となるよう努めてまいります。

【解　説】

■配当性向の基準・水準を回答

剰余金処分議案は一般株主にとって最も関心の高い議案である上，コーポレートガバナンス・コードでも，経営計画・経営方針や資本政策の基本方針などについて株主に適切な情報開示を行うことが求められているため，配当方針に関する質問は多いと予想される。

最近では，配当性向の水準を定めて開示している会社も増えている。そのような会社では，回答例②のように配当性向などの水準を示して回答することになろう。決算説明会・アナリスト説明会などで具体的な水準や考え方を開示していることも多く，そうだとすれば株主総会でもそれと同程度の説明をするべきである。

■基準のない場合は総合的な事情を説明

配当の基準等を定めていない場合には，回答例①のように安定配当の維持継続を通じて株主の利益を図る趣旨であることを説明し，具体的な額の決定に際しては諸事情を総合的に勘案しているなどと説明することになる。しかし，最近は他社での開示事例が増えているため「中長期的な安定配当」という抽象的な説明だけでは株主が納得しない可能性もある。今まで以上に，内部留保の必要性などを丁寧に説明することが求められる。

いずれにしても，株主に対する利益還元として最適な水準をきちんと考えているという姿勢を示すことが重要である。

質問1-2 〈連結ベースでの配当政策〉

昨今は連結経営・グループ経営の時代と言われており，当社も多数の連結子会社を抱え，計算書類や事業報告も連結ベースで開示がされている。このような情勢を踏まえ，配当政策も連結ベースでの基準を採用すべきではないのか。連結子会社の好業績についても株主還元すべきではないか。

回答例

確かに，当社もグループ経営を行っていることから，会社法に従い連結計算書類を開示し，事業報告も一部連結ベースで記載しております。しかし，剰余金処分議案については，会社法の下においても当社単体での剰余金等の額から所定の金額を加算・控除して計算した分配可能額の範囲内で配当をすべきとされており，当社では，かかる法の趣旨を踏まえて，単体ベースでの配当基準を考えております。連結子会社の好業績等については，当該子会社から当社への配当等を通じて，株主の皆様に還元されるものでございますので，ご理解いただきたいと思います。

【解　説】

■招集通知には連結ベースの記載が増加

相次ぐ商法改正で事業再編が容易となったことを受けて，親会社・子会社等から成る企業グループを主体としたグループ・連結経営が進み，企業情報についても連結ベースでの開示がされないと正確な理解が困難であるとの観点から，株主総会の招集通知にも連結ベースの情報開示が求められるようになった。

具体的には，平成14年商法改正（2002年）で連結計算書類制度が導入されるとともに（旧商法特例法19条の２），営業報告書の記載事項の一部についても連結ベースでの記載が許容され（旧商法施行規則105条２項），会社法においても同様の定めが置かれている（会社法444条，会社法施行規則120条２項）。

これを受けて，企業グループを形成する多くの企業では，招集通知に連結計算書類（連結貸借対照表・連結損益計算書）および連結監査報告書を掲載し，営業報告書の一部を連結ベースで記載している。

■配当については単体ベースで計算

このような流れから，質問例のような提案がされることも考えられるところである。

しかし，これらの改正はあくまでも連結ベースでの情報開示を求めるものであり，会社法では，株主への利益還元の前提となる剰余金の額については単体ベースで算定することが想定されている（会社法446条１号，会社計算規則149条）。子会社の好業績は，子会社から親会社への配当として親会社収入に計上され，それをもとに親会社における配当額を決めることになる。

したがって，（特に配当額の算定に当たり連結の業績を勘案している会社でない限り）このような質問に対しては，上記法律の趣旨について説明した上で，配当については単体ベースで計算している旨を説明することになろう。

質問1-3 〈業績に連動した配当基準〉

当社の剰余金配当は，「株主に対する安定配当」という名目で，業績がよくなっても配当が増額されることがない。しかし，昨今は業績に連動した指標をもとに配当基準を定めている会社も多い。当社も業績に連動した配当基準を作成・実施すべきではないか。

回答例

当社としましては，毎年の業績にただちに連動させて配当金額を上下させるよりも，ある程度長期的な観点の下で安定的かつ継続的に配当を維持することが，株主様への利益還元として最適の方法と考えております。ただし，配当政策についての考え方にはさまざまな視点からの検討が必要であり，株主様のご指摘も貴重なご意見として承らせていただきます。

【解　説】

■抽象的な「安定配当」説明は危険

最近では，配当政策について経営指標等に連動させた基準を設け，その旨を開示している会社も多い。

また，会社法の下では，会計監査人・監査役会設置会社または委員会設置会社で取締役の任期が１年を超えない会社においては，定款の定めに基づき，会計監査人・監査役会の適正意見がある場合に限り，剰余金配当を取締役会で決議することができるとされており（会社法459条１項），かかる定款の定めがある会社は，事業報告に剰余金配当の決定権限の行使に関する方針を記載しなければならない（会社法施行規則126条10号）。すなわち，剰余金配当を取締役会決議とした会社においては，事業報告の中に配当に関する方針が記載されることになる。

そのため，事業報告で配当に関する方針を記載していない会社や剰余金配当議案において特に配当基準等を示さず「安定配当」などの抽象的な記載しかしていない会社においては，このような質問が出る可能性が高い。好業績であるにもかかわらず配当が上がらないことについて，批判的な論調の質問となる可能性もある。

■株主へのメリットを具体的に強調

特に経営指標等に連動させた配当基準を設けておらず，検討する予定もない会社においては，単に安定的な配当というだけではなく，安定配当を維持継続していくことがどうして株主への利益還元としてメリットがあると考えているのか，その理由を説明する必要がある。

例として，①長期的な経営計画を採用しており，短期的な業績に連動させるのはふさわしくないこと，②長期保有の株主にとっては，短期的な業績で配当金額が毎年上下するより，ある程度長期的な観点からの安定的な配当金額のほうがメリットがあると考えられることなどが挙げられる。

さらに，当社の事業の特徴を踏まえて，このような安定配当を維持継続する理由について説明することが望ましい。

質問1-4 〈内部留保と株主配当〉

当社の剰余金処分案を見ると，配当額に比べて内部留保額が非常に多いという印象を受ける。こんなに多額を内部留保する必要性がわからない。何か具体的な使い道があるのか。使い道が特にないなら，内部留保に回すより配当に回すべきではないか。

回答例

内部留保の額が多いというご指摘ですが，当社を取り巻く環境は事業報告の際にご報告させていただいたとおり，海外企業も含めて業界の再編成が進んでおります。そのような中で当社の競争力を維持し高めていくためには，M&A等も含めた事業展開を視野に入れる必要があり，そのためには機動的な事業展開のための投資余力を保つ必要があると考えております。そのための内部留保として，剰余金処分案のとおりご提案させていただきました。

なお，具体的な投資先等については，検討中のものもございますが，守秘義務等の関係もあり，現段階ではお話しすることはできませんので，ご理解いただきたく存じます。

【解　説】

■内部留保する必要性を説明

剰余金処分案とは，当該年度に生じた利益をどのように配分するかを決めるための議案であり，そこでは，株主に対する利益還元である配当金額以外は別途積立金等として会社内部に留保されるのが通常である。

内部留保は利益を会社内部に留保するだけであり，会社外部に流出するわけではない（株主に損失を及ぼすわけではない）ことから，かつては内部留保が過剰であるとして問題視されることは少なかった。

しかし，個人株主の投資効率への意識が高くなっていること，内部留保が多い無借金経営の会社は敵対的買収等の対象になりやすいというリスクがあることなどから，昨今では，過剰な内部留保は避けるべきであり，特に内部留保するべき必要性がないのであれば株主に還元すべきであるという議論が主流となっている。そのため，株主総会でも内部留保の適正水準について質問が出る可能性は高い。

このような質問に対しては，当社として内部留保するべき必要性は何なのかを説明する必要があり，会社の安定的な経営を維持するための財務基盤の確立や積極的な事業展開のための投資資金の確保などの事情を説明することになろう。

■話す事項，話してはならない事項を明確に

なお，実際に事業展開のための投資・提携等が検討されている場合には，内部留保の具体的必要性があるにもかかわらず，守秘義務・営業秘密等の観点からその内容を詳細に説明できないと考えられるが，その場合にはその旨説明すれば足りる。

株主総会における質問・回答にあたっては，説明義務を尽くさなければならないという側面が強く意識される傾向にあるが，それと同時に，話してはならない事項（守秘義務・営業秘密など）を説明しないという側面があることも忘れてはならない。話すべき事項・話してはならない事項という2つの基準を意識して，回答することが重要である。

質問1-5 〈株主への利益還元策〉

株主に対する利益の還元策としては配当，自社株取得，株主優待などさまざまな方策があるが，どういうバランスで考えているのか。当社の利益還元策についての考え方を教えてほしい。

回答例

ご指摘のとおり，株主様に対する利益還元策としてはさまざまな方策があります。このうち，株主優待制度については，当社の新商品を優待制度としてお配りすることにより，株主様に当社業務をよく理解していただきたいという趣旨で導入しており，株主平等原則に違反しない限度で継続していきたいと考えております。自社株式の取得については，株式市場への影響なども勘案しながら，検討してまいります。剰余金配当については，当社の将来的な設備投資，研究開発費などの資金需要の予定を勘案しながら，配当額を決定している次第です。

いずれにしましても，当社の置かれた環境を踏まえながら，株主様への利益還元としてふさわしい方策を検討してまいる所存です。

【解　説】

■自社株式取得は市場動向を勘案

剰余金配当，自己株式の取得はいずれも株主の利益につながるものであるから，利益還元策として両者をどのように位置付けるのかという質問が出る可能性がある。

特に近年は，自社株取得を実施する企業が増加しており，議決権行使助言会社（ISS）が取締役選任議案の賛否を判断するに当たりROEを勘案すると公表したことも相まって，自社株取得に対する関心が高まっている。

そのため，自社株取得を実施するのかどうか，実施するとしてどの程度の規模で行うのかなど，自社株取得に焦点を当てた質問が出される可能性もある。

会社法の下では，この２つの方策はいずれも株主に対する還元として同じ財源規制を受けており（会社法461条），内部留保の額とのバランスを考えながら金額を決めなければならない点も同様である。ただし，自己株式の取得については，株式市場の動向，さらには取得した自己株式の用途などを勘案しながら決定する必要がある。

■優待制度は許容限度を踏まえる

これに対し，株主優待制度は会社法に基づき認められた制度ではない。持株数に応じず個々の株主に対して優待を実施する仕組みになっているため，機関投資家や大株主の立場からは，株主優待よりも配当で還元すべきであり，株主優待の比重が高いのは株主平等原則違反という意見が出ることも考えられる。

最近は，個人株主に長期保有してもらうために一定期間以上を保有している株主を優遇するなどの工夫をこらす会社もあるが，これらについても，株主平等原則との関係が問題となる。

そのため，当該制度設計の理由の相当性，優待制度に要する費用の額などを勘案しながら，許容限度内で設計する必要がある。

質問1-6 〈株主優待制度の拡充〉

当社は株主優待策として，自社の未発売の新製品を株主に対して送付しているが，自分はそれを非常に楽しみにしている。これを楽しみにしている株主は多いと思うので，年1回ではなく季節ごとにするとか，少なくとも年２回は実施してはどうか。

回答例

当社では，株主の皆様に応援いただいていることに対する感謝の念とともに，当社の新商品を優待制度としてお配りすることにより当社業務をよく理解していただきたいという趣旨から，自社の新製品を株主優待として送付させていただいております。

ただし，株主様に対する利益還元策としては，やはり配当が第一であり，株主優待制度に多大な費用をかけるよりは配当の増額を目指すべきと考えております。持株数に応じた取扱いを求める株主平等原則の観点からも，株主優待制度についてはあくまでも当社新商品のPRおよび株主様への感謝の念を表すものという観点から，年１回の送付という形で運用を続けてまいる予定でおりますので，ご理解いただきたいと考えております。

【解　説】

■過度の優待制度は株主平等原則に反する

株主優待制度については，個人株主からの要望が強く，株主総会でも「優待制度をもっと充実させてほしい」「長期保有者を優遇してほしい」などの意見が出されることが多い。

個人消費者を相手とする事業を手掛ける企業においては，自社製品をPRする機会にもなるため，積極的に株主優待制度を活用していることも多い。

これに対し，大株主・機関投資家などからは「優待制度にお金をかけるより配当を増額せよ」という意見が出される。これは，株主優待制度は持株数に応じた取扱いではなく（持株数に応じて優待品のグレードを変える会社もあるが，厳密に株数に応じた取扱いにはなっていない），個々の株主に対して同等の品物を送付することが多いため，大株主にとっては不利に，個人株主にとっては有利な還元策となるためである。

会社法は株主平等原則を採用しており，持株数に応じて平等な取扱いをすることを求めているため，過剰な株主優待制度は株主平等原則違反とされるリスクがある。あくまでも，株主に対する儀礼的な感謝の念の表明，自社商品を送付することにより株主の会社業務に対する理解を深めること，事実上の商品宣伝としての理由があることなどの事情から，例外的に許容されているものである。

■株主優待制度の抱える問題点を示す

しかし，株主の中には，このような株主優待制度の抱える問題点を理解せずに優待制度の充実＝株主還元の充実と誤解している人もいる可能性がある。そのため，株主優待制度の充実を求める質問が出された場合には，株主優待制度の抱える問題点を指摘して，当社の株主優待制度が相当なレベルであると説明することが必要である。

一方で，機関投資家など株主優待制度に反対する株主に理解を求めるためには，優待実施の合理的理由についても説明する必要があるが，特に優待の内容が自社商品でない場合には，優待実施の理由がつきにくくなるため，慎重な言い回しが必要となる。

質問1-7 〈株主総会のおみやげ〉

当社は長年，株主総会のおみやげとして自社製品の詰め合わせを配布してきたが，新型コロナウイルスの感染拡大以降，おみやげの配布がなくなっている。おみやげを楽しみにしていた株主も多いはずなので，そろそろ復活させてもいいのではないか。それとも，このまま廃止されてしまうのか。

回答例

当社は，2019年まで，株主総会にご来場いただいた株主様への感謝の気持ちとして当社製品の詰め合わせをおみやげとして配布しておりました。しかし，新型コロナウイルスの感染拡大に伴い，株主の皆様に来場自粛をお願いするとともにおみやげの配布を取りやめております。その間，来場しない株主様にも株主総会に参加していただけるよう，バーチャル総会の実施に取り組んでおり，今後も来場した株主様とインターネットを通じて参加した株主様が等しく審議に参加できるような総会運営を目指してまいります。そのような方針に照らし，来場した株主様へのおみやげ配布については今後も取りやめる予定でございます。株主の皆様に対しては配当を通じて利益の還元を目指してまいる所存ですので，何卒ご理解たまわりたくお願い申し上げます。

【解　説】

■株主総会のおみやげの趣旨

新型コロナウイルスの感染拡大以前には，多くの企業で，株主総会に来場した株主に対しておみやげを配布するという運営が行われていた。これは，株主総会に参加した株主に対する感謝（お車代）という趣旨で配布していたものであり，自社製品を配布することができる企業では，自社製品の広告・PRの機会として活用していたという側面もあった。

しかし，持株数に応じて配布するものではないため，株主優待制度と同様，大株主・機関投資家などからは批判的に受けとめられていた。さらに，遠方に居住していて株主総会に参加できない個人株主にとっても不平等な取扱いと考えられる。それに加えて，おみやげだけ受け取って株主総会に参加することなく帰ってしまう株主も多く見受けられたことから，従前より，株主総会のおみやげ配布という運用を見直す企業も散見されていた。

そこに，新型コロナウイルスの感染拡大に伴い株主に対する来場自粛を呼びかける必要が生じたため，2020年の株主総会以降，ほとんどの企業でおみやげ配布を取りやめているのが現状である。

■おみやげ配布を復活させるかどうか

個人株主の中には，感染拡大防止策としておみやげを取りやめることには一定の納得をしているものの，新型コロナウイルスの感染状況が収まってくれば，おみやげ配布を復活させてほしいと希望している者も少なくない。そのため，2023年の株主総会では，（感染状況次第ではあるものの）そろそろおみやげ配布を復活させてほしいという要望を出される可能性がある。

会社としても，感染拡大状況を踏まえた一時的なおみやげ配布の停止なのか，将来に向けておみやげ配布を廃止するのかという方針を決めて説明することが望ましい。

おみやげを配布するかどうかは，株主総会

の来場者数に最も大きく影響する事情であり，リアルの株主総会をどの程度の規模で開催するのかという点に大きく影響する。そのため，会社としては，将来的な株主総会の運営のあり方，より具体的にはリアルの株主総会をどのように位置づけていくのかという観点から，株主総会のおみやげ配布を復活させるべきかどうかを検討する必要がある。

ここ数年でバーチャル総会の取組みが進んでおり，株主総会資料の電子提供制度と相まって，今後ますますインターネットを通じた総会運営を指向する企業が増えるものと予想される。その一方で，リアルの株主総会は個人株主にとっては会社経営者と直接会うことができる唯一の機会であることも事実であり，個人株主との対話の充実という観点も踏まえて，リアルとバーチャルをどの程度の比重で組み合わせていくべきかを検討することが必要となる。

会社としては，上記の方針を検討した上，仮におみやげを廃止する方針ということであれば，復活を期待している個人株主の納得を得られるよう，丁寧に会社の考えを説明するべきである。

質問1-8 〈株主優待制度にかかる費用〉

当社は株主優待制度を実施しているが，そのためにかかる金額はどのくらいか。そんな金額を優待に使うよりも，優待制度を廃止して増配に回すべきではないか。そもそも当社の株主優待制度は，株主に対して一律に自社新商品を送付するというものであり，持株数に応じた取扱いになっていない。これは株主平等原則に反しないのか。

回答例

当社の株主優待制度にかかる金額がいくらかとのご質問ですが，当社が株主優待として株主様に送付させていただいている商品の原価は１人当たり約○○円，１年当たりの株主優待に要する費用の額は約○○万円でございます。

当社においては，株主の皆様に応援していただいていることに対する感謝の念とともに，当社の新商品を優待制度としてお配りすることにより当社業務をよく理解していただきたいという趣旨から，自社の新製品を株主優待として送付させていただいております。これによる商品宣伝の効果等を勘案いたしますと，この費用の額は特に過大なものではなく，株主優待制度として許容される限度であり，株主平等原則に違反するものではないと考えております。

【解　説】

■大株主には不満な株主優待制度

株主優待制度については，大株主からは「優待制度にお金をかけるより配当を増額せよ」という質問が出る可能性が高い。これは，株主優待制度は持株数に応じた取扱いではなく，個々の株主に対して同等の品を送付していることが多いため，これを過大に行うと，大株主にとっては不利な還元策となるためである。大株主にとっては，株主優待制度を簡略化してその費用を配当原資に回したほうが有利であるから，株主優待制度にかかる費用の額について質問し，そのような金額を株主優待制度にかけるよりも配当に回せという要求が出る可能性がある。

■概算金額を回答

この質問に関しては，確かに株主から見れば関心の高い金額である上，株主優待制度には株主平等原則違反との指摘もあり，株主の会社の業務に対する理解を深め，商品宣伝にもつながることなどの理由があって比較的少ない金額に収まっていることから許容されているものであるから，どの程度具体的な数字で回答するかはともかく，概算の金額については回答するのが通常である。

ただし，この回答と合わせて，当社において株主優待制度を採用している目的・効果を具体的に説明し，当社がかけている株主優待制度の費用がその効果に見合う相当な範囲内の金額であることを説明し，株主を納得させるよう努めることが必要である。

質問1-9 〈株主優待制度の設計〉

近年では長期に保有してくれる安定的な株主作りのために株主優待制度に工夫をこらす会社も増えている。例えば，長期保有の株主と短期保有の株主とでは優待の程度に差異を設ける会社もあると聞く。当社の場合には，そのような工夫をするつもりはないのか。

回答例

確かに，株主様ご指摘のとおり，保有期間の長短に応じて優待の程度に差異を設ける株主優待制度を実施している会社もあると聞いておりますし，各社各様に優待制度のあり方を工夫しているものと存じます。

ただし，当社の場合には，株主の皆様による日頃の応援に対する感謝のしるしとして，また当社新製品をお配りすることにより当社業務へのご理解を深めていただくために株主優待制度を実施させていただいており，現在のところ，長期保有していただいた株主様と短期保有の株主様に対して優待の程度に差異を設けることは考えておりません。

株主様に長く当社株式を保有していただくためには，何よりもまず業績を向上させて当社株式の価値を高めるとともに配当の増額を目指してまいりたいと考えております。

【解　説】

■他社の株主優待制度の検討が有益

株主優待については，インターネットなどで各社の制度設計の比較するサイトや特徴的な優待制度を設けている会社の紹介記事などを見た株主から，他社がやっているような株主優待制度を導入しないのか，あるいはしてほしいといった質問が出ることも考えられる。

そのため，他社が導入している株主優待制度について当社はどう考えているのかについても，あらかじめ一通り検討しておくことも有益である。

例えば，本質問のように長期保有安定株主を作るための方策として長期保有株主に対して優待の程度を手厚くするなどの株主優待制度を導入している例のほか，いわゆる株主優待制度ではないが，議決権行使比率を高めるための方策として議決権行使書面を返送してくれた株主に対して優待を実施するなどの制度を導入している例もある。

このような例を引き合いに出されて当社としては実施しないのかを質問された場合には，当社としてかかる制度を実施する予定があるのかどうか，前向きに検討するつもりがあるのかどうかを回答すべきである。

もっとも，前向きに検討するつもりがある場合においても，株主総会での回答で将来の事実を約束するべきではないから，確定的な回答をするのではなく，例えば「株主様のご指摘は，貴重なご意見として承り，検討を進めて参ります」という程度の回答にとどめておくべきである。

また，現に実施している制度から特に変更を検討するつもりがないのであれば，当社として株主優待制度をどのように位置づけているのかを説明する必要がある。

質問1-10 〈四半期配当の実施〉

法律で四半期配当ということであり，四半期配当ができるように定款変更した会社もあると聞くが，当社は四半期配当を実施しないのか。

回答例

確かに，2006年5月に施行された会社法により，配当の回数制限がなくなったため，定款を変更して四半期配当を実施することもできることになりました。しかし，定款変更して取締役会限りで剰余金配当をできるようにした会社においても，実際に四半期配当を実施している例はいまだ少ないようです。

当社としましては，株主様への剰余金配当については従来どおり株主総会にお諮りして支給したいと考えており，現在のところ四半期配当を実施する予定はございません。また，当社の主要商品である○○は季節ごとの売上変動の幅が大きく，上半期と下半期では売上・利益に差が生じるため，四半期配当を実施するのに向いていないという事情もあります。

将来的に四半期配当に移行するかどうかについては，他社の実情等も勘案しながら，随時検討してまいりたいと考えております。

【解　説】

■取締役会決議のみで配当が可能に

旧商法では，利益処分は定時総会に提出してその承認を得ることが必要とされ（旧商法283条1項），それ以外には，定款の定めに基づき，一営業年度につき1回に限り中間配当を実施することができる（旧商法293条ノ5第1項）。すなわち，利益配当の回数は期末配当と中間配当の年2回に限定されていた。

しかし，会社法の下では，分配可能額の範囲内という要件を満たしていれば一事業年度に何回でも配当をすることができ，回数制限は撤廃された。あわせて，①監査役会・会計監査人設置会社あるいは委員会設置会社であり，②取締役の任期が1年を超えない場合には，定款の定めをもって，剰余金配当を株主総会ではなく取締役会で決議することが許容された（ただし，会計監査人・監査役会とも適正意見である場合に限る）。したがって，かかる定款変更を行った会社では，いちいち臨時総会等を開催することなく，四半期配当を実施できることになる。

■当社の方針を整理・準備

しかし，剰余金配当を取締役会決議事項とするかどうかについては，役員任期を1年に短縮しなければならないこと，これを内容とする定款変更議案には機関投資家から反対票を受けるリスクがあることなどから，各社の対応はさまざまであり，当社の方針について質問された場合には，回答できるように準備しておく必要がある。

また，かかる定款変更を行ったとしても，実際に四半期配当を実施している会社は少数であるため，四半期配当についての当社の考え方も整理しておく必要がある。特に，剰余金配当を取締役会決議事項としたにもかかわらず，当面四半期配当を実施する予定はないという会社が多いと思われるが，その場合には四半期配当を実施しない理由を説明すべきである。

質問1-11 〈無配または減配の理由〉

今年は業績不振に伴う赤字決算のため無配となった。しかし，業績がよいときは「安定配当」を理由に増配しないのに，なぜ業績が悪いからといって無配になるのか。「安定配当」が会社の方針である以上は，多少の減配はやむを得ないとしても，無配は不当ではないか。

回答例①

株主様のご指摘のとおり，当社は従来から安定した配当を実施することを剰余金処分の基本方針としてまいりました。

アベノミクスによりわが国の景気が回復基調にあると言われてはおりますが，当社を取り巻く経済環境はいまだ厳しいものがあり，リーマンショック以降の長期に渡る不況による業績悪化から回復することができていません。

そのため，誠に遺憾ながら，今期につきましては，経営の安定性の確保の観点から，内部留保の確保を重視し，無配とさせていただいた次第です。

回答例②

確かに，当社は3年前までは安定した配当を実施することを剰余金処分の基本方針として参りました。

しかし，配当を重視される最近の株主様の傾向に鑑み，2年前に業績に応じた配当を行う方針に変更することとし，配当性向○パーセントを目標として定めております。

今期の配当方針の策定もこの方針に従ったものであり，最終損益が赤字となったことから無配とさせていただいたものです。

【解　説】

■配当方針の説明

近年では，株主に対する情報開示の観点から，配当性向や総還元性向として一定の数値(%)を明示して，会社の配当方針を説明する企業が増えている。そのような企業においては，業績が悪化した場合の無配・減配の理由として，まずは回答例②のように当社の配当方針を説明することになろう。

■丁寧な説明で株主の理解を得る

しかし，日本企業は長らく安定的・継続的な配当というスタンスを掲げてきたため，実際に無配・減配となると，株主から厳しい質問が出る可能性が高い。特に，業績が良いときにはさほど配当が増えないのに，無配・減配にされるのは許せないといった意見，業績悪化について役員はどのように責任を取っているのか，役員報酬はどうなっているのかといった質問が出されることも多い。

そのため，業績不振を理由に無配・減配となった会社では，役員責任・役員報酬について追及された場合の回答についても検討しておくとともに，復配を目指すための経営戦略・経営計画についても丁寧に説明し，株主の理解を得られるように努めることが必要である。

2．議案（定款変更）

質問2-1 〈電子公告採用への反発〉

当社の定款変更議案を見ると，電子公告の方法を採用すると記載されている。しかし，これでは，パソコンを使っていない人間は当社の公告が見られなくなってしまうのではないか。当社の株主は年配者も多く，電子公告制度の採用によって株主は公告の内容を知ることができず，かえって不利益となるのではないか。

回答例

電子公告制度とは，公告すべき内容を所定の期間インターネットホームページに掲載するという公告の方法であり，株主の皆様にはそのホームページを閲覧していただくことになります。当社としては，昨今のインターネットの急速な普及，公告コストの削減などにかんがみ，電子公告制度を採用する旨の定款変更議案を提案させていただきました。

パソコンを使っていない方はどうするのかというご指摘でございますが，昨今では高齢者の方も含めてインターネットが非常に普及しつつあること，利便性の高いこと，公告費用も安くコスト削減につながること，他社でも電子公告制度を採用している例が多いことなどにかんがみますと，当社としても電子公告制度を採用いたしたく，何卒ご理解いただきますようお願いいたします。

【解　説】

■ネット未利用者への配慮必要

電子公告は，インターネットの普及等の社会情勢の変化を踏まえて，平成16年商法改正（2004年）で新たに導入された制度であり，会社法の下では，①官報に掲載する方法，②日刊新聞紙に掲載する方法とともに，公告の方法の１つとして位置付けられている（会社法939条１項）。

インターネットの普及により，招集通知・議決権行使など株主とのやりとりもIT化が進みつつあり，また，電子公告の方法を採用すると公告費用の削減にもつながることから，電子公告制度を採用する企業は増えている。

しかし一方で，電子公告制度を採用すると，インターネットを利用しない株主は公告を見ることができなくなることも事実であり，一部の株主からは反対意見が出ることも予想されるところである。

■会社・株主へのメリットを示す

このような質問に対しては，事実は事実として認めた上で，電子公告制度を採用する理由について，インターネットの急速な普及という社会情勢，インターネットの利便性，電子公告の方法は日刊新聞紙への掲載などの方法に比較して公告費用を削減でき，会社ひいては株主にもメリットがあること，他社においても電子公告を採用する例が増えていることなどを丁寧に説明する必要がある。このような会社・株主全体のメリットのために電子公告制度の導入につき，理解を求めるという姿勢を示すことが重要である。

質問2-2 〈取締役の任期〉

ここ数年，取締役の任期を１年にする会社が増えているが，当社も取締役の任期を１年として，経営責任をもっと意識するべきではないか。

回答例

取締役の任期については，会社法上，「選任後２年以内に終了する事業年度のうち最終のものに関する定時株主総会の終結の時まで」すなわち２年以内とされています。

確かに最近は，剰余金配当を取締役会決議事項とするためには取締役の任期を１年としなければならなくなったこともあり，取締役の任期を１年として毎年取締役の選任につき株主様の信任を問う会社も増えています。

しかし，当社としましては，剰余金配当については取締役会で決するより株主総会でご承認いただきたいと考えていること，また，各取締役の担当職務を見てもある程度長期的な視野で取り組んだほうが成果も上がると考えられることなどの事情から，当面は役員任期を１年に短縮することは考えておりません。

なお，経営責任につきましては，役員任期にかかわらずに強く意識し，株主様の期待に資するよう励んでいく所存ですので，ご理解いただきたく存じます。

【解　説】

■会社に適切なガバナンス体制かどうか

取締役の任期については，従来より，原則として２年以内とされていたが（旧商法256条１項），平成14年商法改正（2002年）により，委員会等設置会社においては任期を１年とすべきと規定された（旧商法特例法21条の６第１項）。

さらに，会社法の下では，原則として２年とする点は変わらないが（会社法332条１項），新たに，①剰余金配当を取締役会決議事項とする会社（会社法459条１項），②委員会設置会社（会社法332条３項）においては，取締役の任期を１年としなければならないと規定された。

かかる法改正の流れを受けて，2002年以降，任期を１年に短縮して毎年株主の信任を問うこととする会社が徐々に増えつつあり，特に近年は監査等委員会設置会社へ移行する企業も増えているため，取締役の任期を１年とする会社はかなり増えている状況にある。

このような状況であるため，役員任期については１年に短縮して株主の信任を問うべきだという質問が出る可能性がある。

取締役の任期を２年にするか１年にするかについては，会社として最も適切なガバナンス体制をどう考えるかという判断をふまえて回答するべきである。

■経営の中長期的視点を説明

任期を１年とした場合であっても，各事業を担当する取締役を成績次第で毎年変更していては，業務推進のためにかえって非効率であるため，一定期間は同一の取締役が任務に就くことも多いであろう。

取締役の任期を２年とすることの理由としては，このような実際に業務を行っていく上での必要性，中長期的な視点・取組みも必要となること等の事情も加味して説明するべきである。

質問2-3 〈取締役会での剰余金配当の決定〉

当社の定款変更議案を見ると，剰余金配当の決定を取締役会で行うこととされている。しかし，剰余金配当の決定は株主の基本的な権利であり，これを取締役会で決定するというのは株主権の侵害ではないか。法律で認められたとしても，本来は株主に決定させるべきではないのか。

回答例

2020年の株主総会では，新型コロナウイルス感染症の拡大により株主総会の延期を検討せざるを得なくなった会社が散見された一方で，株主総会を延期してしまうと事業年度末日時点の株主様に配当することができなくなるため，対応に悩んだ会社が多かったと聞いております。今後も何らかの不測の事態が生じて株主総会を延期せざるを得ない可能性があり，当社としては，そのような場合においても事業年度末日の株主様に配当を実施したいと考え，今回，剰余金配当につき取締役会で決定する旨を定款で定めることをご提案した次第です。

この定款変更議案が承認可決された場合には，株主総会でお諮りすることなく，取締役会で剰余金配当を決議することが可能となります。

しかしながら，当社においては，配当に関する考え方については配当方針として公表させていただいており，仮に株主の皆様が当社の公表する配当方針に賛成できないとお考えの場合には，取締役の選任に反対するという形で意思を表示することができます。また，仮に会社提案とは異なる内容の剰余金配当を提案したいという株主様がいらっしゃる場合には，株主提案を行うことができます。

このように，当社としては，株主の皆様の配当に関するお考えを尊重しつつ運営してまいる所存ですので，ご理解たまわりたいと考えております。

【解　説】

■反対の多い定款変更議案

会社法では，監査役会・会計監査人を設置して取締役の任期を１年とする会社では，剰余金の配当等につき取締役会で決定する旨を定款で定めることができる（会社法459条１項）。

平成14年（2002年）商法改正で，委員会等設置会社に対して利益処分案を取締役会で決議することが認められたが，会社法では，その他の類型の会社であっても取締役の任期を１年とすれば，剰余金配当等を取締役会で決議することが許容されたものである。

かかる改正の背景には，剰余金配当等をいくらにするかという判断は，将来の事業展開，設備投資，研究開発などに充てるための内部留保をいくらにするかという経営判断であり，将来の事業計画等を十分に理解している経営陣のほうが適切に判断できるとの考えがある。

もっとも，剰余金の配分を決めるのは株主の権利であるという考えも根強く，剰余金配当等を取締役会決議事項とする旨の定款変更議案に対しては，機関投資家等からの反対票が多い。

■剰余金配当等を株主総会で決議しなければならないことによる制約

その一方で，剰余金配当等について株主総

会で決議しなければならないことにより，会社の側で柔軟な判断がとりにくい場面もある。

その１つが，2020年総会シーズンにおける株主総会の延期に関する判断である。2020年には新型コロナウイルス感染拡大の影響により，多くの企業で決算・監査手続が遅延し，その結果，株主総会の招集通知の発送期限（株主総会の２週間前）に間に合わなくなることが懸念された。その際の対応策として，定時株主総会を延期することも検討されたが，わが国の企業では定款で配当基準日を事業年度末日と定めているのが一般的であり，投資家（株主）にとっても事業年度末日に株式を保有していれば配当を受領できるということが共通認識となっている。そのため，株主総会の延期により基準日を設定し直すことになると，かかる投資家の信頼を害することになるのではないかという懸念から，株主総会の延期という判断をとらずに継続会とした企業も多かった。

また，東日本大震災の際には，株主総会の途中で大きな地震が発生した場合の対応が検討されたが，その際にも違法配当になってしまうという懸念から，剰余金処分議案については何としても決議をとらなければならないという議論がされた。

このような懸念を解消する見地から，剰余金配当等について取締役会決議事項とする旨の定款変更を行いたいという企業も出てくるものと考えられる。

もっとも，前述したとおり，この定款変更議案については機関投資家等の強い反対も想定されるため，会社の考える配当等の方針を明確に定めて公表するとともに，株主との対話を通じて配当方針について説明しておくことが求められる。

また，コーポレートガバナンス・コードでは，上場会社が総会決議事項の一部を取締役会に委任するよう株主総会に提案するに当たっては，自らの取締役会においてコーポレートガバナンスに関する役割・責務を十分に果たし得るような体制が整っているかどうかを考慮すべきであるとされており（補充原則１-１②），配当方針を明確に定めて開示するだけでなく，配当方針について社外取締役を含めた取締役会できちんと議論する体制を備えることも重要である。

なお，会社法は，剰余金配当等について株主総会の決議によっては定めない旨を定めることも認めている（会社法460条１項）。しかし，かかる定めを設けた場合には，機関投資家等から極めて強い反対を受けることに留意すべきである。

質問2-4 〈責任限定契約の対象範囲の拡大〉

当社の定款変更議案を見ると，これまで責任限定契約を締結できるのは社外取締役および社外監査役だけであったのに，新たに業務を担当していない取締役および監査役との間でも責任限定契約を締結できるという内容に変更することが提案されている。しかし，社外役員の場合には責任限定契約がないと引き受けてもらえないという問題があるが，常勤監査役の責任までこのような形で限定すると，規律がきかなくなるのではないか。このように対象範囲を広げる必要はないのではないか。

回答例

平成26年会社法改正により，責任限定契約を締結できる役員の範囲が変更され，社外取締役・社外監査役のみならず，業務を執行していない取締役や監査役との間でも責任限定契約を締結できることとされました。今回の定款変更議案はかかる会社法改正を受けてご提案するものです。常勤監査役は当社に対して善管注意義務・忠実義務を負っておりますので，責任限定契約を締結したからといって職務を怠ることはありません。責任限定契約は個人に対して不合理・不相当に高額の賠償責任を負わせることを防ぐためのものですので，ご理解いただければと思います。

【解　説】

■責任限定契約の対象

改正前会社法427条１項では，会社が責任限定契約を締結できるのは社外取締役，社外監査役および会計監査人とされていたが，平成26年改正会社法（2014年）で，新たに取締役（業務執行取締役等であるものを除く）および監査役との間でも責任限定契約を締結できることとされた。そのため，改正会社法が施行された後の株主総会において，責任限定契約の対象範囲を拡大して監査役も対象に含まれるように定款を変更することを検討する会社も増えてきた。

■対象範囲を拡大する理由

しかし，株主からの役員責任追及はガバナンスの観点から有効な手段の１つであるとされているため，責任限定契約の範囲を拡大する旨の定款変更議案に対しては反対意見が出される可能性がある。

実際，社外取締役および社外監査役を責任限定契約の対象とする定款変更議案については，独立性の高い社外役員候補者を確保するために必要な措置であるとして反対票は少ないものの，会計監査人については反対票が増えることを予想して定款変更していない会社が多い。コンプライアンスの重要性がより強く意識されている昨今の状況に照らし，常勤監査役を責任限定契約の対象とすべきかどうかについては丁寧に説明する必要がある。

具体的には，責任限定契約の対象範囲を拡大する旨の定款変更議案を上程する場合には，責任限定契約はあくまでも個人に対して不合理・不相当に高額の賠償責任を負わせることを防ぐためのものであり，会社に対して善管注意義務・忠実義務を負っている以上，責任限定契約を締結したからといって任務懈怠につながることはない旨をきちんと説明することが必要である。

質問2-5 〈監査等委員会設置会社への移行〉

今回，当社は監査役会設置会社から監査等委員会設置会社への機関設計の変更を行うということであるが，なぜ監査等委員会設置会社になることを選択したのか。監査役会設置会社から監査等委員会設置会社へ移行する，また，指名委員会等設置会社を選択しなかった理由を教えてほしい。

回答例

現行法制では，監査役会設置会社，監査等委員会設置会社および指名委員会等設置会社という３つの機関設計の選択肢があり，その間に優劣はありませんが，監査役会設置会社では取締役会で重要な業務執行の決定をすることを重視するのに対し，監査等委員会設置会社および指名委員会等設置会社では，経営陣に業務執行の決定権限を委ねてスピーディーな経営判断を実現する代わりに社外取締役が過半数を占める委員会で経営陣の指名・報酬を決定することで監督機能を強化しようとするものです。

当社としては，当社の社内体制や当社を取り巻く環境等に照らし，もっとも当社にふさわしい機関設計を検討いたしました。当社を取り巻く業界は急速に変革しており，そのなかで迅速な経営判断を行って企業価値を向上させるためには，よりスピーディーな経営判断を行うことができる体制を構築するべきであること，常勤の監査等委員を置いて現状の監査体制を維持しつつ，任意の指名・報酬委員会を通じたモニタリングの強化を図ることができることなどを考慮した結果，監査等委員会設置会社に移行することが適切であると判断し，株主の皆様にお諮りする次第です。

【解　説】

■監査等委員会設置会社の趣旨

平成26年改正会社法で新たに監査等委員会設置会社という機関設計が認められてから，監査等委員会設置会社へ移行する会社は年々増加している。

当初は独立社外役員を確保できないといった理由で移行を決めた会社も多かったが，近年では一大勢力となったこともあり，あるべきガバナンス体制を検討した結果として，監査等委員会設置会社への移行を決める会社が増えている。そのほか，少しずつではあるが，指名委員会等設置会社へ移行する会社もある。改訂コーポレートガバナンス・コードでは，プライム市場上場会社では独立社外取締役を３分の１以上選任すべきとされており，今後もモニタリング型の機関設計を選択する会社は増えるのではないかと考えられる。そのため，機関設計を変更する定款変更議案を上程した場合には，株主の側から，３つの機関設計のなかでなぜ監査等委員会設置会社を選択したのかというガバナンスの観点からの質問が出ることが想定される。

監査等委員会設置会社は，マネジメント・モデル（監査役会設置会社）とモニタリング・モデル（指名委員会等設置会社）の中間的な存在であり，ハイブリッド・モデルなどともいわれる。

その反面，運用次第でモニタリング機能が形骸化するおそれもあるため，会社として移行後のガバナンス体制をどのように考えているのかを説明するべきである。

■監査役会設置会社から移行する理由

マネジメント・モデルとモニタリング・モデルの一番の違いは，経営陣に対してどこまで重要な業務執行の決定を任せるかであり，それに伴う経営判断のスピードである。思い切って経営陣に任せることでスピーディーな経営を実現することを狙いとすることが多く，監査役会設置会社から移行する理由としては，上記の点を説明することになろう。

■指名委員会等設置会社を選択しない理由

モニタリング・モデルでは，取締役会から経営陣に対して重要な経営判断を任せる代わりに，独立社外取締役が過半数を占める指名・報酬委員会が業績を評価し，経営陣の指名・報酬を決定するという仕組みを採り入れることで，経営陣に対する監督を効かせることを想定している。

しかし，実際には指名・報酬の決定権限を委員会に委ねることへの抵抗感があるほか，指名・報酬・監査という3つの委員会を適切に運営するのに十分な員数の社外取締役を確保することは困難であるという事情もあり，モニタリング・モデルを目指すとしても，指名委員会等設置会社への移行にまでは踏み切らず，監査等委員会設置会社を選択する企業も多い。

もっとも，監査等委員会設置会社では，独立社外取締役が過半数を占める監査等委員会に指名・報酬の決定権限を帰属させるわけではなく，指名・報酬について意見を言うことができるに留まっているため，運用次第ではモニタリング機能が働かず，経営陣に任せきりになってしまうリスクがある。

そのため，監査等委員会設置会社を選択した理由と合わせて，モニタリング機能を強化するのための取組みや覚悟などについても説明しておくべきであろう。コーポレートガバナンス・コードでは，監査等委員会設置会社であっても，取締役会の下に独立した指名委員会・報酬委員会を設置することを求めており，プライム市場上場会社にあっては，各委員会の構成員の過半数を独立社外取締役とすることを基本とし，その委員会構成の独立性に関する考え方・権限・役割等を開示すべきとされている（補充原則4-10①）。

3．議案（役員選任）

質問3-1　〈取締役の員数〉

昨今は他の会社においても取締役の人数はスリム化するのが主流であるのに，当社の取締役の人数は多すぎるのではないか。こんなにたくさん取締役がいては，取締役会で実質的議論ができないのではないか。

回答例

当社のガバナンス体制は，取締役が各業務担当を兼務することとされており，当社の業務内容・規模に照らすと，現状程度の取締役の人数が必要であると考えております。

ご指摘のとおり，取締役の人数をスリム化して業務執行を執行役員等に委ねるというガバナンス体制もございますが，当社としては，取締役に業務担当を兼務させ，取締役会においてその業務内容を報告させて監督するというガバナンス体制で円滑に機能しておりますので，当面の間は取締役の人数のスリム化等を行う予定はございません。

なお，当社の取締役会における討議は，現状においても各取締役による意見交換が活発に行われており，人数が多いから形骸化するということはございませんので，ご安心いただきたいと思います。

【解　説】

■ガバナンス体制の実情を考慮

取締役の人数については，取締役会設置会社では３名以上と規定されており（会社法331条４項），上限は特に定められていない。

従来は，会社の取締役の人数はかなり多数であったが，その後，監督と執行の分離を目指して執行役員制度を導入するに伴い，取締役の人数を減らして経営のスリム化を図る企業が増えている。昨今では，取締役の員数に上限を決めて議決権を行使する機関投資家も出てきている。そのため，取締役の人数が多い会社においては，経営のスリム化を図るよう求める質問が出ることも予想される。

ただし，取締役の適正な人数については，当該会社におけるガバナンス体制のあり方によっても大きく変わってくる。

例えば，執行役員制度を導入した企業においては，取締役は業務執行から離れて取締役会を通じた監督のみを行うものと位置付けられ，おのずと人数は少なくなるはずである。

しかし，執行役員制度を採用するかどうかは当該会社のガバナンス体制に係る基本的な枠組みのあり方の問題であり，各社の実情に合わせて決定するべきである。

また，昨今ではコーポレートガバナンス・コードにより社外取締役の複数選任（プライム市場上場会社においては３分の１以上）や多様性の確保が求められており，指名・報酬に関する任意の諮問委員会で社外取締役に主体的な活動をしてもらうため，従前よりも社外取締役の員数を増やす企業も多い。このように社外取締役を拡充した結果として，取締役の総数が増えることもあり得る。

■現状人数の適正性を説明

取締役の人数は，各社各様の事情に応じて，当社に最もふさわしいガバナンス体制は何かという観点から決められる問題である。

したがって，この質問に対する回答としては，当社におけるガバナンス体制として現状人数が適正である旨を当社の実情を踏まえて回答することが必要である。

質問3-2 〈取締役候補者の選任理由〉

取締役選任議案では，今回の候補者を選んだ理由が記載されていないが，個々の候補者が当社取締役として適任だと判断した理由について，具体的に説明してほしい。

回答例

当社では，第○号議案として，○○氏，○○氏，○○氏，○○氏，○○氏の５名を重任とし，新たに○○氏，○○氏，○○氏の３名を選任するとともに，○○氏，○○氏の２名を社外取締役として選任したい旨の取締役選任議案をご提案しております。

これらのうち，重任となる５名の方については，すでに取締役として各担当職務はもとより当社業務全般に精通し，今期業績にも大きく寄与していますので，当社が現在進めている事業計画を達成するためにも継続して取締役の任に就いていただくことが当社の利益に資すると考え，取締役候補者とさせていただきました。

また，新任となる３名の方については，これまで当社営業部，技術開発部などに所属して経験を積み，当社業務に精通している上，人格・識見にも優れており，今後は取締役として当社の経営全般に関与いただくのにふさわしいと考え，取締役候補者とさせていただきました。

さらに，社外取締役候補者の○○氏，○○氏は，それぞれの専門分野で長く活躍してきたご経験を持ち，当社の経営全般に関して独立した立場から的確な助言，ときには厳しいご指摘をいただけるものと考えております。特に，○○氏については，ご自身が代表取締役社長を務めていた○○社において構造改革に取り組んでこられたご経験から，当社が今後進めなければならない構造改革・事業再編について，○○氏については，海外業務に長く携わってこられたご経験から，当社のグローバル展開や海外子会社の管理について，それぞれ有益なご助言をいただけるものと期待しており，社外取締役候補者とさせていただいたものです。

【解　説】

■具体的な説明を

取締役選任議案に関しては，参考書類として記載すべき事項について詳細に定められており（会社法施行規則74条），特に社外取締役については，「当該候補者を社外取締役候補者とした理由」「当該候補者が過去に社外取締役又は社外監査役となること以外の方法で会社の経営に関与していない者であるときは，それでも社外取締役としての職務を適切に遂行することができるものと会社が判断した理由」「当該候補者が社外取締役に選任された場合に果たすことが期待される役割の概要」について記載することが求められている。

コーポレートガバナンス・コードでは，社外取締役以外の取締役についても，「取締役会が経営陣幹部の選解任と取締役候補者の指名を行うに当たっての方針と手続」「取締役が当該方針・手続を踏まえて経営陣幹部の選解任と取締役候補者の指名を行う際の，個々の選解任・指名についての説明」について開示することが求められている（原則３－１）。

さらに，改訂コーポレートガバナンス・コードでは，取締役会は，経営戦略と照らして自らが備えるべきスキル等を特定した上で，取締役会全体としての知識・経験・能力のバランス，多様性および規模に関する考え方を定め，各取締役の知識・経験・能力等を一覧化したいわゆるスキル・マトリックス等を取締役の選任に関する方針・手続と併せて開示すべきとされており（補充原則４－11①），取締役選任議案の参考とするために招集通知にスキル・マトリックスを記載する会社も増えてくるものと考えられる。

かかる会社法施行規則およびコーポレートガバナンス・コードの趣旨を踏まえるならば，株主から個々の取締役候補者を選んだ理由や期待する役割について質問された場合には，できる限り具体的かつ丁寧に理由を説明するという姿勢で臨むべきである。

■指名の方針・手続等の説明

コーポレートガバナンス・コードでは，取締役・監査役候補者を指名した方針および手続についても開示することが求められている。

そのため，個別の選任理由と合わせて，指名の方針・手続について説明しておくことも有益である。取締役候補者の個別の選任理由については，いかに具体的に説明しようとしても各自の経歴等を踏まえた一般的な説明に終始することが多いが，それと合わせて取締役会の構成やバランスについての方針・考え方を説明することでより説得的な説明が可能となる。また，社外取締役を過半数とする任意の指名委員会を設置して取締役選任議案の内容を審議している場合には，そのような手続を経ていることを説明するとともに，委員会での議論の概要を説明することも考えられる。

■社外取締役を回答者に指名すべきかどうか

コーポレートガバナンス・コードに従って任意または法定の指名委員会を設置している企業においては，取締役候補者あるいは次期社長の指名の理由についての質問に対しては，指名委員会のトップが回答するのが自然である。しかし，指名委員会の委員長を社外取締役にお願いしている場合には，そのまま委員長を回答者に指名して答えていただくのか，それとも社長その他の社内取締役が最初に回答し，その後に委員長に補足してもらうのか，あらかじめ決めておく必要がある。

これまでの総会運営では，特定の社外取締役に宛てた質問が出されたとしても，当該社外取締役には回答させず，社内取締役が回答する例が多かった。

しかし，最近では社外取締役が増えていることもあり，社外取締役に登壇いただいて回答する例も散見される。特に，指名・報酬という重要事項に関して諮問委員会を設置して社外取締役が委員長を務めている場合には，質問内容によっては社内取締役が回答するのは不適切であり，委員長が回答せざるを得ない場面も考えられる。

そのような事態に備えて，社外取締役に対しても想定問答の説明を行うなどの準備が必要かどうかも検討しておくべきである。

質問3-3 〈次期社長の総会での挨拶〉

新聞報道によると，当社はこの定時総会で社長が交代し，新しく当社取締役に就任する○○氏が社長になる予定とのことだが，○○氏に社長就任に当たっての抱負を聞かせてほしい。

回答例

株主様ご指摘のとおり，当社においては次期の代表取締役社長として○○氏を予定しており，そのため，第○号議案（取締役選任議案）において，○○氏を取締役候補者としてご提案させていただいております。

しかし，○○氏が社長に就任するのは，あくまでも第○号議案（取締役選任議案）につき株主様のご承認をいただき可決されてからとなります。現段階では，○○氏は当社取締役でもなく一候補者ですので，現段階での抱負表明については控えさせていただきたいと思います。

なお，第○号議案（取締役選任議案）につきご承認いただいた場合には，総会終了後に新任取締役のご挨拶の機会を設ける予定でおり，そこで○○氏にもご挨拶いただく予定でおります。

【解　説】

■会社によって対応は異なる

社長交代に際しては，定時総会前に次期社長として発表されていることが通常であるので，新社長に就任予定の方に対して，抱負を聞きたいとか挨拶してほしいといった要望が出ることがある。

株主からすれば，取締役選任議案に賛成するかどうかの判断材料にしたいという思いから当然応じるべきだと求められるが，一方で会社側とすれば，新任取締役の場合には取締役でもない一候補者に説明させるべきではないという考えもあり，仮に次期社長候補者が現任取締役であったとしても，いまだ社長就任前に次期社長としての挨拶をさせることには抵抗がある。

この点に関しては各社において考え方も異なり，また次期社長のキャラクターによっても対応は異なることが多い。あまりこだわりなく次期社長に答弁させようとする場合もあれば，あくまでも社長に就任してから挨拶すべきなので総会では断るべきとする場合もある。次期社長が現在当社の取締役でない場合に，取締役選任前にその者に答弁させるのは差し控えるべきと思われるが，回答例のように，総会が終了した後において事実上の挨拶をさせるという方法も考えられるところである。

■断る場合は会社の考え方を説明

会社としては，次期社長候補者とも相談の上，いずれの方針をとるのかをあらかじめ決めておくことが必要である。その上で，株主の要請を断る場合には，会社としての考え方を説明することになる。

質問3-4 〈社外取締役の多様性〉

コーポレートガバナンス・コードでは，取締役会は，ジェンダーや国際性，職歴，年齢の面を含む多様性と適正規模を両立させる形で構成されるべきであるとされている。当社の製品の顧客層は主に女性であるのに，女性の取締役が15名中１名だけというのは少なすぎるのではないか。また，当社の中期経営計画では海外展開に注力するとされており，実際に売上比率に占める海外の割合も大きくなっているのだから，外国人の取締役の選任も検討するべきではないか。

回答例

当社では，取締役会の多様性については，当社の経営戦略に照らして求められるスキル・属性を検討の上，各自の職歴・知見・経験のバランスを考慮しながら，当社の経営を監督し，適切な助言をいただける方を取締役候補者として選定しております。ご指摘いただいたジェンダーや国際性についても，多様性を確保するための重要な要素と考えており，昨年より女性の社外取締役に参加いただき，女性の視点からのご意見もいただいております。また，国際性については，外国人の取締役はいないものの，○○氏は当社において長く海外業務を担当しているほか，社外取締役の○○氏も海外での勤務経験をお持ちであり，当社の進める海外戦略に対して様々な観点から貴重なご意見・助言をいただいております。今後も，いただいたご意見を踏まえながら，取締役会の多様性・スキルを確保していきたいと考えております。

【解　説】

■取締役会の多様性

取締役会の構成については，改訂コーポレートガバナンス・コードにより，プライム市場上場会社においては３分の１以上の社外取締役を選任することとされたほか（原則4-8），取締役会の役割・責務を実効的に果たすための知識・経験・能力を全体としてバランスよく備え，ジェンダーや国際性，職歴，年齢も面を含む多様性と適正規模を両立させる形で構成されるべきであるとされた（原則4-11）。さらに，各取締役の知識・経験・能力等を一覧化したいわゆるスキル・マトリックス等を取締役の選任に関する方針・手続と合わせて開示することが求められており（補充原則4-11①），今後は，取締役会に占める社外取締役の比率だけでなく，社外取締役を含む取締役会メンバーの多様性の確保が大きなテーマとなっている。

かかる状況を踏まえると，すでに一定割合の社外取締役を確保している企業であっても，株主から，経営戦略に合致したスキルを備えた構成になっていないのではないか，特定分野のスキル（たとえば，国際性，ITなど）を備えた社外取締役を選任するべきではないかといった質問が出ることが予想される。

■スキル・マトリックス

取締役会の多様性を検討する上で重要となってくるのは，改訂コーポレートガバナンス・コードで開示を求められているスキル・マトリックスである。2021年の株主総会でも，改訂コーポレートガバナンス・コードを意識して招集通知にスキル・マトリックスを記載した例が散見されたが，2022年の株主総会ではさらに増えるものと予想される。

スキル・マトリックスを作成・開示するにあたっては，最初に，当社の経営戦略に照らして自らが備えるべきスキル等を特定した上で，取締役会の全体としての知識・経験・能力のバランス，多様性および規模に関する考え方を定めることとされている。すなわち，単に現在の取締役の属性・スキルを整理するのではなく，当社の経営戦略に照らして必要な属性・スキルを検討することが求められている。

このように，取締役会の多様性に関する質問は，当社の取締役会が備えるべきスキル・マトリックスをどのように考えるのかという質問にもつながるものであり，それに対する回答としては，当社の経営戦略とも絡めながら，当社の取締役会が備えるべきスキル・属性についての当社の考え方を説明するべきである。

質問3-5 〈社外取締役候補者の独立性～取引関係の有無〉

社外取締役候補者の○○氏が代表を務める○○社と当社の間には取引関係があるとのことだが，それで独立性が保てるのか。取引関係のない人を社外取締役とすべきではないか。

回答例

社外取締役候補者の○○氏は，確かに当社と取引関係のある○○社の代表取締役を務めておられますが，その取引の内容はごく通例的なもので，取引金額も双方の会社の売上総額に対して非常に小さいものであり，○○社が当社との取引に依存しているという関係はございません。ですので，○○社と当社の間に取引関係があったとしても，○○氏の当社経営陣からの独立性を何ら妨げるものではないと考えております。

○○氏は，○○社の代表取締役としてのご経験から当社の事業内容等についてよく理解しておられる上，そのご経験・人格・識見からも，当社の社外取締役に就任された場合には，取締役会で厳しいご意見を含めた有用な助言をいただけるものと考えられ，社外取締役として適任であると考えております。

【解　説】

■社外取締役の独立性

コーポレートガバナンス・コードでは，上場会社に対し，金融商品取引所が定める独立性基準を踏まえ，独立社外取締役となる者の独立性をその実質面において担保することに主眼を置いた独立性判断基準を策定・開示すべきとされている。

会社の取引先関係者については，過去の会社法改正の過程で独立性・社外性の有無が議論の対象となったものの，最終的には社外性が否定されないこととなった。そのかわり，役員選任議案の，参考書類で特定関係事業者（＝当該会社の親会社または兄弟会社等，当該会社の主要な取引先。会社法施行規則２条３項18号）の業務執行者である場合，過去５年以内に特定関係事業者の業務執行者であった場合，特定関係事業者の配偶者・親族等である場合などについて開示することとされている（会社法施行規則74条４項）。

一方で，東証の独立性基準では，「上場会社を主要な取引先とする者又はその業務執行者」又は「上場会社の主要な取引先又はその業務執行者」に該当する場合には独立役員の要件に該当しないとされており，「主要な取引先」とは，当該取引先との取引による売上高等が上場会社の売上高等の相当部分を占めている相手，事業活動に欠くことのできないような商品・役務の提供を行っている相手など，上場会社における事業等の意思決定に対して，親子会社・関連会社と同程度の影響を与え得る取引関係がある取引先をいうとされている。

■機関投資家の議決権行使基準をチェック

近年では，機関投資家らの議決権行使基準においても社外役員の独立性は厳しくチェックされるようになっており，独立性に疑義がある社外役員候補者に対する賛成比率はより一層低くなりつつある。

ISS，グラスルイスなどの議決権行使助言会社や大手の機関投資家はそれぞれ社外役員の独立性基準を定めているため，新しく社外役員候補者を選ぶ際には，自社の大株主たる機関投資家の独立性基準に照らして多くの反対等を受けるおそれがないかどうかチェックしておくべきである。

したがって，社外取締役候補者が当社の取引先の代表取締役である場合には，その独立性に疑義があるとして質問を受ける可能性は高い。

■疑義がないことを具体的に説明

独立性に関する質問を受けた場合には，まず現行の会社法の下では社外取締役としての要件を適法に備えており，規則に基づく情報開示（参考書類への記載）も適法に行っていることを説明すべきである。

その上で，当該取締役候補者を提案する理由を説明する必要がある。

当社との間で取引関係にあるといっても，それだけで当社経営陣に従属した立場とは限らない。だからこそ社外取締役候補者として提案しているわけであるから，かかる質問を受けた場合には，取引関係にあったとしても独立性に疑義がないこと，当該候補者を社外取締役として選任したい理由などを具体的に説明することになろう。

上場会社の中には，コーポレートガバナンス・コードに基づき独立性判断基準を策定した際，「主要な取引先」を数値基準に基づき定義している例もある（例えば，年間売上高の○％以上など）。そのような明確な数値基準を公表しているのであれば，当該基準を説明した上，当該候補者に独立性が認められることを説明すべきである。

そのほか，近年では機関投資家から政策保有株式について厳しい視線が向けられているが，政策保有株式を保有している場合において，当該株式発行企業出身の社外取締役候補者は独立性がないとする議決権行使基準等を有する機関投資家や議決権行使助言会社がある。そのため，かかる取締役候補者について独立性に疑義があるといった質問を受けた場合には，相互保有状況などを踏まえて独立性に疑義がないことを説明するべきである（かかる観点から，取締役選任議案において相互保有状況などを注記する例などもある）。

質問3-6 〈社外取締役の取締役会への出席・発言状況〉

社外取締役の取締役会への出席および発言の状況について，もう少し具体的に当社への貢献の度合いがわかるように説明してほしい。

回答例

社外取締役○○氏は，全12回開催された取締役会のすべてに出席しており，事業内容の報告や議案について頻繁に質問・発言をされております。具体的には，当社の新商品△△の営業戦略に関する報告がされた際，他社で長く営業を担当されたご経験から戦略の方向性についてアドバイスいただきました。その結果，△△は，当初見込み以上の売上げを達成することができました。

また，社外取締役○○氏は，全12回開催された取締役会のうち10回にご出席いただいております。２回は，○○氏の本業である弁護士としての業務の都合上やむを得ず欠席となったものです。○○氏も，事業内容の報告や議案について，頻繁に質問・発言をされており，特に法律の専門家としての立場から，各議案に関わる法律的な問題点等のご指摘をいただいており，当社のコンプライアンス体制の維持・確立に大変役立つアドバイスをいただいております。

【解　説】

■事業報告に出席状況・発言状況を記載

社外取締役の取締役会への出席・発言状況については，事業報告に記載すべきこととされている（会社法施行規則124条４号）。

しかし，事業報告に記載する分量には限度があるため，実際にはどこの会社の事業報告をみても，社外取締役の出席状況・発言状況は，２～３行程度の概括的な記載にまとめられているのが通常である。そのため，株主からその記載に関連してより具体的な説明を求められた場合には，ある程度具体的な説明を行うべきである。

■どの程度の具体性が妥当か

ただし，どこまで具体的に回答するかはあらかじめ検討しておく必要がある。法文では「発言の状況」とあるとおり，発言内容まで具体的に説明する必要はないと考えられる。取締役会や委員会における各自の発言内容まで後で開示されるとなると，萎縮効果を招くおそれもあるため，具体的な発言内容まで説明するべきではない。

その一方で，コーポレートガバナンスにおける社外取締役の重要性が高まっていることを勘案すると，あまりにも抽象的かつ包括的な説明では，株主からの納得も得られず，社外取締役の活動状況の紹介として不十分である。そのため，各社における社外取締役の実際の発言状況を踏まえて，どこまで具体的な内容を回答するのかを検討する必要がある。

■欠席の理由の説明

また，事業報告において社外取締役の取締役会への出席状況が開示されており，議決権行使助言会社の基準等により出席率の低い社外取締役の再任議案については反対票を受ける可能性が高い。

そのため，欠席が多かった社外取締役を再任する場合には，前年事業年度において欠席が多かった理由，翌期以降の出席を見込むことができるのかどうかといった事情を検討し，なぜ当該候補者を再任するのか，その理由を説明できるように検討しておく必要がある。

■社外取締役に期待される役割に関して行った職務の概要

改正会社法施行規則では，社外取締役については，その選任議案にあたり，当該社外取締役が選任された場合に果たすことが期待される役割の概要について記載することとされている（改正会社法施行規則74条４項３号）。さらに，事業報告においても，社外取締役が果たすことが期待される役割に関して行った職務の概要について記載することが求められている（改正会社法施行規則124条４号ホ）。

そのため，個々の社外取締役について，その出席・発言状況に加えて期待される役割に関して行った職務について質問された場合には，事業報告に記載した職務の概要をより具体的に説明できるように準備しておくべきである。

4．議案（役員報酬）

質問4-1 〈業績連動型の報酬体系の提案〉

確定金額報酬の枠を拡大するということだが，業績連動型の不確定報酬を導入してはどうか。取締役に対して業績向上へのインセンティブを持たせるためにも，業績連動型報酬を導入するべきではないか。

回答例

取締役の報酬については，職務執行の対価として支払うべき部分と業績向上に対して支払うべき部分があると考えております。そのうち業績向上に対して支払うべき部分については，様々な支払方法があり，また，業績連動型報酬といっても何に連動させるのかなどさまざまな設計があります。

当社では，業績連動型報酬を導入するのではなく，確定金額報酬の算定に当たり業績を一部反映させる方式を採用しておりますが，取締役に対する業績向上へのインセンティブを高めるためにどのような報酬体系をとるべきか検討を重ねております。

株主様のご指摘は貴重なご意見として承り，今後も報酬体系について検討を進めてまいります。

【解　説】

■インセンティブ付けの必要性

取締役の報酬については，取締役報酬を業績に連動させることによって業績向上へのインセンティブ付けをすべきであるとされており，退職慰労金制度を廃止して業績連動型報酬制度等を採用する流れとなっている。

コーポレートガバナンス・コードでも，経営陣の報酬については，中長期的な会社の業績や潜在的リスクを反映させ，健全な企業家精神の発揮に資するようなインセンティブ付けを行うべきであると明記されている（原則４－２）。

また，企業内容等の開示に関する内閣府令（以下「開示府令」という。）では，提出会社の役員の報酬額等に関する方針の内容および決定方法を記載することが求められており，そのなかで，業績連動型報酬が含まれる場合には，業績連動報酬と業績連動報酬以外の報酬の支給割合の決定方針，業績連動報酬に係る指標，当該指標を選択した理由，業績連動報酬の額の決定方法を記載することが求められている。

さらに，令和元年の会社法改正でも，取締役の報酬は適切な業務執行のインセンティブを付与する手段となり得るものであり，これを適切に機能させ，手続の透明化を図る必要があるという観点から，上場会社等に対し，取締役の個人別の報酬の内容の決定方針を定め，その概要等を開示することなどが求められることとされた（会社法361条７項）。

このような流れを受けて，近年の株主総会では，信託型株式報酬制度などの新しい業績連動報酬を導入する議案を上程する企業も散見されている。

そのため，当社において新たに業績連動型の報酬議案を上程する場合はもちろん，特に上程しない場合であっても，我が社の報酬体系が役員に対して業績向上のためのインセンティブを持たせるための工夫がされているのかどうか，適切に業績と連動する仕組みになっているのかどうか，という観点からの質問がされる可能性がある。

■役員報酬体系の考え方についての説明が必要

株主から役員報酬体系についての考え方を質問された場合には，個別金額がわかるような算定式まで回答する必要はないものの，当社における報酬体系の考え方についてある程度具体的に説明する必要がある。

コーポレートガバナンス・コードでは，取締役会が経営陣幹部・取締役の報酬を決定するに当たっての方針と手続を開示し，主体的な情報発信を行うべきであるとされており，報酬の基本方針などを詳細に開示する企業も増えている。

役員報酬については，①生活保障的な側面もある基本の固定報酬，②短期の業績に連動する賞与，③中長期の業績に連動する株式報酬，などの組み合わせで構成されている例が多く，それらの比重の置き方をどう考えるのかという点が問題となる。コーポレートガバナンス・コードでも，報酬制度の設計に際しては，中長期的な業績と連動する報酬の割合や，現金報酬と自社株報酬との割合を適切に設定すべきとされている（補充原則４－２①）。

海外機関投資家からは，日本企業は業績と連動しない基本の固定報酬の割合が多すぎるのではないかという批判もある。一方で，業績連動の比重が強くなりすぎると，経営ビジョンが短期的な視野に陥る弊害も懸念されるところであり，基本の固定報酬部分と業績連動型報酬部分の割合をどのように設定すべきか，業績連動型報酬としてどのような仕組みを採用すべきか（賞与と株式報酬の割合など）などを検討する必要がある。

また，業績連動型といっても，具体的にどういう指標に連動させるべきかといった点も問題になる。中期経営計画等で重要な経営指標を開示している場合には，それとの整合性も検討する必要がある。

さらに，開示府令では，役員の報酬額等の決定方針について任意の委員会が関与する場合には，その手続の概要を記載するとともに，当該事業年度の役員報酬額等の決定過程における取締役会および委員会等の活動内容を記載することとされている。そのため，任意の報酬委員会を設置している場合には，委員会における検討状況や今後の予定を説明することも考えられる。

■検討状況について説明

現時点では特に業績連動型報酬を導入していない会社であっても，例えば確定報酬金額の枠内で基本の固定報酬と賞与を支払っている場合には，賞与についてどのように業績評価を反映させているのか，今後業績連動型報酬を導入する予定があるのかどうかについて，可能な範囲で回答することになろう。

会社法および開示府令の改正を受けての世論の流れを考えると，株主総会で報酬制度のあり方や報酬決定プロセスの透明性について具体的な質問が出ることも予想されるため，どのように回答すべきか，きちんと準備しておく必要がある。

質問4-2　〈取締役の減少に合わせた報酬枠の縮小〉

取締役会をスリム化して取締役の人数は減少したのに，報酬枠はそのままとなっているようだが，人数の減少比率に合わせて報酬枠も減少するべきではないか。事実上の報酬増額になっているのではないか。

回答例

株主様にご承認いただいている取締役の報酬額はあくまでも報酬の上限の額であり，当該金額を在籍している取締役の員数で配分するものではありません。したがいまして，取締役の人数が減少したからといって，その比率に応じてご承認いただいている報酬額を減額しなければならないものではないと考えております。

（＊1）　なお，取締役の人数が減少することによって取締役1人当たりの報酬上限は高くなりますが，現時点では，現任取締役の報酬を増額する予定はございません。

（＊2）　なお，取締役の人数が減少することによって取締役1人当たりの報酬上限額は高くなりますが，現行の報酬上限額は14年前に決議されたものであり，その後の社会経済情勢の変化も大きいこと，会社法の施行により役員賞与が報酬等に含まれることになったこと，などの事情を勘案いたしますと，現行の報酬上限額を減額する必要はないと考えております。

【解　説】

■増額予定の有無を説明する

株主総会で承認を受ける取締役の報酬額は，取締役全員に対して支給する報酬総額の最高限度額である。お手盛り防止のために取締役全員に対する報酬総額の上限について株主の了解をとり，各取締役に対する具体的配分は取締役会の協議に委ねてもよいというのが会社法の考え方である。

ただし，報酬議案には取締役の員数を記載すべきとされている（会社法施行規則82条1項3号）。昨今の取締役会のスリム化の流れに沿って取締役の人数を減少させた場合には，結果として，取締役1人当たりの報酬の上限額が高くなるため，報酬を増額するのではないか，員数が減ったのであれば上限額も減らすべきではないかという質問が出る可能性がある。

しかし，株主総会で承認している金額はあくまで上限であり，計算上1人当たりの上限が高くなったからといって，ただちに報酬増額につながるわけではない。

したがって，このような質問を受けた場合には，総会で承認しているのにあくまでも上限であり支給している報酬総額ではないことを説明するべきである。

とはいえ，1人当たりの上限額が高くなれば報酬増額は可能となるわけなので，株主の質問の意図に十分答えるためには，報酬を増額する予定があるのかどうか，増額する場合にはその理由についても説明したほうがよいと思われる。

質問4-3 〈個別報酬額の算定基準〉

取締役の報酬については総額だけしか開示されていないが，このような総枠の範囲内で具体的にどのようにして個別の報酬額が決まるのか，その算定基準を明らかにしてほしい。

回答例

取締役の報酬については，各人の役位，在勤年数などをもとにして基準を定めた内規を作成し，その基準をベースとして，当期の業績および業績への各人の貢献度などの諸般の事情を勘案して，株主総会で決議された総額の範囲内において決定しております。

当期の業績およびそれに対する各人の貢献度などにつきましては，取締役会の諮問機関として，当社取締役会から独立した構成メンバーによる報酬委員会において各取締役の当期の業績貢献度についての評価を行い，その評価を反映させて各人の報酬額を決定しております。

【解　説】

■報酬の算定基準を説明

コーポレートガバナンス・コードでは，上場企業に対し，取締役会が経営陣幹部・取締役の報酬を決定するに当たっての方針と手続を開示・公表することが求められている（原則３－１）。

そのため，最近では，役員報酬について，役員のインセンティブを高める制度設計ができているか，個々の役員に対する配分基準に透明性があるかどうか（社長が独断で決めていないかどうか）など，具体的な算定基準や額について質問されることも多い。

役員報酬制度は，会社のガバナンス体制のあり方に関わる問題であり，株主にとっても関心が高い事柄であるから，これらの質問に対しても，できる限り具体的に回答すべきである。

特定の取締役に支給される個別の報酬金額を開示してほしいという質問に対しては，プライバシー等を理由として説明を控える例が多いものの，有価証券報告書で開示される内容については説明するという例も散見される。そのほか，個別金額そのものは説明しないとしても個別金額の算定基準（算定式や指標など）については具体的に説明することが望ましい。

【質問４-１】で説明したとおり，最近は業績連動型報酬の導入と相まって役員報酬の仕組みを具体的に説明する企業が増えている。

■報酬委員会について説明

コーポレートガバナンス・コードでは，上場会社に対し，独立社外取締役を主要な構成員とする独立した報酬委員会を設置し，指名・報酬などの特に重要な事項に関する検討に当たり独立社外取締役の適切な関与・助言を得ることを推奨している（補充原則４－10①）。

そのため，場合によっては，指名・報酬委員会における審議の状況といった点まで踏み込んで質問が来る可能性もあり，そのような追加質問に対する回答も準備しておくべきである。

コーポレートガバナンス・コードの改訂を踏まえ，指名委員会・報酬委員会を設置する企業は増えている。仮に設置していない場合には，設置しない理由，委員会なしにどのように個別報酬額を決定しているのか，その過程で社外取締役の意見がどのように反映されるのかといった点についても質問される可能性がある。それに対する回答についても，検討・準備しておく必要がある。

また，報酬委員会の委員長を社外取締役が務めている場合には，委員長から回答するべきかどうか，委員長から回答するべき内容と社内取締役が回答するべき内容の整理なども行っておくべきである。

■個別報酬額の決定を一任している場合

取締役の報酬については，株主総会では報酬総額の上限について決議するだけで，個別の配分については取締役会に一任するのが通例である。そして，取締役会で特定の取締役に対して個別の配分を再一任し，委任を受けた代表取締役社長が個別報酬額を決定するという運用がされている例も多い。

しかし，会社法施行規則では，取締役会から委任を受けた取締役その他の第三者が当該事業年度に係る取締役の個人別の報酬等の内容の全部または一部を決定したときには，①その旨，②委任を受けた者の氏名・地位・担当，③委任された権限の内容，④権限を委任した理由，⑤委任を受けた者により当該権限が適切に行使されるようにするための措置を講じた場合にはその内容，を事業報告に記載することとされている（会社法施行規則121条6号の3）。

そのため，個別報酬額の決定を特定の取締役に一任している企業にあっては，上記事業報告の記載内容を踏まえ，特に，特定の取締役に一任している理由や適切に個別報酬金額が決定されているのかどうかをどのように確認・担保しているのかといった点について質問された場合にどのように回答するのかを準備しておく必要がある。

質問4-4 〈業績連動報酬の仕組み〉

当社は役員報酬体系として業績連動報酬を採り入れるということだが，どういう仕組みになっているのか。どういう指標に連動させて，どういう算定方法になるのか，総額として現状よりも増額になっているのかなど，わかりやすく説明してほしい。

回答例

当社は，今般，役員報酬体系を見直し，役員に対して業績向上に向けた健全なインセンティブを付与するために業績連動報酬を導入することといたしました。

具体的には，役員報酬は，固定報酬・賞与（短期業績連動報酬・株式報酬（長期業績連動報酬）で構成され，賞与（短期業績連動報酬）については役位別の基準額に当該年度の業績達成度を考慮して算定いたします。また，株式報酬（長期業績連動報酬）については，複数の経営指標について達成率に応じた係数を役位別のポイントに乗じ，ポイントに応じた株式数を付与します。経営指標としては，中期経営計画における主要な経営指標である［連結売上高］，［連結営業利益］，［ROE］を用いております。

中期経営計画で目標としている業績達成率だった場合の報酬額は，現行報酬体系の場合とほぼ同水準となります。

【解　説】

■役員に対するインセンティブとしての業績連動報酬の導入

コーポレートガバナンス・コードでは，「経営陣の報酬については，中長期的な会社の業績や潜在的リスクを反映させ，健全な企業家精神の発揮に資するようなインセンティブ付けを行うべきである」（原則４－２）とされており，業績連動報酬を導入する企業が増えている。

また，企業内容等の開示に関する内閣府令（以下「開示府令」という）においても，提出会社の役員の報酬等に業績連動報酬が含まれる場合の開示事項について，業績連動報酬とそれ以外の報酬の支給割合の決定に関する方針，当該業績連動報酬に係る指標，当該指標を選択した理由および当該業績連動報酬の額の決定方法などを開示することが求められている。

さらに，令和元年の会社法改正でも，取締役の報酬は適切な業務執行のインセンティブを付与する手段となりうるものであり，これを適切に機能させ，手続の透明化を図る必要があるという観点から，上場会社等に対し，取締役の個人別の報酬の内容の決定方針を定め，その当該方針の決定法方や当該方針の内容の概要，当該事業年度に係る取締役の個人別の報酬等の内容が当該方針に沿うものであると取締役会が判断した理由を開示することが求められている（会社法361条７項，会社法施行規則121条６号）。さらに，会社法施行規則では，業績連動報酬等に関しては，その算定基準として選定した業績指標の内容・選定理由，算定方法，当該指標に関する実績についても事業報告で開示することとされた（会社法施行規則121条５号２）。

かかる流れを受けて，業績連動報酬を導入する企業は増えており，報酬体型を変更して業績連動報酬を採用する場合には，その方針や仕組みについて，株主の質問に応えて具体的に説明する必要がある。

■業績連動報酬の仕組みについての説明

しかし，業績連動報酬は，いわゆる固定報酬とは異なり，役位ごとの報酬金額に業績達成度に応じて係数を乗じて計算され，業績達成度を測るための指標もさまざまな経済指標が考えられるため，正確かつわかりやすく説明することは難しい。そのため，新たに業績連動報酬を導入する場合には，どのように説明すれば一般株主に仕組みを理解してもらえるのか，想定質問に対していかにわかりやすく回答するべきかを検討して，想定問答を作成しておく必要がある。

説明するべきポイントとしては，開示府令および会社法施行規則の定めがヒントとなろう。具体的には，業績連動報酬とそれ以外の報酬の支給割合および考え方，業績連動報酬の額（算定方法），算定において連動させるべき業績指標の内容か，当該指標を選択した理由，当該指標に関する実績などである。

特に業績連動報酬は中長期的な業績を反映させた仕組みであるべきであり，会社が公表している中期経営計画における目標と業績連動報酬で採用している指標は整合していることが望ましい。上記の点について，どこまで詳細に回答するべきかについては，有価証券報告書における開示内容も踏まえて検討しておくべきである。

また，役員報酬改定議案に関する一般株主の関心は，健全なインセンティブ付けとなる報酬体系になっているかどうかという点だけでなく，役員報酬の総額が従前の報酬体系と比較して高いのかどうかという点にもある。業績目標を達成できるのかどうかは未確定であるものの，想定どおりの業績が達成された場合に報酬水準がどのように変化するのかという点について回答することも検討すべきである。

質問4-5 〈退職慰労金の支給理由〉

第○号議案（退職慰労金贈呈の件）を見ると，取締役を退任する○○氏に対して「在任中の功労に報いて」退職慰労金を支給するとのことだが，○○取締役の在任中の業績は惨憺たるものである。具体的にどういう功労をどう評価して，○○氏に対して退職慰労金を支給するのか，その理由を説明してほしい。

回答例

退職慰労金については，役位，在職年数等に応じた退職慰労金支給基準を作成し，その基準に基づいて算定・支給しており，賃金の後払い的な性格も有するものであって，決して功労のあった者に対してだけ支給するという性質のものではありません。

また，取締役の在任中の功労は，在任中の業績だけによって判断されるものでもありません。確かに○○取締役の在任期間中の当社の業績は決してよくはありませんでしたが，それは当該期間中に抜本的な経営改革を進めたことにより，特別損失が発生したことなどに起因するものであり，その経営改革が奏功して，来期以降の当社業績は回復基調になっていくものと予想されます。

そのような点を勘案して，○○取締役に対しては当社支給基準に従って退職慰労金を贈呈いたしたいと考えておりますので，なにとぞご理解いただきたいと思います。

【解　説】

■在任中の対価の後払いという側面を説明

退職慰労金については，「在任中の功労に報いるため」という理由を記載するせいか，業績低迷，不祥事の発生などの事情がある中で退任する場合には，退職慰労金を支給すべきでないといった質問が出ることがある。

実際，不祥事の発生等に伴い退職慰労金を支給できないケースも散見されるところであり，不祥事などが報道された中での退職慰労金支給議案に対しては厳しい質問が出る可能性が高い。

このような場合には，退職慰労金は一時金として支払われるものではあるが，在任中の職務執行の対価を後払いしているという側面もあるため，退任する期にたまたま業績が悪化したり不祥事が発生したからといって，それを返上させるのは相当ではない旨を説明して，株主の納得を得るべきである。

■長期的な業績向上につながる活動を評価

また，取締役の職務は，ただちに業績という数字に結びつかないことも多く，経営の構造改革に取り組んだり，研究開発部門を強化するなどして，長期的な視野での業績向上につながる活動も多い。

このように，取締役の功労については短期的な業績の数字だけでは計れないものであるということも説明して，株主の納得を得るよう努めるべきである。

質問4-6 〈退職慰労金の廃止〉

最近では，退職慰労金制度を廃止している会社も多いが，当社においても退職慰労金制度を廃止するべきと思う。当社において，退職慰労金制度を廃止する予定はないのか。

回答例

当社では，かねてより取締役の報酬については，月額報酬・賞与・退職慰労金を原則とし，それにストックオプションを組み合わせて支給してまいりました。

しかし，最近では退職慰労金制度を廃止する会社も多く見られるようになり，当社においても，取締役の業績向上へ向けた意欲を高めるためにどのような報酬体系とするのが適切なのか，鋭意検討を重ねているところでございます。退職慰労金制度についても，現段階では特に廃止する予定はございませんが，このような取締役の報酬体系全体の見直しの中で，廃止するべきかどうかも含めて検討を進めているところでございます。株主様のご指摘は貴重なご意見として承らせていただきます。

【解　説】

■退職慰労金制度の現状

退職慰労金制度については，すでに廃止を決めた会社も多く，退職慰労金制度を維持している会社に対しては，その廃止についてどう考えているのかという質問が出る可能性がある。

取締役の報酬体系については，平成14年商法改正（2002年）で①確定金額報酬，②不確定金額報酬，③非金銭報酬という類型化がされてから，業績連動型報酬を導入すべきかどうかという議論がされていた。

さらに，コーポレートガバナンス・コードでは，経営陣の報酬については，中長期的な会社の業績や潜在的リスクを反映させ，健全な起業家精神の発揮に資するようなインセンティブ付けを行うべきであると明記されている（原則４－２）。

そのため，退職慰労金制度を維持している会社にあっては，退職慰労金制度を廃止するかどうかの議論だけではなく，役員報酬体系の全体像を整理し，役員に対する適切なインセンティブ付けができているかどうかを検討しておく必要がある。

■報酬体系の中での位置付けを明らかに

したがって，退職慰労金制度に関する質問に対しても，取締役の報酬体系についての全体的な考え方を示し，その中での退職慰労金の位置付けについて当社の考え方を説明することが望ましい。

現段階では，あるべき報酬体系について検討中であり，会社としての報酬体系についての考え方がまだ定まっていないということであれば，その旨を率直に説明して回答とすべきである。

質問4-7 〈退職慰労金廃止に伴う打切支給〉

第○号議案（退職慰労金制度の廃止に伴う打切支給の件）によれば，退職慰労金制度の廃止に伴い，現任役員に対して退職慰労金を打切支給するということであるが，議案の内容を見ると，支給するのは各人の退任時ということである。いつ退任するのかわからない役員の退職慰労金を，どうして今決議する必要があるのか。各人の退任時において功労を勘案しながら，退職慰労金の支給の是非を諮るべきではないか。

回答例

第○号議案は，今般，役員の退職慰労金制度を廃止することに伴い，現任役員に対しては当期までの功労等を勘案し退職慰労金支給基準に基づき算定した退職慰労金を支給したいという趣旨のものでございます。

退職慰労金という性格上，支給する時期については将来の退任時となりますが，将来の退任時において退任時までの功労を勘案して支給金額を算定して支給するという性格のものではございませんので，退任時の総会ではなく，退職慰労金制度の廃止に伴い株主様にご承認いただきたいという趣旨で，今回の総会にてご提案した次第でございます。

【解　説】

■打切支給決議の方法

役員の退職慰労金制度については，長らく役員報酬を構成するものとして多くの会社で採用されてきたが，最近では，金額を開示しないことに対する株主からの批判が強い上，役位・在勤年数等に応じた支給基準は賃金の後払い的な固定給の色彩が強く，株式報酬や業績連動型報酬の導入に伴い，廃止する会社が多い。

退職慰労金制度の廃止に当たっては，廃止時に在任している取締役に対し，廃止までの期間の退職慰労金相当額を支給する会社が多い。その方法として，①退職慰労金制度の廃止に伴い，在任者・重任者に対する打切支給も一括して上程し，決議する方法，②退職慰労金制度の廃止に言及し，退任者に対しては退職慰労金支給決議を行うが，重任者についてはそれぞれの就任時から制度廃止時までの退職慰労金をそれぞれの退任時に上程し，決議する方法などがあるが，①の打切支給決議をする方法が主流となっている。

■税制上の取扱い等をわかりやすく説明

この場合，税制上の取扱いから，実際の決議時に支給するケースは少なく，総会で在任者・重任者を含めて決議をしておくけれども，実際の支給は各人の退任時とすることが多い。これは，実際の支給が退任時だとしても，退職慰労金制度は廃止してしまうわけなので，退職慰労金の算定は廃止時点を基準とすることになり，現実の支払いだけが退任時になるということである。

退職慰労金制度の廃止に伴う打切支給議案において，実際の支給を退任時とするのは上記のような理由によるものであるので，その点をよく理解していない株主からの質問に対しては，この仕組みをわかりやすく説明することが必要である。

5．議案（買収防衛）

質問5-1 〈買収防衛策導入・更新の理由①〉*

買収防衛策を導入（更新）したいということだが，何か具体的な敵対的買収の脅威や危機感などがあるのか。具体的な脅威や危機感もないのに，現時点で防衛策を導入（更新）する理由は何か。

回答例

特別に具体的な敵対的買収の脅威や危機感があるといったことはございません。これまでの裁判例その他さまざまな議論を踏まえますと，企業価値を損なう敵対的買収が当社に対し行われることになることに備えて，事前に防衛策を導入しておくことが，最も株主の皆様の利益や当社の企業価値を守ることになると判断した結果，今回の議案での提案に至った次第でございます。

【解　説】

■入念な質問対策が必要

買収防衛策（事前警告型・信託型等）を導入している上場企業は2023年９月末時点で262社であり（「統計（表とグラフ）」MARR2023年11月号30頁）全上場企業の約6.7％を占めている。上場企業全体の数と比較すれば少数派であり，導入企業の数も減少傾向にあるが，2024年においても防衛策更新の動きは一定程度存在することが予想される。また，2023年９月末時点で信託型の防衛策を導入している企業は１社にとどまる。近時は，アクティビストの動きが活発化していることに伴い，買収防衛策は再度注目を集めており，有事導入する事例も増えている（東芝機械，日本アジアグループ，富士興産，三ツ星，コスモエネルギーホールディングスなど）。

買収防衛策のうち，いわゆる事前警告型の導入は，もともと必ずしも株主総会決議を経ることを予定しているものではなかったが，何らかの形で株主総会決議を経て導入する例が圧倒的多数を占めている。また，信託型の防衛策では，株主総会特別決議を経ることが必須となっている。

したがって，買収防衛策導入の際には，事前警告型であれ信託型であれ，株主総会での質問対策も入念に準備することが必要となる。

特に，ここ数年では，防衛策を廃止する会社は増加する一方で，新たに導入する会社は減少する傾向にあることから，新たに導入する場合には，導入する積極的な理由，必要性について十分に説明できるよう準備しておく必要がある。

■株主利益に資することをアピール

上記質問例についてであるが，敵対的買収防衛策は，究極的には企業価値・株主共同の利益の維持・向上のために行うものであることからすれば，必ずしも具体的な脅威や危機感がなくても導入することは正当化できるものである。

したがって，平時において買収防衛策を導入することは，企業価値・株主共同の利益の維持・向上に資するものであること，すなわち，買収防衛策の導入は後向きのものではなく，前向きのものであることをアピールすることが大切である。

コーポレートガバナンス・コードでは，買収防衛策は，経営陣，取締役会の保身を目的とするものではあってはならない旨などが定められている（原則１－５）。

なお，経済産業省が2023年８月31日に公表した「企業買収における行動指針」では「買収防衛策」という用語ではなく，代わりに「買収への対応方針・対応措置」という用語が用いられている。しかし本書では従前どおり，「買収防衛策」という用語を使う。

質問5-2 〈買収防衛策導入・更新の理由②〉*

買収防衛の王道は買収されないように企業価値を高めることであり，仮に買収者が出てきたときには防衛策を発動するのではなく，個々の株主に判断を任せるべきではないか。なぜ買収防衛策が必要なのか。

回答例

敵対的買収者の登場は，事前の予測が困難なものであり，またそうした買収者に対する具体的な防衛方法というものも，買収者との交渉の中で臨機応変に対応・選択することが必要な場合もあります。したがって，実際に敵対的買収者が現れたときに，合理的な判断を行うために必要な情報もなく株主総会を開催して株主様が判断することは時間的に不可能なことも少なくありません。

また，敵対的買収者が提示したTOB価格をもとに株主様がTOBに応じるかどうかを判断すれば良いのだから，買収防衛策は不要である，という考えもありうるところですが，企業価値には長期的な価値というものもあるわけですので，そういった価値の毀損の可能性や敵対的買収提案の内容は，敵対的買収者から必要な情報の提供を受けた上で，経営内容を熟知する経営陣が第一次的には判断すべきと考えております。もちろん，導入および発動に際しては株主の皆様にご判断いただく機会を設けることにしています。

したがって，買収防衛策は，一定の範囲で必要かつ有効なものと判断しております。

【解　説】

■経営陣による判断の有効性を説明

企業価値の中には，株主以外のさまざまな関係者（従業員・取引先・地域社会などのステークホルダー）の利益というものも含まれるという考え方が，争いはあるもののなお支配的であり，また企業価値は短期的価値のみならず長期的価値も含まれることから，株主のみが敵対的買収の是非を判断するという構成は適切でない，という考え方も有力である。

そこで，株主の意思が導入および発動の是非について反映される仕組みは維持しながらも（株主総会の決議を経ることは，そういった株主の意思の反映の仕組みを意味する），一定の要件を充足する例外的場合には，経営陣が買収防衛策を発動できるような仕組みをとることが一般的である。以上の趣旨をていねいに述べる必要がある。

■株主軽視と誤解される回答は厳禁

ただし，この回答は，言い方を誤ると，株主を軽視している，あるいは信頼していない言い方になりかねないので，用語の選択には十分な注意が必要である。例えば，「株主は短期的な利益を追い求めがちであり，長期的な企業価値の維持という観点から判断する者として必ずしも適当とは思われません」などは，株主の反感を買うだけであり，間違っても言ってはならない。株主をネガティブに評価するかのような言い方は絶対に避けるべきである。

■経営陣から独立した第三者委員による判断

また，買収防衛策においては，経営陣の自己保身に使われるのではないかという批判があるため，ほとんどのケースで経営陣から独立した第三者委員会が置かれ，経営陣はその第三者委員会の判断を最大限尊重すべきとされている。したがって，経営陣による判断システムには，そのような恣意性を排除する仕組みがとられていることも説明すべきである。

質問5-3 〈第三者委員の選任理由とその独立性〉

第三者による委員会が防衛策発動の是非を判断するということだが，個々の委員を選んだ理由は何か。本当に当社からの独立性が確保されているのか。

回答例

（個々の委員を選んだ理由があればそれらを述べた後）各委員とも，それぞれの分野で立派な業績を残されており，高い識見をもって中立的な立場から防衛策発動の是非を適切に判断していただけると考えております。

各委員の中には，当社の社外取締役・社外監査役が含まれておりますが，それらの方々はもともと会社法上の「社外」の要件を満たしており，また当社の取引先・取引銀行の関係者といった事実もなく，経営陣からの独立性は十分に満たしております。また，それ以外の方々も，同じく当社との関係が今までなかった方々ですので，独立性に問題はございません。

【解　説】

■第三者委員会の独立性の要件

買収防衛策発動に関する第三者委員会（特別委員会）の委員は，中立的な判断を可能にするため，会社からの一定の独立性が要件とされている。その「独立性」の内容は，法律等で明記されている訳ではなく，各社の判断に委ねられているが，純粋に外部の人間を委員にする場合には，今まで会社との利害関係がまったくなかった人が望ましい（会社の取引銀行・取引先の役員や，顧問弁護士，顧問税理士等の関係者でないことが望ましい）し，会社役員を委員にする場合には，言うまでもなく社外取締役または社外監査役であることが必須である。

現状では，委員会のメンバーは，独立社外取締役や独立社外監査役を主たる構成員とし，純粋に外部の委員（公認会計士，大学教授，弁護士など）との組み合わせで，３名程度で構成されるパターンが多い。独立性の質問に関しては，当該委員がいかに会社の社内取締役等の経営陣の利害に影響を受けずに判断できるかをアピールすることが必要である。

証券取引所に独立役員として届け出ている場合，その事実は説明したほうがよい。

■独立性の確保について説明

さらに，第三者委員会の判断が経営陣の恣意から真に独立していることを示すためには，社内取締役などの純粋に社内の人間は，委員会の委員としても，オブザーバーとしても，委員会の議事には関与しないことが望ましく，その点を回答でアピールすることも効果的である。なお，平成26年改正会社法（2014年）では，「社外」の要件が，親会社等の取締役等でないことを加えるなどの改正がなされている（２条15号，16号）。

質問5-4 〈株式持ち合いの実態〉*

当社では，互いに株式を持ち合っている取引先その他の関係者はどのくらいいるのか。その比率はここ数年で増えているのか，減っているのか。（増えていた場合）なぜ持ち合いが増えているのか。買収防衛のためか。時代の流れに逆行していないか。（増えていた場合，減っていた場合共通）持ち合いについては，今後減らしていくつもりなのか，増やしていくつもりなのか。

回答例

（持ち合いについての実態を報告）（増えていた場合の質問に対して）

政策保有株式を増加させているのは，事業の円滑な遂行および利益の向上のために戦略的な提携が必要不可欠であるというのが最大の理由であり，買収防衛ということを目的とするものではございません。

今後持ち合いを増加させるかどうかは，もっぱら事業提携をする上で必要かどうかという観点をもとに判断する予定でございまして，買収防衛を目的として持ち合いを増やすということは今後も考えておりません。

【解　説】

■事業展開上必要なことをアピール

買収防衛策の導入の不確実性などを理由に，持ち合いを復活させる企業がある。

しかし，株式の持ち合いの復活は，最近の持ち合い解消の動きに反し，時代に逆行するとして，マイナスイメージにとられることが少なくない。したがって，当社の実態として持ち合いとなっている相手企業が増えている場合には，その理由を説明して株主の納得を得る必要がある。

まず，事業提携などに伴い相手企業と株式を持ち合う場合には，これが今後の事業展開や関係強化等のために必要なものである，という経営戦略上の必要性を積極的にアピールして，株主の理解を求めることが必要になると思われる。

業務提携・関係強化等の説明がつかない場合については，当社としては投資効率等の観点から，あくまで当社の利益を考えて株式を保有したこと，相手企業も相手企業なりの判断で当社株式を保有したのであろうという点を説明することになろう。

なお，有価証券報告書等において，純投資目的以外で保有する一定の「投資株式」については個別に具体的な保有目的等を記載するものとされている（企業内容等開示府令二号様式・記載上の注意（58））。

この保有目的の記載をもとに「保有の必要があるのか」等と聞かれる可能性もあるので，準備が必要になる。

また，2018年６月に改訂されたコーポレートガバナンス・コードでは，政策保有株式の縮減に関する方針等を開示しなければならないとされており（原則１－４），これらはコーポレート・ガバナンス報告書で開示されているはずである。それをもとに回答案を作成することも考えられる。なお，上記改訂では，政策保有株式の解消が促されているとも解されるため，政策保有株式（株式持ち合い）が増加している場合には，特に説得力のある説明が求められるであろう。

質問5-5 〈買収防衛策の廃止の是非〉*

招集通知の記載によると，当社は，導入している買収防衛策を更新するとされているが，いかなる理由から更新するのか。買収防衛策を廃止する会社は増えている。当社も買収防衛策を更新する必要はないのではないか。

回答例

当社の買収防衛策も更新期を迎え，更新の是非については，取締役会において十分に議論を行いました。しかしながら，当社も濫用的買収の脅威にさらされる可能性がないとも言い切れませんし，これまでの裁判例等を踏まえると，買収防衛策を更新することが株主の皆様や当社の企業価値に資することになると判断するに至り，今回の議案での提案に至った次第でございます。

【解　説】

■買収防衛策の廃止の是非

買収防衛策は，ブルドックソース事件のあった2007年から2009年頃に導入社数がピークを迎え，2009年末時点で561社あった導入社数は，2010年末時点には536社となり，以後，減少の一途をたどっている。2023年９月末時点の導入社数は262社であり，中止した会社数（460社）が導入社数を上回っている（「統計（表とグラフ）」MARR2023年11月号30頁）。

中止の要因としては，国内外の機関投資家の保有比率が増加し，株主総会における賛成数の確保が困難となってきていることや，合併・株式交換・会社分割等のM&Aにより，買収防衛策を導入していた会社が消滅または非上場となることなどが挙げられる。

近時，活発化しつつある敵対的買収の状況や，わが社に対して敵対的あるいは濫用的買収が行われる現実的な可能性がどれほどあるのか，株式市場あるいは自社の株主構成の変化等にかんがみて，その廃止の是非を検討する必要がある。

■更新にあたっての留意点

2024年度に買収防衛策の更新時期を迎える会社は一定数存在すると思われる。更新時期を迎える会社が，更新の是非を検討するに当たっては，それぞれの会社の株主構成や会社を取り巻く特有の事情に加え，①当該会社が万が一濫用的買収にさらされた場合，いわゆる「有事導入」の買収防衛策により対抗するのか，②金融商品取引法上の公開買付規制にかんがみれば，買収防衛策の必要性はなくなったのか，③更新する場合，その設計で見直すべき点はないか，という３点については，少なくとも検討すべきと思われる。

以下，この３点につき，それぞれ検討する。

■「平時導入」しておく意義

たしかに，ブルドックソース事件のように，「有事導入」（敵対的買収の脅威にさらされた後に導入する場合）の買収防衛策も，一定の場合，適法と判断される場合はある。しかし，ブルドックソース事件は，①経済的対価の交付を行うスキームであった，および②買収防衛策の導入および発動に対し，総議決権の83.7%という圧倒的多数の賛成票が獲得されたという特徴があり，これらは，必ずしも多くの会社に当てはまらない面もある。したがって，ブルドックソース事件で「有事導入」型の買収防衛策が適法とされたからといって，「平時導入」型買収防衛策は不要ということにはならない。なお，有事導入の買収防衛策が適法と判断された事例として，富士興産事件（東京高決令和３年８月10日資料版商事法務450号146頁以下）や，東京機械製作所事件（最決令和３年11月18日資料版商事法務453号94頁）があり，否定された事例として，三ツ星事件（最決令和４年７月28日資料版商事法務461号147頁）がある。

他方で，「平時導入」の買収防衛策に関して，ブルドックソース事件最高裁決定（最二小決平19.8.7金融・商事判例1273号２頁）は，（いわゆる「不公正発行」の該当性判断においてではあるが）「会社の経営支配権の取得を目的とする買収が行われる場合に備えて，対応策を講ずるか否か，講ずるとしてどのような対応策を採用するかについては，そのような事態が生ずるより前の段階で，あらかじめ定めておくことが，株主，投資家，買収をしようとする者等の関係者の予見可能性を高めることになる」と判示している。

事案の解決において必ずしも必要ではなかったと思われるにもかかわらず，最高裁があえて「平時導入」型の買収防衛策に触れて，上記のとおり判示したところからすると，裁判においても，「平時導入」型の買収防衛策は，より法的安定性の高いものとして評価される可能性は一定程度あると思われる。この「買収防衛策の法的安定性を高める」という点は，「平時」に買収防衛策を導入しておくことの意義の一つである。

■公開買付規制で十分か

2006年12月に施行された改正金融商品取引法により，濫用的買収を抑制する効果が多少高まったが，この強化された公開買付規制は，もとより買収防衛策の役割を担うことを趣旨として強化されたものではなく，買収防衛策としては「不完全」である（2007年10月26日第23回企業価値研究会配布レジュメ等も同旨）。

より具体的にいえば，現行の金商法下においては，市場「内」での買集め（ToSTNeT取引等を除く）は公開買付けが強制されないし，市場「外」でも所有割合が３分の１を超えるまでは公開買付けによらずに取得できる（買付けスピード・方法の制限は別途かかる）（強制公開買付けの具体的適用については，長島・大野・常松法律事務所編『公開買付けの理論と実務〔第３版〕』（商事法務，2016年）51頁以下）。

また，いわゆる全部買付義務も導入されたが，これは欧州におけるような徹底した全部買付義務ではなく，買付後の株券等の所有割合が３分の２以上となる場合についてのみ適用されるものであり，現行法は，部分的にせよ，いわゆる「強圧性」の強い部分的公開買付けを認めている。すなわち，株主の利益を害するような強圧性の強い公開買付けを行うことは，公開買付規制によっては完全には抑止されないのである。

したがって，公開買付規制のみで，買収防衛策を「廃止すべき」ということにはならない。

■買収防衛策の再設計

買収防衛策を更新すると決定する場合でもその内容の適否は再検討を要する。

これからの買収防衛策は，投資家等の評価も視野に入れ，法的安定性を高めることに加え，「いかに投資家の理解を得られる内容にするか」という視点も不可欠である。具体的には，近時の裁判例等や経済産業省が2023年８月31日に公表した「企業買収における行動指針」を踏まえ，事前警告型買収防衛策の「内容」として，「運用に際しての取締役の行為規制」を取り込み，内容の合理性を高めるといったことも検討すべきである。

また，防衛策の再設計を行う際には，企業年金連合会などの機関投資家等の議決権行使基準の内容等も十分に検討し，合理的かつ可能な範囲で，かかる基準等に沿う内容とすることも一考に値する。

6．事業報告（事業戦略・株価）

質問6-1　〈重視する経営指標〉*

当社において事業戦略上重視している指標は何か。なぜその指標を重視しているのか。

回答例

当社では，さまざまな経営指標を重視しておりますが，中でもROE（株主資本利益率），ROA（総資産利益率），およびEVA（経済的付加価値），FCF = Free Cash Flow（純現金収支）を近時は特に重視しております。それは，例えばROEとは，「株主が投下した資本に対し，いくらの利益を挙げられるのか」という指標ですので，株主様の投資された資本をどれだけ効率的に活用したかという経営効率を図る上で非常に有益な指標であるからです。（以下，各指標を重視する理由を説明）

【解　説】

■当社の重視する指標の説明

近時の株主総会では，一般株主でも，会計用語，ファイナンス用語に詳しい者などが経営指標の具体的数値や目標値などについて質問することがときどき見られる。また，最近では，経済産業省から，「伊藤レポート」が2014年８月に公表され，そこでは，８％を上回るROEを最低ラインとし，より高い水準を目指すべきと明記されたこともあり，ROEが脚光を浴び，一時はROEを重視する傾向が生まれ，自社株買いなどの株主還元策や資本効率の改善が１つの流れとなった。しかし，これが行きすぎると短期的な利益追求や株主還元ばかりが重視され，中長期的な視点での経営ができなくなるとして，ROE重視を見直す動きもある。

つまり，自らの戦略に沿って立案された経営計画がどの程度達成されたのかを検証するためには，各社それぞれが自社の中長期的な事業戦略，ビジネスモデル等を踏まえて，重視すべき指標を設定し，達成度の「見える化」を図っていくことが重要なのである。

その中で，本問のように何を重視しているのかという質問が出されることがある。このような質問に対しては，特に重視している指標があるならその旨および理由を，特にない場合は，１つの指標にこだわることなく総合的に考えている旨を回答することになる。

また，東京証券取引所は2023年３月，プライム市場とスタンダード市場に上場する会社に対し，資本コストや株価を意識した経営を実現するために，これらの現状分析と改善策の策定・公表を要請した。この取組み状況についても聞かれる可能性があるので，準備しておきたい。

■経営上の重要指標は把握しておく

当社において特に経営指標を定めていなくても，それが重要だと主張する株主から個々の経営指標の意義や数値を質問されることも考えられるので，会社の重要指標（ROE，ROA，PER，PBR等）については，その意義および直近の自社の数値をすぐに説明・回答できるように準備しておく必要がある。指標を決めていない場合，その理由を聞かれる可能性もあるため，回答の準備をしておくほうがよい。

ちなみに各指標の大まかな計算式は，ROE＝当期純利益÷株主資本，ROA＝当期純利益÷総資産，EVA＝税引き後営業利益－資本コスト額，である。指標を重視する理由についても，簡潔で良いので回答を準備しておくことが望ましい。

質問6-2 〈同業他社と比べて株価が低い〉*

当社の株価は，同業他社と比較して低いと思われるが，その原因は何だと考えているのか。株価を上げるための経営努力として，何か具体的に検討していないのか。

回答例

株価はさまざまな要因によって形成されるものですので，当社の株価が他社と比較して低いことについても，その正確な原因を把握することは困難であります。しかしながら，当社といたしましても，株価が相対的に低い事態は謙虚に受けとめ，重点部門への事業の選択と集中，企業活動のより一層の合理化，効率化を進め，企業価値の向上を目指すとともに，当社のことをよりご理解していただけるようにIR活動にも力を入れていく所存です。

【解　説】

■原因への言及は避ける

株価の高低については株主総会において株主からしばしば質問がなされるが，株価は多面的な要素によって形成されることを考えれば，株価が低いことの原因を総会で合理的な根拠に基づかない推測で言及することは，避けるべきである。ただし，前問解説で言及した東証の要請に鑑みると，PBRが１割れしているような場合には特に，現状分析とその要因，ならびに改善策については回答できるようにしておく。

■今後の戦略をアピール

企業価値を向上させることこそが株価の向上に貢献するのだという認識のもと，会社として企業価値を高める経営努力を重ねていること，加えて，当社の企業価値を市場で公正に評価してもらえるようIRの努力をも重ねていることを説明することが重要である。

この説明においては，可能な限り，会社の戦略，取組みについて具体例を挙げるなどして納得感を高めるよう心がけたい。

■断定的な約束はしない

ただし，注意すべきことは，「来年は必ずや株価を〇〇円にまで向上させます」などという断定的な約束は，たとえリップ・サービスのつもりであってもしないことである。こうした約束は，下手をすると株価操縦のおそれすらある。したがって，株価そのものの向上というよりも，企業価値の向上がひいては株価の向上につながるという考えのもと，具体的施策を挙げつつも「企業価値の向上につながるための諸施策に努める所存である」程度の言い方にとどめるべきである。

■企業秘密・不確定情報・インサイダー情報には言及しない

開発中の新製品等は通常は企業秘密の範疇に属するものであり，かつ実際に開発が完了するまではその製品が本当に企業業績の向上に寄与するかどうかはわからないのであるから，それが確実に完成し企業業績の向上をもたらすかのような言い方は問題がある。

同様に上記のような情報はインサイダー情報に該当する可能性もある。インサイダー情報も総会の場で開示してはならない。金融商品取引法上，インサイダー規制を解除する「公表」の方法は法定されているところ（金融商品取引法166条４項），総会での開示は，金商法上の「公表」には該当せず，依然として当該情報は，インサイダー取引規制に服し続ける。総会の場で開示してしまうと，株主がインサイダー情報の第一次受領者となってしまい，株主に迷惑がかかるからこのような開示はしてはならない。

7．事業報告（内部統制システム）

質問7-1 〈内部統制システムの詳細が知りたい〉

当社の内部統制システムについて，事業報告の記載だけでは実態がよくわからない。もう少し具体的に説明してほしい。

回答例

事業報告に記載してあります内部統制システムの内容は，あくまで基本方針でございますので，実態がどのようなものであるかについてわかりづらい部分があったかもしれません。具体例を挙げて各項目について簡単に説明申し上げます。……（以下略）。

【解　説】

■取締役会決議の義務付け

会社法において，内部統制システム（「取締役の職務の執行が法令及び定款に適合することを確保するための体制その他株式会社の業務並びに当該株式会社及びその子会社から成る企業集団の業務の適正を確保するために必要なものとして法務省令で定める体制の整備」）は，取締役会設置会社である大会社の場合には取締役会の決議で定めることが義務付けられており（会社法362条４項６号，同条５項），会社法施行規則では，その具体的項目が同規則100条で列挙されている。

監査役設置会社の場合，これには当該監査役設置会社の監査役の監査が実効的に行われることを確保するための体制も含まれる。

また，当該内部統制システムに係る取締役会決議の概要および内部統制システムの運用状況の概要は，事業報告の内容としなければならない（会社法施行規則118条２号）。内部統制システムの運用状況を事業報告の内容とすることについては，平成27年改正会社法施行規則において新たに定められた。

■事業報告には「概要」を記載

会社法で決議が要求される内部統制システムの整備の内容は，あくまで基本的な方針で足り，また，会社法施行規則で要求されることが予定されているその開示内容も，条文上，あくまで決議の内容や運用状況の「概要」で足りる。したがって，事業報告の内容を見ても，株主にとっては抽象的でよくわからない場合もありうる。その場合には，言葉をわかりやすく説明し直したり，具体例を多く挙げるなど，工夫した説明をすることが望まれる。

■金商法の内部統制との違い

なお，金商法における内部統制報告制度は，あくまで「財務報告」に関する内部統制のみが対象であり，財務以外の会社の業務に関する内部統制は対象ではない。これは業務による限定を施していない会社法に基づく内部統制システムとの大きな違いである。したがって，内部統制報告書に書かれている事柄との違いに関する質問が出た場合にはこの違いに着目して，「全く無関係ではないが，直接的にはリンクはしない」（または「金商法の内部統制は，会社法の内部統制の一部分を構成する」という考え方も可能である）ということを付言した上で，それぞれの概要を説明するとよい（【質問７-２】参照）。

質問7-2 〈金融商品取引法の内部統制が事業報告に及ぼす影響〉

事業報告には当社の内部統制システムの内容が記載されているが，金融商品取引法でも，内部統制についての報告などが義務化されていると聞く。金融商品取引法における内部統制に関する制度と事業報告のこの内部統制システムの記載はどのような関係にあるのか。金融商品取引法における内部統制に関する制度は，事業報告のこの内部統制システムの記載内容に反映されているのか。

回答例

ご指摘のとおり，金融商品取引法の中で，財務報告における内部統制の有効性に関して，会社の経営者による評価と，監査法人（または公認会計士）による監査を行うことが義務付けられています。

しかしながら，金融商品取引法における内部統制に関する制度は，あくまで「財務報告」に関する内部統制のみが対象であるのに対し，事業報告に記載の内部統制システムは，金融商品取引法ではなく，会社法に基づくものであり，その対象は財務のみならず会社の業務全般に及びます。したがいまして，両者は対象も根拠法令も異なりますので，金融商品取引法に基づく内部統制の報告内容は，必ずしも事業報告に記載の内部統制システムの内容に直接反映されてはいないものとご理解いただければと存じます。

【解　説】

■金商法が規定する内部統制

金融商品取引法においては，①上場会社その他政令で定めるものは，事業年度ごとに，当該会社の属する企業集団および当該会社に係る財務計算に関する書類その他の情報の適正性を確保するために必要なものとして内閣府令で定める体制（財務報告に係る内部統制）の有効性を評価した「内部統制報告書」を作成しなければならず（同法24条の4の4），また，②内部統制報告書には，公認会計士または監査法人による監査証明（内部統制監査）を原則として受けなければならない（同法193条の2第2項）（ただし，一定の規模（新規上場時の資本金が100億円以上または負債総額1,000億円以上）に満たない新規上場企業が上場後3年以内に提出する内部統制報告書については，監査証明が不要とされている（同法193条の2第2項4号，財務計算に関する書類その他の情報の適正性を確保するための体制に関する内閣府令（平成19年内閣府令第62号）10条の2）。

なお，「財務報告に係る内部統制の評価及び監査の基準」と「財務報告に係る内部統制の評価及び監査に関する実施基準」においては，とりわけ中小の上場企業の実態に即して，内部統制の基準・実施基準の簡素化・明確化が図られているところである。2023年4月におけるこれらの改訂においてもこの点に変わりはない。

もっとも，内部統制の整備や運用に当たっては，内部統制の機能と役割が効果的に達成されるよう，企業の状況に応じた創意工夫を行うことが期待されていることに留意する必要がある。

質問7-3 〈リスク管理体制の整備〉

社長は，当社にとって最も重視しなければならないリスクは何と考えているのか。そのリスクを防止する体制として，現在当社がとっている社内体制はどういう体制なのか。当社の社内体制は本当に十分か。

回答例

当社は常にさまざまなリスクをあらかじめ念頭に置いて事業活動を行っておりますが，最も重視しておりますリスクは，○○○でございます。

そのリスクを防止するために，当社としましては，事前の対策としまして○○○，○○○等を，事後の措置としまして○○○，○○○等を整備しておりまして，そうしたリスクを最小限のものにするために十分な社内体制を確立しております。そのような社内体制といたしましては，○○○といった体制を整え，運用しているところでございます。また，こうした社内体制も，今後の当社の事業内容・状況や時代の変化等に伴うリスクの変容に対応させるため，必要に応じて見直しを行っていく所存でございます。

【解　説】

■各社に応じたリスク管理体制を説明

会社が経営上重視しているリスクおよびリスクマネジメントに関する経営者の認識について，株主からの質問が想定される。とりわけ，毎年のように企業の不祥事が報道されていることもあり，リスク管理体制については，各社とも質問が予想される。

企業におけるリスクマネジメントとは，企業の価値を維持・増大していくために，企業が直面するさまざまなリスクを管理するプロセスである。企業が直面するリスクには，損失発生の可能性だけではなく，利益逸失の可能性も含まれる。また，その内容や程度によっては，避けるべきリスクと取るべきリスクがありうる。それゆえ，経営トップは，リスク管理体制を企業価値の向上に直接つながるものとして捉える必要がある。質問にもあるとおり，何が最も重視すべきリスクかについては各社の業種・業態に応じて異なるため，自社の業務内容に応じたリスク管理体制を講じていることを具体的に説明すべきである。

リスクをマネジメントし，リスク管理体制を構築するに当たっては，リスクの特定，リスクの評価，リスクへの対応という手順で検討すると，整理しやすく，また，株主に対しても説明がしやすい。

■事前・事後を分けて説明

さらに，リスク管理体制としては，不祥事・事故を未然に防止するための事前防止体制と不祥事・事故が起きてしまった後の事後管理体制とがある。リスク管理体制は，事前と事後に分けて説明するとわかりやすい。

■継続的な見直しが必要

また，社内体制は，いったん確立したら終わりというものではなく，時代の流れ等に応じて適宜修正していく必要があるので，当該体制が適切かどうかを定期的に社内でチェックし，必要に応じて見直しを行う予定であることをアピールすることが好ましいと思われる。

質問7-4 〈コンプライアンスの徹底〉

コンプライアンスを徹底するには，社長以下，役員，全従業員の意識改革，職場の風土づくりが重要である。当社の役員・従業員に対してはコンプライアンスに対する意識をどのように根付かせているのか，その方法を具体的に説明してほしい。

回答例

コンプライアンス，法令遵守を社内すべてに徹底するには，体制を作るだけではなく，社長，役員のみならず従業員，契約社員に至るまで，コンプライアンス重視の意識の醸成，風土作りを行うことが極めて重要である点，株主様のおっしゃるとおりでございます。

当社もそうした認識に立ち，当社の役員，従業員に対し，コンプライアンスの意識の醸成のためにさまざまな施策を実施しております。例えば，会社全体におけるコンプライアンスの規範になりますコンプライアンス憲章の作成，部門ごとのコンプライアンス・マニュアルの作成，外部の専門家を招聘して，役員向け，従業員向けのコンプライアンス研修の定期的な実施などがございます。そして社長である私が，常日頃から社員に対し，コンプライアンスが会社にとって非常に重要なものであることを，折りに触れて常にメッセージとして伝えるように努めております。

【解　説】

■意識の維持・向上のための施策を説明

企業のコンプライアンスが確立するか否かは，その企業における企業風土の影響が大きい。企業風土は，企業トップの意識が色濃く反映する。また，経営は，企業の倫理観をも反映した経営理念の実践によって行うものである。したがって，コンプライアンスの確立とそのための体制構築は，経営トップが主導して行っていかなければならない。

とはいえ，会社におけるコンプライアンスの遂行に当たっては，役員・社員など会社を構成する者全員のコンプライアンスに対する意識の向上・維持が欠かせない。本件のような質問に対しては，コンプライアンス意識の醸成のための諸施策をしっかり説明できなければならない。

コンプライアンス体制を社内に浸透させるためには，役職員に対してコンプライアンス確立のための教育を行い，その成果を測ることが重要である。施策としては，回答例にあるとおり，コンプライアンス憲章やその具体化としてのコンプライアンス・マニュアルを作成した上で，これらに沿って活動を行っているかどうか，役員・従業員向けのコンプライアンス研修を実施し，また，確認のためのヒアリングやテスト，意識調査を行うなどといった方法が考えられる。株主総会においては，当社にとってどのような施策をとっているのか，なるべく具体的に説明すべきである。

■トップの意識を説明

上述のように，会社におけるコンプライアンス意識を高めるために最も重要なのは，トップのコンプライアンスに対する高い意識である。したがって，株主総会においては，社長自身がコンプライアンスの徹底をいかに重視しているのか，経営トップとしての意識・姿勢をアピールすることも重要である。

質問7-5 〈内部通報制度〉

当社の内部通報制度は，昨年度においてどのくらい利用されたのか。利用件数が少ないのは，通報しにくい風土があるせいではないのか。通報を受けて実際に社内処分をした例はどのくらいあるのか。

回答例

内部通報の昨年度の具体的な利用件数は，手元に資料がございませんので正確な数値は申し上げられませんが，一定の利用件数はございました（または「○件でした」）。

一般論として，内部通報制度の利用件数が多いか少ないかにつきましては，件数が少ない原因が本当に内部通報すべき情報が社内に少ないのか，それとも通報しにくい風土があるからなのか，あるいは内部通報制度そのものの周知が不徹底なのか，さまざまな理由が考えられ，一概に原因を見つけるのは困難な部分があります。ただし，当社につきましては，内部通報の通報先は外部の法律事務所ですし，匿名での通報も受け付けておりますので，通報しにくい風土というものはないのではないかと考えております。

通報を受けて実際に社内処分をした例は，具体的な数値やその詳細はご容赦いただきたいのですが，一定数ございます。

【解　説】

■普及がすすむ内部通報制度

一定の要件を満たした内部通報を行った通報者に対する不利益取扱いを禁止し，通報者の法的地位を保護する公益通報者保護法が2006年４月１日から施行されている。

同法では，事業者（会社に限らず，団体や個人事業主も含む）またはその役員・従業員等について法令違反行為が生じ，または生じようとしている旨を，そこで勤務する労働者等が，一定の要件の下で内部通報を行った場合，当該労働者等が勤務先から受けた解雇は無効であり（派遣社員については，勤務先から受けた契約の解除は無効である），また勤務先は当該労働者等に対し降格，減給等の不利益取扱いはしてはならないことが定められている（公益通報者保護法２～６条参照）。

同法は，内部通報制度，内部統制システムおよびコンプライアンスが有効に機能することを制度的に後押しする法律と位置付けることができる。

内部通報制度は，「取締役の職務の執行が法令及び定款に適合することを確保するための体制」（会社法362条４項６号）や，「使用人の職務の執行が法令及び定款に適合することを確保するための体制」（会社法施行規則100条１項４号）などといった内部統制システムの内容として構築・運用される。

さらに，コーポレートガバナンス・コード・原則２－５（内部通報）においては，「上場会社は，その従業員等が，不利益を被る危険を懸念することなく，違法または不適切な行為・情報開示に関する情報や真摯な疑念を伝えることができるよう，また，伝えられた情報や疑念が客観的に検証され適切に活用されるよう，内部通報に係る適切な体制整備を行うべきである。取締役会は，こうした体制整備を実現する責務を負うとともに，その運用状況を監督すべきである。」とされている。そこで，内部通報制度を既に構築済みであっても，それが適切な体制になっているかを検討していく必要がある。その上で，内部統制システムの運用状況の概要を事業報告に記載することとされていることに鑑みれば（会社法施行規則118条２号），事業報告に内部通報制度の運用状況を記載するという対応が望ましい。また，同原則によれば，内部通報制度が適切に構築・運用されているかどうかを取締役会が監督すべきであると記載されているため，例えば，内部通報制度の運用状況を取締役会の報告事項とする旨，取締役会規程に規定するなどの方策をとる必要が出てきている。

いずれにせよ，近年の企業不祥事の多くが内部告発によることに鑑みれば，内部通報制度はコンプライアンス・内部統制を効果的に機能させるための有力な手段のひとつとして，その導入が各社でますます進むことが予想される。

■公益通報者保護制度の見直し

消費者庁は，2015年６月以降，「公益通報者保護制度の実効性の向上に関する検討会」を定期的に開催し，2016年３月30日付で「『公益通報者保護制度の実効性の向上に関する検討会』第１次報告書」の公表を行い，2016年12月９日付けで「公益通報者保護法を踏まえた内部通報制度の整備・運用に関する民間事業者向けガイドライン」を改正し，公表を行った。同ガイドラインでは，通報者の視点からは，従業員等がより安心して相談・通報ができる環境整備を促進していくこと，そして，経営者の視点からは，経営幹部の主導によるより充実した内部通報制度の整備を促進していくことが適当であるとされている。前者においては，特に，社内リニエンシー制度（内部通報制度を有効に機能させるために，自らが関与した不正を自主的に申告した通報者や調査協力者等について社内処分の減免を行う仕組み）の導入が検討されている。後者においては，経営幹部を責任者とする通報対応の仕組みの整備，社内への制度の周知・研修，内部通報制度の評価・改善の必要性に言及している。

加えて，公益通報者保護法自体の改正についても学識経験者や実務専門家による検討が行われ，検討会の下に設置されたワーキング・グループによる報告書が2016年11月にとりまとめられ，公益通報者保護に関する民間事業者の取組みの促進に向けた方向性が示された。検討会は，これまでの審議の成果を取りまとめる形で，2016年12月15日付けで「公益通報者保護制度の実効性の向上に関する検討会　最終報告書」の公表を行った。最終報告書では，ワーキング・グループの報告書において示された方向性に沿って，法改正に向けた具体的な検討をさらに進めるべきことなどが示されていた。

また，内閣府消費者委員会は，公益通報者保護法の規律のあり方等に係る方策を検討するため，公益通報者保護専門調査会を2018年１月から開催し，同法の規律のあり方や行政の果たすべき役割等に係る方策について，2018年12月27日に公益通報者保護専門調査会報告書をとりまとめ，公表した。

■公益通報者保護法の改正

これらの検討を経て，公益通報者保護法が2020年６月に改正された。改正法は，2022年６月１日に施行された。

主要な改正内容を挙げると，公益通報の範囲が拡充され（退職後１年以内の退職者および役員を通報主体に追加，過料の対象となる行為を通報対象事実に追加），行政機関等への公益通報（２号通報）およびその他外部への公益通報（３号通報）の保護要件が緩和されたほか，新たに公益通報の主体とされた退職者および役員に対する不利益な取扱いも禁止されることとなる（ただし，役員については，２号通報の場合，取締役会への付議，監査役会への報告などの善管注意義務の履行としての調査是正措置をとるよう努めた場合に限り保護される）。また，役員の場合，公益通報を理由とする解任に対し損害賠償請求ができることが明示されたほか，公益通報者は，公益通報を理由として損害賠償義務を負わないこととされる。さらに，事業者は，公益通報対応業務従事者を定める義務，および，事業者内部への公益通報（1号通報）に適切に対応する体制を整備する義務を負うこととなる。

また，公益通報対応業務従事者には守秘義務が課され，義務違反には刑事罰が導入された。

■「指針」および「指針の解説」の公表

かかる法改正を受けて，消費者庁は，2021年8月20日，「公益通報者保護法第11条第1項及び第2項の規定に基づき事業者がとるべき措置に関して，その適切かつ有効な実施を図るために必要な指針」（以下「指針」という。）を公表し，また，同年10月13日，この指針を解説する「公益通報者保護法に基づく指針（令和3年内閣府告示第118号）の解説」（以下「指針の解説」という）を公表した。

改正法11条1項および2項は，事業者に対し，内部通報に適切に対応するために必要な体制の整備その他の必要な措置をとることを義務付け，同条4項は，当該措置に関して，その適切かつ有効な実施を図るために必要な「指針」が定められることとされた。

この「指針」について検討を行うため，消費者庁は，2020年10月から2021年3月までの計5回にわたって「公益通報者保護法に基づく指針等に関する検討会」を開催し，同検討会における検討を経て，2021年4月21日に，「公益通報者保護法に基づく指針等に関する検討会報告書」を公表した。この報告書の提言内容を基礎に，上記民間事業者ガイドラインの規定を盛り込んだものが，「指針の解説」である。「指針の解説」には，「指針」を遵守するために必要な事項に加え，そのほかに事業者が自主的に取り組むことが推奨される事項が含まれている。

事業者としては，改正法を踏まえ，自社の内部通報制度を見直す必要があり，見直しにあたっては「指針」に沿った対応をとる必要がある。また，「指針の解説」において，参考になる考え方や想定される具体的取組事項等を示されていることから，内部通報制度の見直しにあたっては「指針の解説」の検討も必須である。

■認証制度の見直し

内部公益通報制度に対する信頼性や実効性向上へのインセンティブとして，内部通報制度の認証制度が導入されていたが，改正法において常時使用する労働者数が300人を超える事業者に内部公益通報対応体制整備義務が新たに課されたことなどから，この認証制度が見直されることとなり，当面休止となっている。

■必ずしも詳細な回答は必要でない

内部通報の件数は社内でまとめて，株主から質問があった場合には可能な限り件数を報告することが望ましい。ただし，「どのような内容の通報があるのか」といった具体的な内容を問う質問に対しては，従業員のプライバシー等の問題に鑑みれば，必ずしも詳細に回答することは必須ではなく（また好ましくない場合もありえるため），概括的な回答で十分である。

内部通報の件数の多寡は，企業内のコンプライアンスの進展度との直接な相関関係は見い出し難い場合があるので，上記の回答例のように回答するのが無難である。

質問7-6 〈グループ経営のコンプライアンス体制〉

企業グループ全体を通じたコンプライアンス体制を構築しなければならないとのことだが，当社においてはグループ会社間でどのような連携をとっているのか。また，グループ会社における不正を防止するために，どのような工夫をしているのか。

回答例

会社法で，企業グループ全体での内部統制の体制の整備に関する事項の決定が義務付けられており，当社といたしましても，さまざまな手段により，子会社，および重要な関連会社を含めた，グループ全体でのコンプライアンス体制を確立しております。

具体的には，グループ全体でのコンプライアンス規程の作成，グループ企業の担当者・役員を対象としたコンプライアンス研修の実施，本社の内部監査担当の者によるグループ会社の定期的な内部監査，さらに，本社からグループ会社に対する不当・違法な指示を排除するための体制として，そうした指示等があった場合に本社の監査役に報告が伝わる体制の確立などを行っております。

【解　説】

■企業集団の内部統制の一環

内部統制システムには，株式会社の親会社および子会社も含めた企業集団における業務の適正を確保するための体制も含まれる（会社法施行規則100条１項５号）。

これは，当該株式会社における，①子会社における業務の適正確保のための議決権行使の方針，②子会社の役員・使用人等を兼任する役員・使用人による子会社との協力体制および子会社の監視体制に関する事項等などが考えられる。

また，子会社においては，①親会社の計算書類または連結計算書類の粉飾に利用されるリスクに対する対応，②取引の強要等，親会社による不当な圧力に関する予防・対処方法などが考えられる（以上，相澤哲＝石井裕介「新会社法関係法務省令の解説（３）株主総会以外の機関」旬刊商事法務1761号（2006年）15頁，相澤哲＝葉玉匡美＝郡谷大輔『論点解説　新・会社法』（商事法務，2006年）338頁）。

なお，平成26年（2014年）改正前は会社法施行規則に規定されていた内部統制システムの整備が，同改正法の下では，取締役の職務に含まれることが会社法本体に明記され，企業グループに関する内部統制システムの整備に関する規定が省令から法律に格上げになった。しかし，改正法成立に至るまでの議論において，親会社の子会社に対する管理責任の存否について，改正前の枠組みを修正しないこととされた。

そのような経緯からすれば，親会社はいかなる子会社に対しても積極的な「監督義務」があると理解されるに至ったものではないが（坂本三郎ほか「平成26年改正会社法の解説〔Ⅵ〕」旬刊商事法務2046号（2014年）12頁参照），企業グループにおける内部統制が重要であることは何ら変わりなく，当該内部統制の状況に関する質問に対しては，簡潔かつ具体的に回答できるように準備しておく必要がある。

■グループ会社における内部通報体制

グループ会社における内部通報の関係では，親会社が，企業集団の業務の適正の確保等を目的として，グループ会社の業務に関して生じる可能性がある法令等違反行為を予防し対処するための相談窓口を設けている場合，親会社は，一定の場合，グループ会社の従業員に対しても適切に対処すべき信義則上の義務を負う判示とした最高裁判決が近時出されている（最判平30.2.15判タ1451号81頁）。この最高裁判決を踏まえて，自社の内部通報制度の見直しを行う必要があるかもしれない。

■子会社の体制にも言及すべし

本件はグループ全体の内部統制についての質問であるから，親会社である会社本体のみならず，子会社の体制についても積極的に回答することが望ましい。

質問7-7 〈内部監査の体制〉

内部監査を担当する社内組織はどういう部署か。その部署にはどのくらい職員がいるのか。その職員の人事上の独立性は保たれているのか。

回答例①

当社の内部監査は○○○部門が，専属の部署として内部監査を行っており，○○○部門には専属の社員が○名おります。それらの社員の任命・異動に関する人事権は人事部が有し，異動・懲戒についてはすべて監査役会に報告し承認を得た上で行うことが規程上定められており，人事上の独立性は保たれております。

回答例②

当社の内部監査は内部監査を専門に扱う部署はございませんが，コンプライアンス部・総務部の部員のうち○名が，また，各部署に１～数名，内部監査業務を兼務する形で内部監査業務に従事しています。それらの者の人事権につきましては，異動については人事部の承認が必要という形にしており，独立性は確保しております。今後は，業務内容・規模の拡大等を踏まえて，専属部署の設置も含め，内部監査の体制をさらに拡大させていくことを検討したいと考えております。

【解　説】

■体制整備の状況で異なる回答例

回答例①は独立した部門による内部監査体制が確立している企業の，回答例②は内部監査体制がそこまで進んでいない企業の，それぞれ回答例である。

内部監査とは，わかりやすく言えば，社内における業務の適正を検証し，経営者等に問題の指摘や是正内容の助言などを行う，会社の内部構成員による監査のことである（日本内部監査協会，2014年６月改訂の内部監査基準参照）。

とりわけ，リスク・マネジメント，リスク・コントロール，そして，組織体のガバナンス・プロセスの有効性について検討・評価し，この結果としての意見を述べ，その改善のための助言・勧告または支援を行うことである。

内部監査体制としてどのようなものを構築するかについて法令上明確な決まりはない。したがって，会社の規模・業種等に応じて適切な体制を構築すれば問題はないのであるが，監査という業務の特質上，監査する者は被監査者・部門から干渉を受けず，独立性を有していることが，内部監査の実効性を高める上では望ましい。

■独立性の確保を明示する

また，会社において監査を行う従業員のリソースには通常限界があるので，内部監査を行う者は，監査役の監査の補助者として働いたり，監査役に対して内部監査の結果を報告することが少なくないが，このような場合における監査役監査の実効性を確保するという観点からも，内部監査を行う者の地位の独立性は一定程度確保されることが望まれる。

質問7-8 〈内部監査部門と監査役の関係〉

内部監査部門と監査役とは緊密に連携することが必要だと思うが，具体的にどのような連携体制がとられているのか。内部監査部門は監査役の指示は受けないのか。

回答例

内部監査部門の情報を適切に入手・利用することは，監査役の監査が十分な情報に基づいて行うために重要なことでありまして，当社でも内部監査部門と監査役は緊密な連携・意思疎通ができる体制をとっております。

具体的には，監査役は，内部監査部門に対して，内部統制システム等に関する状況について報告を求めることができますし，必要に応じ，調査を求めることもできることを規程で定めているところでございます。

【解　説】

■内部監査部門と監査役の違い

内部監査部門は，会社の役員であってその権限および義務が法定されている監査役と異なり，法定の機関ではない。しかし，内部監査部門は，会社の経営目標の効果的な達成に役立つことを目的として，経営諸活動における問題点や改善方法を自主的に把握し実行するための機能を有する部門であり（日本内部監査協会「内部監査基準」（2014年６月改訂）参照），そのような部門を経営者自身が有することは，会社役員である経営者が会社に対する善管注意義務・忠実義務を果たすために必要不可欠である。

他方，監査役は，経営者の意思決定や業務執行の状況等を監査するために設置される機関であり，経営者（取締役・取締役会）から独立しており，また，監査役相互においても独立している独任制の機関である。したがって，内部監査部門とは，その位置付けや役割が異なる。

■積極的な連携で組織化

しかし，日本監査役協会が定めた2022年８月１日改正の監査役監査基準38条では，監査役と内部監査部門とが積極的に連携し，組織的な監査体制の構築を行うことを定めている。

同条１項・２項は，「１．監査役は，会社の業務及び財産の状況の調査その他の監査職務の執行に当たり，内部監査部門その他内部統制システムにおけるモニタリング機能を所管する部署（本基準において「内部監査部門等」という。）と緊密な連携を保ち，組織的かつ効率的な監査を実施するよう努める。２．監査役は，内部監査部門等からその監査計画と監査結果について定期的に報告を受け，必要に応じて調査を求める。監査役は，内部監査部門等の監査結果を内部統制システムに係る監査役監査に実効的に活用する」と規定する。

監査役は独任制の機関である以上，内部監査部門を直接指揮することは，兼職禁止規定等の関係から問題があるとの見解もあったが，現在では，独任制の原則に反しない限りで，監査役が内部監査部門のスタッフを使用して監査業務を遂行することについては，あまり異論はないものと思われる。本件の質問に対しては，この趣旨をふまえて回答すればよい。

質問7-9 〈監査役による内部統制システムの評価〉

監査役は当社の内部統制システムの相当性をチェックする立場と思うが，この１年間の運用状況をどのようにチェックしたのか。

回答例

当社が定めた内部統制システムの運用状況につきまして，定期的に関係資料を確認するとともに，私自身，または監査スタッフおよび内部監査部門の社員を使って，必要に応じ，経営者・役員・従業員等の関係者と会議を持って聞き取りを行ったり，営業所内における資料の整備状況について現状を実際に見て確認したりなどをしております。

【解　説】

■監査役監査の対象

会社法施行規則で，監査役は，内部統制システムの相当性について監査の対象とするものとされている。

具体的には，内部統制システムのうち監査の範囲に属さないものを除いて，その内容が相当でないと認めるときは，その旨およびその理由を監査報告において明らかにすべき旨が規定されている（会社法施行規則129条１項５号）。

■内容の相当性

内容の相当性とは，①内部統制システムが事業報告で適切に開示されているか，②取締役会で決議された内部統制システムの内容が当該株式会社の業務の適正を確保するためのものとして適切か，③決議された内容を実現するための適切な運用が行われているか，の３点とされている（相澤哲＝郡谷大輔「新会社法関係法務省令の解説（５）事業報告〔下〕」旬刊商事法務1763号（2006年）19頁）。質問に対しては，実情に応じた具体的なチェック内容を付加するとよい。

なお，会社法施行規則上は，「相当でない」場合にのみ監査報告にその旨記載すればよく，「相当である」場合にその旨を記載することを要求してはいないが，実際上は，相当である旨を記載する例がほとんどである（日本監査役協会の2015年９月29日改正の「監査報告のひな型について」でも，取締役会＋監査役会＋会計監査人のタイプの株式会社の監査役会作成の監査報告ひな型において，「内部統制システムに関する取締役会決議の内容は相当であると認めます。また，当該内部統制システムに関する事業報告の記載内容及び取締役の職務の執行についても，指摘すべき事項は認められません」との記載がなされている）。

質問7-10 〈内部統制システムの見直し・改善〉

当社の内部統制システムには特段問題はないという意見のようだが，問題点とまではいえなくとも，今後の課題や改善すべき点などはないのか。また，この１年間で，内部統制システムの見直し・改善等は行っていないのか。

回答例

私としましては，当社の内部統制システムは，当社の規模，事業内容等から勘案しまして現時点では適切なものが構築されていると評価いたしました。ただ，今後，当社の規模，事業内容に変化が生じました際には，その変化に応じた適切な内部統制システムに変更していきたいと考えております。

【解　説】

■内部統制システムに対する検証

内部統制システムについては，会社法施行にあわせて基本方針は作成・決議したものの，具体的な体制についてはいまだ不十分な準備しかできていない会社もあるかもしれない。また，内部統制システムがいったん構築されても，構築された当時の環境が変化し，当該内部統制システムでは変化した環境に対応できないことがある。したがって，経営者は，構築された内部統制システムが，会社の経営理念の達成のために有効であるかを不断に判断しなければならず，そのためには，当該内部統制システムが，現時点の環境のもとで有効に機能しているか，検証することが必要である。

■内部統制システムの見直しの必要性

仮に，内部統制システムに問題点が存在し，その有効性に疑義が生じていることが判明すれば，当該内部統制システムそのものに見直しを加える必要がある。内部統制システムとは，企業の目的達成のために（合理的な）保証を提供するものであるが，そのような保証の前提として，当該内部統制システムそれ自体が有効に機能している必要があるからである。

内部統制システムは，一度システムを構築したらそれで終わりというものではなく，事業の規模・内容等の変化に応じて，どの会社であっても不断の見直しが必要なものなのである。

したがって，内部統制システムの見直し・改善は，すべての会社において将来行うことが必要になってくる性質のものであり，総会で見直しの有無について株主から質問を受けた場合には，そうした理解をふまえた上で，当社においても見直し・改善を検討していること，もしも見直し・改善した点がすでにあるならその内容を説明すべきである。

また，上場企業においては金融商品取引法に基づき，財務報告に係る内部統制の整備がなされているところであり，そのような整備の状況についてコメントすることも考えられる。

なお，本問は，監査役に対してもなされうるので，監査役としても回答を準備しておくべきである。

8．事業報告（会社の支配に関する方針）

質問8-1 〈「会社の支配に関する方針」の意味〉

会社の支配に関する方針とは敵対的買収に対する当社の考え方のことだと聞いているが，ここには「該当なし」としか記載されていない。社長の口から，当社の敵対的買収についての方針を具体的に説明してほしい。

回答例

当社はいわゆる具体的な敵対的買収防衛策は策定しておりませんが，敵対的買収に関しては，具体的には，……という考えでおります。まとめますと，企業価値を高めることが敵対的買収に対する最大の防御であり，仮に将来買収防衛策を導入することがあったとしても，その内容はあくまで，企業価値，株主共同の利益の維持（確保），向上を目的としたものになる，というのが，敵対的買収に対する当社の考え方でございます。

【解　説】

■「会社の支配に関する方針」の開示

会社法施行規則118条３号は，会社の支配に関する方針に関する事業報告の開示内容について定める。同条は，株式会社が「財務及び事業の方針の決定を支配する者の在り方に関する基本方針」を定めている場合には，事業報告に所定の事項を開示しなければならないとする。所定の事項とは，基本方針の内容の概要等である（118条３号イ～ハ）。

■必ずしも敵対的買収対応のみではない

注意すべき点は，会社の支配に関する方針には，敵対的買収防衛策の内容も含まれるが，決して両者は同義ではないということである。敵対的買収防衛策は，118条では３号ロ（２）に該当するものであり，118条３号の「基本方針」とは，買収防衛策に関する事項のみならず，株式を上場していることの意義，どのようなステークホルダーを想定し，それらのステークホルダーの利益をどのように調整するのかということに関する方針，中長期的な視点を踏まえた経営方針といった会社の基本的な方針のことを指す（以上，相澤哲＝郡谷大輔「新会社法関係法務省令の解説（５）事業報告〔下〕」旬刊商事法務1763号（2006年）16頁以下参照）。

前記のような株主の質問に対しては，こうした「会社の支配に関する方針」と敵対的買収防衛策の違いをわかりやすく説明するとともに，敵対的買収についての考え方を付加することとなるであろう。

なお，会社法施行規則では，会社の支配の在り方に関する基本方針を定めている場合に事業報告に記載すべき「基本方針の内容」ならびに「取組みの具体的な内容」については，いずれも「内容の概要」を記載すべきとされているため，事業報告には防衛策のすべてを記載するのではなく，その「概要」を記載することで足りる。

質問8-2 〈IR不足の指摘〉

当社が不当に安く評価されているということは，当社のことをよく知ってもらうというIRの努力が足りないのではないか。

回答例

当社は，IRを非常に重視しておりまして，ホームページでの日本語および英語での情報開示の他，決算発表会，アナリストミーティング，外国に赴いての海外投資家への説明等において，積極的に当社の状況を知っていただく機会を設けておりますが，さらなる工夫を検討したいと考えております。

【解　説】

■IRの考え方，方針

IRについて，会社が具体的にどのような取組みをしているか，不十分であれば何が足りないか，そして今後どのような方法で改善していくか，を具体的に説明することが必要である。

なお，近時，機関投資家を中心とする外国人株主が多くの上場企業で総じて増加傾向にあるため，外国人株主向けのIRが十分か，という切り口からの質問も予想して準備しておくことが望ましい。

また，IRに関連して，個人株主からは，アナリストや機関投資家など専門家向けの説明を重視するばかりでなく，株主懇談会や工場見学会など個人株主への説明を充実させてほしいなどの要望が出ることもある。

株主懇談会等の実施については，会社によって対応はさまざまであるが，このような質問に対しては，株主総会の運営姿勢も含めて，会社として個人株主への説明・対話を重視しているという姿勢を示しながら回答するべきである。

■IRの重要性

本質問の株主が指摘しているとおり，会社のことを投資家によく知ってもらうことは，株価対策というにとどまらず，企業価値を高めていく上でも，極めて重要である。せっかく，素晴らしい理念，戦略，経営計画があり，技術があっても，投資家に認識され，理解されないままでいるのはもったいない。

スチュワードシップ・コードにおいても，コーポレートガバナンス・コードにおいても，株主との建設な対話が重要視され，株主との適切な協働を確保することが，持続的な成長に向けた取組みとして重要であると考えられている。また，「伊藤レポート2.0」においても，企業の情報開示や投資家との対話を巡る問題が指摘されている（同レポート38頁以下）。より具体的には，コーポレートガバナンス・コードと同様，経営戦略，経営課題，リスク，さらにはガバナンスや環境問題への取組み等の非財務的情報について，主体的に開示することの重要性が指摘されている。こうした非財務情報が，投資家の投資判断に重要な影響を与えるということである。

今後は，財務情報の充実した開示やその方法の改善に加えて，上記したような非財務情報を起点とし，あるいは組み込んだ形で，より長期的な視点に立って，自社の価値創造ストーリーを体系立てて構築し，投資家等へ説明していくことも重要となるであろう。

IRについて聞かれたら，このようなことも念頭に置いて回答すべきである。

9．事業報告（剰余金の配当等の決定に関する方針）

質問9-1 〈配当の方針の詳細が知りたい〉

取締役会で剰余金配当等を決定する会社は招集通知に配当等の決定に関する方針を記載しなければならないとされているはずだが，当社の記載は簡潔過ぎる。もっと具体的に説明してほしい。

回答例

招集通知中の事業報告にも記載いたしましたとおり，当社では，剰余金の配当につきましては，長期にわたり安定的な配当を継続することで，株主様への利益還元に努めて参りたいと考えており，業績・財務状況等を総合的に考慮しながら，株主様への適切な利益還元を図っていく方針を採っております。他方で，企業価値の向上という目的達成のために，中長期の事業計画に基づいた将来性の高い事業への重点的な経営資源投入のため，内部留保を一定程度充実させることも不可欠だと考えております。

なお，来期の剰余金の配当につきましては，連結業績ベースで○％の配当性向を目指すべく鋭意努力いたします。

【解　説】

■取締役会で配当を決議

会社法では，取締役会決議に基づく剰余金の配当が，定款の定めなど一定の要件のもとで認められている（会社法459条１項４号）。

会社法459条では，剰余金の配当の場合のみならず，自己株式の取得（１号），準備金の額の減少（２号），剰余金の項目間の係数の変動（３号）の場合にも，取締役会限りでの決定が可能とされた。

取締役会の決議で剰余金の配当等ができる旨の定款の定めがある会社は，当該定款の定めにより「取締役会に与えられた権限の行使に関する方針」を，事業報告の内容としなければならない（会社法施行規則126条10号）。

会社法施行規則126条10号の規定に従い，剰余金の配当を取締役会決議で行うことを定款で定めた会社は，同号の「取締役会に与えられた権限の行使に関する方針」の具体的内容として，事業報告中に，「剰余金の配当等の決定に関する方針」，すなわち，当期および将来に，どのような方針に基づいて剰余金を配当するか，を記載することが求められる。

■詳細な回答は困難

この当期および将来の方針のうち，当期についてはともかく，将来の方針について，「剰余金の配当は，安定配当の継続を基本としつつ，業績・財務状況等を総合的に勘案して行う」などといった定型的な記載しか事業報告にしていないと，株主から上記のような質問が出ることが当然に予想される。そういった株主は，具体的な配当性向の数値目標を会社側が回答することを期待している場合もある。

具体的な数値目標が決まっていない場合には，もともと剰余金の配当の有無・数値はさまざまな要素を考慮した経営判断事項なので，具体的に回答することには限度がある。

また，未公表の重要事実については回答することができないのは当然である。

しかし，株主還元の動向は株主の重要な関心事であることに鑑みれば，上記の質問に対しては，事業報告に記載した内容を敷衍しながら，自社の方針を説得力のある形で説明したいところである。

質問9-2 〈配当に関する取締役会での議論の内容〉

剰余金の配当に関する取締役会での議論の内容を教えてほしい。個々の取締役からどのような発言・意見が出たのか。

取締役会での議論の内容を開示できないのであれば，開示できない理由を教えてほしい。個々の取締役が配当方針についてどのような意見を有しているかということは，当該取締役を再任するかどうかを判断する上の重要な情報ではないか。

回答例

剰余金の配当につきましては，取締役会にて活発な意見が交わされました。

ただし，具体的な発言・意見内容につきましては，企業秘密に関わる部分もございますので，回答は差し控えさせていただきます。

また，取締役会の議事の内容について申し上げますと，取締役会議事録の閲覧・謄写は，法令上，裁判所の許可を得て行っていただくことになっており，当社においても，すべての株主様に不公平のないように，法令の手続にのっとった形で取締役会議事録の開示を認めております。したがいまして，取締役会の議事の内容につきましても，裁判所の許可に基づく議事録の閲覧・謄写の方法によって開示する方針をとっております。

なお，配当方針につきましては，取締役会で全員一致の意見でございました点，申し添えさせていただきます。

【解　説】

■詳細な発言内容は開示しない

剰余金の配当に関する取締役会での具体的発言内容については，高度な経営判断の内容であり，かつ，企業秘密にわたる部分が少なくないと思われるから，上記のように回答するのが良いのではないかと考える。

取締役会議事録の株主による閲覧・謄写は，裁判所の許可を得ることが法律上求められていること（会社法371条３項）とのバランスから考えても，株主総会において，株主総会で直ちに取締役会での各取締役の詳細な発言内容について回答するまでの必要性は通常はないものと思われる。

■発言状況の説明

しかしながら，取締役会や委員会における発言の状況については，社外取締役に関しては事業報告の記載事項とされているため（会社法施行規則124条４号），その趣旨を勘案するならば，取締役会における個々の発言内容までは回答する必要はないものの，全体の発言状況については，概略をまとめて説明するべきと考えられる。

また，仮に，取締役会での決議内容に反対した取締役がいた場合には，反対者が誰かということを開示することは検討に値するであろう。

質問9-3 〈増配を求める株主提案〉*

増配の株主提案がなされているが，私は，この提案に賛成である。当社は，配当可能利益が豊富にありながら，それを有効な投資にも回していない。そうであれば，当社は，これを株主に還元すべきである。当社はなぜ，有効な投資も行わないのに，増配もしないのか。

回答例

当社は，株主の皆様への利益還元を経営の重要な課題と位置付けております。当社では，将来における安定的な企業成長と経営環境の変化に対応するために必要な内部留保資金を確保しつつ，安定した配当の維持を基本に，業績と連動した配当を行う方針であります。

当社の業績および財務状況に鑑みますと，当社が提案している配当水準が妥当なものと考えております。

また，投資につきましては，現在，慎重に検討を重ねているところであり，具体的な計画が決まりましたら，適宜，皆様に開示してまいります。

【解　説】

■株主提案権の行使状況

2022年７月から2023年６月までの株主総会で株主提案が付議された上場会社は113社であり，過去何年も横ばいであったにもかかわらず，昨年急増し（31社増），今年もさらに増加している（17社増）。いわゆるアクティビストといわれる投資ファンドによる株主提案が近時顕著である。開示資料等から，いわゆる投資ファンドと推察されるものから株主提案を受けた会社は，当該期間に株主提案を受けた会社全体の約４分の３を占めていると見られている。

2023年６月総会における剰余金処分（配当）の株主提案も，31社と増加している。投資パフォーマンスの向上を企図し，資本効率の向上を要求する投資ファンド等によるものが多いと考えられる。自己株式取得に関する株主提案は25社であり，こちらも同様の理由から，大幅増だった昨年よりさらに増加している（牧野達也「株主提案権の事例分析（１）－2022年７月総会～2023年６月総会－」資料版商事法務473号（2023年）54頁以下，牧野達也「株主提案権の事例分析（２）－2022年７月総会～2023年６月総会－」資料版商事法務474号（2023年）46頁以下参照）。

■配当方針は明確に説明

株式会社は，取締役の任期が１年を超えないこと等を条件に，剰余金の配当等の一定事項を，株主総会決議ではなく，取締役会の決議により定めることができる旨の定款規定を置くことができる（会社法459条１項４号）。そして，この定款規定を置いた会社では，事業報告に剰余金配当にかかる方針を記載する必要がある（会社法施行規則126条10号）。しかし，この定款規定を置いている会社はそれほど多くない。したがって，この配当方針については口頭で明確に説明する必要がある。

■株主提案への対応

増配の株主提案がなされた場合で，これに会社として反対する場合，参考書類に取締役会としての反対意見を記載することになる

（会社法施行規則93条１項２号）が，本問のように質問が議場でなされた場合，参考書類に記載した取締役会の意見を敷衍して，より具体的かつ明確に回答することができるよう準備しておくべきである。

なお，株主提案権に関しては，2019年12月に成立した改正会社法において規律の見直しが図られている。具体的には，株主提案できる議案の数が１人当たり10議案に制限された（会社法305条４項・５項)。近年膨大な数の議案の株主提案権が行使された事例があったことを受けて，その濫用を防ぐことを目的としている。

10. 事業報告（会社役員の状況）

質問10-1 〈役員報酬の開示〉*

役員報酬が１億円を超える場合は有価証券報告書で開示しなければならないと聞く。当社では報酬が１億円を超える役員はいるのか。また，経営の透明性という観点から，報酬が１億円を超えない役員も含め，当社役員全員の報酬額を教えてほしい。

回答例

当社で１億円以上の報酬を得たとして報酬額を有価証券報告書に開示する予定の役員は○○であり，同人に対する当期の報酬額は○○円です。

また，事業報告に記載すべき取締役報酬は総額を記載すれば足りると理解されており，１億円未満の役員報酬は有価証券報告書にも記載する必要がございませんので，個々の役員報酬額をすべてお答えすることはご容赦願います。

【解　説】

■役員報酬１億円以上は個別開示

上場会社の役員報酬について，有価証券報告書等で，①役員の区分ごとの報酬等の総額などの記載，②役員ごとの報酬等の総額などの記載，③使用人兼務役員の使用人給与のうち重要なものがある場合におけるその総額などの記載，④業績連動報酬がある場合には，その指標の目標・実績の記載，⑤報酬等の全部または一部が非金銭報酬等であるときは，その内容の記載を行うことが義務付けられている（企業内容等の開示に関する内閣府令（以下「開示府令」という）15条１号，第三号様式・記載上の注意（38），第二号様式・記載上の注意（57）b）。

特に，役員報酬等（主要な連結子会社の役員としての報酬等がある場合には，その報酬を含む）の総額が１億円以上である者については，必ず開示しなければならない。

開示が求められる報酬等には，金銭である報酬等のみならず，株式，ストックオプション等の金銭でないインセンティブも含まれるため，それらすべての合計が１億円以上であれば，個別開示が必要ということになる。

■会社法に基づく説明義務との関係

これに対し，会社法に基づく事業報告には，役員の区分ごとの報酬総額の記載や役員ごとの報酬の個別記載が義務付けられているわけではない（会社法施行規則121条４号参照）。そのため，役員ごとの報酬を事業報告に記載していないならば，役員ごとの具体的報酬額についての説明義務（会社法314条）はない。

しかしながら，総会運営に当たっては，有価証券報告書における開示の対象となる役員報酬についてのみ回答することも１つのやり方である。

近時の株主総会における株主提案でも，「取締役報酬の個別開示」を求める定款変更議案が多くのケースで出されている（牧野達也「株主提案権の事例分析（２）－2022年７月総会～2023年６月総会－」資料版商事法務474号（2023年）46頁以下参照）。役員報酬の個別開示を求める株主提案は，否決された場合であっても賛成率が高い傾向にある。したがって，このような提案については，株主に対して特に慎重な説明を行う必要がある。

昨今の社会情勢の関係でも，株価や業績との関係で役員が高額な報酬を得ていないかと株主の目が一段と厳しくなっている。役員報酬の開示に関連する質問にどう回答するかは，今後の風潮も踏まえつつ不断に考慮していく必要があろう。

■改正会社法における規律

取締役の報酬の決定等に関しては，2019年12月に成立した改正会社法において規律の見直しが図られている。具体的には，公開大会社であって有価証券報告書提出義務を負う監査役会設置会社，または監査等委員会設置会社においても，取締役の個人別の報酬等の内容の決定方針を取締役会で決定しなければならない（会社法361条7項)。また，取締役報酬等の議案の提出にあたって，当該報酬等を相当とする理由を株主総会で説明する義務がある（同条4項)。そのため，会社が報酬等の決定方針を定めているかまたは定める予定である場合，「相当とする理由」の説明として，当該方針の内容の概要および当該議案が当該方針に沿うものであることを株主総会で説明を求められる場面も出てこよう。他方，個々の取締役報酬額の開示はここでも見送られた。

質問10-2　〈役員の兼職状況〉

事業報告の会社役員の状況の記載についてお聞きしたい。副業をしているかどうかが分からない。代表や役員を務めているかどうかにかかわらず，副業をしていることが分かるように「主な職業」の記載をして欲しいが，いかがであるか。また，現在，各役員の主な職業は何か。

回答例

会社法においては，「重要な兼職の状況」を事業報告に記載することで足りるとされています。ご指摘の箇所の記載は，このような現行法の要請に従って適式に記載されております。

各役員の現在の主な職業は何かというご質問ですが，事業報告書第○頁の一覧表「重要な兼職の状況」の欄に記載のとおりです。

【解　説】

■事業報告における会社役員の状況の記載

会社法施行規則は，会社役員（取締役，会計参与，監査役，執行役）（会社法施行規則2条3項4号）に関する事項として，氏名または名称，地位および担当のほか，重要な兼職の状況，監査役・監査等委員・監査委員の財務・会計に関する相当程度の知見，辞任または解任の場合の関連事項や報酬等に関する事項などを事業報告に記載することを求めている（会社法施行規則121条）。

■改正の推移

そのうち，会社役員の副業に関する記載としては，商法下では，附属明細書において「主な職業」として記載が求められていたが，かかる事項に代えて，会社法下では，事業報告においては，当初，「会社役員が他の法人等の代表者その他これに類する者であるときは，その重要な事実」（会社法施行規則121条1項（旧）3号）と「重要な兼職の状況」（会社法施行規則121条1項（旧）8号）が記載事項とされ，その後，平成21年改正（2009年）を経て，前者が削除され，後者のみとなっている（（現）8号）。

■記載方法のトレンド

事業報告における会社役員の状況の記載方法としては，一覧表形式での記載が一般的であるが，「重要な兼職の状況」の記載に関する見出しは，紙面の都合やレイアウトの兼ね合いでさまざまである。従前のとおり，「他の法人等の代表状況等」の見出しで包括的に記載する方法や，稀に，「主な職業」という記載をしているところもあるが，ほぼ，「担当及び重要な兼職の状況」という記載に収れんしてきている。

■遵法性の説明が重要

見出しをどのように記載しようとも，具体的な記載において，会社法施行規則が求める記載を行っていれば，法的な問題はないが，見出しの記載が誤解を招くおそれもなしとしない。いずれにしても，会社役員の状況に関して質問が出たときには，真実に則して，会社法施行規則が求める記載事項を正確に記載していることを前提として，そのことを丁寧に説明し，法の要請に適っていることを株主に伝えたい。

質問10-3 〈相談役・顧問の役割・待遇・報酬〉*

当社には，相談役と顧問がおられるが，相談役と顧問の方々は，当社の経営にどのような役割を果たしているのか。相談役や顧問は元経営トップの方々であるから，むしろ，役員の皆さんは相談役や顧問に配慮してしまい，思い切った経営ができないという弊害があるように思う。

また，相談役と顧問の待遇はどうなっているのか。会社によっては，相談役や顧問に，個室が与えられ，秘書が付き，社用車での送迎がなされているところがあると聞くが，当社はどうなのか。当社の場合，相談役や顧問の待遇は，その役割や責務に照らして適切なのか。

そもそも，当社は，相談役と顧問の報酬を開示していないが，いずれも開示してほしい。

回答例

当社の相談役や顧問は，当社の事業に関する豊富な経験と高い見識があり，当社の経営や業界に精通しておられることから，当社に対して経営全般に対する有益な助言をしていただくとともに，財界活動を担当するという役割を果たしていただいております。したがいまして，当社の経営に大いに貢献していただいているものでありまして，経営に不当な影響を及ぼすものとは考えておりません。

また，当社のコーポレート・ガバナンス報告書に記載いたしておりますとおり，当社の相談役（顧問）の勤務形態及び条件につきましては，○○○○となっており，その職務に照らしますと，適正であると考えております。報酬の具体的な詳細につきましてはご容赦ください。

【解　説】

■相談役・顧問制度についての議論の高まり

コーポレート・ガバナンス改革を推進する機運が高まる中，近時，相談役・顧問制度が問題視されるようになり，その役割や処遇について議論が高まっている。相談役・顧問制度を採用する会社は，概ね，社長・CEO等を退任した者を「相談役」として，その他の役員を退任した者を「顧問」として，処遇する傾向にあるが，相談役・顧問は，そのような企業トップ経験者であっても，株主から信任を得ていないにもかかわらず，会社の経営や意思決定に強い影響力又は委縮効果を及ぼすようなことは問題であると（特に，外国人投資家から）指摘されているところである（山口利昭「『相談役・顧問制度』の功罪―ガバナンス改革の視点に基づく見直し」ビジネス法務2017年12月号50頁）。

2022年７月から2023年６月までの株主総会においても，相談役・顧問制度の廃止を内容とする定款変更の株主提案が見られたところである（牧野達也「株主提案権の事例分析（１）－2022年７月総会～2023年６月総会－」資料版商事法務473号（2023年）54頁以下参照）。

■コーポレート・ガバナンス報告書の様式・記載要領の改訂

東京証券取引所は，2017年８月２日，コーポレート・ガバナンスに関する報告書（以下「コーポレート・ガバナンス報告書」という）の様式および記載要領の一部改訂により，

「代表取締役社長等を退任した者の状況」という相談役・顧問等に関する記載事項を設けた。2018年１月以後に提出するコーポレート・ガバナンス報告書の記載事項として，社長・CEO経験者のみを対象に，相談役・顧問の氏名，役職・地位，業務内容，勤務形態・条件（常勤・非常勤，報酬の有無等），社長等の退任日，任期の開示や，合計人数の記載が促される。また，「その他の事項」欄に，報酬の総額や個人別の支給額などを任意に開示することもできる。

■相談役・顧問制度の見直しと開示は要検討

このように，コーポレート・ガバナンス報告書には，報酬の有無を記載することが予定されているのみであって，報酬額の記載までは必ずしも必要がない。また，相談役・顧問制度にも一定の積極的意義があるとされており，「相談役・顧問の役割は，各社によって様々であり，社長・CEO経験者を相談役・顧問とすることが一律に良い・悪いというものではない」といわれている（経済産業省・2022年７月19日改訂「コーポレート・ガバナンス・システムに関する実務指針（CGSガイドライン）」）。

しかし，相談役・顧問制度の問題点も指摘され，廃止・縮小すべきとの声が高まる中で，同制度の廃止や見直しを行う企業は増加している。他方，日本における社長・CEOといった経営者の報酬は諸外国と比べて低いとされており，相談役・顧問としての報酬は，経営者の報酬の後払い的要素もあると指摘されているところである（CGSガイドライン51頁）。そのため，相談役・顧問制度のあり方は，役員報酬の制度設計にも絡む問題であると言える。

いずれにせよ，相談役・顧問制度の問題点に照らして，自社の相談役・顧問の報酬や待遇が不相当なものではないかという問題は，株主の大きな関心の的となっている。したがって，コーポレート・ガバナンス報告書における「勤務形態・条件」の記載だけでは，株主から不十分と評価される可能性があろう。そのため，コーポレート・ガバナンス報告書への記載内容が充実するよう自社の制度の見直しを進めるとともに，コーポレート・ガバナンス報告書においてできるだけ任意に開示を行うなどして積極的な情報発信を行うことにより，株主からの理解を得るべきである。株主への質問回答としては，当該報告書の記載に沿って回答することになろう。

質問10-4 〈役員報酬の決定方針〉

事業報告に記載されている役員の報酬額は，役員の区分ごとの支給総額が記載されているだけで，個々の役員の報酬額は記載がない。これでは，各役員に支給される報酬等が適切かどうか，よくわからない。ついては，当社の役員に対する報酬等の決定方針を具体的に説明してほしい。また，今回の役員報酬議案が相当であると考える理由を説明してほしい。

回答例

当社では，役員の区分ごとの総額を株主総会の決議で定めた後，個々の取締役の報酬等の内容の決定は，取締役会の決議により代表取締役に一任しております。当社の役員報酬制度の概要は，……であり，……という観点のもとで設計しており，相当であると考えております。

【解　説】

■報酬等の決定方針に関する事項の説明

指名委員会等設置会社以外の株式会社の場合，取締役の報酬等は，定款または株主総会の決議で定めることとされている（会社法361条1項）。いわゆるお手盛り防止がその趣旨であるため，報酬等の総額等のみを定めれば，個々の取締役の報酬等の内容は，取締役会にその決定を委任することができるし，当該委任を受けた取締役会も，その決議によりさらに代表取締役にその決定を一任できると解されている。

しかし，そのような決定方法をとると，株主や投資家としては，報酬等の決定手続や内容が果たして適切かどうか判断できない。近時，報酬等の決定方法の透明性の向上が強く求められる傾向にある。

そこで，令和元年改正会社法においては，定款または株主総会の決議により取締役（監査等委員である取締役を除く）の個人別の報酬等の内容が具体的に定められていない場合，上場会社等においては，取締役会で報酬等の決定方針を決定することが義務づけられた（会社法361条7項，会社法施行規則98条の5）。

決定が義務づけられた報酬等の決定方針には様々な項目があるが（会社法施行規則98条の5），取締役の個人別の報酬等の内容についての決定の全部または一部を取締役その他の第三者に委任する場合，（イ）当該委任を受ける者の氏名または当該株式会社における地位もしくは担当，（ロ）イの者に委任する権限の内容，（ハ）イの者によりロの権限が適切に行使されるようにするための措置を講ずることとするときは，その内容，もそれに含まれる（同条6号）。

また，監査役会設置会社である上場会社においては，報酬等の決定方針に関する事項を事業報告に記載しなければならないこととなった。具体的には，（イ）当該方針の決定の方法，（ロ）当該方針の内容の概要，（ハ）当該事業年度に係る取締役の個人別の報酬等の内容が当該方針に沿うものであると取締役会が判断した理由を事業報告に記載しなければならない（会社法施行規則121条6号）。改正前と異なり，報酬等の決定方針に関する事項の記載を省略することはできなくなった（同条柱書ただし書）。

取締役は，定時株主総会において，その事

業報告の内容を報告しなければならず（会社法438条３項），株主から当該事項についての説明を求められた場合には，必要な説明をしなければならない（同法314条）。

■報酬等を「相当とする理由」の説明

報酬等の内容の決定手続等に関する透明性を向上させるため，確定額である金銭の報酬等を付与する場合を含め，報酬等に関する事項を定めまたはこれを改定する議案を株主総会に提出した取締役は，当該株主総会において，当該報酬等を「相当とする理由」を説明しなければならない（会社法361条４項）。

また，この「相当とする理由」は，株主総会参考書類に記載しなければならない（会社法施行規則73条１項２号）。

なお，当該議案を可決する株主総会後に取締役会で決定しまたは変更する予定の新しい報酬等の決定方針の内容についても，株主総会において必要な説明をすることが求められると解されている。そのような方針の内容は，報酬等に関する事項を定めまたはこれを改定する議案についての賛否を株主が決定する上で重要な情報であるとともに，当該議案の内容の合理性や相当性を基礎づけるものと考えられるからである（竹林俊憲ほか「令和元年改正会社法の解説〔Ⅲ〕」商事法務2224号（2020年）６頁）。

11. 事業報告（社外役員の活動状況）

質問11-1 〈社外役員の兼任状況〉

事業報告に社外役員の重要な兼任の状況等の記載があるが，「重要な」という限定があることから察するに，重要でない兼任については記載されていないものと思われる。まず，当社の社外役員で，ここに記載されていない兼任をしているものがあるのか否かを確認したい。あるのであれば，その具体的な内容をここで明らかにされたい。そもそも，重要かそうでないかの違いは，どのように区別しているのか。

回答例

（兼任状況のすべてが記載されている場合）

当社の社外役員で，事業報告に記載されていない兼任を行っている方は一人もございません。当社は，できる限り正確な開示を行うことを期して，社外役員の兼任の状況につきましても，すべて事業報告に記載する方針で対応しております。

（記載されていない兼任状況がある場合）

事業報告の記載事項について定める会社法施行規則は，社外役員が他の株式会社の業務執行者や社外役員を兼任しているときは，当該他の会社との関係を記載すべきとしていますが，重要でないものについては記載を要しないと定めており，当社も，このような定めに従って事業報告を適切に作成しております。法律上記載を要しないとされている重要でない兼任の詳細についての説明はご容赦下さいますようお願いいたします。

なお，その兼任が重要かそうでないかの基準は，兼任している会社の規模等から社会通念に照らして判断しております。

【解　説】

■重要でない兼任は説明義務の範囲外

会社法施行規則は，会社役員のうち社外役員である者が存する場合には，事業報告に記載するべき事項として，同規則121条所定の各事項のほか，社外役員が他の株式会社の業務執行者や社外役員を兼任しているときは，当該他の会社との関係も記載すべきとしているが，重要でないものについては記載を要しないと定めている（会社法施行規則124条１項１号・２号）。

したがって，社外役員の兼任の状況について株主から質問されたとしても，それが「重要でないもの」であれば，説明義務の範囲外であり，回答をしないことも許容されると考えられる。

■判断基準は用意しておくのが良策

問題は，「重要でない」かどうかをどのように区別するかであるが，その点について，法は，特段の基準を用意していない。このことは，法が，その区別に係る判断を会社の裁量に委ねている顕現であると考えられるが，だからといって，恣意的に区別することは許容されないであろう。会社としては，株主から区別の基準を問われた際に回答できるくらいの基準を用意しておくのが望ましいであろう。

質問11-2 〈社外取締役との取引関係〉

社外取締役○○氏は○○社の役員を務めているが，○○社と当社の間には取引関係は存在しないのか。取引関係があるとすると，当社経営陣に対して独立の立場で意見が言えないのではないか。

回答例

（取引関係が存在しない場合）

ご指摘のとおり，社外取締役○○氏は○○社の役員を務めておりますが，現在のところ，○○社と当社の間には取引関係は存在しません。いずれに致しましても，当社の取締役は，あくまでも当社の取締役として善管注意義務・忠実義務を果たし，当社の利益のために職務を遂行する者であり，当社経営陣に対して独立の立場で意見が言えなくなるということはございません。

（一般的かつ通例的な取引関係が存在する場合）

社外取締役○○氏は，ご指摘のとおり，○○社の代表取締役を務めており，同社と当社との間には取引関係がございますが，その取引の内容は一般的でかつごく通例的なものであって，取引金額も双方の会社の売上総額に対して非常に小さいものであり，○○社が当社との取引に依存しているという関係にはございません。したがいまして，○○社と当社の間に取引関係があったとしても，○○氏が当社経営陣に対して独立の立場で意見が言えないということはないと考えております。

（ある程度の規模の取引関係が存在する場合）

社外取締役○○氏は，ご指摘のとおり，○○社の代表取締役を務めており，同社と当社との間には取引関係がございます。その取引に係る○○社の売上総額に占める当社の取引金額は○%に上ります。

しかしながら，当社は，会社法が定める利益相反取引・競業取引規制を遵守して取締役会を運営するなど万全の注意を払ってございます。また，そもそも，○○氏は，あくまでも当社の取締役として善管注意義務・忠実義務を果たし，当社の利益のために職務を遂行する者であり，当社経営陣に対して独立の立場で意見が言えなくなるということはないと考えております。実際，○○氏からは，○○社の代表取締役としてのご経験のみならず，その他のご経験や人格・識見から，取締役会で厳しいご意見を含めた有用な助言をいただいております。

【解　説】

■独立性に問題ない旨を説明する

社外取締役は，会社法２条15号にその定義が定められているとおり，会社の業務執行者から独立した立場にあることが要件として明確に定められているが，会社の取引先との関係については，その定義上は特段の配慮はなされていない。

ただ，従来から，社外取締役は，金融機関，投資受入先，主要取引先などから招聘した人物を選任することが慣例的に多くあり，そのようなことを背景として，このような取引関係にある会社の人間では社外取締役として求められる独立性に欠けるのではないかという指摘がされていた。

そこで，会社法の下では，まず，社外取締役の選任に当たり，その候補者が，当該会社の主要な取引先を含む当該会社の特定関係事業者（会社法施行規則２条３項19号）の業務執行者であるかまたは過去10年以内に業務執行者であったことを知っている場合などについては，その取締役選任議案に係る参考書類にその旨記載するよう定められているほか（会社法施行規則74条４項７号ロ・ハ），選任されてからも，社外取締役の取締役会への出席状況および発言の状況を事業報告に記載すべきとされ（会社法施行規則124条１項４号），独立性に疑義があるような社外取締役をできる限り排除し，社外取締役による適正な業務執行の確保を図っている。

■具体的な発言状況に照らし積極的に回答する

このような会社法の態度に照らせば，株主総会において，取引関係のある会社から派遣された取締役について，その独立性に疑義があるという質問が出た場合には，その疑義を払拭するために積極的に回答する必要があろう。前記のとおり，社外取締役の取締役会への出席状況および発言の状況を事業報告に特に記載すべきとされているので（会社法施行規則124条１項４号），株主からの質問が出席状況や発言の状況に及べば，事業報告に記載すべき事項である以上，説明義務の範囲であると考えられるから，回答を回避することはできないと考えられる。

基本的には，取引関係にあることと当社経営陣に従属した立場であることに理論的に必然があるわけではないので，取引関係にあったとしても独立性に疑義がないことを具体的な発言状況などに照らして説明していくことになろう。

質問11-3 〈出席率の低い社外取締役〉

社外取締役○○氏は取締役会の出席率が低いようだが，欠席の理由は何か。取締役会に欠席せざるを得ないほど多忙な人に社外取締役を依頼するのはおかしいのではないか。

回答例

確かに，社外取締役○○氏は，全●回開催された取締役会のうち○回を欠席しております。この○回は，○○氏が議長を務める××社の取締役会の開催日程が重なるなど同氏が代表取締役を務める××社の代替不能な業務の都合上やむを得ず欠席となったものです。

○○氏は，××社の代表取締役としてのご経験のみならず，その他のご経験や人格・識見から，事業内容の報告や議案について，頻繁に質問・発言をされており，取締役会で厳しいご意見を含めた有用な助言をいただいております。当社と致しましては，○○氏が当社のためにご助言頂ける機会をできる限り確保するべく，現在，定例取締役会の日程をできる限り早く確定させるよう努めておりますので，ご理解賜りますようお願い申し上げます。

【解　説】

■説明義務の範囲として回答する

社外取締役の取締役会への出席状況については，特に著名人などの場合に，従前からよく質問される事項であったが，会社法の下では，社外取締役の取締役会への出席状況および発言の状況は事業報告に記載すべきこととされている（会社法施行規則124条１項４号）。

したがって，株主から社外取締役の取締役会への出席状況について質問された場合には，それが事業報告に記載すべき事項である以上，説明義務の範囲であると考えられるから回答を回避できないと考えられる。

■社外取締役の発言の価値に重きを置く

出席状況自体は，統計的に算出できる事柄であるから，株主から特定の社外取締役について質問が出たとしても，回答すること自体に困難は伴わないと考えられる。問題は，思わしい出席状況になかった場合の回答であるが，出席した取締役会における当該社外取締役の発言の価値に重きを置いた回答とならざるを得ないであろう。

そのような回答もできないような実情であれば，当該社外取締役の再任について再考することも視野に入れねばなるまい。

質問11-4 〈社外取締役の取締役会での発言内容〉

社外取締役○○氏の取締役会での発言数は○回ということだが，どんな議案に対してどんな発言をされているのか，その内容を教えてほしい。

回答例

社外取締役○○氏は，そのご経験や人格・識見から，事業内容の報告や議案について，頻繁に質問・発言をされておりますが，とりわけ，○○社の代表取締役としてのご経験から，××事業に関する事業内容の報告や議案において，事業計画の策定や事業遂行の効率化などの事業遂行上の問題点等に貴重なアドバイスをいただいております。

例えば，今年の△月頃，当社は，××事業に関し，☆☆工場において，大規模な設備投資を行いましたが，投資設備の選択という重要な点において投資効率の観点から極めて有用なご助言をいただきまして，☆☆工場は，省エネルギーと事業効率化で従前比○%の経費削減を達成しております。

【解　説】

■説明義務の範囲として回答する

会社法の下では，社外取締役の取締役会への出席状況のみならず，その発言の状況も事業報告に記載すべきこととされている（会社法施行規則124条1項4号）。したがって，株主から社外取締役の発言の状況を質問された場合には，それが事業報告に記載すべき事項である以上，説明義務の範囲であると考えられるから，回答を回避することはできないと考えられる。

■営業秘密などに当たらない限り説明する

法文では「発言の状況」と定められているに過ぎないことからすれば，発言の具体的な内容まで説明する必要はないと考えられる。しかしながら，営業秘密など説明義務の免責事由に該当しない限り，今後の社外取締役の選任の判断にかかわる事項であるから，この点について質問がなされた場合には，これに対して積極的に説明していくべきであろう。

問題は，どこまで具体的に回答するかであるが，社外取締役の取締役会への出席状況や発言の状況は，まさに，個々の社外取締役ごとに千差万別であるから，具体的な実情に照らして，あらかじめ検討して想定問答を策定しておく必要があろう。

質問11-5 〈社外監査役の業務内容〉

社外監査役は，具体的に監査業務を分担しているのか。

回答例

社外監査役も監査役である以上，その責任および権限は，常勤・非常勤にかかわらず社内監査役の責任および権限と変わりません。したがいまして，当社の社外監査役も適切に監査業務を実施しています。

各監査役の監査業務は，監査役会決議に基づき分担されていますが，社外監査役につきましては，特にその専門性を生かすことができるような分担が行われています。

例えば，○○社外監査役には，弁護士としてのその豊富な経験を生かせるよう，取締役の行為が法令に適合しているかなどの法的側面を主に監査していただいております。

また，当社は，近年上場企業の子会社において不祥事が多発していることに鑑み，子会社監査に重点を置くこととしております。具体的には，毎年の監査計画において往査すべき重要な子会社を決定し，内部監査室とも連携して子会社の監査を行っておりますが，この往査については社外監査役にも一部分担していただいております。

【解　説】

■分担業務について具体的に説明する

社外監査役は，一般的には他社の役員を兼務するなど非常勤であることが多いことから果たして監査業務を実質的に行っているのか疑問に思う株主が少なくなく，このような質問がなされることがある。

基本的には，社外監査役も社内監査役も法律上の権限・義務は同一であることを説明した上で，社内規程や監査役会決議などに基づき業務の分担がなされていれば，当該分担業務について具体的に説明すればよいであろう。業務の分担が明確になされていない場合であっても実際にどのようなことをしたのか概括的に説明すればよい。

■発言状況等については積極的に言及

なお，コーポレート・ガバナンスを充実させるとの観点から，社外監査役を含む社外役員に関する事項については，その独立性の判断材料として事業報告において記載することが義務づけられている（会社法施行規則124条）。

この中には，社外役員の当該事業年度における活動状況として取締役会ならびに監査役会または監査委員会等の出席状況や発言状況等が含まれているので（同条４号），これらに関する記載に言及しつつ説明を敷衍して回答することも考えられる。

むしろ，社外監査役は社内業務に精通していなくとも当社のコーポレート・ガバナンスに資する役割を担っていることを示すためには，差し支えない範囲で取締役会や監査役会での発言状況等について積極的に言及して説明するのがよいであろう。

なお，近年の子会社の不祥事の多発に鑑み，子会社管理・監査の重要性が再認識されつつある。子会社への往査を社外監査役が一部分担する会社も出てきており，そのような会社はその点も回答においてアピールすべきであろう。

質問11-6 〈社外役員の出席率の明確化〉

事業報告書○ページの社外役員に関する事項の記載について伺いたい。当該事業年度における主な活動状況に関する記載で，○○取締役は，取締役会の出席状況が「おおむね出席」とあり，××取締役は，取締役会の出席状況が「ほぼ出席」とある。その他の社外取締役は，取締役会の出席状況が「すべて出席」とあるので，出席率は100パーセントであることが分かるが，○○取締役と××取締役は正確には分からない。実際のところ，何回の取締役会中，○○取締役と××取締役はそれぞれ何回出席しているのか。「おおむね」と「ほぼ」の違いは何か。出席率によって使い分けられているのであれば，今の記載方法ではわかりにくいので，パーセンテージ表記をしたらどうか。

回答例

当社の第○期事業年度における取締役会の開催は，臨時に開催したものを含め，○回となっております。そのうち，A取締役は，△回出席し，B取締役は□回出席しています。したがって，A取締役の出席率は，○パーセントとなり，B取締役の出席率は×パーセントとなっておりますが，「おおむね」と「ほぼ」の違いは，ご指摘のとおり，出席率の違いとなっており，「すべて」が100パーセントで，「おおむね」が○～○パーセントの出席率の場合で，「ほぼ」が○～○パーセントの出席率の場合として区別しています。

パーセンテージ表記にしたらどうかというご質問ですが，貴重なご意見として拝聴いたし，今後の事業報告の記載方針の決定において参考にさせていただきたいと存じます。

【解　説】

■社外役員に関する記載

社外役員については，他の会社の業務執行者や社外役員との兼任状況（会社法施行規則124条１項１号，同項２号）や会社またはその特定関係事業者（親会社，親会社または当該会社の子会社・関連会社，主要な取引先）の業務執行者または役員との親族関係（同項３号）といった独立性に関する記載の他，社外役員としての機能が実際に十分発揮されているのかを判断するために主な活動・発言状況の記載が求められている（同項４号イ，ロ）。

■法的規制と実際

取締役会等への出席状況については，何回中何回という具合に回数表記やパーセンテージ表記とすることが最も明確であるが，個別の出席状況まで明らかにする必要はなく，当該社外役員の取締役会等への出席の状況を開示すれば，足るものと解されている（相澤哲編著「新会社法関係法務省令の解説」別冊商事法務300号50頁（商事法務，2006年））。

このような考えに基づけば，具体的な出席回数表記やパーセンテージ表記を行わなくても，設問のように，「おおむね」や「ほぼ」というような抽象的な表現で記載することも許容されると考えられ，実務においても，そのような記載が散見されるところである。

とはいえ，○回中○回出席のように，取締役会等の開催回数と当該社外取締役の出席回数を明確に記載する会社が趨勢のようであり，そのような背景もあって，設問のように，「おおむね」や「ほぼ」というような抽象的な表現で記載するとその点を追及されるおそれが高いので，回答を準備しておきたい。

質問11-7 〈他の業務執行取締役が回答する場合〉

社外取締役の取締役会への出席状況および発言の状況が事業報告に記載されているが，その他，どういった活動をしたのか。○○取締役から直接回答いただきたい。

回答例 指名された社外取締役が回答しない例

社外取締役○○氏は，そのご経験や人格識見から，事業報告に記載のとおり，取締役会に参加し，頻繁に質問・発言をされておりますが，それ以外にも，弁護士としての知見をお借りするべく，コンプライアンス委員会の委員に就任していただいております。同委員会は，毎月定例で開催されておりますが，社外取締役○○氏には同委員会に毎回出席いただき，貴重なアドバイスをいただいております。

【解　説】

■説明義務を履行すべき者

会議の目的事項に対して株主からの質問がなされ，取締役に説明義務が発生しても，その義務を取締役のうちの誰が履行するかは，議長の裁量に委ねられていると解される。仮に質問を行った株主の側で説明すべき者を具体的に指定しても，原則として，議長はこれに拘束されるわけではない。なぜなら，説明義務の対象となる取締役は機関としての取締役を指すと解されており，誰が実際に説明をなすべきかは基本的に質問の内容・趣旨に応じてもっともふさわしい者が客観的に定まるはずのものだからである（岩原紳作編『会社法コンメンタール７－機関⑴』（商事法務，2013年）258頁〔松井秀征〕ほか）。

■特定の社外取締役の指名を受けたら

したがって，株主から特定の社外取締役の活動状況に関する質問がなされ，当該社外取締役個人を回答すべき者として具体的に指定されたとしても，原則として，議長はこれに拘束されるわけではなく，自ら回答し，あるいは，他の業務執行取締役を指名して，その活動状況を客観的に説明させることもできる。

■回答例についての留意事項

回答例は，株主から指名された社外取締役本人ではなく，議長からの指名で，業務執行取締役が客観的に，株主から指名された社外取締役の活動状況を説明したものである。質問が特定の社外取締役の客観的な活動状況について問うものであるから，このような回答をすることも可能である。

しかし，【質問11-8】のようなものとなると，その質問の内容・趣旨に応じて回答するのがもっともふさわしい者について別途考慮する必要があろう。

質問11-8 〈社外取締役本人が回答する場合〉

○○取締役から，△△取締役のコンプライアンス委員会における活動状況について回答いただいたが，そのコンプライアンス委員会の運営について，もっと具体的にご説明願いたい。また，そこに参加されておられる△△取締役から，当社の社外取締役として，そのコンプライアンス委員会の運営状況についてどのように評価されているのかお伺いしたい。

回答例① 客観的な内容についての回答

当社のコンプライアンス委員会は，社外取締役△△氏のほか，常勤監査役，コンプライアンス部長，法務部長，内部統制部長，～～～により構成されています。社外取締役△△氏に委員に就任していただいているのは，弁護士としての知見をお借りするためですが，さらに，同委員会の独立性を確保するため，社外取締役△△氏に委員長に就任していただき，その運営を委ねています。同委員会は，毎月定例で開催されており，当社における内部通報事例その他取締役会が諮問したコンプライアンス問題について審議され，その審議の結果を取締役会に対して答申しています。

回答例② 指名された社外取締役からの回答

当社のコンプライアンス委員会の運営については，先ほど，○○取締役からご説明したとおりですが，私が委員長となり，同委員会を当社の業務執行サイドから独立して運営しております。このように，同委員会は，当社の業務執行サイドからの独立性が確保されているため，その委員により闊達な議論がなされ，当社における内部通報制度を有効に機能せしめることに資するなど，同委員会の活動が当社のコンプライアンスにおいて重要な役割を担っていると評価しております。

【解　説】

■社外取締役の業務への関与と社外性要件

会社法上，「業務執行取締役等」でないことが社外取締役の要件とされ，「業務執行取締役等」とは，業務執行取締役（会社法363条1項各号に掲げる取締役および当該株式会社の業務を執行したその他の取締役）もしくは執行役または支配人その他の使用人と定義されている（会社法2条15号イ）。

したがって，現行法上，実際に当該株式会社の業務執行を行うと，社外取締役の要件を欠くこととなる。

社外取締役には，もっぱら経営者（業務執行取締役・執行役等，会社の業務執行を行う者）の職務執行を監督する役割が期待されており，社外取締役が業務執行取締役等の地位を有すると，監督者と被監督者とが同一のものとなって，監督者としての役割が果たせなくなるため，業務執行取締役等でないことが社外取締役の要件とされた（江頭憲治郎編『会社法コンメンタール1―総則・設立(1)』（商事法務，2008年）40頁〔江頭憲治郎〕参照）。

したがって，会社法上，行為の業務執行該当性の判断に当たっては，業務執行者に対する監督者としての役割を社外取締役が果たすことの妨げにならないよう，代表取締役その他の業務執行者に対する監督者としての社外取締役の役割に鑑みて，業務執行者に従属的な立場において業務執行者の指揮命令系統に属して行われる行為が業務執行に該当する，換言すれば，業務執行者から独立した立場で行われる行為は業務執行に該当しないと考えられる（田中亘＝後藤元＝長谷川顕史＝石井裕介「〈座談会〉会社法制の今後の課題と展望」旬刊商事法務2000号（2013年）82頁〔田中発言・後藤発言〕，渡辺邦広「実務問答会社法第３回　社外取締役の行為と業務執行」旬刊商事法務2110号（2016年）47頁参照）。

かかる考えによれば，取締役会以外の社内の会議体の審議に参加しても，当該会議体が業務執行者の指揮命令系統に属さず，独立性が確保されていれば，業務執行に該当しないと考えられるから，取締役会の諮問を受けて取締役会に答申をする任意の委員会は，通常，業務執行者の指揮命令系統に属するものではなく，当該委員会の審議に参加して議決権行使をすることは，業務執行に該当しないと考えられ，さらには，当該委員会の委員長を務めることも，業務執行に該当しないと考えられる（前掲渡辺47頁参照）。

また，代表取締役その他業務執行取締役や使用人が委員長として運営される会議体は，業務執行者の指揮命令系統に属するものであり，当該会議体の審議に参加して議決権を行使することは，業務執行に該当すると考えられるが，そのような業務執行者の指揮命令系統に属する会議体であっても，当該会議体に業務執行者から独立した立場においてオブザーバーとして出席し，業務執行者に対する監督の観点から自らの知見を活かした発言をするにとどまるのであれば，業務執行には該当しないと整理し得ると考えられる（前掲渡辺47頁参照）。

このような議論を踏まえ，令和元年改正会社法348条の２の新設により，社外取締役に対する業務執行の委託が認められることとなった。

そして，会社法348条の２の新設に伴い，会社と取締役の間に利益相反関係が存在し，その他取締役の当該業務の執行により，株主が利益を損なうおそれがある場合においては，社外取締役に対し，その都度，業務の委託をすることができ，その行為は業務の執行に該当しないこととなった（竹林俊憲ほか「令和元年改正会社法の解説〔Ⅴ〕」旬刊商事法務2226号（2020年）４～６頁）。会社法２条15号における「社外取締役」の定義については改正されていないが，会社法施行規則２条３項６号の「業務執行者」の定義に関しては，令和元年改正会社法348条の２第１項および２項の規定による委託を受けた社外取締役を除く旨の改正がされた（同号イかっこ書参照）。

■説明義務を履行すべき者

前記のとおり，会議の目的事項に対して株主からの質問がなされ，取締役に説明義務が発生しても，その義務を取締役のうちの誰が履行するかは，議長の裁量に委ねられていると解される。仮に質問を行った株主の側で説明すべき者を具体的に指定しても，原則として，議長はこれに拘束されるわけではない（岩原紳作編『会社法コンメンタール７－機関(1)』（商事法務，2013年）258頁〔松井秀征〕ほか）。

したがって，株主から特定の社外取締役の活動状況に関する質問がなされ，当該社外取締役個人を回答すべき者として具体的に指定されたとしても，原則として，議長はこれに拘束されるわけではなく，自ら回答し，あるいは，他の業務執行取締役を指名して，その活動状況を客観的に説明させることもできる。

■回答例についての留意事項

【質問11-８】前段で質問されたコンプライアンス委員会の運営については，客観的に回答することが可能であるため，【回答例①】は，議長からの指名で，まず，業務執行取締役が客観的にコンプライアンス委員会の運営について説明したものである。

しかし，【質問11-８】後段で質問された社外取締役の個人的な評価に関する質問については，その質問の内容・趣旨に勘案すれば，他の取締役から回答することはできず，指名された社外取締役本人から回答する必要がある。これを踏まえ，【回答例②】は，指名された社外取締役本人から回答する内容となっている。

なお，企業不祥事が発生した会社において，社外取締役を構成員とする第三者委員会が設置され，取締役会の諮問を受けて企業不祥事を調査し，その調査結果を取締役会に答申した場合，そのことが事業報告に記載されることがあるが，そのような場合などは，株主から，その第三者委員会の委員となった社外取締役を指名して質問がなされることがままある。

そうした場合，企業不祥事の発生が原因で株価が低落し，無配転落など株主還元が十分なされていないとして，株主が不満を抱いていることは想像に難くなく，社外取締役の監督機能への期待が大きかったとすれば，その株主の不満は社外取締役に向けられる可能性が高い。

したがって，そうした場合の社外取締役の想定問答としては，社外取締役がいかに一般株主と目線を同一に保てるかという観点から，回答を用意する必要があろう（久保利英明＝中西敏和『新しい株主総会のすべて（改訂２版）』（商事法務，2010年）270頁参照）。

12. 事業報告（会計監査人）

質問12-1 〈同一の会計監査人による監査継続〉

同一の会計監査人による監査が継続しているが，問題はないのか。

回答例

ご指摘のとおり，当社は○年から，○○監査法人に会計監査をお願いしております。ご質問は，同一の会計監査人に監査を継続して依頼すると馴れ合いが生じて独立性ある会計監査を保てなくなるのではないかというご趣旨であると理解しております。

この点につきましては，○○監査法人は当社の幅広い業務内容に精通し，効率的な監査を実施しており適切であると考えております。ご指摘の馴れ合いの点ですが，○○監査法人の内部において，定期的に当社担当の公認会計士の交替が行われているため，そのようなご懸念には及ばないものと考えております。

このような考え方から，当社は事業報告記載の会計監査人の解任または不再任の決定の方針を策定しておりますので，何卒ご理解賜ればと存じます。

【解　説】

■解任・不再任決定方針策定の考え方を説明

従前発覚した上場企業の粉飾決算事件においては，同一の監査人が長年にわたり会計監査を担当していたことで馴れ合いが生じ，その結果，監査人としての独立性を維持した会計監査ができなかったのではないかと指摘されていた。また，金融庁がある監査法人に対して課した懲戒処分においては，依頼会社の監査チームのメンバー構成が，長期間にわたり依頼会社や依頼会社の子会社の監査を担当した者が中心となっていることなどにより，依頼会社のガバナンスへの過信が生じたと指摘されている。このような懸念から，本問のような質問がなされる可能性があるので準備しておく必要があろう。

会計監査人は株主総会において一度選任された後は原則として再任されたものとみなされるが（会社法338条２項），当該再任について株主の適正な監督を受けさせるため，会社法施行規則は，事業報告において会計監査人の解任または不再任の決定の方針を記載することを求めている（会社法施行規則126条４号）。したがって，通常は当該方針策定に至った考え方を説明することとなろう。

この点に関しては，監査法人を定期的に交代することについては，新たな会計監査人は当社の業務内容に精通していないため効率的な監査が期待できず，著しいコスト増につながり，弊害が大きいことを説明すべきである。

■担当公認会計士のローテーション制度を説明

他方で，馴れ合いの点については，現在大手監査法人においては，担当公認会計士のローテーションを実施することにより防止している点を説明することとなろう。

その際，各監査法人の一連の品質管理体制の強化により，現場での馴れ合いが生じないように真に配慮されていること，あるいは，今後そのような体制をとることを説明すべきであろう。

質問12-2 〈会計監査人の報酬等の額の同意理由〉

事業報告によれば，会計監査人の報酬が前事業年度に比べて著しく増加している。これだけ増加しているにもかかわらず，監査役会が報酬について同意した理由は何か。

回答例

監査役会を代表して常勤監査役である○○からご回答申し上げます。株主様ご指摘のとおり，当事業年度の会計監査人の報酬等は，前事業年度に比べまして，約○○円増加しております。当監査役会が会計監査人に説明を求めたところ，当事業年度においては，当社グループは積極的にM&Aを実施した結果，連結子会社が３社増えたことに伴い監査工数が大幅に増えたことが主な増加要因であるとの説明を受けており，提出された監査計画に照らしても問題ないと考えられましたので同意した次第です。

【解　説】

■事業報告の記載に従って説明する

平成26年改正会社法（2014年）の施行に伴い，会社法施行規則は，事業年度に係る各会計監査人の報酬等の額および当該報酬等について監査役会が同意した理由を事業報告の内容とすることを求める（会社法施行規則126条２号)。その趣旨は，当該理由を開示することにより，会計監査人の独立性を確保するために設けられている監査役会の同意権が適切に行使されることを確保しようとすることにある。

したがって，本問の回答に当たっては，事業報告の記載に沿って敷衍して説明すべきであろう。

■同意に当たって確認すべき事項

法務省のパブリックコメントによれば，過去の報酬実績や公益社団法人日本監査役協会の「会計監査人との連携に関する実務指針」等を参考に報酬を確認した旨の記載は，同意した理由の一内容となり得るとされている。

また，同協会策定の「監査役監査基準」35条は，報酬等の額の同意にあたっては，会計監査人の監査計画の内容，会計監査の職務遂行状況（従前の事業年度における職務遂行状況を含む）および報酬見積りの算出根拠などが適切であるかについて確認する旨を規定する。

したがって，会計監査人の報酬等の額について同意するに当たっては，報酬等の見積りの考え方，前事業年度の報酬額等との対比，当事業年度における会計監査計画等について会計監査人に対して説明を求め，その説明された内容をベースに報酬等の額が妥当であることを確認することになろう。

質問12-3 〈監査上の主要な事項（KAM）〉

当社においては株主総会後に有価証券報告書を提出するため，今期において監査上の主要な事項（KAM）としてどのようなことが監査報告書に記載されているのかは不明であるが，せっかくなので，監査役と会計監査人との協議において，監査上の主要な事項としてどのようなものが協議されたのかを教えてほしい。

回答例

監査役会と会計監査人間の協議において監査上の主要な事項として挙がったものを1つご説明させていただきます。先ほどの事業報告にもありましたとおり，当社の小売事業は競争環境が激化しており，特に首都圏の店舗においては商圏に複数の競合他社が出店するところが多くみられました。そのため各店舗の固定資産について減損する必要はないのかを検証するにあたり，各店舗の収益予測を見直す必要がないかについて特に着目して会計監査が行われております。

【解　説】

■KAMとは

監査上の主要な事項（Key Audit Matters（KAM））の適用時期は2021年３月期決算に係る財務諸表監査からとされており，以後の株主総会においてはKAMに関する質問が想定される。

KAMとは，当年度の財務諸表の監査の過程で監査役等と協議した事項のうち，職業的専門家として当該監査において特に重要であると判断した事項をいう。監査プロセスの透明性を向上させる観点から，監査人は金商法上の監査報告書にKAMを記載しなければならないとされているが，そこでは，KAMの一般的な性質の説明，KAMの内容，それをKAMであると監査人が考えた理由が記載されることになる。KAMの選定は監査人が行うが，監査役会等と協議した事項の中から選定されるため，KAMの取扱いにおいて監査役会等は重要な役割を果たすことが期待されている。

■説明義務ありの前提で回答を準備する

KAMは，会社法上の会計監査との関係では掲載を要求されていないが，株主総会開催時には，監査人から取締役・監査役に対して金商法上の監査報告書に記載されるべきKAMの情報は提供されているはずであるし，会社法上の計算書類・連結計算書類の承認または報告議案にも密接に関連するものであるから，取締役等の説明義務が生じると解され得るので注意が必要である。

誰が回答するかが問題になるが，監査人との協議を行うのは監査役等であるため，監査役等が回答主体になる場合が多くなることが想定される。

回答にあたっては実際に監査人との協議において検討された主要な事項を端的に回答すればよい。

13. 事業報告（株式に関する事項）

質問13-1 〈役員の保有株数が少ない〉

事業報告の株式に関する事項をみると，当社の役員による当社株式保有数がとても少なく感じる。役員はもっと当社の株式を保有して株主と利害関係を一にして経営判断を行うべきではないのか。

回答例

貴重なご意見ありがとうございます。当社の役員による当社保有株式数が多いと感じるか少ないと感じるかについては個人差があるところかと思いますが，当社の役員は，株主様ご指摘の現実に保有している株式のほか，ストックオプションも付与されております。したがいまして，業績向上に対するインセンティブは十分に付与されており株主様と同じ目線に立って経営を行うことができていると考えております。しかし，役員による保有株式数については，株主様のご意見も勘案しながら今後改めて検討してまいりたいと思います。

【解　説】

■保有株式数が少ないとリスクを取っていないように見える

当社の事業について最も情報を有する当社の役員が当社の株式を保有していないと，株主からは，当社の事業は将来性がないかのように映る。

すなわち，役員による自社株の保有割合は，役員がいかに当社の事業にコミットしているかを端的に示すものであるため，株主としても関心のあるところであり，このような質問は実際の総会においてもよくなされる。

■役員へのインセンティブ制度を紹介する

このような質問がなされた場合には，株主の質問の趣旨は，当社の業績向上に対する役員へのインセンティブ付与についての問題提起と捉えた上で，当社がすでに業績連動型報酬やストックオプション制度を導入している場合には，それらの制度を紹介すれば足りるであろう。

これらの制度を導入していない場合には，インセンティブ報酬についての当社の考え方を説明すればよい。

■インサイダー取引規制を盾にする

これに対して，インセンティブの問題ではなく，役員自身が当社の事業についてリスクを取っているかという観点からの質問である場合には対応が難しい。

ストックオプションや業績連動型報酬は会社の業績が向上した場合に役員報酬が増額されるだけで，業績が低迷したときには役員自身が何らかの痛手を被るわけではないからである。

この場合は，役員による自社株取得については，インサイダー取引規制との関係でそのタイミングが難しいなどの技術的な問題があるので，これらを理由に回答を工夫するのが無難であろう。

具体的には，インサイダーの適用除外とされている役員持株会や累投による買付けも当初加入時等は適用除外にはならず，かかる場合は知る前契約・計画等の例外規定で対応する必要があるなど対応が煩瑣であり，インサイダー取引規制違反を犯すリスクも皆無とは言えないことを説明することなどが考えられよう。

14. 事業報告（子会社の状況等）

質問14-1 〈子会社業績の招集通知への記載〉

連結経営・グループ経営の時代と言われている。このような時代背景からすれば，子会社の業績は親会社の連結の業績に直結する以上，重要な子会社の業績を招集通知に記載するべきではないか。少なくとも口頭で説明していただけないものか。

回答例

ご指摘のとおり，昨今では親会社・子会社等から成る企業グループを主体としたグループ・連結経営が時代の主流となっており，株主総会の招集通知にも連結ベースの情報開示が求められております。

当社も，多角的な側面からの経営資源の有効活用による株主利益の最大化を目指し，当社を中心として企業グループを構成しておりますので，会社法の要請に従って，招集通知に連結計算書類等を掲載し，事業報告の一部も連結ベースで記載させていただいております。

ただ，株主総会は，あくまでも当社の１年間の事業の概要・業績等を株主様に対してご報告申し上げるための会議であると位置づけられてございます。それを前提として，会社法も，子会社の業績は，グループ全体で総体的に把握されるべきとして，連結ベースでの情報開示を要請しているにとどまります。

当社では，かかる法の趣旨を踏まえて，株主様に必要な情報が提供できるよう，グループ全体での情報開示に努めておりますので，ご理解いただきますようお願い申し上げます。

【解　説】

■子会社に関する記載

会社法は事業報告書の記載事項の一部について連結ベースでの記載を許容するとともに（会社法444条，会社法施行規則120条２項），株主総会の招集通知にも連結ベースの情報開示を求めており，連結計算書類作成会社にあっては，連結対象かどうか，持分法適用対象会社かどうか，連結子会社のうち上場会社であるかどうか等を基準にして重要な子会社の範囲を確定した上で，当該重要な子会社について開示することが求められている。

これは，親会社・子会社等から成る企業グループを主体としたグループ・連結経営が主流化したことを受けて，株主のより正確な企業情報の理解に資するために，連結ベースでの情報開示が強く求められてきたことを背景にしている。

その一方で，会社法は，当該会社についての事業および業績等の報告を想定しており（会社法435条２項，会社法施行規則116条２号，117条１号，会社計算規則59条），当該会社の事業報告における子会社に関する記載としては，重要な子会社の状況に関して事業報告に記載することを求めているにすぎない（会社法施行規則120条１項７号）。定時株主総会は当該会社の１年間の事業の概要・業績等を株主に対して報告するための会議であるからである。

なお，重要な子会社の状況に係る具体的な記載事項としては，①会社名，②資本金，③議決権比率または出資比率，④主要な事業内容を記載するのが一般的である。

■説明義務の範囲

招集通知に連結計算書類が記載されているので，それを見ると，勢い【質問14-1】のような質問が出されることが多くなるが，前記法律の趣旨について説明することで回答を終えることも可能であろう。

しかしながら，会社法下においても，株主総会の決議事項に関しては，「合理的な平均的株主が議案の賛否に合理的な判断をするのに客観的に必要な範囲で説明義務を負う」と解されている（松井秀樹「会社法下の株主総会における説明義務」東京大学法科大学院ローレビュー1巻26頁）。参考書類記載事項については，それが直ちに取締役の説明義務の範囲を画する「一応の基準」となるかについては，「慎重な検討」が必要であるとする見解もあるものの（前掲松井26頁以下），参考書類の記載事項とされている事項については，取締役としても，ある程度，質問されることを予想することが可能であり，株主が取締役に対して説明を求めることができると解すべきである。

そうだとすれば，取締役としては，参考書類記載事項については，説明義務の範囲に入るものと割り切った上で，回答を用意しておくべきであり，子会社の状況についても，すべての子会社の業績等について回答することまでは必要ないにしても，重要な子会社については，その業績の概略程度は回答準備をしておき，少なくとも売上や利益などについて十分な回答ができるように備えておくことが望ましく思われる。

質問14-2 〈業績が悪化している子会社の経営方針〉

子会社の中で，業績が赤字となっているものはいくつあるのか。どの会社か。それらの会社についての今後の方針（整理するのか，立て直せるのか）を説明してほしい。

回答例

当社の子会社の中で，今期，業績が赤字になっているものは，A社とB社であり，それぞれ，今期におきまして，A会社が○円，B会社が○円の赤字となっております。これらは，……という理由となっているものと考えております。

これらの会社につきましては，当社を含めましたグループ全体の将来像に照らして，それぞれの事業目的，経営状況等を総合的に検討しつつ，経営資源の有効活用による株主利益の最大化を目指し，当社ならびに各子会社の経営陣が全力を挙げて今後の方針を模索しているところでございます。株主様におかれましては，今しばらく，私どもが取り組んでいる施策が結実するようお見守り下さいますようお願い申し上げます。

【解　説】

■「重要な子会社」でない子会社の赤字

赤字となっている会社が，事業報告に重要な子会社の状況（会社法施行規則120条１項７号）として記載されている子会社である場合，赤字の状況を一定の範囲で説明するべきことは論をまたないであろう。

問題は，事業報告に重要な子会社の状況として記載されていない子会社が赤字である場合である。会社法下において事業報告に記載が求められている子会社以外の子会社の業績は，親会社の財産，損益全般を把握する上での重要性に乏しく，これらの会社の状況等は，仮に赤字であったとしても，法律上株主総会において説明を要すべき事項には含まれないと考えられるので，説明義務の範囲外として説明を回避することも認められないわけではないと考えられる。

■状況をみた回答内容の判断が必要

このような質問は，勢い，批判的な論調の質問となる可能性も高いことからすれば，会場全体の雰囲気や質問株主の状態に照らして，説明を回避することが妥当な場合もあり得るだろう。

しかしながら，子会社の中に赤字の会社が含まれているかどうかは，株主の関心事項であるとともに，親会社の経営者であれば，具体的な認識を有していて然るべき事柄であるといえ，会社の業績に必ずしも大きな影響を与えない子会社についても目を光らせてグループ経営を行っている姿勢を示威することを意図して具体的な説明を行うこともあり得るところであろう。

ただ，株主に余計な不安を与えることとなっては逆効果であるので，回答の際には，単に，赤字の状況を摘示するにとどまらず，会社の業績に対する影響が軽微である事実とともに，その打開策に関する取組みについても，具体的に説明することが必要であろう。

■インサイダー情報とならないよう注意

ただ，重要な子会社の事業譲渡や組織再編などは，インサイダー情報に含まれる可能性が高いので（金融商品取引法166条２項５号），株主総会で明らかにすることが不適当な場合もあり，特に，子会社の赤字の打開策の取組みに関する説明においては留意が必要である。

質問14-3 〈子会社の管理体制〉

子会社が多数あるが，これらの子会社の業績は，当社の業績に影響を与えるものであるので，子会社に対する管理や支配は当社の経営上の重要な事項であると思われる。そこで，当社の子会社管理体制はどのようになっているのかを説明して欲しい。

回答例

当社は，多角的な側面からの経営資源の有効活用による株主利益の最大化を目指し，当社を中心として企業グループを構成し，○社や○社といった子会社を有しておりますが，先に申し上げた目的達成のためには，子会社に対する管理や支配が当社にとって経営上の重要な事項であると考えております。

そこで，当社は，その有する株式に基づく株主権の行使を通じて，当該子会社の運営にふさわしい役員を選任し，その役員を通じて，当該子会社の会社としての独自性を尊重しつつ，法的には，企業グループにおける業務の適性を確保するための体制を構築しております。

具体的には，各子会社の規程と別個のグループ管理規程を策定した上で，当社にグループ統轄本部を設置するとともに，親会社の各部署と子会社関連部署との連携体制とグループ各社からの情報集約体制を整備しております。

【解　説】

■内部統制の一環としての子会社管理

親会社といえども，子会社に対し，子会社取締役の解任など会社法上株主に認められた権限を行使する以外には，法的には，直接的な支配・管理権限が認められているものではないというのが建前である。

しかしながら，その一方で，会社法においては，大会社（会社法２条６号）には，内部統制システムの構築義務が課されているところ（会社法348条４項，362条５項），その内容として，いくつかの例示とともに株式会社ならびにその親会社および子会社から成る企業集団における業務の適正を確保するための体制が掲げられており（会社法362条４項６号，会社法施行規則100条１項５号），親会社が事実上の支配力を通じて適正な内部統制を行うことが想定されている。

そうしたことを背景にすれば，従来のような建前論のみに終始する回答は望ましくなく，むしろ，このような質問に対しては，株主に対するアピールポイントとして積極的な説明を行うべきであろう。

そして，その回答においては，グループガイドラインにおける指摘を念頭に置いておく必要がある。すなわち，経済産業省は，2017年12月にCGS研究会（第２期）（座長：神田秀樹学習院大学大学院法務研究科教授）を立ち上げ，同研究会において約１年半にわたりグループガバナンスの在り方について議論を重ねて，2019年６月28日，同研究会における議論等に基づき策定された，「グループ・ガバナンス・システムに関する実務指針」（グループガイドライン）を公表した。このグループガイドラインでは，第４章で「内部統制システムの在り方」がまとめられている。この章では，特に，グループ経営に固有の問題にとどまらず，その前提となる法人単体とグループ経営に共通する論点についても，基本的な事項について整理をした上で，グループガバナンス固有の問題に架橋する構成となっているが（グループガイドライン（12頁）1.4），グループガイドラインは，主として単体としての企業経営を念頭に作成されたコーポレートガバナンス・コードの趣旨を敷衍し，子会社を保有しグループ経営を行う企業においてグループ全体の企業価値向上を図るためのガバナンスの在り方をコーポレートガバナンス・コードと整合性を保ちつつ示すことで，コーポレートガバナンス・コードを補完するものであると位置づけられているので（グループガイドライン（10頁）1.2），子会社を保有しグループ経営を行う企業であれば，グループガイドラインの主たる対象とされた大規模なグループ経営を行う会社でなくても検討しておくべきといえよう。

特に，実効的な内部統制システムの構築・運営のあり方（グループガイドライン（77頁）4.6）の記載は，複層的な３線ディフェンスのあり方が，企業アンケート結果や，先進的な日本企業や欧米企業の取組例から導き出されており，その他の箇所も，同様に企業アンケート結果や取組例がふんだんに記載されているので，それらを見た株主が，当社においてはどうかと聞いてくるかもしれない。そのように具体的な事例などを示して聞かれたときに見ていませんという回答では話にならない。

グループガイドラインを具体的に検討したうえで，その検討結果を踏まえた回答ができるように準備しておきたい。

質問14-4 〈グループ会社内での利益相反取引へのチェック体制〉

グループ内取引が多くなると，利益相反取引など増えてくると思うが，その適法性・妥当性のチェックはどのようにしているのか。

回答例

当社は，多角的な側面からの経営資源の有効活用による株主利益の最大化を目指し，当社を中心として企業グループを構成しておりますが，経営資源の有効活用の観点から，ご指摘のとおり，グループ内取引も多く行っており，その中には形式的には利益相反取引に該当してしまうものもございます。

このような事態を受けて，当社は，企業グループにおける業務の適正を確保するための体制の一環として，会社法が定める利益相反取引・競業取引規制の趣旨を踏まえ，グループ内取引における利益相反取引の適法性・妥当性のチェック体制を構築しております。

具体的には，グループ内取引規程，兼任役員の行動規範の策定，親会社からの不当な指示等に対する対処基準等の各種規程を整備し，これらの各種規程に従って，当社または各関連グループ会社における取締役会において，取引の適法性・妥当性をチェックしております。

【解　説】

会社法においては，大会社（会社法２条６号）には，内部統制システムの構築義務が課されているところ（会社法348条４項，362条５項），その内容として，いくつかの例示とともに株式会社ならびにその親会社および子会社から成る企業集団における業務の適正を確保するための体制が掲げられている（会社法362条４項６号，会社法施行規則100条１項５号）。

しかしながら，その具体的な内容については，会社法および会社法施行規則には具体的に定められておらず，各社の自主性に委ねられていると考えられる。

企業グループにおいて経営資源の有効活用を指向した場合，グループ間取引が増加し，かかる取引の増加に伴い，形式的には利益相反取引に該当してしまう取引も増えてくるものと考えられるが，そのような利益相反取引の適法性・妥当性のチェック体制の構築も，会社法が求める企業グループにおける業務の適正を確保するための体制の一例として位置付けられる。

したがって，そのようなチェック体制を構築している場合には，株主の説明に対して積極的に回答するべきであろう。

質問14-5 〈子会社の統廃合〉

「事業の選択と集中」がグループ経営においては肝要であると聞く。翻って当社グループの状況を見ると，子会社の数が多すぎるように思われる。個々の子会社の業務を比較してみても，同じような業務を行っているものも複数ある。当社グループにおいても，「事業の選択と集中」の観点から統廃合による経営の効率化が必要であると思われるが，社長の考えを伺いたい。

回答例

ご指摘のとおり，「事業の選択と集中」がグループ経営においては重要であると当社経営陣も考えており，さらなる効率化を指向して，事業単位での「選択と集中」を推進しているところであります。ただ，会社単位での「選択と集中」をも行うべきか否かは，グループ全体の戦略としてまさに検討しているところであり，その対応を如何にするべきかは未定の段階でありますので，説明はご容赦下さい。

【解　説】

企業グループにおける「事業の選択と集中」は，グループ経営の基本戦略であるから，株主から質問を受けた場合には，必要な範囲での説明を行うことが望ましく，事業報告において，「対処すべき課題」（会社法施行規則120条１項８号，同条２項）などに記載がある場合には，説明義務の範囲に含まれることに留意して十分な説明を行うことが必要となる。

ただ，「事業の選択と集中」の手段として重要な子会社の組織再編が含まれる場合には，これらの事項は，インサイダー情報に含まれる可能性が高いので（金融商品取引法166条２項５号），株主総会で明らかにすることが不適当な場合もあり，説明内容には留意が必要である。この場合には，過不足なく説明を行うことができるようあらかじめ想定問答を策定しておくのが望ましいであろう。

そして，その回答においては，グループガイドラインにおける指摘を念頭に置いておく必要がある。すなわち，経済産業省は，2017年12月にCGS研究会（第２期）（座長：神田秀樹学習院大学大学院法務研究科教授）を立ち上げ，同研究会において約１年半にわたりグループガバナンスのあり方について議論を重ねて，2019年６月28日，同研究会における議論等に基づき策定された，「グループ・ガバナンス・システムに関する実務指針」（グループガイドライン）を公表した。このグループガイドラインでは，第３章で「事業ポートフォリオマネジメントの在り方」がまとめられている。この章では，「コーポレートガバナンス・コード」（当時2018年６月版）原則５－２において，「自社の資本コストを的確に把握した上で，……収益力・資本効率等に関する目標を提示し，その実現のために，事業ポートフォリオの見直し」等に関し，株主に明確に説明を行うこととされていることを踏まえ，グループ全体の事業ポートフォリオについて，シナジーの発揮や持続的な収益性確保の観点から，定期的に見直しを行い，その最適化を図るべきとし，その際，自社にとってのコア事業を見極め，その強化のためのM&Aとノンコア事業の整理を通じ，コア事業に対する経営資源の集中投資を戦略的に行っている取組例が参照されている（グループガイドライン（50頁）3.2）。

特に，不採算事業部門の整理が問題となっている企業では，事業ポートフォリオマネジメントの仕組みの構築（グループガイドライン（57頁）3.3）や事業評価のための基盤整備（グループガイドライン（60頁）3.4）が参考になるので，それらを見た株主が，当社においてはどうかと聞いてくるかもしれない。そのように具体的な事例などを示して聞かれたときに，とりわけ，不採算事業部門の整理が問題となっている企業で見ていませんという回答では話にならない。

そうした企業では，グループガイドラインを具体的に検討したうえで，その検討結果を踏まえた回答ができるように準備しておきたい。

質問14-6　〈子会社倒産の影響〉

子会社が倒産したが，その子会社への売掛けや貸付けなどはあるのか。その回収ができなくなったことによる当社の業績への影響はどの程度か。そもそも子会社管理が甘いのではないか。

回答例

リリースにてご報告申し上げたとおり，当期においてA社が倒産しましたが，当社は，A社に対し，ここ数年業績が低迷しておりましたので，経営支援のための貸付けを行い，総額金○円の貸付債権を有しておりました。A社は，当社グループ事業の中核企業ではございませんが，当社の事業展開との兼ね合いで重要な役割を担っており，また，再建も可能であると判断して支援を続けてまいりました。

しかしながら，長引く不況の影響を受けて清算のやむなきに至りました。

当社は，A社の清算による子会社整理損として当期に金○円を計上しております。

当社は，A社には取締役○名と監査役○名を派遣して，その業務の適正を確保する体制を構築しておりました。また，さらに，当社策定に係る関係会社管理規程の定めるところに従い，当社グループ会社を管理する○○事業部が，事業に係る定期報告を受けて情報を集約するとともに，重要な経営事項については，当社の事前の承認を求める等の方法により，A社の経営管理と経営指導にあたっておりました。

このように適正な子会社管理を行ってきておりましたが，今般，急激な業況変化に耐えきれず，A社を清算することとなってしまいました。かようなこととなりまして，株主様にはご心配をおかけし，誠に申し訳なく存じます。

他の子会社については，業績が低迷しているものも若干存在しますので，必要に応じ支援により立て直しを図り，あるいはグループ会社との統合を行うなどして，同じような事態に至ることがないよう，努めてまいります。

【解　説】

■連結ベースでの情報開示の要請

親会社・子会社等から成る企業グループを主体としたグループ・連結経営が主流化している実務の実体を背景として，株主のより正確な企業情報の理解に資するために，会社法においても連結計算書類制度が採用され，事業報告書の記載事項の一部についても連結ベースでの記載が求められ（会社法444条，会社法施行規則120条２項），連結計算書類作成会社にあっては，連結対象かどうか，持分法適用対象会社かどうか，連結子会社のうち上場会社であるかどうか等を基準にして重要な子会社の範囲を確定した上で，当該重要な子会社について開示することが求められている。

■事業報告における子会社に関する記載

会社の事業報告における子会社に関する記載としては，重要な子会社の状況に関して事業報告に記載することが求められている（会社法施行規則120条１項７号）。その具体的な記載事項としては，①会社名，②資本金，③議決権比率または出資比率，④主要な事業内容を記載するのが一般的であるが，子会社の業績が悪化し，それが当該上場企業の業績の圧迫要因となっていることなどがあると，株主の目も子会社の業績に目が向きがちである。

とりわけ，重要な子会社の範囲に含まれる会社が倒産した場合には，そのことについての質問が集中することもあり，説明義務の範囲として，取締役は，株主の質問に答える用意をしておくべきである。

そして，その回答においては，グループガイドラインにおける指摘を念頭に置いておく必要がある。すなわち，経済産業省は，2017年12月にCGS研究会（第２期）（座長：神田秀樹学習院大学大学院法務研究科教授）を立ち上げ，同研究会において約１年半にわたりグループガバナンスのあり方について議論を重ねて，2019年６月28日，同研究会における議論等に基づき策定された，「グループ・ガバナンス・システムに関する実務指針」（グループガイドライン）を公表した。このグループガイドラインでは，第３章で「事業ポートフォリオマネジメントの在り方」がまとめられている。この章では，「コーポレートガバナンス・コード」（当時2018年６月版）原則５－２において，「自社の資本コストを的確に把握した上で，……収益力・資本効率等に関する目標を提示し，その実現のために，事業ポートフォリオの見直し」等に関し，株主に明確に説明を行うこととされていることを踏まえ，グループ全体の事業ポートフォリオについて，シナジーの発揮や持続的な収益性確保の観点から，定期的に見直しを行い，その最適化を図るべきとし，その際，自社にとってのコア事業を見極め，その強化のためのM&Aとノンコア事業の整理を通じ，コア事業に対する経営資源の集中投資を戦略的に行っている取組例が参照されている（グループガイドライン（50頁）3.2）。

特に，当該事業年度で子会社倒産や事業部門の業績不振が問題となるなどして事業部門や子会社の整理が問題となっている企業では，事業ポートフォリオマネジメントの仕組みの構築（グループガイドライン（57頁）3.3）や事業評価のための基盤整備（グループガイドライン（60頁）3.4）が参考になるので，それらを見た株主が，当社においてはどうかと聞いてくるかもしれない。そのように具体的な事例などを示して聞かれたときに，とりわけ，当該事業年度で子会社倒産や事業部門の業績不振が問題となるなどして事業部門や子会社の整理が問題となっている企業で見ていませんという回答では話にならない。

そうした企業では，グループガイドラインを具体的に検討したうえで，その検討結果を踏まえた回答ができるように準備しておきたい。

質問14-7 〈グループガイドラインへの対応〉

経済産業省がグループガイドラインを策定して５年以上となる。この間，当社では，これまでにどのような対応をしてきているのか伺いたい。

回答例

当社においては，グループ経営における実効的なガバナンスのあり方が重要な経営課題であると考えております。そして，かねてから，他社の子会社不祥事問題も参考にして検討してまいりました。

しかしながら，会社法などの法令に具体的な定めがなく，手探り状態でありました。

そのようななか，株主様がご指摘のとおり，経済産業省がグループガイドラインを公表したことは，当社における長年の経営課題を解決するための道筋をもたらすものとして捉え，当社ではいち早く検討に着手し，その検討結果を当社のグループ経営に順次反映してきております。

例えば，～～～～～（具体的施策を数例あげる）。

このように，当社では，他社に先駆けて，グループガイドラインの検討に着手し，それを積極的に活用してきております。

株主様におかれましては，引き続き，私どもが取り組んでいるグループガバナンス施策をお見守りくださいますようお願い申し上げます。

【解　説】

「攻め」のガバナンスとして，グループ経営における実効的なガバナンスのあり方が日本企業の課題であるとされて久しいが，昨今の子会社不祥事問題を契機に，グループ経営における「守り」のガバナンスとして，子会社管理の実効性確保等の点も新たな課題となっている。

こうしたなか，「未来投資戦略2018―『Society 5.0』『データ駆動型社会』への変革―」，「成長戦略実行計画」および「成長戦略フォローアップ」にグループガバナンスのあり方に関する実務指針を策定することが盛り込まれていること等を受け，経済産業省は，2017年12月にCGS研究会（第２期）（座長：神田秀樹 学習院大学大学院法務研究科教授）を立ち上げ，同研究会において約１年半にわたりグループガバナンスのあり方について議論を重ねて，2019年６月28日，同研究会における議論等に基づき策定された，「グループ・ガバナンス・システムに関する実務指針」（グループガイドライン）を公表した。

このグループガイドラインの公表の時期は，多くの企業の定時株主総会が一段落した段階であったが，2020年以降の総会では，その対応のための時間が十分にあったことを前提として，自社における検討や対応状況について質問がなされるおそれなしとしない。

エグゼクティブ・サマリーにも冒頭で指摘があるとおり，「このエグゼクティブ・サマリーで取り上げた提言以外にも，グループガバナンスに関する現状と課題，提言の背景にある基本的な考え方，実務上検討すべき事項やとり得る様々な工夫，企業やCEO等へのアンケート調査結果，日本企業や欧米企業の取組事例など，各社において自社に適したグループ・ガバナンス・システムの在り方を検討する際に参考となる情報が数多く盛り込まれています」とあり，各企業においてグループガイドラインを検討する意義があることは疑いない。

これを何ら検討せぬまま，放置してきたとすれば，グループ経営についての経営陣の資質を問われても仕方があるまい。

グループガイドラインは，その位置づけについて，実効的なグループガバナンスのあり方に関し，経済産業省が実施した国内外のグループ経営を行う企業等に対するヒアリングやアンケート結果に基づき，グループガバナンスの実効性を確保するために一般的に有意義と考えられるベストプラクティスを示しているものであり，グループ経営のあり方は極めて多様であるため，グループガイドラインに記載の取組みを一律に要請するものではないとしているが（グループガイドライン（10頁）1.2），それを踏まえて，自社において，最適なグループガバナンスのあり方を検討し，その検討の状況と対応について具体的に回答したいところである。

■事業再編を課題とする企業に向けて

特に，長年不採算事業ポートフォリオを抱えるなど事業再編が課題となっている企業においては，グループガイドラインのみならず，さらに踏み込んだ準備が必要である。

すなわち，グループガイドラインでも大きな柱の１つとして焦点が当てられた事業ポートフォリオマネジメントのあり方について，経済産業省は，2020年１月より事業再編研究会（座長：神田秀樹 学習院大学大学院法務研究科教授。以下「事業再編研究会」という）を設置し，同年１月から５月末まで計６回にわたり，持続的な成長に向けた事業再編を促進するため，経営陣，取締役会・社外取締役，投資家といった３つのレイヤーを通じて，コーポレートガバナンスを有効に機能させるための具体的な方策について検討を行い，同年７月17日に閣議決定された「成長戦略実行計画」において，「スピンオフを含む事業再編を促進するための実務指針を策定し，企業に対応を促す」との方針が示されたことも受け，事業再編研究会の議論をまとめる形で策定した「事業再編実務指針～事業ポートフォリオと組織の変革に向けて～」（以下「事業再編ガイドライン」という）を同月31日に公表している。

これは，グループガイドラインにおける事業ポートフォリオマネジメントに関する議論を前提に，特に事業再編に焦点を当て，経営陣における適切なインセンティブ，取締役会による監督機能の発揮，投資家とのエンゲージメントへの対応，事業評価の仕組みの構築と開示のあり方を整理するとともに，事業の切り出しを円滑に実行するための実務上の工夫について，ベストプラクティスとして示したものである。

長年不採算事業ポートフォリオを抱えるなど事業再編が課題となっている企業においては，参考にすべきものであり，そうした企業の株主が事業再編ガイドラインで示されたベストプラクティスを持ち出してくるかもしれず，今後は，事業再編ガイドラインをも踏まえた準備もしておきたい。

■上場子会社に向けて

また，上場子会社においても，さらなる準備が必要である。

グループガイドラインでも「上場子会社に関するガバナンスの在り方」が大きな柱の１つとして焦点が当てられている。これを受けて，東京証券取引所（以下「東証」という）は，実質的な支配力を持つ株主（支配的な株主）を有する上場会社（従属上場会社）をめぐる最近の事例が示唆する問題点，支配的な株主と従属上場会社の少数株主との間の利害調整のあり方，少数株主保護の枠組み等について議論を行うため，学識経験者，上場会社および投資家が参加する研究会（「従属上場会社における少数株主保護の在り方等に関する研究会」）を設置し，当該研究会で2020年１月７日から同年８月25日までの合計４回にわたり議論を進めた結果に基づき，同年９月１日，今後の検討課題等を中間整理したものとして「支配株主及び実質的な支配力を持つ株主を有する上場会社における少数株主保護の在り方等に関する中間整理」を公表した。

ここでは，上場後に支配株主・支配的な株主を有することとなった場合を中心に，近時，少数株主保護として適切に機能していないのではないかと指摘される事例が具体的に示されており，かかる指摘が当たらずも遠からずの企業においては，それについて指摘がなされるかもしれない。そうした企業では，今後の総会で，そのような指摘が株主からなされても，上記の中間整理で少数株主保護の枠組みとして記載された対応をしていることについては少なくとも具体的に回答できるように準備しておきたい。

質問14-8 〈海外子会社の管理〉

当社の海外子会社の管理はどうなっているのか。開示書類に記載のないものなどを含め，実体がない会社などないか。各海外子会社の従業員はそれぞれ何名いるのか。また，そのうち現地採用者は何名か。監査役はどのような監査を行っているのか。

回答例① 取締役から

当社は，関係会社管理規程を策定し，その定めるところに従い，すべての当社グループ会社を，○○事業部が管理し，各社の事業に係る定期報告を受けて情報を集約するとともに，重要な経営事項については，当社の事前の承認を求める等の方法により，各社の経営管理と経営指導にあたっておりますが，海外子会社も同様に管理しております。

ただ，海外子会社に関しては，時差等の問題もあり，タイムリーな監督がなし得ないおそれもあるので，さらに，各海外子会社には常勤の役員を当社から派遣することとするなど，常に，その業務の適正を確保する体制を構築しております。

各海外子会社の従業員の数ですが，一例を挙げますと，重要な子会社として事業報告書に記載されております□□社の従業員は合計○○名で，そのうち現地採用者は合計△△名です。

それ以外の海外子会社の各社の従業員数とそのうちの現地採用者数につきましては，手許に資料がありませんのでお答えいたしかねますが，各社は実体のある会社として事業活動を継続しており，当社の業績に貢献しております。

回答例② 監査役から

当期は監査役○名が職務を分担して，主要な海外子会社において実査を行ったほか，期中においても，当社海外事業部の担当者が出張した際や，海外子会社の勤務者が日本に出張してきた際に，当該会社の現況等の報告を受けております。

【解　説】

■重要な子会社の情報開示

会社の事業報告における子会社に関する記載としては，重要な子会社の状況に関して事業報告に記載することが求められているほか（会社法施行規則120条１項７号），連結計算書類作成会社にあっては，連結対象かどうか，持分法適用対象会社かどうか，連結子会社のうち上場会社であるかどうか等を基準にして重要な子会社の範囲を確定した上で，当該重要な子会社について開示することが求められている（会社法444条，会社法施行規則120条２項）。

■海外子会社管理についての関心の高まり

海外ファンドや海外子会社などを利用した取引による経営陣の損失隠しや会社資産の不当流用などが社会問題化したことを背景として，株主の目が海外子会社の管理状況に目が向く可能性がある。

■説明義務の範囲

質問されている海外子会社が，事業報告において重要な子会社の状況（会社法施行規則120条１項７号）として記載されている子会社である場合には，その状況に関する質問については，一定の範囲で回答しなければならない。

その一方で，事業報告において重要な子会社の状況として記載されていない海外子会社については，事前質問が出されている場合などの特段の事情がない限り，重要性に乏しく，かかる海外子会社の状況等は，法律上株主総会において説明を要すべき事項には含まれないと考えられるので，説明義務の範囲外として説明を回避することも認められる。回答例は，それを意識して作成している。

海外子会社の不正会計事件など社会問題化した事件が記憶に新しいときの株主総会では，このような質問が出され，あらぬ疑いの目を向けられて，批判的な質問となるおそれもあり，あえて火中の栗を拾うことはせず，説明を回避することが無難な場合も多いであろう。

しかしながら，他山の石で，他社事例を踏まえて自社において問題がないかと質問を寄せる株主の関心も無理からぬところであり，重要な子会社ではない海外子会社についても具体的な説明ができれば，それらの会社にも目を光らせてグループ経営を行っている姿勢を示して株主の不安を払拭することとなり，プラスに転じることもできるので，回答できる準備ができていれば，積極的に回答することも一案である。

なお，子会社管理の状況や監査の状況については，そのものが説明義務の範囲に含まれると考えられるので，回答を忘れてはならない。それらについてはあらかじめ回答を用意しておくことが望ましく思われる。

15. 計算書類

質問15-1 〈株主資本等変動計算書と注記表〉

株主資本等変動計算書とは，どのような書類なのか。その見方について簡単に説明してほしい。

回答例

株主資本等変動計算書は，貸借対照表の純資産の部の各項目に係る前事業年度から当事業年度末までの間の変動を，その変動事由とともに明らかにするものでございます。

お手許の招集ご通知○頁をご高覧下さい。株主資本等変動計算書等は，「株主資本」「評価・換算差額等」「新株予約権」の３つの項目ごとに分けて記載されております。

まず，「株主資本」の項目ですが，ここには，「資本金」「新株式申込証拠金」「資本剰余金」「利益剰余金」「自己株式」「自己株式申込証拠金」が記載されております。このうちの「資本剰余金」の項目は，さらに，「資本準備金」と「その他資本剰余金」に区分されており，「利益剰余金」の項目は，さらに，「利益準備金」と「その他利益剰余金」に区分されております。次に，「評価・換算差額等」の項目ですが，「その他有価証券評価差額金」「繰延ヘッジ損益」「土地再評価差額金」「為替換算調整勘定」「退職給付に係る調整累計額」が記載されております。最後に，「新株予約権」の項目ですが，「自己新株予約権」に係る項目を控除項目として区分しております。

これらの項目に関し，基本的に，当期首残高，当期変動額と変動事由，当期末残高が記載されており，当期における各項目の金額の変動とその主な原因が分かるようになっております。

【解　説】

■株主資本等変動計算書の導入

会社法は，貸借対照表の純資産の部の各項目に係る前事業年度から当事業年度末までの間の変動を，その変動事由とともに明らかにするものとして，株主資本等変動計算書の作成を義務付けている（会社計算規則96条）。その具体的内容は，【回答例】にあるとおりである。なお，株主資本等変動計算書の「その他資本剰余金」および「その他利益剰余金」は，適当な名称を付した項目に細分することができる（会社計算規則96条４項）。

また，評価・換算差額等またはその他の包括利益累計額に係る項目も，「その他有価証券評価差額金」「繰延ヘッジ損益」「土地再評価差額金」「為替換算調整勘定」および，「退職給付に係る調整累計額」に細分できるほか，それ以外にも，その他適当な名称を付した項目に細分することができる（会社計算規則96条５項）。

なお，当期首残高については，遡及適用または誤謬の訂正をした場合や当該事業年度の前事業年度における企業結合に係る暫定的な会計処理の確定をした場合には，当期首残高およびこれに対する影響額を記載しなければならないので（会社計算規則96条７項・８項），注意を要する。連結計算書類においても，同様に，連結株主資本等変動計算書が導入されている（会社計算規則61条）。

質問15-2 〈附属明細書の必要性〉

注記表があれば，附属明細書は必要ないのではないか。現に，附属明細書には，ほとんど記載がないのであり，混乱を避けるために，附属明細書に記載されている事項も注記表に記載してまとめてしまえばよいのではないか。

回答例

注記表は，貸借対照表，損益計算書，株主資本等変動計算書における注記事項やその他の注記事項がまとめられたものですが，これは，計算書類の一部を構成するものでございます。これに対し，附属明細書は，事業報告や計算書類のそれぞれに作成が義務付けられており，各書類の内容を補足する重要な事項が記載されるものであります。

このように，附属明細書は，注記表を含めた計算書類や事業報告と別個に作成されることが法令上求められているものでありますので，注記表に附属明細書の記載事項をまとめて記載することはできません。

【解　説】

■法が求める附属明細書の作成

会社法は，株式会社に対し，各事業年度に係る計算書類および事業報告に加え，これらの附属明細書を作成することを求めている（会社法435条２項）。計算書類とは，貸借対照表，損益計算書，株主資本等変動計算書および注記表をいうところ（会社法435条２項，会社計算規則２条３項２号イ，同59条１項），注記表は，計算書類の一部であるから，附属明細書とは理論的に別個独立の書類ということになる。

■記載事項の重複はない

また，計算規則は，注記表について詳細に記載事項を定めているほか（会社計算規則第三編第５章），それとは別に，計算書類に係る附属明細書について記載事項を定めており（会社計算規則117条），また，事業報告に係る附属明細書についても，その記載事項が別個に会社法施行規則に定められているのであって（会社法施行規則128条），注記表と附属明細書のそれぞれの記載事項に重複は見られない。

このように，注記表と附属明細書は，理論的にみても，また，具体的な記載事項をみても異なる書類ということができ，会社法がそれらの作成を求める以上，会社の個別の事情により記載事項が少なくとも，それぞれ作成することが必要である。

しかしながら，そのあたりの実務的処理については，まだ，誤解もあるところであり，【質問15-1】のような質問がなされるおそれもなしとしない。各書類の会社法上の位置づけや記載事項については，あらかじめ整理しておくことが望ましいであろう。

16. 招集手続

質問16-1 〈株主総会資料の電子提供制度〉

株主総会の招集通知がハガキ１枚になった。どういうことか。以前のように，事業報告や計算書類などを送らなくてよいのか。

回答例

令和元年改正会社法において新たに株主総会資料の電子提供制度が創設され，令和４年９月１日から施行されており，その時点で振替株式を発行する上場会社は，この制度の利用が法的に義務付けられております。

この制度は，株主総会の招集に際して株主の皆様方に提供すべき，事業報告，計算書類，株主総会参考書類等の株主総会資料の全部をインターネットを用いて提供することができるというもので，米国やカナダの「Notice & Access制度」を参考にしてわが国にも導入されたとのことです。

この制度では，これまで印刷や郵送に要した多額の費用を節減でき，株主の皆様の共同の利益に資するばかりでなく，株主総会資料の全部を，株主総会の日の３週間前までにインターネット上で提供しなければならないとされておりますので，株主の皆様方に１週間長く議決権行使検討期間を確保させていただくことができます。

何卒，ご理解賜りますようお願い申し上げます。

【解　説】

■株主総会資料の電子提供制度とは？

令和元年改正会社法において新たに株主総会資料の電子提供制度が創設され（会社法325条の２以下），当該制度に係る会社法その他関連法令の改正規定が，令和４年９月１日から施行された。

これにより，株式会社は，株主総会の招集に際して，株主の個別の承諾を得ることなしに，事業報告，計算書類，株主総会参考書類等の株主総会資料の全部を株主に対してインターネットを用いて提供することができるようになった。

■Web開示制度との違い

株主総会資料は，株主に対し書面により提供することが原則とされており，インターネットを利用する方法（電磁的方法）によりこれを提供するためには，株主の個別の同意を得なければならないこととされ（会社法299条２項・３項・301条等），定款の定めがある場合に限り，株主総会資料の一部の事項について，ウェブサイトに掲載することにより株主に提供したものとみなす制度（いわゆるWeb開示制度）があったが，同制度の対象は，株主総会資料の一部に限定されていた（会社法施行規則94条１項等）。

これに対し，株主総会資料の電子提供制度の対象は，事業報告，計算書類，株主総会参考書類等の株主総会資料の全部であり，その印刷や郵送の費用のみならず，その準備に要する時間も節約することが可能となる。

そのため，電子提供制度においては，株主総会資料は，株主総会の日の３週間前までにインターネット上で株主に提供することが義務づけられており，制度上１週間の株主総会資料の全部提供期限の前倒しが強制されているが，従前から要した印刷や郵送の準備期間に照らすと，発行会社の負担はさほどないであろう。

■株主総会資料の電子提供制度における招集手続

株主総会資料の電子提供制度における招集手続は，大要，以下のとおりである。

① 電子提供措置の実施（会社法325条の3）

株主総会の日の3週間前の日または後記②の通知の発送日のいずれか早い日までに，株主総会資料を自社のホームページ等のウェブサイトに掲載し，これを株主総会の日後3カ月を経過する日まで継続する。

② アクセス通知の送付（会社法325条の4）

株主総会の日の2週間前の日までに，株主総会の日時および場所，株主総会資料が掲載されたウェブサイトへのアクセス方法等を記載した招集通知（以下，「アクセス通知」という）を株主に対して送付する。

③ 書面交付請求への対応（会社法325条の5）

株主総会資料を書面で受領することを希望する株主は，株主総会の議決権の基準日までに，発行会社に対してあらかじめ請求することにより，発行会社からのアクセス通知に際して，株主総会資料についても書面で提供を受けることができるので，当該請求があった株主に対して対応する。

■上場会社への義務づけ

株主総会資料の電子提供制度は，会社法上は，前記①の電子提供措置をとる旨の定款の定めのある会社のみが利用することができるとされているにすぎない（会社法325条の2）。

しかし，社債，株式等の振替に関する法律（以下「振替法」という）上，振替株式を発行している会社（以下「振替株式発行会社」という）には，電子提供制度に係る定款の定めを置くことが義務づけられているため（振替法159条の2第1項），上場会社は，振替株式発行会社であるため，電子提供制度の利用が義務づけられることとなる。

そして，会社法の一部を改正する法律の施行に伴う関係法律の整備等に関する法律（令和元年法律第71号）（以下「整備法」という）10条2項において，施行日における振替株式発行会社は，施行日を効力発生日として電子提供措置をとる旨の定めを設ける定款変更決議をしたものとみなされる旨が規定されている。これにより，上場会社は，施行日までに電子提供措置をとる旨の定款の定めを設ける定款変更決議を経ていなかったとしても，その定めが定款に定められていることとなる。

■回答例についての留意事項

前記②のアクセス通知の記載事項は，従前の招集通知の記載事項から大幅に削減され，ハガキ1枚程度でも収まる量で設計されている（会社法325条の4第2項，298条1項各号，会社法施行規則95条の3）。

そのため，電子提供制度自体を知らずに株主総会を迎えた株主は面喰うおそれがあり，勢い，質問例のような質問がなされるかもしれない。

そのような質問に対する回答としては，前記③の書面交付請求をすれば，従前どおり，発行会社からのアクセス通知に際して，株主総会資料についても書面で提供を受けることができるので，そのことを説明することも一案である。

たしかに，いわゆる，デジタルデバイドの問題への配慮も必要であろうが，発行会社としては，コスト削減という電子提供制度の恩恵に浴したいところであり，書面交付請求の対応を要する株主が徒に累積することは制度創設の趣旨にも悖りできれば避けたいといえるのではなかろうか。

そうした場合には，回答例のように，電子提供制度の利用が法的義務であることを説明したうえで，まずは株主の理解を得ることに主眼を置くのがよいであろう。もっとも，書面交付手続の説明を直球で求められたら，その説明をしないのは説明義務に反するので，そのような趣旨の質問には，16－2の質問回答を参照されたい。

質問16-2 〈書面交付請求〉

スマートフォンやパソコンが広く普及しているが，私はどうにも書面でないとだめだ。以前のように書面ですべて送って欲しいが，その手続を教えて欲しい。また，費用はかかるのか？

回答例

令和元年改正会社法により，令和４年９月１日から株主総会資料の電子提供制度が導入され，その時点で振替株式を発行する上場会社は，この制度の利用が法的に義務づけられておりますので，当社も，株主総会の招集に際して株主の皆様方に提供すべき，事業報告，計算書類，株主総会参考書類等の株主総会資料の全部をインターネットを用いて提供させていただいております。

この制度により，これまで印刷や郵送に要した多額の費用を節減でき，株主の皆様の共同の利益に資するばかりでなく，株主総会資料の全部を，株主総会の日の３週間前までにインターネット上で株主に提供しなければならないものとされておりますので，株主の皆様方に１週間長く議決権行使検討期間を確保させていただくことができます。

何卒，ご理解賜りたく存じますが，書面で株主総会資料の交付をご請求いただくこともできます。

ご希望の場合には，株主総会の基準日までに所定の手続で株主総会資料の交付請求をお申し出ください。

証券会社にお申し出いただくこともでき，その証券会社で保有している銘柄についてまとめてお手続ができるとのことです。

そのお申し出にあたって株主様が交通機関や郵送などを使用した場合には，その交通費や郵送費等はご負担いただきますようお願い申し上げます。

当社や証券会社のお手続の詳細や事務費用については，当社●●部や株主様が証券口座を開設している証券会社にお問い合わせください。

【解　説】

■上場会社の株主総会資料の電子提供の原則

令和元年改正会社法において新たに株主総会資料の電子提供制度が創設され（会社法325条の２以下），当該制度に係る会社法その他関連法令の改正規定が，令和４年９月１日から施行されたが，社債，株式等の振替に関する法律（以下「振替法」という）上，振替株式を発行している会社（以下「振替株式発行会社」という）には，電子提供制度に係る定款の定めを置くことが義務づけられているため（振替法159条の２第１項），振替株式発行会社である上場会社は，電子提供制度の利用が原則となっている。

■施行日において振替株式発行会社である上場会社における一斉導入

これを踏まえ，会社法の一部を改正する法律の施行に伴う関係法律の整備等に関する法律（令和元年法律第71号）（以下「整備法」という）10条２項で，施行日における振替株式発行会社は，施行日を効力発生日として電子提供措置をとる旨の定めを設ける定款変更決議をしたものとみなされる旨が規定されており，施行日において上場会社は，施行日までに電子提供措置をとる旨の定款の定めを設ける定款変更決議を経ていなかったとしても，その定めが定款に定められていることとなり，電子提供制度の一斉導入がなされた。

■上場会社におけるWeb開示制度の廃止

このように，電子提供制度の一斉導入により，施行日において振替株式発行会社である上場会社では，株主総会の招集に際して，株主の個別の承諾を得ることなしに，事業報告，計算書類，株主総会参考書類等の株主総会資料の全部を株主に対してインターネットを用いて提供することが原則とされている。

従前のWeb開示制度では，定款の定めがある場合に，株主総会資料の一部の事項について，ウェブサイトに掲載することにより株主に提供したものとみなされるに過ぎず，その対象は，株主総会資料の一部に限定されていたため（会社法施行規則94条１項等），電子提供制度が利用されると，Web開示制度の利用の余地がなくなることになる。

電子提供措置をとる旨の定款の定めがある株式会社においては，会社法325条の４第３項によって，Web開示によるみなし提供制度が前提としている同法301条１項等の規定に従った株主総会参考書類等の交付または提供が不要となることから，Web開示によるみなし提供制度に係る規定の適用の余地がなくなり，仮に，Web開示によるみなし提供制度に係る定款の定めが別途存在していても，それらの記載は無益的な記載となる（渡辺邦広＝邉英基＝若林功晃＝斎藤誠「株主総会資料電子提供制度の実務対応Q&A（１）」旬刊商事法務2300号（2022年）20頁（注二））。

■デジタルデバイド問題への会社法上の配慮

株主総会資料の電子提供制度においても，デジタルデバイド問題に配慮がされ，会社法上，例外手続が設けられている。すなわち，株主が，書面による情報の提供を希望する場合，株主総会の議決権の基準日までに会社（株主名簿管理人）に対して書面交付請求をすることにより，株主総会資料が掲載されたウェブサイトへのアクセス方法等を記載した招集通知（以下，「アクセス通知」という）を会社が株主に対して送付するに際して，アクセス通知とともに株主総会資料の交付を受けることができる（会社法325条の５）。

そして，書面交付請求は，一度請求をすれば，撤回がない限り，その後のすべての株主総会および種類株主総会の招集に際して有効なものとして取り扱われるものと解されている。

■デジタルデバイド問題への振替法上の配慮

さらに，振替株式発行会社の株主は，書面交付請求を口座管理機関（証券会社等）を通じた請求による方法（振替法159条の２第２項）で行うこともできる。なお，振替株式の株主による「少数株主権等」（同法147条４項）の行使には，個別株主通知が必要とされているが（同法154条），書面交付請求の行使は，「少数株主権等」には該当しないものとされ，その行使に当たって個別株主通知は不要とされている。

■書面交付請求に係る費用

株主が書面交付請求をする場合，株主側には，請求のための事務的な費用（郵送費等）が発生するが，会社に対する株主権の行使の場合と同様に，株主側に生じた費用は株主が負担するものとして異論はないであろう。

問題は，会社側に生ずる，書面交付請求をした株主の管理等の事務手続の費用や，電子提供措置事項記載書面の交付のための印刷費，郵送費等を転嫁する請求手数料を別途設定することである。

会社がこれを負担することは，会社法上の株主権の行使への対応により生じるものであるから，会社法上許容されていると考えられ，特に手数料を徴求しないことでも差し支えない。

他方で，別途手数料を定めることも禁止されているわけではなく，定款または定款の定めによる委任に基づく株式取扱規程において，株主が会社に生じた実費相当額の手数料を負担する旨を定めることにより，これを株主に負担させることも認められると考えられる。

なお，株主が証券口座を有する証券会社等の口座管理機関を通じて書面交付請求を行う場合，証券会社等においても，取次作業のためのコストが発生することから，株主に対し，一定の手数料を求めることもあり得ると考えられ，その場合には，所定の手続規定に手数料を定められることとなるので，証券会社等とサービス内容の取決めを同意の上で利用する株主が負担したものとして，株主がその負担を会社に求めてきても拒絶して差し支えない。

■回答例についての留意事項

発行会社としては，コスト削減という電子提供制度の恩恵に浴したいところであり，書面交付請求対応を要する株主が徒に累積することはできれば避けたいであろう。

そうした場合には，電子提供措置に難色を示す株主にも，まずは，電子提供制度の利用が法的義務であることを説明したうえで，電子提供制度の利用がこれまで印刷や郵送に要した多額の費用を節減でき，株主共同の利益に資するばかりでなく，株主に与えられる議決権行使検討期間が１週間長くなるメリットがあることをアピールしたいところである。

しかし，質問例のように書面交付手続の説明を直球で求められたら，その説明をしないのは説明義務に反するので，回答例のように丁寧に説明しつつ，証券会社の手続の利用を促すとよいであろう。

質問16-3 〈株主総会資料の任意送付〉

先日，●社の総会に出席したが，同社では，従前どおり，事業報告，計算書類や参考書類が書面で招集通知とともに送付されてきた。株主総会資料の電子提供制度が一斉導入されたことは知っているが，株主のために従前どおり書面で送付してくれる会社もある。わが社も見習うべきではないか。

回答例

令和元年改正会社法により，令和４年９月１日から株主総会資料の電子提供制度が導入され，その時点で振替株式を発行する上場会社は，この制度の利用が法的に義務付けられておりますので，当社も，株主総会の招集に際して株主の皆様方に提供すべき，事業報告，計算書類，株主総会参考書類等の株主総会資料の全部をインターネットを用いて提供させていただいております。

この制度により，これまで印刷や郵送に要した多額の費用を節減でき，株主の皆様の共同の利益に資するばかりでなく，株主総会資料の全部を，株主総会の日の３週間前までにインターネット上で株主に提供しなければならないものとされておりますので，株主の皆様方に１週間長く議決権行使検討期間を確保させていただくことができます。

何卒，ご理解賜りたく存じますが，株主様よりご教示いただきました他社事例についても参考としつつ，社会動向の趨勢を見ながら，当社の他の株主の皆様方のご意見も広く伺うなどして，当社にとって最適な制度となるよう引き続き検討して参ります。

貴重なご意見をありがとうございました。

【解　説】

■上場会社における株主総会資料の電子提供の原則

令和元年改正会社法において新たに株主総会資料の電子提供制度が創設され（会社法325条の２以下），当該制度に係る会社法その他関連法令の改正規定が，令和４年９月１日から施行されたが，社債，株式等の振替に関する法律（以下「振替法」という）上，振替株式を発行している会社（以下「振替株式発行会社」という）には，電子提供制度に係る定款の定めを置くことが義務づけられているため（振替法159条の２第１項），振替株式発行会社である上場会社は，電子提供制度の利用が原則となっている。

■デジタルデバイドの問題への制度的配慮

会社法上，株主総会資料の電子提供制度において，デジタルデバイド問題への配慮のための例外手続が設けられている。すなわち，株主が，書面による情報の提供を希望する場合，株主総会の議決権の基準日までに会社（株主名簿管理人）に対して書面交付請求をすることにより，株主総会資料が掲載されたウェブサイトへのアクセス方法等を記載した招集通知（以下「アクセス通知」という）を会社が株主に対して送付するに際して，アクセス通知とともに株主総会資料の交付を受けることができる（会社法325条の５）。

さらに，振替法においても，振替株式発行会社の株主は，書面交付請求を口座管理機関（証券会社等）を通じた請求による方法（振替法159条の２第２項）で行うこともできる。

■株主総会資料の書面交付が禁止されているか？

会社法は，発行会社が任意に株主総会資料の全部または一部について書面にて提供することについて特段の禁止規定を設けていない。

会社法325条の２も，電子提供措置をとる旨を定款で定めることができるとしたうえで，「この場合において，その定款には，電子提供措置をとる旨を定めれば足りる。」とするにとどまり，定款で特に任意に株主総会資料の全部または一部について書面にて提供することについて禁止する趣旨の定めを置かない限り，電子提供措置をとる旨の定款の定めが任意の書面提供を禁ずるものと解されないであろう。

したがって，会社が任意に株主総会資料を書面で提供することは許容されると解されている（藤田友敬ほか「〈座談会〉新・改正会社法セミナーNo.04」ジュリスト1560号（2021年）56頁〔藤田友敬発言，松井智予発言〕，渡辺邦広＝邉英基＝若林功晃＝斎藤誠「株主総会資料電子提供制度の実務対応Q&A（１）」商事法務2300号（2022年）20頁ほか）。

■回答例についての留意事項

発行会社としては，コスト削減という電子提供制度の恩恵に浴したいところであり，書面交付請求の対応を要する株主が徒に累積することはできれば避けたいであろう。

電子提供措置に難色を示す株主がいても，その株主個人に対して向き合って回答するのではなく，他の一般株主に向け，まずは，電子提供制度の利用が法的義務であることを説明したうえで，電子提供制度の利用がこれまで印刷や郵送に要した多額の費用を節減でき，株主共同の利益に資するばかりでなく，株主に与えられる議決権行使検討期間が１週間長くなるメリットがあることをアピールすることにより，すべての基準日株主に対する任意の書面交付の導入を見合わせることとしたとしても，そのことに多くの一般株主の理解が得られるよう，各社の事情や真摯な検討状況を丁寧に説明することが望ましいであろう。

質問16-4　〈基準日後請求の株主対応〉

株主総会資料の電子提供制度が一斉導入されたとのことである。招集通知でそのことを知り，私としては，従前どおり書面で送付したいと考え，その請求をしたが，結局，この総会に至るまで書面での送付はなかった。●社では，送付してくれた。当社も任意で対応してくれてもよかったのではないか。株主に不親切ではないか。

回答例

令和元年改正会社法により，令和４年９月１日から株主総会資料の電子提供制度が導入され，その時点で振替株式を発行する上場会社は，この制度の利用が法的に義務づけられておりますので，当社も，株主総会の招集に際して株主の皆様方に提供すべき，事業報告，計算書類，株主総会参考書類等の株主総会資料の全部をインターネットを用いて提供させていただいております。

この制度により，これまで印刷や郵送に要した多額の費用を節減でき，株主の皆様の共同の利益に資するばかりでなく，株主総会資料の全部を，株主総会の日の３週間前までにインターネット上で株主に提供しなければならないものとされておりますので，株主の皆様方に１週間長く議決権行使検討期間を確保させていただくことができます。

何卒，ご理解賜りたく存じますが，株主様のご指定のとおり，書面で株主総会資料の交付をご請求いただくこともできます。

ただ，ご希望の場合には，株主総会の基準日までに所定の手続で株主総会資料の交付請求をお申し出いただく必要があります。本総会に向けてご請求いただいたとのことですが，本総会の基準日である●月●日に間に合わなかったものと存じます。

今後到来する基準日の総会に向けたご請求として取り扱わせていただきますので，ご不便をおかけして恐縮ですが，何卒ご容赦くださいますようお願いいたします。

【解　説】

■上場会社における株主総会資料の電子提供の原則

令和元年改正会社法において新たに株主総会資料の電子提供制度が創設され（会社法325条の２以下），当該制度に係る会社法その他関連法令の改正規定が，令和４年９月１日から施行されたが，社債，株式等の振替に関する法律（以下「振替法」という）上，振替株式を発行している会社（以下「振替株式発行会社」という）には，電子提供制度に係る定款の定めを置くことが義務づけられているため（振替法159条の２第１項），振替株式発行会社である上場会社は，電子提供制度の利用が原則となっている。

■デジタルデバイドの問題への制度的配慮

会社法上，株主総会資料の電子提供制度において，デジタルデバイド問題への配慮のための例外手続が設けられている。すなわち，株主が，書面による情報の提供を希望する合，株主総会の議決権の基準日までに会社（株主名簿管理人）に対して書面交付請求をすることにより，株主総会資料が掲載されたウェブサイトへのアクセス方法等を記載した招集通知（以下「アクセス通知」という）を会社が株主に対して送付するに際して，アクセス通知とともに株主総会資料の交付を受けることができる（会社法325条の５）。

さらに，振替法においても，振替株式発行会社の株主は，書面交付請求を口座管理機関（証券会社等）を通じた請求による方法（振替法159条の２第２項）で行うこともできる。

■基準日後の交付請求対応

このように，書面交付請求は，株主総会の議決権行使に係る基準日を定めている場合には，当該基準日までに行う必要がある（会社法325条の５第２項）。

そのため，ある株主総会の議決権の基準日の経過後に行われた書面交付請求は，当該株主総会との関係では有効な書面交付請求とはならず，発行会社は，当該株主総会については，これに対応する必要はない。

しかし，当該書面交付請求は，その後に到来する基準日を定める株主総会との関係では，有効な書面交付請求となる。

したがって，発行会社は，次回以降の株主総会では，当該書面交付請求に基づき，株主総会資料を書面で交付しなければならない。

■任意の対応は許容されるか？

会社法上，ある株主総会の議決権の基準日の経過後に行われた書面交付請求について，発行会社が任意に応じることまでは禁止されていない。

そのため，基準日経過後の書面交付請求に対しても任意で対応して当該株主総会の電子提供措置事項記載書面を送付するかどうかは発行会社の裁量に委ねられているといえる。

ただし，株主平等原則（会社法109条１項）に照らすと，任意対応には留意が必要である。基準日経過後に書面交付請求をしたすべての株主に対して同様に任意対応することが原則となり，合理的な区別以外は許容されなくなるからである。

任意対応にも印刷や郵送などの準備期間が必要であり，株主総会直前に請求を受けても実務的に対応できない場合もある。他方で，基準日経過後のいつまでに書面交付請求を受ければ対応するかについての線引きも任意にするのは簡単ではないであろう。

そうした場合には，回答例のように法が定める制度設計を前面に出して説明するのが一案である。

質問16-5 〈集中日開催についての記載〉

今年も，当社の株主総会開催日は，多数の会社の株主総会の開催日と同じく，いわゆる「集中日」となっている。おかげで，私は，今日，株主総会が開催されている，○○社の株主総会に出席できなかった。聞くところによると，会社法になって，従来よりも，株主総会の前倒しの開催が可能となったとのことであるから，次回から努力されたい。

ところで，株主総会を集中日に開催する場合には，その理由を招集通知に記載しなければならないはずであるが，当社の招集通知には記載がない。どうしてか。

回答例

当社の定時総会開催日は，各決算期ごとに，その都度，当社の会計監査人や監査役が監査を行う想定日程等を聴取し，それを踏まえ，招集通知の作成，印刷，送付等の事務日程も加味して取締役会で決定しております。かかる決定過程において，他社の総会開催日は正確に把握できるものではなく，当社の定時総会開催日は，いわゆる「集中日」を意識して決定されたものではございません。

本日が当社の定時総会開催日となりましたのも，先に申し上げたとおり，当社の監査日程や招集手続に要する期間等を勘案して決定したものですので，格別の理由があって本日に決定されたものではなく，招集通知に記載すべき事項がないことから，お手許の招集ご通知に本日の定時総会開催日の決定について，特段の記載はなされてございません。

なお，定時総会の前倒し開催ということにつきましては，貴重なご意見として拝聴し，今後の定時総会開催日の決定において参考にさせていただきたいと存じます。

【解　説】

■集中日と招集通知の記載

会社法施行規則は，公開会社の取締役会設置会社の招集通知記載事項として，同一の日に定時株主総会を開催する他の公開会社が著しく多い場合において，その日時を決定したことに特に理由がある場合は，その日時を決定した理由の記載を求めているが（63条１項１号ロ），記載すべき場合を「特に理由がある場合における当該理由に限る。」と限定しているので，株主総会の開催日が「集中日」となったとしても，それがたまたまのことであり，特段の理由がなかったのであれば，招集通知に別段の記載を行う必要はない。

■前倒し開催の実現可能性の向上

ただ，会社法においては，定時総会の８週間前までに計算書類を監査役会および会計監査人に提出しなければならないという制限（旧商法特例法12条１項）が撤廃された。したがって，理論的には，定時総会の前倒し開催が旧法下よりも容易になったということができ，株主から，集中日開催についての批判が向けられるおそれが高まったといえるから，集中日開催の会社では質問に備えて十分準備されたい。

質問16-6 〈定時総会の前倒し開催〉

当社は，毎年，今月の最終週に総会を開催している。集中日開催を是正した取組みは評価するが，毎年，今月の最終週に総会が開催される会社が多く，連日会社を休まなければならない。○社や△社は，先週，総会を開催したようだ。当社も，もう一週前倒しで総会を開催できないか。

回答例① 否定的アプローチ

集中日開催を回避する当社の取組みについてご評価いただき，ありがとうございます。

とはいえ，当社は，毎年，今月の最終週に総会を開催しているのは，株主様のご指摘のとおりです。

できるだけ，多くの株主様にご出席いただけるよう，当社は，総会の前倒し開催を，当社の課題として検討してまいりました。

そうした検討の結果，当社の定時総会開催日は，各決算期ごとに，その都度，当社の会計監査人や監査役が監査を行う想定日程等を聴取し，それを踏まえて，招集通知の作成，印刷，送付等の事務日程も加味して取締役会で決定することとしております。

開示情報の作成期間や監査期間の確保という観点から無理が生じることがないよう配慮しながら，可能な限りの前倒し開催に向けた検討の結果，実現できたのが，現状の日程であります。

趣旨ご賢察の上，何卒ご理解賜りますようお願いいたします。

回答例② 肯定的アプローチ

集中日開催を回避する当社の取組みについてご評価いただき，ありがとうございます。

とはいえ，当社は，毎年，今月の最終週に総会を開催しているのは，株主様のご指摘のとおりです。

できるだけ，多くの株主様にご出席いただけるよう，当社は，総会の前倒し開催を，当社の課題として検討してまいりました。

開示情報の作成期間や監査期間の確保という観点から無理が生じる可能性もあり，誤った情報を株主様にお届けして混乱をきたすなど，かえって弊害が生じるおそれも勘案しながら，可能な限りの前倒し開催に向けた検討の結果，実現できたのが，現状の日程でありますが，株主様の利便のため，さらなる前倒し開催に向けてあくなき挑戦をしてまいる所存です。

貴重なご意見として承り，当社における総会のさらなる前倒し開催に向けた検討において反映してまいります。

今しばらく，当社の取組みについて見守っていただきますようお願いいたします。

【解　説】

■対話研報告書の提言

対話研報告書は，対話促進のための株主総会日程の設定に関し，「株主の議案検討や対話の期間を確保しようとする企業が，自社の状況・判断に応じて現行制度下でも対応可能な方法として，まずは基準日と総会日を適切に設定することが望ましいと考える」と提言している（同報告書125頁）。

■コーポレートガバナンス・コード補充原則１－２③

また，コーポレートガバナンス・コード（2021年６月版）補充原則１－２③においては，「上場会社は，株主との建設的な対話の充実や，そのための正確な情報提供等の観点を考慮し，株主総会開催日をはじめとする株主総会関連の日程の適切な設定を行うべきである。」とされている。

■電子化研報告書の公表

電子化研報告書においても，我が国における総会日集中率の分析が他国との比較でなされつつ，「日本の株主総会の開催日（３月決算期の企業）は，従前より分散傾向にあるものの，依然として，約８割の企業が６月の最終週に総会を開催している状況である」と指摘されるとともに（電子化研報告書68頁～70頁），「①時価総額が大きい企業，②株主数が多い企業，③外国人保有比率が高い企業ほど，早期に株主総会を開催（６月第４週を避け，第３週に株主総会を開催）する傾向にある」と，先進的な企業の取組みが紹介されている（電子化研報告書70頁）。

■総会の前倒し開催の検討

会社法においては，定時総会の８週間前までに計算書類を監査役会および会計監査人に提出しなければならないという制限（旧商法特例法12条１項）が撤廃された。したがって，理論的には，株主総会の前倒し開催が旧法下よりも容易になったということができる。

そうしたことから，かねてから，他社ができるのであればと，株主から【質問16-5】のような質問を投げかけられることがあったが，電子化研報告書における他社の取組状況の紹介が周知されると，改めて質問してくる株主が出てくることもあるだろう。

しかし，会社法制定から15年以上の時を経過し，総会の前倒し開催の可否については検討済みの企業のほうが多いだろう。

株主から質問があれば，その検討の状況や結果について詳細に説明し，会社の方針について理解を求めたいところである。

なお，電子化研報告書では，「日本の株主総会は，決算日から総会日までの期間が諸外国に比べて短いため，①株主・投資家による議案の検討期間が短く，②情報開示の準備や監査の期間が十分とは言い難いといった状況にある。また，議決権行使基準日から総会日までの期間が諸外国に比べて長いため，株主総会の意思決定が現在の株主の利益に反するおそれがあるとの指摘もある」「こうした状況は，企業と投資家との対話の質を高めていく上での制約となりうる」「これを解決する一方策として，議決権行使基準日を決算日とは別に設定し，決算日と総会日との間に十分な期間を確保することが挙げられるが，機関投資家からは，議案検討期間の拡大に加え，総会前に提供される情報の充実等の観点から，当該方策を支持する声も寄せられている」（電子化研報告書72～86頁）とし，総会の議決権行使基準日と決算日を別に設定する方向での検討が進むことが望ましい旨示唆されており，今後の議論の展開では，これまでの「総会の前倒し開催」の要請ではなく，総会の議決権行使基準日と決算日を別に設定する要請が高まるかもしれない。今後の議論の展開に目が離せないところである。

質問16-7 〈議決権行使の電子化〉

議決権電子行使プラットフォームについて伺いたい。当社は，参加していないが，議決権電子行使プラットフォームに参加すると，総会直前にしかわからなかった機関投資家票を日々タイムリーに把握できるようになり，これにより，行使結果の状況に応じて，総会開催日前日まで，機関投資家に対し，追加情報の発信や議案への理解を求める働きかけが容易になり，対話の充実・質の向上を図ることが可能となるとか，議決権電子行使プラットフォームの利用により，行使期限内であれば，機関投資家が何度でも議決権行使の再指図が可能になるため，同プラットフォームに参加すれば，機関投資家に対して議案への理解を求める働きかけを行うことで，一度行使された反対票を賛成票に変更することを促すこともできるという会社のメリットがあると言われている。

こうしたメリットがあることに鑑みれば，当社も，議決権電子行使プラットフォームに参加をするべきではないか。

回答例

株主様ご指摘の議決権電子行使プラットフォームにつきましても，当社は，出来るだけ，多くの株主様に議決権を行使していただけるようにするための当社の課題の１つとして，かねてから検討してまいりました。

一般論として，株主様のご指摘のメリットがあることは当社も認識しているところです。

しかしながら，当社の株主様は，海外機関投資家よりも，個人株主様が多く，当社の議決権電子行使プラットフォームへの参加によって利益を享受していただける株主様はごく一部に過ぎません。

にもかかわらず，利用料を支払ってまで議決権電子行使プラットフォームに参加することが株主共同の利益に資するかどうか一概にいうことができず，議決権電子行使プラットフォームのシステム改善，株主構成など今後の推移を踏まえて検討を継続しているところです。

何卒ご理解賜りますようお願いいたします。

【解　説】

■コーポレートガバナンス・コード補充原則１－２④

コーポレートガバナンス・コード（2021年６月版）補充原則１－２④では，「上場会社は，自社の株主における機関投資家や海外投資家の比率等も踏まえ，議決権の電子行使を可能とするための環境作り（議決権電子行使プラットフォームの利用等）や招集通知の英訳を進めるべきである。」とされている。

■東京証券取引所からの推奨

また，有価証券上場規程施行規則437条では，議決権行使を容易にするための環境整備の取扱いに関し，議決権行使の電子化の促進が推奨されている。

■電子化研報告書の公表

電子化研報告書においても，「上場会社は，議決権電子行使プラットフォームに参加すると，総会直前にしか分からなかった機関投資家票を日々タイムリーに把握できるようになる。これにより，行使結果の状況に応じて，総会開催日前日まで，機関投資家に対し，追加情報の発信や議案への理解を求める働きかけが容易になり，対話の充実・質の向上を図ることが可能となる。」「機関投資家は，議決権電子行使プラットフォームの利用により，行使期限内であれば，何度でも議決権行使の再指図が可能になるため，例えば，反対票を投じた後に得られた追加情報等を踏まえ，賛成票に変更することが容易になる。また，同プラットフォーム参加企業においては，機関投資家に対して議案への理解を求める働きかけを行うことで，一度行使された反対票を賛成票に変更することを促すことがやりやすくなる。」とその有用性が指摘されるとともに（電子化研報告書45頁～46頁），「このため，コーポレートガバナンス・コードの要請も受け，議決権電子行使プラットフォームに参加する上場会社の数は大きく拡大傾向にある。」と，先進的な企業の取組みが紹介されている（電子化研報告書46頁）。

他方で，電子化研報告書でも，議決権電子行使プラットフォームの利用率向上に向けた主な課題が指摘されているところであり（電子化研報告書47頁～），そうした現実から，議決権電子行使プラットフォームへの参加に躊躇を覚える企業も多いだろう。

■議決権電子行使プラットフォームへの参加の検討

外国人株主や機関投資家の保有比率が著しく低い現状の株主構成を引き合いに出し，利用料の支払いとの見合いでなお，議決権電子行使プラットフォームに参加するメリットを見出せないということを議決権電子行使プラットフォームへの参加をしない理由とすることもあり得よう。

しかしながら，株主構成は，元来，会社がその意図で左右できるものではなく，また，議決権電子行使プラットフォームへの不参加が外国人株主や機関投資家の購買意欲を刺激しない原因となっていることもないことではないことを考えれば，現状分析のみで漫然と議決権電子行使プラットフォームへ参加しないままでいてよいことにはならないであろう。

電子化研報告書では，上場会社に対し，議決権電子行使プラットフォームへの参加に向けた提言は特になされていないが，今後の議論の展開では，使い勝手のよい議決権電子行使プラットフォームが早晩構築されることもあり得るところである。

いずれにしても，現状肯定のみではなく，社会的トレンドを踏まえつつ，自社があくなき検討をしてきていることについては，株主に伝えたいところである。

17. 監査報告書

質問17-1 〈業務監査の監査方針と監査体制〉

当社の業務監査については，どのような監査計画を立て，どのような監査体制で行っているのか，具体的に説明してほしい。

回答例

当社では，株主総会終了後の第１回目の監査役会にて，当期の監査方針・監査計画を定めております。監査計画は，監査方針に基づいて，監査対象，監査の方法，実施基準を定めております。

当期は，グループ間取引を重点的に監査するという方針のもと，監査計画においては，当社グループ企業との取引に関して受注や仕入れについて厳格な監査を行いました。監査体制については，効率的な監査を実施するという観点から，各監査役間で分担しております。その結果，監査報告記載のとおり，当社取締役に不正行為その他の法令違反行為は認められませんでした。

【解　説】

■監査の方法・内容の回答

昨今の企業不祥事においては，監査役によるチェック機能が有効に機能していなかったように見受けられることから，業務監査が具体的にどのように行われているのかについて質問されることが予想される。

監査の方法およびその内容は，監査報告の記載事項である（会社法施行規則129条１項１号）。したがって，かかる記載と齟齬のないようにこれを敷衍して回答することとなる。

■監査計画は監査方針から説明する

監査方針・監査計画は，通常は株主総会直後の監査役会において決定する。監査方針は，経営方針・経営計画，経営環境，経営上・事業運営上のリスク，内部統制システム構築・整備の基本方針に係る取締役会決議の状況および内部統制システムの運営状況等を考慮し，企業不祥事を発生させない予防監査，そのためのリスク管理体制，コンプライアンス体制等の整備，良質な企業統治体制の確立に向けた監査活動の基本となる方針である。

また，監査計画は，監査方針に基づいて監査対象，監査の方法，実施時期を選定し，作成する（以上につき，公益社団法人日本監査役協会作成の「監査役監査実施要領」）。

したがって，監査計画について説明するに当たっては，漫然と監査計画について説明するのではなく，そのような監査計画を定める基となった監査方針から説明することが好ましい。また監査計画において，経常監査項目のみならず重点監査項目を定めた場合にはその点についても概要くらいは説明すべきであろう。

なお，監査計画の説明に対しては，他の項目を重点的に監査すべきであるなどの反論がなされる場合があるが，その場合には，監査の空白が生じることがないように，監査対象は数年で一巡させる必要があることを説明し，前期・前々期の監査対象との兼ね合いから理解を求めるべきである。

また，近年では監査計画の策定に当たっては内部監査部門と連携して効率的な監査に努めることも多く，かかる点にも言及することも考えられよう。

質問17-2 〈監査役の補助スタッフ〉

監査役の職務を補助する社内スタッフはどのような部署にいるのか。職員はどのくらいいるのか。その職員の人事上の独立性は保たれているのか。

回答例①

当社の監査役の監査業務を補助するスタッフは監査室に専属の者が○名おります。それらの社員の人事評価・異動・懲戒処分につきましては，すべて監査役会に報告の上承認を得ることが規程上定められており，さらに監査役に監査業務に関する指揮命令を受けた当該社員に対し，その業務命令について取締役は指揮命令権を有しておりません。以上のとおり，それらの社員の取締役からの人事上の独立性は完全に保たれております。

回答例②

当社の監査役の監査業務を補助するスタッフは○○部の者○名が兼務しております。専属のスタッフはおりませんが，それらの○○部の社員は監査役の指示に応じて適切に監査業務の補助を行っており，体制としては十分であると考えております。

また，それらの者の人事異動・懲戒処分につきましては，監査役に事前に報告を行い，監査役がその報告内容に異議がある場合には，監査役の意見を十分尊重することとしております。

【解　説】

■内部統制システムにおける監査役の補助者

会社法施行規則100条３項１号は，監査役設置会社の場合，内部統制システムの内容として，「当該監査役設置会社の監査役がその職務を補助すべき使用人を置くことを求めた場合における当該使用人に関する事項」，２号で，「前号の使用人の当該監査役設置会社の取締役からの独立性に関する事項」，また，３号で，「当該監査役設置会社の監査役の第１号の使用人に対する指示の実効性の確保に関する事項」を定めるものと規定している。

したがって，本問に対しては，事業報告における内部統制システムの概要の開示内容のうちの会社法施行規則100条３項各号に関する記載をベースに，必要に応じて説明を追加することで対応としては足りる。なお，監査役の職務を補助すべき使用人は，常時任命しておかなければならないものではない。

■監査役の意見重視の姿勢

会社の規模等によっては，監査役の補助スタッフを専属として置いていない，あるいは手薄な会社もあると思われる。そのような場合には，現状を説明した上，当社の規模としては現状で特に問題は生じていないこと，監査役から拡充の要請があれば，合理的な範囲で対応することなどを説明すべきである。

■事業報告への記載

会社法施行規則118条２号に基づき，内部統制システムの運用状況の概要も事業報告の内容とすることが求められる。したがって，本問との関係では，監査役による補助スタッフからの情報収集に関する体制の運用状況の概要も事業報告に記載すべきことになる。

質問17-3 〈コロナ禍における海外子会社の監査〉

コロナにより海外渡航に制約が生じているが，当社の重要な海外子会社に対する会計監査等はしっかりできているのか。

回答例

ご指摘のとおり，コロナによる海外渡航制限は緩和されつつありますが，当期においても，会計監査人も監査役も当社の海外子会社に対する往査を実施できておりません。これに代替するものとして，監査役や内部監査部門が現地担当者とのWeb会議を密に行いつつ，海外子会社のCFOに依頼するなどして監査の質を確保するよう努めておりますのでご理解いただきますようお願いいたします。

【解　説】

■子会社監査権による情報収集

親会社の監査役は，その職務を行うため必要があるときは，子会社に対して事業の報告を求め，または子会社の業務および財産の状況を調査する権限を有する（会社法381条３項）。会社法上の子会社の定義には外国法に基づき設立された会社・組合も含まれるため，監査役の子会社調査権はそれらの会社・組合にも及ぶ。もっとも，外国法に基づき設立された会社には必ずしもそれに応ずる義務はないため，監査の実効性を上げるためには，親会社の取締役が子会社に対して事実上の支配力を行使するなどの方法による親会社取締役の協力が必要となる場合がある。

以上のような方法を通じて，通常時であれば，監査役や会計監査人が重要な海外子会社を往査して，監査の実を上げることが期待される。

■コロナの影響による制限

しかし，コロナ禍においては，感染拡大防止のため，あるいは，海外渡航制限により，監査役や会計監査人が海外子会社に往査することができない事態が生じている。制限は緩和されつつあるが，いまだに海外出張は抑制的である会社が多い。かかる場合，利用可能な代替手段により監査の実効性を上げるほかない。具体的には，本社から人材を派遣できないため，現地の子会社の管理部門などに一時的に監査業務の代替を依頼することなどが考えられよう。

会計監査においては，証拠資料改ざんの可能性も踏まえて原本入手が原則とされているものの，コロナ禍においては電子的方法による証拠入手が多くなっており，証拠改ざんリスクをどのように回避するかも実務上課題として挙がっている。

■監査の方法は監査報告事項である

いずれにしても，監査役の監査の方法およびその内容は監査報告の記載事項であり（会社法施行規則129条１項１号），子会社に対する調査についても，ここで記載することとなる。また，監査のため必要な調査ができなかったときは，その旨およびその理由を事業報告に記載しなければならない（会社法施行規則129条１項４号）。同様に，会計監査の方法が相当であるかについて監査役は意見する必要があるため，コロナ禍による会計監査方法の制約がある場合には，会計監査人と協議して対応することが必須であることに留意されたい。

質問17-4 〈子会社監査役との連携〉

子会社の監査役との連携はどのように行っているのか。

回答例

当社におきましては，グループ監査役連絡会という会合を定期的に開催して，子会社の監査役との緊密な連携を図っております。具体的には，グループ監査役連絡会において，当社の監査基本方針，重点監査事項について説明し，子会社監査役に周知徹底を図っております。その上で，当社の主要子会社の監査計画の調整を行っています。その後は，これらに基づき監査事項の実施状況の報告をし，各社の監査業務に関する情報交換に努め，必要に応じて対応措置について協議しております。

また，必要に応じて，グループ監査役連絡会とは別個に，各子会社監査役と個別の連絡会を開催することによって，一層緊密な連携を図っております。

【解　説】

■グループとしての監査方針を説明

監査役には，その職務遂行に当たり，必要に応じて，子会社の監査役との意思疎通および情報交換を図ることの努力義務が定められている（会社法施行規則105条４項）。この努力義務が定められたことにより，監査役は旧商法時代に増して積極的に子会社の監査役やその他の者と連携して情報交換をする必要がある。

なお，会社法施行に伴い，子会社の定義が従来の形式基準から支配力基準に改正されたことにより，子会社の範囲が拡大し得ることに留意する必要がある。これにより，従来連結子会社であるものの商法上の子会社でない会社に対しては会計に関する調査権限を行使できるにとどまっていた問題点が解消され，連結対象のすべての子会社に対して業務監査権限が及ぶことになった。

連携の方法としては，グループ監査役連絡会を通じた情報交換等が一般的であると思われるが，コロナ禍においては例年と異なる対応を迫られている会社も多いと思われるので，この点は各社の実情に合わせて回答する。

■子会社のモニタリング機能

なお，子会社の機関設計に当たって，監査役を設置しなかった場合，あるいは設置したとしても当該監査役の権限を会計監査に限定した場合（会社法389条）には，監査役が行使すべき権限を株主が直接行使することになる（会社法360条，371条等）。

したがって，当社の子会社がかかる機関設計を行っている場合には，当社のモニタリング機能を強化するなど，監査役を不設置とし または監査役の権限を会計監査に限定していることへの代替措置を講ずる必要がある。

以上のとおり，機関設計の簡素化に関連してこのような質問がなされることも予想されることから，その場合，当社としてはどのように子会社のモニタリング機能を強化しているかなどについて説明できるようあらかじめ準備する必要があろう。

質問17-5 〈監査等委員会設置会社への移行効果の検証〉

当社は数年前に監査役会設置会社から監査等委員会設置会社に移行したが，これによりコーポレート・ガバナンスは強化されたのか。社外監査役という立場から監査等委員に就任した○○取締役にお伺いしたい。

回答例

監査等委員は，監査役と同様に身分保障がされ独立性が確保されつつも，取締役会での議決権を有することにより発言力が強化されていること，違法性監査のみならず妥当性監査の権限も有することなどから，当社は監査等委員会に移行したことによりコーポレート・ガバナンスが強化されたと考えております。

【解　説】

■ガバナンス体制への関心は高い

平成26年改正会社法（2014年）により監査等委員会設置会社に移行して数年が経過し，監査等委員会設置会社での実務が定着してきた上場会社も多いと思われる。株主間においてはコーポレート・ガバナンスへの関心が高まっており，監査等委員会設置会社への移行が当社にとって成功であったか否かについて質問することも予想される。

■移行理由とその後の実務を踏まえて回答する

基本的には，監査等委員会設置会社へ移行する際に株主総会で説明した移行理由を踏まえて，その企図した効果が得られたのかどうかを回答することになる。移行のメリットとしては，社外監査役を監査等委員に横滑りさせることによりISS等が求める２名以上の社外取締役要件を充足することができることが実務上は最も大きかったようであるが，実際，原則として違法性監査権限しか有しなかった監査役に比べて，監査等委員は妥当性監査権限をも有し，業務執行取締役の職務執行を広く監督することが期待されること，取締役会の議決権を有しない監査役とは異なって議決権を有することから，いざというときは代表取締役を解任することができるほか，取締役の選解任や報酬について意見陳述権を有することから，かかる権限を背景に代表取締役に対して相当の牽制機能が期待できることがガバナンスの強化につながったと言うことはできよう。

他方で，監査等委員会による監査は監査等委員会を通じての組織監査であるため，独任制であった監査役に比して機動力を欠くなどの側面もある。また，その監査は内部統制システムを通じての監査であって実査をすることは想定されておらず，内部統制システムの整備状況次第では，実査が原則の監査役監査に比してガバナンスとして弱くなる一面との評価もあり得なくはない。

また，監査役と違って常勤を置くことも要求されていないため，常勤の監査等委員が置かれていない場合にはガバナンスが弱体化しているとも言い得る。

いずれにしても移行後の実務において認識した課題も踏まえて回答することになろうが，ガバナンス体制に正解はなく，常に改善を続ける姿勢を示すべきである。その意味では，指名委員会等設置会社への移行の検討状況や移行しない理由についても準備しておくべきである。

質問17-6 〈監査報告に不祥事が記載されていない〉

招集通知添付の監査報告には，監査の結果として「取締役の職務の執行に関する不正の行為又は法令若しくは定款に違反する重大な事実は認められません」とあるが，新聞報道によれば，当社は○○法違反の事実が認められたとして監督官庁から行政処分を受けているではないか。そうであるにもかかわらず，何も問題がなかったかのような記載をするのは問題ではないか。

回答例

株主様ご指摘のとおり，誠に遺憾ながら，当社においては，○○○○年○月に，○○法違反の事実が認められたとして行政処分を受けております。この件につきましては，常勤監査役を中心として外部の弁護士から構成される調査チームとともに調査を実施いたしました。調査においては，違反のあった営業所の訪問，担当部署および担当取締役のインタビューや関係記録の検討などを行いましたが，その結果，同法違反に関しては従業員が独断で行ったものであって，当社の取締役に法令または定款に違反するような行為は認められなかったという結論に至ったものでございます。

【解　説】

■監査役への質問も想定される

会社に不祥事があったにもかかわらず，監査報告において何らの記載がない場合には，適切な監査が行われているのかと疑問に思い，監査役に対して不祥事に関連してどのような監査を行ったのか質問がなされることがある。

株主からすれば，不祥事発生時は，監査役が適切にその職責を果たすことを最も期待する場面であるから，監査役としては答弁の前提として適切に監査権限を行使し調査を行っておくことが求められる。

■具体的な回答が求められる

回答に当たっては抽象的な紋切り型の答弁を行うことは避けるべきである。不祥事が発覚した後，監査役としてどのような調査・監査を実施したのかを具体的に回答をする必要があろう。不祥事が起きているにもかかわらず，抽象的に「適切に監査を行った結果，監査報告記載のとおり，取締役の職務の執行について不正な行為または法令もしくは定款に違反する行為は認められませんでした」と回答するのでは，株主は監査役としての資質・適性について判断することができないからである。

回答例は，不祥事に対応して外部の弁護士と共同して調査を行った場合の例である。

なお，このような場合は，内部統制システムが有効に機能したのかなどの関連質問がなされることも予想されるので，その点についての回答も準備しておくことが望ましい。

■監査報告で不祥事を受けた重点監査項目に触れる

取締役の職務執行に法令・定款違反がないというのが結論であったとしても，不祥事の再発防止を図るためにも，以後監査役としてどのような点について監査を重点に行ったのかということは監査報告に記載するのが望ましい。実際，そのような記載例も増えている。

18. 総会運営

質問18-1 〈集中日以外での総会開催〉

当社の総会はいまだに集中日に開催されている。しかし，最近は集中日をはずして株主が出席しやすい日時設定をしている会社も多い。当社も総会を週末に開催することを検討してもらいたい。なぜあえて集中日に開催しているのか，また来年からは集中日をはずす考えはないかを答えてもらいたい。

回答例

ご指摘のとおり，当社の株主総会は，例年，他社の多くの開催日（集中日）と同じ日に開催しております。会社法の規定や監査日程などの関係，さらには社内での総会の準備のための作業時間の確保など，法律上および実務上の必要性から，6月末の最終日の前日の平日が最も好都合であるという事情があり，集中日に開催する会社が多くなっているものと思われます。当社も，あえて集中日に開催しているわけではなく，こうした事情から結果的に集中日の開催となっているということでございます。

近年，集中日以外の日に総会を開催する会社が増えていますので，当社としても，来期以降の開催日については，メリットとデメリットを総合的に検討して判断したいと存じます。

また，週末の開催についてですが，これもいろいろと問題があり，必ずしも適切とは考えておりません。例えば，総会を円滑・適正に運営するためには多数の社員の対応が必要ですが，当社は週休2日制を採用しておりますので，土曜日または日曜日に総会を開催するとなると，社員に休日出勤をさせる必要がありますし，建物の管理や設備の稼働等の問題もあります。このようなことから，土日の開催については，他社の動向も考慮しつつ，継続して検討していきたいと考えております。

【解　説】

■集中日開催の具体的理由

質問は，①集中日の開催の理由，②集中日以外の開催の可能性，③週末の開催の可能性の3点である。

集中日の開催の歴史的背景には，総会屋や特定株主らの出席をできるだけ困難にしたいという狙いがあったと考えられるが，回答例に示したように，6月末の特定日に開催日が集中することは法律上および実際上の理由があることも事実である。したがって，この点の質問がなされた場合は，この理由を具体的に説明することになろう。さらに詳しく説明するのであれば，例えば会社法124条2項の定めにより，株主名簿を確定する基準日から3カ月以内に総会を開催する必要があること，3月決算としているのは多数の会社の会計年度と合わせることが業績比較等において便宜であること，などを述べればよい。

近年は集中日を避けて総会を開催する会社が増加しており，開催日分散化の傾向が顕著である。多くの会社では総会屋対策の必要性が低下しており，株主総会に関してはIR（Investor Relationship）の場としての役割が重視されるようになってきているためである。具体的には，2007年頃までは50％を上回っていた，集中日への集中率が，2023年の3月期決算会社の株主総会では約26％にまで低下している。

そのため，次年度以降も集中日に開催することを予定している場合であっても，集中日以外の開催の可能性についても検討しているという姿勢での回答が望ましいと思われる。

■土日開催による負担

土日の開催については，会社員等の個人株主の出席には便宜であり，個人株主を重視している会社では土日に開催するメリットもあろう。しかし，大半の会社は週末の土日は休日であるため，土日に開催するとなると多人数の従業員が休日出勤することになるし，会社の施設を会場として使用する場合は施設管理等の対応も必要になり，負担は小さくない。

メディアではエンターテイメント系の会社が土日に開催した例が報道されたことなどにより，土日開催の総会が増加しているような印象もあるかもしれないが，実際には土日開催の会社はごく少数である。回答ではこうしたことをわかりやすく説明すれば理解を得られるであろう。

質問18-2 〈集中日以外での開催についての検討結果〉

今年も，当社の株主総会開催日はいわゆる「集中日」となっている。去年も当社の株主総会に出席し，「集中日」開催について意見したが，その検討結果を伺いたい。

回答例

当社の株主総会開催日は，決算期ごとに，その都度，当社の会計監査人や監査役が監査を行う想定日程等を聴取し，招集通知の作成，印刷，送付等の事務日程も加味して取締役会で決定しております。かかる決定過程において，他社の総会開催日は正確に把握できるものではなく，当社の株主総会開催日は，いわゆる「集中日」を意識して決定したものではございません。

しかしながら，株主様から，前回の定時株主総会においてご意見いただき，定時株主総会の前倒し開催の是非を検討いたしました。

当社の会計監査人や監査役が監査を行う想定日程等を聴取した上で，適正かつ十分な監査を行うための時間の確保により，充実した監査を実現して株主様の利益に資することを大前提としつつ，招集通知の作成・送付に従事する社内部署，印刷会社，送付事務代行会社などの意見を踏まえて事務処理上の時間の短縮化の可能性も検討いたしましたが，最終的には，本日を当社の株主総会の開催日とすることを決定した次第です。

本日が株主総会の開催日となっている会社が当社の他にも多数あり，結果として株主様にご不便をおかけしたとすれば，誠に申し訳なく存じますが，このような事情によるものですので，ご容赦くださいますようお願いいたします。

【解　説】

■集中日開催の状況

６月総会における集中日への集中割合は，ピークであった1995年頃から年々減少してきており，現在では，集中日に総会を開催する上場会社は30％を下回る割合となっている。そのため，集中日開催の株主総会では，集中日開催に対する批判や意見が向けられるおそれがある。

しかし，神戸地尼崎支判平12.3.28判タ1028号288頁も，「株主総会をいつ，どこで開催するかは，商法の規定する範囲内で会社が裁量によって定めることができる性質のもの」と認め，「ある特定の会社と意を通じ，あるいはある特定の株主を排除する目的で特定日に株主総会を開催することとしたなど右裁量権を逸脱する特段の事情がない限り，単に他の株式会社の株主総会の開催日と一致したとしても，右判断が違法となることはないというべきである」としている。

会社としては，この裁判例が指摘するような特段の事情がないことはもちろんのこと，日程上の制約から集中日開催とならざるを得ない等の事情を丁寧に説明し，株主の理解を得るよう努めたい。

質問18-3 〈社外施設での総会開催〉

当社は毎年本社内のホールで総会を開催しているが，駅からは距離もあり，決して交通の便がよいとはいえない。最近は株主が出席しやすいように都心のホテルで総会を開催する会社も多い。当社も来年からは交通の便の良いホテルで総会を開催してもらいたい。

回答例

ご指摘のように，都心のホテルなどと比較した場合は，本日の会場は交通の便が優れているとはいえないかもしれません。

しかし，現時点では，ただちにホテルや貸ホールに会場を変更することは考えておりません。そうした施設を利用する場合はかなりのコストが発生することになりますし，不慣れなホテル等で円滑に総会を運営するためには会場の設営に関わる従業員に対する準備作業等の負担もかなりのものになることが想定されるためでございます。ホテルなどでの開催には，こうしたコスト面・人員面など種々の問題がございます。一方で，本社を会場とすることは，株主様に当社を身近に知っていただけるという点で重要な機会であると考えております。駅からの交通手段については，臨時バスの運行など株主様の便宜を向上する方策を検討したいと存じます。

こうした理由から，来期以降も当社施設を会場とすることを予定しておりますので，ご理解を賜りたいと存じます。

【解　説】

■社外施設の利用

多くの会社は，総会の会場として，本社内の大ホールや工場の体育館など会社の施設を利用している。一方で，総会に出席する株主が増加し，会社内の会場では収容しきれないなどの理由から，ホテルや貸ホールを会場として利用する会社も増えている。

こうしたことから，会社の会場が都心から離れていたり，駅からの距離が遠いといった場合，株主からは，ホテルなど利便性のよい場所での開催を望む意見が出る場合がある。

■ホテル等の利用に伴うコスト

しかし，ホテルや貸ホールで開催する場合には相当額の費用が発生することになる。出席株主数が増加する傾向にあるため，多くの会社は，第１会場だけでなく予備的に第２会場用の部屋も確保する必要があり，準備の万全を期すのであれば総会当日だけでなく前夜から会場を確保しておく必要もある。さらには，リハーサルを事前に本番会場で行う場合には，そのための費用も必要となる。また，総会の運営に当たる社員の練習（リハーサル）についても，社外のホテル等で行うとすれば，かなりの負担となることは避けられない。

こうした理由から，ホテル等の社外施設で総会を開催する場合は，社外施設に比して費用面・人員面で負担が大きい。また，会社の施設で総会を開催することは，株主に工場や自社製品の展示コーナーなどを直接見てもらうことができるなど，株主に親近感を抱いてもらう絶好の機会でもある。回答では，上記のようなメリット・デメリットをわかりやすく説明することが望ましい。

質問18-4 〈社外施設利用コストの削減〉

当社はここ数年このホテルで総会を開催している。このような豪華なホテルで総会を行うためにはどのくらい費用がかかるのか。そのようなお金があるなら，株主への配当に充てるべきではないか。他にもっと安い会場がありそうなものだが，来年以降の会場を変更する考えはないか。

回答例

詳細な金額はお答えできませんが，本総会会場の施設利用料はおおよそ○万円であり，これは必要な経費であると考えております。

ご覧のとおり当社の総会には毎年多数の株主様にご出席いただいています。また，出席株主数は，年々増加の傾向にございます。したがって，当社の総会会場としては，年々増加する多数の株主様を確実に収容できる必要がありますし，さまざまな場所にお住まいの株主様ができるだけ容易にご来場いただけるような場所であることが必要です。残念ながら，当社の施設にはこうした条件を満たす場所がございません。また，これだけの株主様を収容できる会場を持つホテルは限られています。

こうした理由から，会場としてこのホテルを継続的に使用している次第です。来年以降の会場につきましては今後も引き続き検討いたしますが，費用面も含めて適切な会場を選定するようにしたいと考えております。

【解　説】

■社外施設利用の必要性

一般の株主にとってはホテルの広い部屋を借りるための費用がどの程度かということは自然で素朴な疑問であるし，できるだけ支出を抑制すべきだというのも個人株主の感情としてもっともであるため，可能な限り丁寧に回答することが望ましい。会社としても社内の施設で総会を開催できるのであればより準備が容易であるから，社内施設を使用したいところだが，それができないからこそホテル等の社外の施設を使用している例が多いと考えられる。また，社外施設の選定に当たっては，通常は，収容可能人数や交通の便だけでなく費用も考慮して決定しており，決して無駄な支出をしているわけではないはずである。したがって，こうした事情，すなわちホテル等の外部施設を使用する必要性の検討と費用管理を適切に行っていることをわかりやすく説明すればよい。

■施設使用料への言及

施設の使用料も，通常は秘匿する必要性はないと思われるから，原則として回答例のようにおおよその額を回答することが望ましい。何らかの理由から回答を控えたい場合は，「手元に資料がございませんので金額はお答えできませんが，当会場を使用している理由についてご説明いたします」というように答弁すればよい。また，来年以降どうするのかといった質問もよくなされる。来年の会場をすでに予約をしている場合もあろうが，状況が変わる可能性もあるから，回答例のように，現時点では確定していないことを前提として，適切に検討するということを答弁すればよい。

質問18-5 〈議長・役員席のステージ上への設置〉

当社では，昨年不祥事が発生し，新聞などのメディアで報道までされるという事態に至った。それなのに，役員が株主よりも高いひな壇から挨拶するのはいかがなものか。

回答例

株主様がご指摘の不祥事とは，……のことと思われますが，この件につきましては株主様その他関係者の方々にご迷惑とご心配をおかけし，誠に申し訳なく存じます。今後このような問題が再発しないよう適切な対策をとっていく所存でございます。

議長および役員席をステージ上に設けている理由についてですが，これは議場の後方にお座りの株主様にも議長や答弁役員を見ることができるようにすること，答弁内容をご理解いただきやすいようにすることを考慮したものです。また，議長が議場全体を見渡し，議場の状況を正確に把握できるようにする必要もございます。

こうした理由から，議長および役員席をステージ上に設けておりますので，ご理解いただきますようお願いいたします。

【解　説】

■かつての総会屋対策

大半の会社が議長および役員（取締役，監査役，執行取締役）の席をステージ上に設けている。

こうした配置にしているもともとの理由は総会屋対策であり，総会屋が議長席に詰め寄ることを阻止しやすくする効果を狙ったものであった。

しかし，最近では総会屋による総会運営の混乱を心配しなければならない状況はほぼなくなった。発言者等が議長の指示に従わず議事進行が阻害されるおそれがあるのは一部の会社に限られている。したがって，大半の会社では，議事進行の妨害対策として議長席などをステージ上に設ける必要性はなくなっている。

■議場把握の必要性

しかし，それでもほとんどの会社が今でも議長席などをステージ上に設けている理由は，会場内の後方の席など議長席・役員席から遠く離れた場所に座っている株主も答弁の様子を把握できるようにするためである。近時は全般的に出席株主数の増加傾向が顕著であり，それに伴い会場もかなり広い場所で行われることが多い。そうした場合は，席をステージ上に設けなければ，大半の株主からは議長席・役員席が見えない状況になりかねない。

また，議長は，発言を希望する株主を指名する場合，議場全体を見渡して誰が挙手しているかを把握する必要があるから，この点からも，議長席は議場全体の状況を把握できる位置に設ける必要がある。答弁では，こうした理由をわかりやすく説明すればよい。

質問18-6　〈社外役員の欠席〉

社外取締役の●●氏は所用のため欠席とのことだが，会社にとって最も重要な株主総会を欠席した理由は何か。他社の総会への出席のためとのことであれば，そもそも取締役が出席できない総会日時の決定の仕方に問題があるのではないか。あるいは当社の総会に出席できない取締役を選任したこと自体に問題があるのではないか。

回答例

取締役の●●氏は，他社の社外取締役を兼務しており，本日はそちらの株主総会に出席するために欠席しております。

●●氏は○○という経歴を持っている方で，取締役会では，私どものようにこの会社で育ってきた者とは異なる視点から貴重な発言をいただいています。その点で，●●氏は，当社の社外取締役としての職責を十分に果たしていると考えております。

総会が非常に重要な場であることは株主様ご指摘のとおりですが，総会への出席を社外役員選任のための必須条件としますと，候補となりうる人材の範囲が限定され，優れた経験と識見を有する方を選任することが困難になりかねないという問題がございます。

また，総会の開催日時の決定に当たっては，可能な限りすべての役員の出席が可能となるよう配慮しておりますので，ご理解いただきますようお願いいたします。

本総会における株主様からのご質問に対しては，私ども出席役員が十分に必要なご説明をできるよう準備しております。

【解　説】

■兼務による社外役員の欠席

社外取締役や社外監査役は，他社の社外取締役や社外監査役を兼務していることがしばしばある。特に評論家などの著名人，大企業の社長経験者，学識者などはそのような場合が多い。

そのような人材を社外役員に選任した場合，他社の株主総会と日程が重なって株主総会を欠席することもめずらしいことではない。いまだに多数の会社が集中日に総会を開催しているため，複数の会社の総会開催日が重なるという事態は避けられないからである。

■社外役員としての適正性を説明

質問への回答としては，優れた識見を有する有能な人物であるからこそ他社の社外取締役等を兼務していること，取締役会に出席する（社外取締役の取締役会への出席状況は事業報告に社外役員に関する事項として記載されているから，問題となっている社外取締役の出席回数が多いのであれば，取締役会開催回数と当該取締役の出席回数をあらためて説明してもよいだろう）とともに，適宜発言を行うなど重要な役割を果たしていることを説明し，社外取締役としての職責は果たしているとの点を強調して，理解を求めることとなろう。

質問18-7 〈取締役に代わる執行役員の説明〉

先ほどから取締役ではなく執行役員が何度か答弁しているが，経営を委任されているのは取締役であるから，取締役が回答するべきではないか。

回答例

当社は○年前から執行役員制度を取り入れており，総会においても必要に応じて答弁させていただいております。

各執行役員は，日常的な業務の遂行におきましては中心的な職責を担っており，業務の遂行については取締役と同等の地位にある者としての自覚を有しております。また，ご質問が日常的な業務の具体的な点に関するものである場合は，取締役よりも執行役員の方がわかりやすくご説明をできる点でより適切な場合もございます。また，総会における答弁は必ずしも取締役本人が行う必要はなく，適切な補助者に答弁させることも許容されております。

したがいまして，本日の総会におきましても，取締役の説明義務を補助する者として総会に出席し，議長の判断により，取締役に代わって必要な説明をさせていただいておりますので，ご理解いただけますようお願い申し上げます。

【解　説】

■執行役員による答弁への疑問

執行役員制度を採用している会社では，取締役・監査役とともに執行役員が役員席に着席し，株主からの質問に対し必要に応じて執行役員が答弁している。

しかし，一般の株主にしてみれば，株主から経営の権限を付託されているのは取締役であって執行役員ではないから，総会という株主との直接対話の場での答弁は取締役が自ら行うことが本来の姿ではないか，執行役員に答弁させることは取締役の態度として無責任ではないか，という問題意識を持つことはもっともな面がある。答弁では，こうした疑問に答えるように配慮することが必要であろう。

■履行補助者として執行役員の答弁は可能

執行役員による答弁は，日常的な業務の遂行についての職責を担う者として，取締役の説明義務を履行する補助者の立場で行っているものである。法律上，取締役らは総会において株主から特定の事項について説明を求められた場合に必要な説明をしなければならないこととされているが（会社法314条），必ずしも取締役ら自身が自ら説明しなければならないわけではなく，履行補助者として他の適切な者に答弁させることも可能である。

特に，株主の質問の内容が営業状況や製品内容の具体的な問題であるような場合は，直接業務執行を担当している執行役員のほうが具体的でわかりやすい説明をできる点で，取締役自身が答弁するより適切な場合も多いであろう。

したがって，答弁では，執行役員は取締役の説明義務の履行の補助者として答弁していること，質問の内容によって執行役員に答弁させるほうが適切な場合もあり，議長の判断で執行役員が答弁者として適切と判断した場合は執行役員に答弁させることを述べればよい。

質問18-8 〈株主懇談会・懇親会の実施〉

せっかく会社の経営陣と株主とが会うことができる年に１回の機会なのだから，総会後に株主懇談会や懇親会を実施してはどうか。同業他社では開催している例があるのに，なぜ当社は行わないのか。

回答例

総会後の株主懇談会や懇親会の開催について，私どもも検討はしておりますが，当面は開催を考えておりません。

株主懇談会や懇親会は株主様と私ども取締役らが直接お話しできる場であり，貴重な場であると考えています。しかし，株主懇談会を開催しようとすると，ホテルなどの社外の施設を会場として使用することが必要になり，かなりのコストが必要となります。また，株主懇談会の準備のために担当従業員の増強も必要となります。さらには，食品メーカーやエンターテイメント企業のように会社の製品・サービスの顧客と個人株主が重なっている会社の場合は，株主懇談会の効果が大きいものと思われますが，当社のように中間財の製造販売を主力としている場合は相対的には効果が小さいものと考えられます。

このようなメリットとデメリットを総合考慮した結果，当面は株主懇談会を開催する予定はございませんが，他社動向も考慮しつつ継続的に検討してまいりたいと思います。

【解　説】

■企業の特性で変わるメリット

総会終了後に株主懇談会を開催する会社もあるが，どの会社でも株主懇談会を開催するメリットがあるわけではない。食品メーカーやエンターテイメント企業などで個人株主の拡大を目標にしている会社の場合は，会社のファン＝顧客を獲得することにもつながるため株主懇談会の重要性は大きいであろう。

しかし，例えば半導体製造装置や原材料メーカーなど主要な取引先が企業であり一般消費者にはあまり知られていない会社の場合は，こうしたメリットはあまり期待できない。

■開催コストの大きさ

一方で，株主懇談会を開催することの負担はかなりのものである。回答例のように現在の総会会場が自社施設（本社ホールや体育館など）を利用している場合は，懇談会を開催するとなると自社施設ではなくホテルなど外部の施設を利用せざるを得なくなる場合がある。その場合は，飲食のサービスに係る直接的な費用だけでなく，施設の利用料も必要になる。また総会自体も社外施設で開催することになるので，社内施設での開催の場合と比して準備の負担も格段に大きくなる。

答弁では，各社ごとの事情に応じて，株主懇談会を開催することのデメリットを具体的に説明して理解を求めるようにすればよい。また，経営者と株主の交流の場としては，総会以外にIR説明会の場などがあることに触れてもよいだろう。

質問18-9 〈議決権行使促進のためのお土産の充実〉

個人株主の総会への出席を促すために，総会のお土産をもっと充実させるべきではないか。当社は個人株主の議決権行使を促進するための工夫をしているのか。お土産に関する当社の方針を教えてもらいたい。

回答例

総会のお土産を充実させることで株主様のご出席を促すというのは本来的なあり方ではなく，そうした方向での取組みは考えておりません。

当社が総会でお土産を配布している目的は，当社製品を株主様に知っていただき，当社製品の顧客やファンになっていただきたいということでございます。このため，今後も新製品や話題の商品を株主様に知っていただくこと等を目的として，適切なお土産の内容を検討し，決定していきたいと考えております。

また，あまりに高額のお土産は，会社法の利益供与禁止規定に抵触するおそれもあります。したがって，お土産の内容につきましては，今後とも現在のかたちで行っていきたいと考えます。

一方で，当社としても，個人株主様の議決権行使の比率を高めることは重要な課題であると考えております。そのためには，会社の将来像を明確にし，堅実な経営を進めていくことで，株主様に投資していただける魅力的な会社になることが重要であると考えております。また，そうした取組みをより広く株主様に伝えられるよう，IR説明会の開催などの株主総会以外の場と手段を通じて取り組んでいくことも重要であると考えております。

【解　説】

■総会出席者増によるコスト高

質問は，個人株主の出席の促進と議決権行使の促進に関するものであるが，この２つは異なる性格の問題である。

出席株主数が増加して総会の規模が大きくなればなるだけ，円滑かつ万全に総会を運営するための準備の負担は飛躍的に大きくなる。

例えば，毎年出席者数が増加する傾向にある場合，翌年には，会場を変更したり増設したりする等の対応が必要となるから，そのためのコストが必要となる。総会後に懇親会を開催するとなるとさらに負担は大きくなる。この面では，出席株主数の増加は手放しで喜べることではない。

一方で，個人株主の多くは利殖目的で株式を保有しており，議決権行使に関心の低い株主も少なくない。そのような中で，各社なりに個人株主の議決権行使を促進する方策をいろいろと検討しているはずであり，答弁ではそうした取組みを説明すればよいであろう。

■お土産を廃止する企業の増加

近年，コロナ禍の影響により混雑を避けるという目的もあり，お土産を廃止する企業が増加している。現在，お土産を配布している上場会社は全体の３分の１程度にまで減少しているようである。廃止の理由としては，株主への還元は配当により行うべきであることや，保有株式数に比例せずに配布されるお土産は株主の平等な取扱いという観点から問題があるといった事情も指摘されている。

質問18-10 〈取締役の各候補者別の投票〉

第４号議案で「取締役５名選任の件」が上程されている。株主の中には，一部の候補者については選任に反対し，その他の候補者については選任に賛成しようという考えの方もいるはずだ。そのような場合，複数の候補者の選任議案が１つの議案としてまとめて上程されていると，投票において適切な意思表示をすることができない。本来，各候補者別に投票すべきではないかと思うが，なぜ１つの議案にまとめているのか。考え方を聞かせてもらいたい。

回答例

５名の取締役候補者全員につきまして，議決権行使書面により本総会に先立ち相当数の賛成をいただいております。したがって，一括して上程しご審議いただくことが総会の運営上効率的であると判断し，一括して１つの議案として上程させていただいております。

また，候補者の１名についてでも選任に反対のお考えの株主様につきましては，本議案に反対されることで「５人をまとめての選任には反対である」という意思表示をしていただくことができますので，ご理解を賜りたいと存じます。

【解　説】

■候補者全員の選任は一括上程が一般的

取締役（または監査役）の候補者が複数いる場合は，本来は候補者ごとに賛否の決議を行うのが原則である。

しかし，多くの会社では取締役候補者全員の選任をまとめて１つの議案として上程し，審議・決議している。通常は総会決議を経るまでもなく，事前に大株主の意向を把握したり，事前に送付されてくる議決権行使書面により過半数の賛成が得られることが確実に予想できる。一方，総会において個々の候補者ごとに選任議案を上程し，審議・決議することは手続的に煩瑣であり，審議時間も長くならざるを得ない。そのため，取締役候補者全員の選任をまとめて１つの議案として処理することが一般的な実務となっている。

そこで，回答では，①議決権行使書面により総会に先立ち相当数の賛成が得られていること（ただし，「過半数の賛成が得られている」ということまでは言わないほうがよいだろう），②一括して１つの議案とすることが総会運営上効率的であること，また，③１人の候補者についてでも選任に反対の場合は，議案に反対票を投じることで，当該候補者の選任に反対する意思を示すことができるので，１つの議案として処理することは不当とはいえないことを述べればよいであろう。

質問18-11 〈定款変更の条項別の投票〉

第１号議案の「定款の一部変更の件」の中には，多数の条項の修正や追加が含まれており，会社法改正に伴うものもあるが，取締役の人数の上限を増やすという当社特有の事情によるものもある。

このようにまったく性格の異なる理由での変更に関する問題を，１つの議案として上程するのはおかしい。本来，少なくとも変更の理由ごとなどに分けて別個の議案として上程するべきではないか。１つの議案にまとめて上程している理由を聞かせてもらいたい。

回答例

確かに株主様ご指摘のように複数の議案に分けて上程しご審議いただく方法もありますが，あえて複数の議案として上程して審議に時間を費やすよりも，一括して上程してご審議いただくことが総会の運営上効率的であると判断したものです。

また，仮に一部の条項の変更に反対のお考えの株主様につきましては，本議案に反対されることで「全条項まとめての変更には反対である」という意思表示をしていただくことができますので，ご理解を賜りたいと存じます。

【解　説】

■煩雑さや長時間の審議を避ける

定款の変更についても，本来は個々の条項ごとに賛否の決議を行うのが原則である。

しかし，買収防衛策の導入に伴う定款変更のような例外的な場合を除き，多くの会社では複数の条項の定款変更をまとめて１つの議案として上程し，審議・決議している。通常は総会決議を経るまでもなく，事前に大株主の意向を把握したり，事前に送付される議決権行使書面により，過半数の賛成が得られることが確実に予想できる。

一方，総会において個々の条項ごとに議案を上程し，審議・決議することは手続的に煩瑣であり，また審議時間も長くならざるを得ない。また，変更に係る複数の条項は，しばしば相互に論理的・実務的な関連性を有していることが普通であり，区々の結論となることを避けるために少なくとも関連性を有する範囲はまとめて決議する必要もある。そのため，定款変更全体をまとめて１つの議案として処理することが一般的な実務である。

そこで，回答では，①一括して１つの議案とすることが総会運営上効率的であること，②一部の条項についてでも選任に反対の場合は，議案に反対票を投じることで，当該条項の変更に反対する意思を示すことができるので，１つの議案として処理することは不当とはいえないことを述べればよいであろう。

質問18-12 〈ウェブサイトによる修正〉

株主総会の招集通知によれば，株主総会参考書類および添付資料に修正が生じた場合は，インターネット上の当社のウェブサイトに掲載することとされている。

しかし，「修正があるかもしれないから，株主自身の責任でウェブサイトを事前に確認しておけ」というのは，株主軽視ではないか。この点に関する会社の考えを説明してもらいたい。

回答例

ご指摘の招集通知の記載は，法令に基づき，招集通知を発出したのちに修正をすべき事項が生じた場合の株主様への周知方法を記載したものです。

郵送等の書面による個別通知の方法と比較して，迅速に修正内容をお伝えすることが可能になること等から，当社のウェブサイトに修正事項を掲載することとしております。

株主様に自らウェブサイトをご確認いただかなければならないことはご指摘のとおりであり，ご面倒をおかけして大変恐縮に存じますが，修正事項が生じた場合には，株主の皆様によりご認識いただきやすい方法でウェブサイトに掲載を行うようにいたしますので，ご理解のほどよろしくお願いいたします。

【解　説】

■招集通知発送後の通知手段

株主総会参考書類，事業報告，計算書類，連結計算書類の記載について，招集通知発出後に修正をすべき事情が生じた場合の修正後の事項を株主に周知させる方法は，当該招集通知と併せて通知することができる（会社法施行規則65条３項，同133条６項，会社計算規則133条７項，同134条８項）。これに基づき，現在では多くの上場会社が，修正すべき事項が生じた場合の周知方法を会社のウェブサイトに掲載するものと定めている。

■ウェブサイト利用のメリット・デメリット

ウェブサイトへの掲載は，コスト削減や作業負荷の面で会社のメリットが大きく，株主にとっても迅速に情報を把握できるメリットがある反面，株主が自らウェブサイトを確認しなければ修正を把握できないなど，周知の実効性に関しては懸念があることも否定できない。

迅速性などのメリットを説明するとともに，修正事項が生じた場合に株主に認識してもらいやすいように可能な限りの対応を工夫する考えであることを説明するなどして，理解を得るようにする必要がある。

質問18-13 〈バーチャル株主総会〉

インターネットを使って株主総会に出席することができる仕組みを導入している会社が増加しているようだが，当社でも実施すべきではないか。遠方や自宅からでも株主総会に出席できるのはとても便利である。

回答例

インターネットを使って株主総会に参加できるようにする仕組みを導入する会社が増加していることは承知しております。当社としても，このようないわゆるバーチャル株主総会を実施することの利点や留意事項，導入する場合に必要となる環境整備等の検討は行っておりますが，現時点で導入することとはしておりません。株主の皆様のご希望等も踏まえ，今後も検討を進めてまいります。

【解　説】

■バーチャル株主総会とは

バーチャル株主総会とは，インターネットを活用した株主総会のことであり，取締役や株主等が一堂に会する物理的な場所において開催される株主総会である「リアル株主総会」と対比される概念である。2020年２月に経済産業省が公表した「ハイブリッド型バーチャル株主総会の実施ガイド」（以下「実施ガイド」という）によれば，バーチャル株主総会は，①「ハイブリッド出席型」，②「ハイブリッド参加型」，③「バーチャルオンリー型」の３つに分類されている。各類型の内容は以下のとおりである。

ハイブリッド出席型	リアル株主総会の開催に加え，リアル株主総会の場所に在所しない株主が，インターネット等の手段を用いて，株主総会に会社法上の「出席」をすることができる
ハイブリッド参加型	リアル株主総会の開催に加え，リアル株主総会の開催場所に在所しない株主が，株主総会への法律上の「出席」を伴わずに，インターネット等の手段を用いて審議等を確認・傍聴することができる
バーチャルオンリー型	リアル株主総会を開催することなく，取締役や株主等が，インターネット等の手段を用いて，株主総会に会社法上の「出席」をする

これらのうちバーチャルオンリー型は，会社法298条１項１号が「株主総会の日時及び場所」を定めなければならないとされていることから，現行の会社法の下では認められないとの見解が多数であった。

しかし，2021年６月に産業競争力強化法が改正され，経済産業大臣および法務大臣の確認を受けた上場企業は，会社法の特例として，「場所の定めのない株主総会」を開くことができる旨を定款に定めることができるようになった。なお，新型コロナウイルス感染症拡大の影響を踏まえ，2021年６月16日の施行後２年間は，上記の確認を受けた上場会社は，定款の定めがあるものとみなすことができるという特例措置がとられていたが，同措置は2023年６月16日をもって終了した。

■バーチャル株主総会の実施例

ハイブリッド参加型およびハイブリッド出

席型はすでに相当数の会社で実施されており，2023年に東京証券取引所が３月期決算の上場会社約2,000社を対象として行った調査によれば，各社のバーチャル総会の開催予定の状況は，①実出席のみが81.2％（1,552社），②ハイブリッド参加型が17.5％（334社），③ハイブリッド出席型が0.8％（15社），④バーチャルオンリー型が0.6％（11社）となっている。2020年にバーチャル総会を実施した会社は100社程度であったことから，バーチャル総会を実施する会社は大きく増加している。

経済産業省は2021年２月に実施ガイドの別冊として実施事例集を策定しており，その中では，ハイブリッド（出席型）のバーチャル株主総会を実施する場合の留意事項として，①質問の選別による議事の恣意的な運用につながる可能性，②円滑なバーチャル出席に向けた関係者等との調整やシステム活用等の環境整備，③どのような場合に決議取消事由に当たるかについての経験則の不足，④濫用的な質問が増加する可能性等の事項が指摘されている。

上記の③については，実施ガイドにおいて，「会社が通信障害のリスクを事前に株主に告知しており，かつ，通信障害の防止のために合理的な対策をとっていた場合には，会社側の通信障害により株主が審議又は決議に参加できなかったとしても，決議取消事由には当たらないと解することも可能である」とされている。

■回答の方向性

株主からバーチャル株主総会の開催を求める質問がなされた場合には，会社としてのバーチャル株主総会に関する検討内容を可能な範囲で説明することになるだろう。また，バーチャル株主総会ではなくとも，会社のWebサイトにおいて事後的に株主総会の動画配信を行っているなどの事情があれば，その点を説明することも考えられる。

上記のとおりバーチャル株主総会を実施する会社は増加の傾向にあり，利便性から実施を希望する株主も増えることが考えられるため，仮に実施の決定に至っていない場合でも，株主の意向も踏まえて検討する姿勢は示すことが望ましい。

質問18-14 〈役員のオンラインによる出席〉

○○取締役はオンラインによる出席とのことだが，１年に１回の定時株主総会なのだから，実際に出席して株主の面前で説明すべきではないか。

回答例

○○取締役は所要のため本総会会場に赴くことが難しいため，やむを得ずオンラインにより本総会に出席しております。本総会会場において物理的に出席しておりませんことは申し訳なく存じますが，オンラインにより出席しており，質問に対しても即時に説明を行うことができるよう体制を整えておりますので，ご理解のほどよろしくお願いいたします。

【解　説】

■オンラインによる出席の適法性

一部の役員が株主総会の会場に赴くことができない場合（物理的に出席できない場合）に，テレビ会議システムやオンラインにより株主総会に参加することがあり得るが，情報伝達の双方向性と即時性が確保されている環境であるならば，当該取締役は株主総会に「出席」しているものと認められる。実際に，会社法施行規則72条３項１号は，株主総会議事録の記載事項として「当該場所に存しない取締役……，執行役，会計参与，監査役，会計監査人又は株主が株主総会に出席した場合における当該出席の方法」を規定しており，役員がオンライン等によって株主総会に出席する場合があることを前提としている。

■回答の方向性

上記のとおり，テレビ会議システムによる出席は適法なものと認められているため，その前提で回答することになる。ただし，特別の事情がある場合を除けば，可能な限り総会会場に物理的に出席することが望ましいことは確かであるから，やむを得ずオンラインによる出席となっているという事情を可能な範囲で具体的に説明することが望ましいだろう。その上で，仮に当該取締役が説明すべき質問がなされた場合には適切に対応することができる体制を整えていることを述べ，物理的な出席ではないとしても実際上の不都合は生じないという観点から説明することになる。

19. 時事問題

質問19-1 〈プライバシーガバナンス〉

当社は，データの利活用を伴う事業に取り組んでいるが，プライバシー保護に関する取組みについて説明してほしい。

回答例

株主様ご指摘のとおり，当社は，データの利活用を伴う事業として●事業を進めております。プライバシー保護に関しましては，プライバシーに配慮しながらデータ利活用のメリットを最大化する観点から，専門家の指導の下，能動的に取り組んでおります。

まず，お客様のプライバシーを守ることが，消費者や社会からの信頼の獲得につながり，ひいては企業価値を高めることから，●憲章を制定し，プライバシー保護が経営戦略上の重要な課題であることをグループ内で周知・徹底しております。

また，プライバシー保護責任者を指名し，●憲章を踏まえたプライバシー問題への対応を責任をもって遂行させています。

さらに，プライバシー問題に十分に対応するため，リソースを継続的に投入する体制をとり，プライバシーを保護する仕組みを予防的にビジネスプロセスに組み込むよう不断の努力を続けております。

【解　説】

プライバシーの典型である個人情報については，その不適切な取扱いがあれば，個人情報保護法違反として，場合によっては行政処分を課される。また，EU居住者のパーソナルデータの取り扱いについてはGDPR（EU一般データ保護規則）が適用され，その違反には最高で全世界年間売上の４％または2,000万ユーロのいずれか高い額の制裁金が課される。さらに，米国では個人情報保護のためにFTC法５条が用いられ，多額の罰金や制裁金の執行がなされている。 他方で，プライバシーの取扱いに関しては，法令順守をしていても，本人への差別，不利益，不安を与えるとの点から，批判を避けきれず，炎上し，企業の存続に関わる問題として顕在化するケースもある。

このように，今やプライバシーは，単なるコンプライアンスの問題ではない。その事業におけるパーソナルデータの活用態様に際して，個人の権利利益や社会的価値への影響を考慮したより積極的な取組みや説明が求められる時代となっている。プライバシーガバナンス，すなわち，「プライバシー問題の適切なリスク管理と信頼の確保による企業価値の向上に向け，経営者が積極的にプライバシー問題への取組にコミットし，組織全体でプライバシー問題に取り組むための体制を構築し，それを機能させること」の確立が必要とされているのである。この点，総務省・経済産業省は，2023年４月，「DX時代における企業のプライバシーガバナンスガイドブックver1.3」を公表し，プライバシーリスクの重要性を説明するとともに，プライバシーガバナンスの具体的な考え方について解説している。また，あわせて，同ガイドブックの要件・重要項目別に整理した実践例集「企業のプライバシーガバナンスに関する実践例の整理」も公表されており，これも参考になる。

プライバシーに関する質問がなされた場合

には，個人情報保護法やGDPR等の単なるコンプライアンスに関する質問として受け止めるのではなく，同ガイドブックを参考にしつつ，プライバシー対応が消費者や社会からの信頼を獲得するための施策の１つであるという姿勢も示すのが望ましいだろう。

質問19-2 〈サイバーセキュリティ〉

当社は，サイバーセキュリティ対策としてどのような対応をしているのか。

回答例

当社は，サイバーセキュリティリスクは経営リスクの１つであると認識し，その対策の強化に努めております。すなわち，サイバーセキュリティへの対応方針を策定し，サイバーセキュリティの管理体制を構築しております。その上で，具体的にリスクに対応するための保護対策としては，例えば，重要業務を行う端末，ネットワーク，システムまたはサービスには多層防御を実施し，また，従業員に対する教育を徹底するといった対応をしております。今後も引き続き，サイバーセキュリティ対策を徹底してまいります。

【解　説】

昨今，サイバー攻撃によって純利益の半分以上を失う企業が出るなど，企業に対して深刻な影響を引き起こす事件が発生している。もはやサイバーセキュリティリスクは経営リスクの１つであり，企業としては，相応のセキュリティ投資をしてサイバーセキュリティ対策を講じる必要がある。サイバーセキュリティ対策は，会社法上の内部統制システム構築義務の観点から要請されるところである。

このような状況を踏まえ，2023年３月，経済産業省も，独立行政法人情報処理推進機構とともに，具体的な対策の指針となるものとして「サイバーセキュリティ経営ガイドラインVer3.0」を公表している。同ガイドラインでは，経営者がサイバーセキュリティに関して認識すべき原則として，①「経営者は，サイバーセキュリティリスクを認識し，リーダーシップによって対策を進めることが必要」，②「自社は勿論のこと，ビジネスパートナーや委託先も含めたサプライチェーンに対するセキュリティ対策が必要」，③「平時及び緊急時のいずれにおいても，サイバーセキュリティや対策に係る情報開示など，関係者との適切なコミュニケーションが必要」との３原則の重要性が強調されている。その上で，同ガイドラインでは，サイバーセキュリティのために着実に実施されるべき重要10項目が掲げられている。

回答の仕方としては，既に十分な施策を講じている企業はその内容を簡潔に説明すればそれで十分である。現在進行形で準備をしている企業は検討中の施策を説明するほかないであろう。いずれにしても，回答する役員としては，少なくとも同ガイドラインにおける３原則の重要性を意識した回答を心掛けるべきであろう。また，同ガイドラインにおけるサイバーセキュリティ経営の重要10項目は，サイバーセキュリティ対策の枠組みを整理する視点としても有用なものであり，回答内容を整理するに当たって参考になるだろう。

質問19-3 〈内部通報制度の活用〉

従業員による内部通報をきっかけに企業の不祥事が明らかになり，社会的問題へと発展する事例が増えている。当社では，従業員からの内部通報をどのように取り扱っているのか。これまでに寄せられた通報の内容はどのようなものであったか。また，通報を行った従業員の利益は十分に保護されるのか。

回答例

当社では，社内における法令やルールに反する行為に関する従業員からの内部通報を受け付けるためにヘルプラインの制度を設けており，規則に基づき厳格な運用が行われています。従業員からの通報は，外部の独立した法律事務所の弁護士が受付窓口となって受け付け，その後ヘルプライン担当部署に調査依頼がなされ，適切な調査が行われます。調査の結果，何らかの違法・不当な事実が認められた場合には，必要な対処措置を講じることとなります。その際，調査を担当する者は調査内容に関して守秘義務を負うこととされています。

[ヘルプラインに対する通報は，平均すると月に○件程度寄せられております。通報者の特定を避けるため，個別の通報内容の詳細をご説明することはできませんのでご理解いただきたく存じます。] ／ [通報者の特定を避けるため，個別の通報内容の詳細をご説明することはできませんが，大まかな傾向としては，○に関する問題や，○に関する問題等に関する通報が寄せられています。]

通報者の利益の保護についてですが，ヘルプライン規則では，通報を行ったことを理由として通報者に対して何らかの不利益な措置を行うことを厳しく禁じています。また，匿名による通報も受理していますし，先ほども述べたとおり，調査に関係する者は守秘義務を負うこととされていますので，通報を行った従業員の利益を保護する仕組みは十分に整っていると考えています。

当社では，通報の対象となるべき違法・不当な事態をそもそも発生させないよう法令遵守を肝に銘じるとともに，万が一そのような事態が生じた場合に備えて，充実した内部通報制度を整備し，運用してまいります。

【解　説】

■内部通報を端緒として企業不祥事が発覚する事例

近時，従業員による内部通報を端緒として企業が抱えるコンプライアンス上の問題が明らかとなる事例が増加している。その中には社会的に大きな問題にまで発展する事例もあるが，内部通報およびその後の社内調査の結果，問題状況が明らかとなり，関係者の処分等も含めた是正措置がとられ，企業の自浄作用により問題が解決すれば，外部からの働きかけにより問題が明らかとなった場合と比較して，企業が受ける社会的信頼の毀損等の損害の程度はより小さく抑えることができると考えられる。

■公益通報者保護法と各事業者における内部通報制度の導入

2020年６月改正の公益通報者保護法が2022

年６月１日に施行された。

改正公益通報者保護法では，常時使用する労働者の数が300人を超える事業者に対して，内部通報に適切に対応するために必要な体制の整備等の措置をとることが義務付けられている。また，同法では，こうした体制整備義務の導入に加え，事業者に対する報告徴求，勧告，公表等の行政措置や虚偽報告等への過料も導入された。

すでにこうした行政措置が発動された例もある。2023年８月には，消費者庁が，株式会社ビッグモーターに対し，内部公益通報対応体制が未整備であったとして，同社内での内部通報の処理状況や今後の改善策などの報告を求める報告徴収命令を出し，大きく報道された。９月には，同社に対し，公益通報者保護法に基づき，内部通報体制の定期的な点検結果を消費者庁に報告するよう求める行政指導がなされたとのことである。また，2023年12月には，消費者庁が上場企業全約４千社を含めた国内１万社を対象に，内部通報に対応する担当者の有無や内部規定の策定など内部通報体制の実態を尋ねるアンケートを実施するとのことである。

いまや，内部通報制度の未整備は，法律違反として，行政措置等の対象になり得る。未だに未整備の企業があれば，消費者庁の指針（令和３年内閣府告示118号）に従って，一刻も早く整備を進める必要がある。具体的な体制の内容や取組みについては，ウェブサイトやCSR報告書等で開示している企業もあり，参考になる。

■回答の方向性

回答においては，法令に則って内部通報制度を整備していることを説明するとともに，運用規則に基づき適切に運用されていること，通報者の利益に配慮しつつ，厳格な調査が行われていること，内部通報制度の積極的な活用を促進するために行っている方策の内容（従業員に対する周知の方法）等を説明し，内部通報制度への積極的な取組みの姿勢を前面に出すべきである。内部通報の内容については，通報数が相当程度多く，通報者が特定されない程度に抽象化された大まかな傾向が把握できる場合には，それを回答しても差し支えないが，通報数が僅少である，あるいは，通報内容が特殊であることから，大まかな傾向として回答することができない場合には，通報者が特定される事態を避けるため，回答は差し控えるべきであろう。

質問19-4 〈データ偽装問題〉

最近，さまざまな会社が自社製品についてデータ偽装を行っていたという問題が相次いで発覚した。当社もこうした不正が行われる危険と無縁ではないと思うが，このような不正を防止するための対策はとられているのか。

回答例

この度他社について報道されているデータ偽装問題は，製品の安全性に関わる工程に違反があり，かつそれが組織的に行われていたというものであると認識しております。万が一このような問題が生じた場合には，製品のみならず会社そのものへの不信を招き，ひいては取引先や株主様など関係各位に多大なご迷惑をおかけすることになります。当社では，そうした重大事態が生じることのないよう，品質保証体制や監査体制を強化するなど，さまざまな対策をとっております。

例えば，従来の監査室の○名体制を○名増員することによる監査体制の強化，グループ企業の全従業員からの意見提出窓口の設置，さらには，遵法精神に基づいた経営体制の徹底・浸透を目的とした部署の設置などの取組みを行っております。このような取組みのもと，現状では特に問題となるような事項は発見されていません。今後とも全社的な推進体制のもとで，遵法経営に取り組んでまいります。

【解　説】

■絶えることのない偽装・不正

近年，製品のデータ偽装に関する不祥事が立て続けに発覚している。2022年10月にも，伝統ある大手総合電機メーカーにおいて，累計197件もの不正件数があり，元会長自身の関与があった旨の報告書が公表された。2023年には，排ガス規制のデータ書き換え等が公表されている。こうしたケースはいずれも，製品の安全性に関わる不正行為が組織的に行われていたというものである。このことは，コスト（利益）を重視するあまり遵法精神に欠ける行為が横行するという事態が，どの企業でも起こりうるものであることを示している。回答においては，そのリスクを認識しており，対策をとっているということを示す必要がある。

■社内のチェック体制を具体的に回答

回答にあたっては，社内のチェック体制（組織）をできるだけ具体的に述べることになるが，データ偽装問題の本質はそうしたチェック体制の不備ではなく，顧客との，あるいは社内での人間関係上の交渉・取引コストの高さにある等といった指摘も無視できない。チェック体制に関する説明をしつつも，当該企業固有の文脈における注意点等も意識した回答を行うとより説得力が増すものと思われる。

質問19-5 〈原価高騰と下請対策〉

資材価格・原料価格の高騰が続いている中，当社の製品には，価格転嫁ができているものと価格据え置きのものがあるようである。どのような考え方によっているのか。また，価格据え置き対応のものは，下請けに不当な負担を課しているのではないか。

回答例

株主様ご指摘のとおり，資材・原料価格の高騰が続いております。当社は，現時点では，特に他社との差別化ができている製品については価格の見直しを行い，差別化が不十分と考えるものについては価格据え置きをするという考え方をとっております。当社は，価格据え置きとした製品については，細かい経費削減を含めた当社の自社努力により達成しており，当社を取り巻くサプライチェーンに過度な負担をかけないよう留意しながら対応しております。もっとも，今後も資材・原料価格の高騰が続くようであれば，価格据え置きとした製品についても価格改定をせざるを得ないと考えております。厳しい状況が続いておりますが，引き続きご支援賜りますようお願いいたします。

【解　説】

原料・資材の高騰やそれらを背景とする物価の上昇を踏まえた値上げのニュースが続いており，値上げ／価格改定に関する株主・消費者の関心は高い。他方で，原料・資材の高騰等が進んでいるにもかかわらず，価格転嫁が思うように進んでいないとの声もあり，価格転嫁が進まないことに問題意識を持つ者も多くみられる。

このように，製品の価格に関する株主の関心は様々であるが，価格改定に関する方針については，多くの企業において，すでに質問がなされ，その回答が準備されているものと思われる。ところが，上記のとおり，価格については，価格転嫁が進まないことに問題意識を持つ者も多数いるところ，下請法に関連する問題でもあることから，そのような観点での検討も必要である。

この点，公正取引委員会は2022年１月26日，「下請代金支払遅延等防止法に関する運用基準」を改正し，「労務費，原材料費，エネルギーコストの上昇を取引価格に反映しない取引は，下請法上の禁止事項である『買いたたき』に該当するおそれがある」ことを明確に示している。したがって，原料・資材の高騰にもかかわらず，価格据え置きを実現できているとすれば，原則として自社努力によるものと考えられることになる。価格据え置きに関して問われた場合には，この点を意識して自社努力の具体的な内容を説明できるようにすべきであろう。サプライチェーン全体の共存共栄を目指すパートナーシップ構築宣言に登録している企業の場合には，回答においてその点を説明することも有用と思われる。

質問19-6 〈女性が活躍できているか〉

女性が当社の従業員全体および管理職に占める割合を明らかにしてもらいたい。また，当社の育児休業に対する基本的な考え方についても教えてほしい。

回答例

女性が当社の従業員全体に占める割合はおおよそ○%，管理職に占める割合はおおよそ○%でございます。

管理職に占める女性の割合のほうが従業員全体に占める女性の割合より低くなっておりますが，男女の性別を問わず人物主義で，各従業員の能力に基づいて人事評価を行い，昇進等の処遇を行っております。

女性従業員が管理職に占める割合が相対的に低い理由としましては，例えば，女性従業員は，管理職の対象となる年次に至る前に出産などの事情で早期に退職している者がいることなどが考えられる，と分析しております。この課題に対しては，産後も積極的に働いてもらえる職場環境を整備するべく，事業所内に託児所を設けるなどの対策をとっております。

育児休業につきましては，育児・介護休業法に定められた育児休業制度を導入することはもちろんのこと，制度はあっても実際には取得しづらいという印象を従業員に抱かせることのないよう，過去に育児休業を取得した従業員の体験記を社内報に掲載したり，育児休業の申請を受ける立場の管理職社員に対し，部下の育児休業取得を積極的に支援するよう指導するなど，会社として育児休業の取得を積極的にバックアップしていく姿勢を前面に出しております。当然のことながら，育児休業を取得したことをもって当該従業員のその後のキャリアにマイナスの影響が及ぶこともありません。

【解　説】

■女性の活躍が期待される社会

今，「女性活躍」は，企業にとって最重要テーマの１つである。岸田政権が2023年６月に決定した女性版骨太の方針2023においては，プライム市場上場企業が2030年までに女性役員比率を30パーセント以上とすることを目指し，2025年を目途に女性役員を１名以上選任するよう努めるとする数値目標の設定や，各企業による行動計画の策定を促進する旨がうたわれている。また，大手機関投資家の中には，2023年１月から，TOPIX100企業を対象に女性の取締役または監査役が２名以上選任されていない場合，合理的な説明がなければ，取締役会構成に責任のある取締役の再任に反対する方針を示す投資家も現れている。株主から女性活躍に関する質問が出された場合には，積極的に回答したいところである。

回答の方針については，女性活躍推進法により，101人以上を雇用する事業主には，①自社の女性の活躍状況の把握・課題分析，②行動計画の策定・届出，③情報公表などを行う義務が課されていることを踏まえ，それらに沿った内容を回答する，というのが基本方針となるだろう。

■育児休業

仕事と子育てとの両立の難しさから仕事の継続を断念する女性は未だに多く，育児休業は，女性活躍と密接に関連する。近年では，男性が育児に協力するため，男性による育児休業の取得という切り口から育児休業に注目されることが多い。もっとも，育児・介護休業法により，妊娠，出産，育児休業や介護休業を理由として労働者が不利益に取り扱われることのないよう，防止措置を取ることが事業者に義務付けられているものの，男性による育児休業の取得率はきわめて低い数値にとどまっている。そのような状況を踏まえ，2021年6月の育児・介護休業法の改正により，2023年4月から，従業員1,000人以上の大企業については育児休業の取得率の公表が義務化された。また，2023年3月に，岸田政権は，こども・子育て政策の基本的考え方の1つとして，男性による育児休業の取得率の政府目標を2025年度に50%，2030年度に85%とする旨を説明した。このように，会社の育児・介護休業に対する姿勢は社会的関心の高い話題であり，株主から質問を受けることも十分に考えられる。従業員による育児休業の取得という問題は，株主利益に直接的に結びつくものではないものの（もっとも，日本では将来的に労働力が不足していくことが見込まれるなかで，人材確保という観点からも，出産育児介護を理由とする従業員の離職を防ぐ対策を講じることは，会社ひいては株主利益に資するといえよう），少子化という重要な社会的問題に対する対応策であるから，企業の社会的責任に関わるものとして，しっかりとした回答を行うことが期待される。具体的には，会社として法の要求する制度整備を十分に行っていることを説明するとともに，従業員による育児・介護休業取得を容易にするための具体的な取組み内容について説明することができればよいであろう。従業員の育児休業取得率については，具体的な数字を説明すべきである。

質問19-7 〈ジョブ型雇用の導入・テレワーク導入後の人事評価〉

ジョブ型雇用やテレワーク導入後の人事評価についての当社の考え方を教えてほしい。

回答例

ジョブ型雇用とは，あらかじめ職務内容（ジョブ）を明確にし，必要なスキル・知識を備えた人材を雇用する制度であり，職務内容が明らかにされていない総合職として，卒業予定の学生を一括採用する雇用制度であるメンバーシップ型雇用とセットで使われる言葉のことと理解しております。この点につきましては，従業員の大半が日本国内に居住しており，売上についても日本国内市場からの売上が８割を占めるという当社の状況を踏まえると，海外のようにジョブ型雇用一辺倒で考えるのは必ずしも当社にフィットするものではないと考えております。そこで，当社は，メンバーシップ型雇用のよいところを残しつつ，例えば，公募人事システムを導入するなど，ジョブ型雇用的な制度を取り入れるという形で雇用を最適化する方針としております。

テレワーク導入後の人事評価につきましては，当社が従業員に対してどのような働き方を求め，どう処遇に反映するかといった観点で考えるという基本は，テレワーク導入後も変わらないと考えております。従業員に求める内容や水準等をあらかじめ具体的に示すようにし，その達成状況についての共通認識が持てるようコミュニケーションを密にする工夫をし，納得感のある対応を心がけております。

【解　説】

■ジョブ型雇用

2020年初め，経団連が公表した「2020年版経営労働政策特別委員会報告」において，大々的にジョブ型雇用が打ち出され，また，新型コロナウイルス感染症の対応でテレワークが広まったことに伴って，ジョブ型雇用への関心が高まっている。

ジョブ型雇用とは，法律上の定義はないが，あらかじめ職務内容（ジョブ）を明確にし，必要なスキル・知識を備えた人材を雇用する制度のことであり，メンバーシップ型雇用（職務内容が明らかにされていない総合職として，卒業予定の学生を一括採用する雇用制度）の対になる言葉として用いられている。

ジョブ型雇用への関心の高まりの背景には，①専門的な人材の不足，②メンバーシップ型雇用の維持の困難，または③同一賃金同一労働の導入があるといわれており，マスコミの記事の中には，ジョブ型雇用を称賛する記事も少なくないが，ジョブ型雇用自体は，新しい考え方ではないし，厳密な二分法で考えるべきものでもない。ジョブ型雇用という言葉を生み出した学者自身，「ジョブ型は全然新しくありません」と喝破しているところである（濱口桂一郎『ジョブ型雇用社会とは何か』（岩波書店，2021年））。

企業としては，自社の置かれた環境条件を踏まえ，メリット・デメリットを比較して，自社の雇用のあり方については部分的漸進的に検討していくべきものである。ジョブ型雇用に関する論調には，かつて失敗した成果主義をもう一度導入するための口実としてジョブ型雇用が使われているとの指摘もあり，注意が必要である。本来，ジョブ型雇用は成果主義になじむものではないから，成果主義との関係での説明の仕方には慎重を要する点といえる。

ジョブ型雇用に関する質問の回答にあたっては，自社の置かれた状況およびジョブ型雇用の長所・短所を踏まえた検討状況を回答すれば足りると思われるし，必ずしもジョブ型雇用・メンバーシップ型雇用の二分法に基づく回答をしなければならないものでもないと思われる。自社の経営方針に照らして雇用に関する考え方を説明すれば足りるであろう。

■テレワーク導入後の人事評価

テレワークの１つの課題として，人事評価の難しさがあげられている。テレワークは，非対面での働き方であるため，個々の労働者の業務遂行状況や，成果を生み出す過程で発揮される能力を把握しづらい側面があるからである。

この問題については，2021年３月25日付で改定・公表された「テレワークの適切な導入及び実施の推進のためのガイドライン」４頁が，「人事評価は，企業が労働者に対してどのような働き方を求め，どう処遇に反映するかといった観点から，企業がその手法を工夫して，適切に実施することが基本である」との基本的認識に基づき，考え方を説明しており，参考になる。

テレワーク導入後の人事評価に関連する質問がなされた場合には，同ガイドラインの解説を参考にしつつ，具体的な回答を心掛けるのが望ましい。

質問19-8 〈副業・シニア世代活用〉

当社は，従業員による副業・兼業についてどのように対応しているか。また，シニア世代の活用についてはどのような取組みを行っているか。

回答例

当社では，従業員の働き方の多様性を確保するため，厚生労働省のモデル就業規則や副業・兼業の促進に関するガイドラインを参考にして，原則として副業を認めることにしています。ただし，当社の労務提供に支障の生じる場合，当社の業務上の秘密が漏えいする場合，当社の名誉や信用を損なうような場合には，副業を制限することができることとしています。副業により，従業員も社内では得られないスキルを獲得する例や事業機会の拡大につながった例もあり，副業については引き続き前向きにとらえたいと考えております。

また，シニア世代の活用につきましては，当社は，既に再雇用の年齢上限を70歳に引き上げております。それとともに，働くモチベーションを維持してもらいつつ適材適所の配属をするための社内公募を積極的に活用するなど，長年当社で培われたスキルを活用できるよう前向きな取組みを続けております。

【解　説】

■副業・兼業

厚生労働省は，2018年にモデル就業規則を改定し，兼業・副業を禁止するルールから原則自由に変更した。また，同省は，2020年９月，「副業・兼業の促進に関するガイドライン」を改定し，「原則，副業・兼業を認める方向とすることが適当である」とした上で，副業・兼業の禁止または制限は例外的な措置として明確に位置づけた。同ガイドラインは，多様なキャリア形成をはかる観点から，2022年７月にさらに改定された。同ガイドラインは，これまで副業・兼業の制度導入のハードルとされていた副業・兼業先と本業との労働時間管理について，具体的な実務的方法を示している。かような流れを受けて，副業・兼業を広く認めるようになった企業も一定程度存在するものと思われる。

また，改定ガイドラインが指摘するように，人生100年時代を迎え，自らの希望する働き方を選べる環境を作ることが必要であるし，副業・兼業は，社会全体としてみれば，オープンイノベーションや起業の手段としても有効であり，都市部の人材を地方でも活かすという観点から地方創生にも資する面がある。

副業・兼業に対する世間の関心も高く，株主から質問が出てもおかしくはない。以上のような動きを踏まえると，株主から副業・兼業に関する質問がなされた場合には，会社として前向きな姿勢をとっていることを示す方針で回答するのが望ましいといえる。副業・兼業に関する就業規則の規定について特に振り返ることなく原則禁止になっている場合には，これを機に副業・兼業に対するスタンスについて見直してみるべきであろう。

■高年齢者雇用

企業におけるシニア人材の活用に関する関心は高まっている。パーソル総合研究所が2020年９月に企業の人事担当者など約800人に実施した調査によれば，49.9%が「シニア人材の活用・活性化が現在課題になっている」との回答であり，25.9％が「１～５年後には課題になってくる」との回答であったとのことである。

2021年４月には，高年齢者雇用安定法の改正法が施行され，これまで事業主に対して義務付けられていた65歳の雇用確保措置義務に加えて，65歳から70歳までの就業機会を確保することが努力義務となっている。改正法の施行にあわせて既に再雇用の年齢上限を70歳に引き上げた大企業も存在するところである。

人生100年時代といわれ，一億総活躍プランが提唱される社会環境において，シニア世代の活用について問われた場合には，前向きな回答が具体的にできるのが望ましい。シニア人材をコストではなく戦力として積極的に活用する取組みをアピールできるよう整理しておきたいところである。

質問19-9 〈リモートワークと情報漏えいリスク〉

新型コロナウイルス感染症の流行を契機としてリモートワークが普及したが，最近は出社を義務づける企業も増えてきたときく。当社は，リモートワークについてどのような方針か。また，リモートワークについては，情報漏えい等が懸念されるが，当社はどのように対処しているのか。

回答例

新型コロナウイルス感染症の流行を契機として，当社もリモートワークを導入し，出社とリモートワークのハイブリッド制度を採用しております。導入後，従業員の声を聞きつつ，当社における最適な働き方を継続的に検証してまいりました。生産性の低下によりリモートワークを縮小する動きがあることも承知しておりますが，当社においては，多くの業務においてリモートワーク導入後も生産性が落ちておりません。事業継続の観点からもリモートワークは重要であると考えております。今後も，リモートワークを採用し続けることとし，オフィスに集まって仕事をするリアルワークのメリットを勘案しつつ，リアルワーク・リモートワークの最適な組み合わせを模索してまいりたいと思います。

なお，ご指摘のとおり，リモートワークには情報漏えい等のリスクが常に伴うことも重々承知しております。かかるリスクについては，専門家の助言を得つつ，リモートワークの実施に関する明確なルールを策定するとともに，コストを踏まえつつ技術的なソリューションも適宜導入しております。さらに，各従業員に当事者意識を持ってもらうために，リモートワーク時に留意すべき事項を繰り返し案内するようにしております。

引き続き，時間や場所にとらわれない多様な働き方を整えつつ，情報セキュリティを意識して，従業員が最高のパフォーマンスを出せる環境づくりを心がけてまいります。

【解　説】

新型コロナウイルスの感染拡大やこれに伴う緊急事態宣言の発令に伴い，リモートワークを実施する企業が急増した。アフターコロナの世界においても，「大きな働き方の柱になっていく」ことが期待されていたところであるが，実際，新型コロナウイルスの勢いが緩和した現時点でも，多くの企業において，テレワークが引き続き「大きな働き方の柱」になっている。人材版伊藤レポート2.0においても，リモートワークは人的資本経営の１つの重要な要素とされている。

その一方で，国内外の多くの企業において，生産性の低下やコミュニケーションの取りづらさ等を理由に，リモートワークの縮小を進める動きもみられる。中には，新型コロナが５類感染症に移行したタイミングでリモートワークを休止する企業も見られた。こうした動きにより，リモートワークによる柔軟な働き方を求めて転職を検討する者が増えたことも報道されている。

リモートワークの取組みに関する質問については，こうした企業の動きを念頭におきつつ，リモートワークのメリット（通勤時間がなくなる等）やデメリット（コミュニケーションに難がある等）を意識した上で，自社の状況を説明することになる。

なお，リモートワークでは，インターネットを利用して業務を行うこと，業務用ではなく私物の端末を使うこと，従業員以外の第三者が立ち入る場所で作業が行われうることなどから，情報漏えいリスク等が増大する。実際，2020年８月には，コロナ禍によるテレワークの急増に乗じたサイバー攻撃が活発化しており，対象VPN製品の脆弱性のアップデート要否確認等を怠ったことで当該VPN製品の脆弱性を突いたサイバー攻撃を受け，38社の日本企業を含む約900社において，VPN接続のためのIDやパスワード等が漏えいした可能性があると報道されている。

このようなリモートワークのセキュリティリスクに対する考え方については，総務省から「テレワークセキュリティガイドライン（第５版）」（令和３（2021）年５月）が公表されており，多くの企業において，リモートワークの導入にあたり，参考にされている。特に，同ガイドラインでは，企業としては，情報セキュリティ対策のために「ルール」・「人」・「技術」の三位一体のバランスがとれた対策を実施し，全体のレベルを落とさないようにすることがポイントであると指摘されている。

リモートワークに伴う情報セキュリティ対策については，各社各様であるため，自社の実情を踏まえた回答になるが，回答の枠組みとしては，総務省のガイドラインを踏まえ，ルール・人・技術という３つの観点に分けて回答すると株主にとってもわかりやすいし，ガイドラインを意識した対処がなされている旨を間接的に伝えることができ，効果的であろう。

質問19-10 〈脱炭素への取組み〉

当社の脱炭素に向けた取組みを教えてほしい。

回答例

当社は，従前から再生可能エネルギー事業に注力しており，具体的には●●を行っております。また，電気自動車の普及の流れが進むことを想定し，●●に取り組んでおります。当社としては，こうした取り組みを通じて，2050年カーボンニュートラルの実現に挑戦することとしており，その中間目標として，2030年度には，2013年度比で自社CO2排出量を半減にすることを目指しております。引き続き，リスク管理をしつつ，脱炭素に向けた取組みを進めて参りたいと存じます。

【解　説】

日本政府は，2020年10月，2050年までに温室効果ガスの排出を全体としてゼロにするカーボンニュートラルを目指すことを宣言し，2021年４月には，2030年度に温室効果ガスを2013年度から46％削減することを目指すことを表明した。さらに，2021年６月には，かかる目標を達成するための具体策を公表した（『地域脱炭素ロードマップ～地方からはじまる，次の時代への移行戦略』）。2022年４月１日には，こうした脱炭素社会の実現に向けた取組みを法的に担保するための改正地球温暖化対策推進法が施行された。さらに，同年６月，岸田政権は，目標達成のために今後10年間で，官民協調により150兆円の新たな関連投資を実現する旨を改めて表明した。

このように，サステナビリティをめぐる課題については，規制強化が進むと同時に，投資資金の流入が見込まれるところであるが，企業からすれば，そのような状況自体を事業創出の機会と捉えることが必要になる。2021年に改訂されたコーポレートガバナンス・コードも，サステナビリティをめぐる課題への対応について検討を深めるべきであると指摘し，サステナビリティに関する基本方針の策定を求めている。また，2023年１月31日には企業内容等の開示に関する内閣府令の改正が公布・施行され，上場企業は，有価証券報告書において，サステナビリティ情報として，自社の業態や経営環境，企業価値への影響等を踏まえて気候変動対応が重要であると判断する場合には，「戦略」および「指標及び目標」についても開示が求められる。

今や，ESGやSDGsに関する議論は，企業の社会的責任論ではなく，戦略論あるいはESG経営の文脈で捉えることが必要となっているのである。

現実問題としても，2020年10月７日には，エネルギー業界の雄であったエクソン・モービルの株式時価総額が，再生可能エネルギー事業を展開するフロリダ州の電力会社であるネクステラ・エナジーに抜かれるという事態すら起きた。サステナビリティに関する課題は，巨額の資金を動かす領域になっており，企業としては稼ぎの一部を社会に還元する，といった発想では不十分な時代になった。

この点，日本政府による2050年カーボンニュートラル宣言に合わせて，2050年までにCO2排出量をゼロにする目標を発表した企業は増えたが，かかる目標を発表しただけの企業と，具体的な中間目標を発表した企業，プロトコール上のスコープ１～３のいずれかまで踏み込んでCO2削減目標を掲げた企業なのかによって，外国人投資家からの評価が異なると指摘されている点には留意すべきである（菊池正俊『日本株を動かす 外国人投資家の思考法と投資戦略』）。

脱炭素に向けた取組みについての質問がなされた場合には，当社にどのような事業機会をもたらし，いかなるリスクがあるのか，自らの事業に引き付けた説明ができるように準備をしておくことが望ましい。具体的なイメージが持てない場合には，金融庁が公表している「記述情報の開示の好事例集」における例が参考になると思われる。

質問19-11 〈円安の影響〉

円安が急速に進んだが，当社の収益に与える影響を与えてほしい。

回答例

海外の売上比率が半分以上を占める当社にとっては，円安の進行により海外での売上高が増えることになります。他方で，当社は，開発や生産を専ら日本国内で行っております。そのため，円安は，当社の決算に好ましい影響を及ぼします。

このように，円安の進行は当社にプラスの影響があるということにはなりますが，その影響の具体的な数値については，予測が難しいため，回答は差し控えさせていただきます。

いずれにしても，今後の為替相場およびマクロ経済の状況を注視しつつ，必要かつ適切な対処策を慎重に検討，実施してまいります。

【解　説】

その事業内容により，円高が有利であったり円安が有利であったりするであろうが，変動相場制が採用されている以上，企業は常に為替変動に伴うリスクを負っている。近時の円安の急速な進行に鑑みれば，株主から為替変動リスクに関する質問が出されることは十分あり得るし，実際，2022年に引き続き2023年開催の株主総会でも，多くの会社で円安の影響に関する質問がなされていた。

事業内容や事業展開エリアにより，円安の影響は異なり得るものの，可能であれば，1円の為替の変動がどの程度の収益減少につながり得るのかという点も明らかにできると望ましい。ただし，具体的な影響については，予測が難しいところであり，そのような場合には無理に回答する必要はない。

各社においては，円安の影響を確認し，端的な回答の準備ができるよう，説明を進めておくべきである。

質問19-12 〈海外贈賄防止への取組み〉

新興国・途上国でビジネスを行う際は，賄賂を要求されることがあると聞く。昨今，世界的に賄賂に対する目が厳しくなっている中，当社は，贈賄を防止するためにいかなる対策を講じているのか説明してもらいたい。

回答例

海外での贈賄は，国際商取引の健全な発展を阻害することから許されないものであり，株主様ご指摘のとおり，世界的にも規制が一層厳しくなっているところです。

当社は，海外贈賄を防止するために，「贈賄防止ガイドライン」を策定し，○や○について定めております。また，定期的に開催しておりますコンプライアンス教育において，海外贈賄の問題を取り上げ，社員への周知を徹底しております。

さらに，当社は，海外贈賄を防止するために，「倫理規定」の中に贈賄を禁止する条項を設けております。また，交際費，業務委託費や寄付金の支出手続において，贈賄の疑いがある場合には，○という手続を踏むルールとしており，それによって，贈賄を実質的に防止する体制を構築しております。

【解　説】

■海外贈賄のリスク

海外での贈賄は，国際商取引の健全な発展を阻害することから，不正競争防止法18条が規定する外国公務員贈賄罪により禁じられている。警察庁は，各都道府県警察に対し，外国公務員贈賄対策担当者の設置に関する通達を発する等，近年その執行体制を強化している。また，海外贈賄は，日本のみならず関連諸国の法規制にも抵触する可能性がある。世界的にみて海外贈賄の摘発は急速に強化されつつあり，中には，1,000億円にも上る制裁金が科される事例もある。例えば，米国当局は，非米国企業に対しても米国の海外腐敗行為防止法を積極的に適用しており，既に複数の日本企業が新興国・途上国において贈賄行為に関与したとして同法の適用を受け，摘発されている。さらに，海外贈賄に関与した企業は，罰金刑等の処罰を受けるだけではなく，メディアからの厳しい批判を受け，企業ブランドの毀損は避けられない。

このように，海外贈賄は日本企業にとって企業価値の毀損に直結する重大なリスクとなっているから，海外に事業展開する企業の株主からは，これに関する質問がなされる可能性がある。

■海外贈賄防止体制を構築する必要性

取締役は，善管注意義務の内容として，企業において通常想定しうる不正行為を回避するための内部統制システムを構築する必要があるから，海外贈賄のリスクが想定される企業は，内部統制システムとして，これを防止する体制を構築しなければならない。特に，2019年７月には，外国公務員贈賄防止条約に基づく相互審査が日本に対して行われ（フェーズ４対日審査），外国公務員贈賄罪の執行が十分でないことを引き続き懸念する旨の指摘・勧告がなされていることから，外国公務員贈賄罪の執行体制は引き続き強化されるものと見込まれている。実際，2022年５月時点で，不正競争防止法の外国公務員贈賄罪が適用された事例は９件に上っている。また，

2023年３月には，不正競争防止法の外国公務員贈賄罪の罰金刑・懲役刑を引き上げる法改正がなされている。

この点，経済産業省の外国公務員贈賄防止指針（最終改訂：令和３年５月）には，海外贈賄の防止体制の構築・運用にあたり留意すべき内容が詳細に例示されており，参考になる。具体的には，同指針には「基本方針の策定・公表」「社内規程の策定」「組織体制の整備」「社内における教育活動の実施」「監査」「経営者等による見直し」という６つの要素が挙げられ，それぞれについて基本的な事項が例示されている。さらに，日弁連も，2016年７月に,「海外贈賄防止ガイダンス（手引）」を公表している。同ガイダンスには，米国・英国当局発行のガイドラインも参考としつつ，より実務的な留意点が記載されている。

海外贈賄のリスクが想定される企業は，上記各資料を参考に，各自の贈賄防止体制を構築した上で，株主に対し，その内容を説明することになろう。

質問19-13 〈ビジネスと人権〉

当社のサプライチェーンで奴隷的な労働が行われていることはないか。人権問題についてはどのようにチェックしているのか。

回答例

当社は，社会に価値をもたらす企業であるべく，当社内に人権啓発室を設置し，従業員１人ひとりが人権問題に対して正しい理解を深めるようにした上で，サプライチェーン上でも人権問題がないか特定し，それを根絶するために一定の施策を行っております。例えば，サプライチェーンについて○○をし，定期的に○○しております。また，人権デューデリジェンスの考え方を浸透させるため，定期的に担当者の研修を行っております。今後も，よりよい社会の一員となり続けることを目指して，今後も努力してまいります。

【解　説】

ESG投資の流れもあり，サプライチェーン上に強制労働や児童労働等の人権問題があった場合に，取引を停止されたり，投資対象から外されたりするなど，今や人権リスクが経営課題の１つとなっている。2021年６月に改訂されたコーポレートガバナンス・コードにおいても，サステナビリティ課題の１つとして「人権の尊重」が求められている（補充原則２－３①）。また，日本政府が2022年９月に公表した「責任あるサプライチェーン等における人権尊重のためのガイドライン」においても，日本で事業活動を行うすべての事業者は，同ガイドラインに則った取組みに最大限努めることが求められている。

国外を見渡せば，英国およびオーストラリアにおける現代奴隷法，ドイツにおけるサプライチェーン法，フランスの企業注意義務法など，人権関連の公的規制は日に日に強まっている。欧州連合も2023年６月に，企業に人権デューデリジェンスを義務化する罰則付きの法律を可決した。

これまでの日本企業をめぐる不祥事の中にも，海外の製造委託先工場における過酷な労働環境について外部機関より指摘を受けるまで意識が薄かった結果，製品の製造過程における社会的問題が，当該企業のブランド価値を大きく毀損したという事案があったが，今後は，人権問題について積極的・能動的な対応が求められる。人権問題に関する株主からの質問には，人権問題の解決に向けて当事者意識の伝わる回答ができるよう心掛けたい。自社がグローバルサプライチェーン全体で，労働者・環境・ビジネスに持続可能な価値をもたらすことを推進する企業同盟である「RBA（Responsible Business Alliance）」に加盟している場合には，その点をアピールすることも有用である。

質問19-14 〈ロシア・ウクライナ情勢〉

ロシア・ウクライナ情勢が当社の事業にどのような影響を与えるか。

回答例

ロシア・ウクライナ市場において，当社は●の製品を販売しておりますが，その事業規模は小さく，当社への影響は極めて軽微です。そして，ロシア・ウクライナ市場で販売できなかった分については，北米市場に振り向けており，北米市場の売上高の伸びに貢献しております。そのため，●事業全体としては，ロシア・ウクライナ情勢の影響は全くないといえる状況です。

【解　説】

海外進出を進めている日本企業にとって，ロシア・ウクライナ情勢などの地政学リスクとは無縁ではない。

また，このようなトピックは，新聞・テレビ等のメディアにおいて連日報道されるため，関心を寄せる株主も少なくないと思われる。

地政学リスクが与える影響は各企業においてそれぞれであろう。ロシア・ウクライナ情勢についていえば，ロシア・ウクライナと全く接点もない企業もあれば，ロシア・ウクライナ市場に積極的に進出していた企業もあり，その影響は様々である。

いずれにしても，海外展開を進めている企業においては，このような地政学リスクは日々分析しているはずであるから，その概要を回答すれば足りる。難しい回答をしようとする必要はないが，ロシア・ウクライナに積極的に進出している企業においては，事業継続の方針，従業員の状況，収益割合，業績への影響について具体的に説明できると望ましいと思われる。

なお，報道によれば，2022年３月期の有価証券報告書では，全体の２割にあたる約490社がロシア・ウクライナ情勢の業績への影響についての開示がなされていたとのことである（2022年７月28日日本経済新聞）。金融庁の金融審議会ディスクロージャーワーキング・グループは，2022年６月，ウクライナ情勢を踏まえて「タイムリーに企業の状況変化に関する情報が開示されるよう，取引所において適時開示の促進を検討すべき」とする報告書を提出している。かかる開示を行った企業においては，開示内容と整合性のある回答を心掛けるのは当然である。

質問19-15 〈デジタルトランスフォーメーション（DX）〉

デジタルトランスフォーメーション（DX）への当社の取組み状況について教えてほしい。

回答例

当社は，企業活動にデジタル技術を用いるという点では，既に●●，●●などを導入し，経営の効率化を図っております。具体的には，例えば，●●の導入により，○○が可能となっています。もっとも，単なる技術の採用にとどまらないよう，デジタル技術を用いて他社とどのようにして圧倒的な差を生み出すか，という点を日々検討しております。今後も，テクノロジーに関する新しい知見を取り入れつつ，他者との差別化という観点からの有用性を意識して地に足の着いた検討を進め，事業構造の転換も視野に入れてまいりたいと存じます。

【解　説】

DX（デジタルトランスフォーメーション）は流行り言葉となっているが，その意義は立場により様々である。例えば，経済産業省は，「企業がビジネス環境の激しい変化に対応し，データとデジタル技術を活用して，顧客や社会のニーズを基に，製品やサービス，ビジネスモデルを変革するとともに，業務そのものや，組織，プロセス，企業文化・風土を変革し，競争上の優位性を確立すること」と定義し，経団連は「デジタル技術とデータの活用が進むことによって，社会・産業・生活のあり方が根本から革命的に変わること。また，その革新に向けて産業・組織・個人が大転換を図ること」と定義し，日本CTO協会は，「①企業がどれだけ経営に対してデジタル技術を用いたビジネス変革ができているかを表す企業のデジタル化（Digital Transformation），②先端開発者にとっての働きやすい環境と高速な開発を実現するための文化・組織・システムが実現されているかを意味する開発者体験（Developer eXperience）」と定義している。なお，「X」は，「未知のもの」，「Cross（交差・掛け合わせ）」，「eX-」（Experienceなど）や「Trans-」（Transformation など）の略語としても用いられることから，DX（デジタルトランスフォーメーション）の言葉に用いられているようである。

このように，DXは，企業レベルにとどまらず，個人レベルおよび産業レベルでの変革を志すコンセプトとして用いられているが，企業活動を営む株式会社の立場からは，DXがデジタル技術を事業に積極的に活用して企業価値を向上させることであることに間違いはない。そこで，株主からのDXに関する質問については，まずは，当該企業固有のデジタル技術を用いた試みを具体的に語るのが望ましい。

特に，DXについては，「経営の監督を担うべき取締役ないしは取締役会が果たすべき役割も極めて大きい」という問題意識から，経済産業省により，コーポレートガバナンス・コード原則４－11補充原則③に係る取締役会の実効性評価に関連して，「DX推進における取締役会の実効性評価項目」が公表されており，取締役の積極的な姿勢が求められている。さらに，2020年11月には，企業がデジタルトランスフォーメーション（DX）の取組みを自主的・自発的に進めることを促すことを目的としたデジタルガバナンス・コードが経済産業省から公表され，同コードの基本的事項に対応する企業を国が認定する「DX認定制度」も開始されている。このような状況を踏まえると，各社の役員には，説得力のある回答が期待されているといえる。

他方で，DXについても，1990年代後半に流行した「ERP（統合基幹業務システム）」や1980年代後半に流行した「SIS（戦略情報システム）」がたどった末路と同様，手段の目的化は禁物であると警鐘を鳴らされている（楠木建ほか『逆・タイムマシン経営論』（日経BP社，2020年））。「戦略が先，ITが後」との誹りを受けないようにするためにも，回答にあたっては，当社固有の事業戦略の中にDXを位置づけて説明できるようにしておくべきであろう。

質問19-16 〈人的資本〉

企業経営における人的資本の重要性が声高にいわれているが，当社の人的資本投資についての当社の取組みを教えてほしい。

回答例

当社は，人的資本への投資こそが今後の当社の中長期的な企業価値向上の鍵を握るものと考え，社員１人ひとりの成長がすなわち当社の成長であるとの理念に基づき，様々な取組みを行っております。具体的には，当社は，成長戦略上，DX推進のためのデジタル技術に関するスキルが必須であるとの認識の下，社員のレベルに合わせたデジタル技術に関する体系的な教育プログラムを用意し，社員全体のスキルの底上げを図っております。また，特に専門性を有する人財については，大学等の外部機関と連携する機会を設け，更なるスキルアップの高度化を図っております。そのほか，当社の経営戦略の実現に必要な人材を確保するため，在宅勤務や朝型勤務を可能にする制度を設け，社員の働きやすい環境を整備しております。

【解　説】

人的資本とは，人材が，教育や研修，日々の業務等を通じて自己の能力や経験，意欲を向上・蓄積することで付加価値創造に資する存在であり，事業環境の変化，経営戦略の転換にともない内外から登用・確保するものであることなど，価値を創造する源泉である「資本」としての性質を有することに着目した表現である。

企業・経営者には，投資家から，①経営層・中核人材に関する方針，人材育成方針，人的資本に関する社内環境整備方針などについて，②自社が直面する重要なリスクと機会，長期的な業績や競争力と関連付けながら，③目指すべき姿（目標）やモニタリングすべき指標を検討し，④取締役・経営層レベルで密な議論を行った上で，自ら明瞭かつロジカルに説明することが期待されている。

この点，2021年改訂コーポレートガバナンス・コードは，人的資本への投資の重要性およびその点に関する開示について言及していた。また，内閣官房新しい資本主義実現本部事務局は，2022年８月，人的資本に関する情報開示のあり方に焦点を当てて既存の基準やガイドラインの活用方法を含めた対応の方向性について包括的に整理した手引きとして，人的資本可視化指針を公表した。

さらに，2023年１月31日，企業内容等の開示に関する内閣府令の改正が公布・施行された。上場企業は，有価証券報告書において，サステナビリティ情報として，人的資本に関する開示が求められる。

このように，昨今，非財務情報たる人的資本への注目度が増しており，開示も義務づけられことから，株主より，人的資本についての質問がなされることが想定される。

有価証券報告書における人的資本に関する開示については，様々な枠組みが存在し，企業の大半は手探り状態にあるとも報道されているところであるが，株主から質問がなされた場合には，基本的には有価証券報告書等における記載にあたり検討した内容に基づき回答することになると思われる。人的資本に関する取組みに際しては，自社の経営戦略や方針と明確に紐づけながら進めていくことが特に重要であると指摘されており，回答にあたっても，可能な限り，自社の経営戦略・方針に紐づけた回答が望まれる。

議案 事業報告 計算書類 招集通知 監査報告書 総会運営 時事問題 金商法対応

質問19-17 〈賃上げ〉*

従業員の賃上げについてどのように考えているか。

回答例

当社は，従業員は会社の重要なステークホルダーであり，従業員のモチベーションアップは企業価値向上のための重要な要素の１つであると考えております。

そうした観点から，賃上げにつきましては，業績状況，物価上昇状況，当社を取り巻く経営環境，競合他社の水準，採用競争力を考慮しながら決定しております。具体的には，2023年●月の賃金改定において，定期昇給にベースアップを加え，約●％の賃上げを実施するとともに，臨時の手当てとして，従業員●人を対象に一律●万円を支給しております。

今後も，賃上げを含め，人的資本への投資に継続的に取り組んでまいります。

【解　説】

近年の物価高・円安等を背景として，従業員の賃上げの声が高まっている。2023年春闘では，日本労働組合連合会から賃上げ率約５％（定期昇給含む）の方針が示され，経団連も「賃金と物価の好循環」による日本経済の再生を目指す立場から，会員企業に対し，社会的責務であるとして賃上げの検討を呼び掛けた。政府も，2023年６月16日，「経済財政運営と改革の基本方針2023（骨太の方針）」を閣議決定し，構造的な賃上げを実現するための決意を表明している。実際，多くの企業において，賃上げがなされた。中には最大40％の賃上げを決めた企業もあるようである。2024年以降の賃上げをいち早く表明する企業も出てきている。

こうした中で，株主においても，賃上げ状況に関して関心を持ち，「従業員の賃上げ」，「賃金処遇」，「従業員への還元ヴィジョン」に関する質問が多く見られるようになっている。

回答にあたっては，実際の状況を淡々と説明するほかないが，賃上げも人的資本への投資の一環であるから，企業としての人的資本投資への考え方の枠組みの中で位置づけて説明することが望ましいと思われる。

質問19-18 〈生成AIの活用〉*

当社ではChat GPTなどの生成AIの活用をしているか。リスクはないか。

回答例

当社においては，生成AIを業務に本格的に活用する段階には至っておりませんが，試験的・実験的な取り組みは進めております。特に，生成AIを用いた業務用書面の作成，アイデア出しやコンテンツ作成などは，当社の業務の効率化の一助となると考え，検討を深めております。

他方で，生成AIの活用には機密情報の漏えいや著作権侵害，個人情報保護の観点等からリスクも存在しており，活用に際してはこれらのリスクに配慮した事業者の選定，社内ルールの整備が不可欠と認識しており，これを進めております。

今後も，生成AIを取り巻く国内外の動向を注視し，当社の事業において活用の可能性がないか模索してまいります。

【解　説】

生成AIとは，大量のデータに基づいて，ユーザーが入力した質問や指示に応じ，文章や画像などのコンテンツを生成することができる人工知能のことである。Chat GPTをはじめとする，生成AIを利用したサービスは，文章の要約やアイデア出しにおいて有用であり，例えば，クルマのデザインの現場でも使い始められている。政府も，経済対策にAIの開発や利用支援策を盛り込むことを表明している。その反面，その使い方によっては，機密情報の漏えいや著作権侵害，プライバシー侵害などのリスクが指摘されている。

例えば，個人情報保護については，個人情報保護委員会は，2023年６月２日付で「生成AIサービスの利用に関する注意喚起等について」を公表しており，個人情報取扱事業者に対し，「①個人情報取扱事業者が生成AIサービスに個人情報を含むプロンプトを入力する場合は，特定された当該個人情報の利用目的を達成するために必要な範囲であることを十分に確認すること」，「②個人情報取扱事業者が，あらかじめ本人の同意を得ることなく生成AIサービスに個人データを含むプロンプトを入力し，当該個人データが当該プロンプトに対する応答結果の出力以外の目的で取り扱われる場合，当該個人情報取扱事業者は個人情報保護法の規定に違反することとなる可能性がある。そのため，このようなプロンプトの入力を行う場合には，当該生成AIサービスを提供する事業者が，当該個人データを機械学習に利用しないこと等を十分に確認すること」を注意喚起している。

そのため，企業において，生成AIを業務で使用する場合には，社内ルールの整備が課題となる。この点，一般社団法人日本ディープラーニング協会は，生成AIの利用ガイドラインを公表しているところ，ひな形ではデータ入力に際して注意すべき事項と生成物を利用するに際して注意すべき事項が紹介されており，企業が社内ルールを策定するのに参考となろう。また，東京都や神戸市などの自治体も生成AIの利用に関するガイドラインを公表しており，実例として参考になる。

回答にあたっては，生成AIの利用実績があれば具体的な取組みを紹介しつつ，生成

AIの利用によるリスクを踏まえた社内規程の制定といった対応策についても言及するのが望ましい。

質問19-19 〈資本効率〉*

PBR1倍割れの現状について，どのように分析し，どのような方策を講じているのか。

回答例

当社のPBRが1倍未満であることについては，取締役会において重要な経営課題として危機感を共有しております。投資家の皆様から当社の成長性について期待していただけるよう，PBRの改善に努めてまいります。

当社は，ROICを重視した経営を推進しているところ，本事業年度におけるROICは●%ですが，中期経営計画にて公表しているとおり，●年度までに●%を達成することを目指しております。当社の事業ポートフォリオの再編等を通じたROICの改善に加え，財務戦略の強化，積極的なIR活動を実施し，PBRを向上させてまいります。

【解　説】

東証は，2023年3月31日，「資本コストや株価を意識した経営の実現に向けた対応等に関するお願いについて」を公表し，プライム市場およびスタンダード市場の全上場会社に対し，自社の資本コストや資本収益性を的確に把握し，その内容や市場評価に関して，取締役会で現状を分析・評価したうえで，改善に向けた計画を策定・開示し，当該取り組みに関する開示を年1回以上アップデートすることを要請した。いかなる指標を現状分析に用いるかについては一律に定めないとしつつも，「PBR1倍割れは，資本コストを上回る資本収益性を達成できていない，あるいは，成長性が投資者から十分に評価されていないことが示唆される1つの目安」と言及し，「PBR1倍割れ問題」への対応は多くの上場企業において喫緊の課題として受け止められた。

そもそもPBR（Price Book-value Ratio/株価純資産倍率）とは，株式時価総額を簿価純資産額で割った値のことである。清算時の分配額よりも株価のほうが低い「PBR1倍割れ」の状態は，会社が存続するよりも解散をした方が良いと市場に評価されていることを意味する。

東証は，2023年4月1日，上記の要請を踏まえ，コーポレート・ガバナンスに関する報告書の記載要領を改訂しており，「資本コストや株価を意識した経営の実現に向けた対応」という項目を新設している。2023年6月時点で，この改訂に対応した会社は多くなかったようだが，2024年には定時株主総会後の開示を見越して多くの会社が対応すると予想され，各社において検討と開示が求められる。

回答にあたっては，PBRの改善策だけでなく，資本コストに係る具体的な指標と数値目標についても言及するのが望ましい。

質問19-20 〈LGBT〉*

近年，LGBTを取り巻く状況は急速に変化しているが，当社は，LGBTに関してどのような取組みをしているか。

回答例

当社は，LGBTに対する取組みを積極的に進めております。具体的には，当社では，当社役職員に対する啓発活動として，LGBT研修等を実施し，職場における理解浸透をはかっております。また，就業環境に関する措置として，事実婚状態にある社員に対して，休暇や子育て支援等，異性の法律婚と同様に，人事・福利厚生制度の適用を認めております。さらに，当社の就業規則等において，性的指向等による差別を禁止しております。そのほか，LGBTを理解し支援する相談窓口も設置しているところです。

加えて，当社のお客様との関係では，当社が実施している家族向けの割引サービスやポイントプログラムを同性婚や同性パートナーのお客様にも適用することとしております。

当社は，このような取組みを通じて，LGBTフレンドリーな企業として働きやすい環境を整備して参りたいと存じます。

【解　説】

昨今では，日本においても，LGBTに向けた世間の関心は高い。LGBTを含む性的少数者に対する取組みを評価する指標（PRIDE指標）も存在しており，中には，LGBTに対する取組みを積極的に進めている旨をアピールする企業も出てきている。ある調査によれば，国内には，LGBTと認識する人が全人口の7.6％を占めているとのことであるから，これは当然の流れともいえる。

2023年６月には，性的指向およびジェンダーアイデンティティの多様性に関する国民の理解の増進に関する法律，いわゆるLGBT理解増進法が成立し，施行された。LGBT理解増進法においては，事業主は，労働者に対し，性的指向およびジェンダーアイデンティティの多様性に関する理解を深めるための情報の提供，研修の実施，普及啓発，就業環境に関する相談体制の整備その他の必要な措置を講ずるよう努める義務を負う。

LGBT理解増進法の下で，例えば，企業は，普及啓発として，LGBT研修等の実施を通じて職場における理解浸透をはかる，就業環境に関する措置として，福利厚生の観点から同性パートナーシップを導入し，同性同士でも結婚祝い金や休暇，家族手当などがもらえる制度を拡充する，といった取り組みが努力義務として要請されるといわれている。

したがって，LGBTの取組みに関する株主からの質問については，LGBT理解増進法を意識しつつ，より積極的な回答ができるよう準備しておきたいところである。

質問19-21 〈未成年者に対する性加害問題〉*

当社は，当社製品のCMや広告に某事務所所属タレントを起用していたが，性加害問題を受けて，当面契約の更新を行わないとのことであった。今後，こうした問題に関わらないようにするための取組みを教えてほしい。

回答例

当社は，●人権方針を策定し，公表しておりますが，某事務所の性加害問題は，当社の人権方針にそぐわないものと考えております。そのため，株主様ご指摘のとおり，当社は，某事務所による適切な再発防止策の実現および被害者救済が確認されるまで，某事務所との取引を停止しております。

再発防止のための取組みですが，当社は，日本取締役協会による「未成年者に対する性加害問題に関わる標準ガバナンスコード」を遵守する方針としております。具体的には，当社は，契約において，未成年者の人権侵害が確認された場合に取引停止や契約解除等の措置をとる旨を明記する対応等をとっております。

引き続き人権尊重のための企業責任を果たして参りたいと存じます。

【解　説】

旧ジャニーズ事務所の元代表者による未成年者に対する性加害問題が明らかとなり，旧ジャニーズ事務所所属タレントのCM等への起用を見送る企業が相次いだ。帝国データバンク調べによると，自社のテレビCMなど広告や販促物にジャニーズタレントを起用した上場企業65社のうち，2023年９月20日時点で，放映中のCMなどを「中止する」企業は17社，契約期間満了後に「契約を更新しない」などの対応を表明した企業は15社であり，65社のうち半数にあたる32社が「起用の見直し」対応を表明した。

日本取締役協会は，本性加害問題を受けて，2023年10月12日に「未成年者に対する性加害問題に関わる標準ガバナンスコード」を策定した。同コードは，５つの基本原則を掲げ，未成年者の人権を尊重する企業の責任と確立すべき方針およびプロセスの明確化を求め，人権に対する負の影響の是正措置に協力すべきであるとしている。とりわけ，芸能タレントである未成年者に対する性加害を当該タレントの所属芸能事務所が惹起している場合，その活動を支援するスポンサー企業などは，取引関係の結果として，未成年者に対する人権への負の影響に関与している可能性があり，取引先企業においても人権に対する負の影響を防止または軽減すべきと指摘されている。

企業に人権尊重を求める動きが国内外で進むなかで，未成年者に対する性加害問題における一連の対応を放置することが経営上のリスクとなり得ることを認識した上で，自社の人権方針，取引関係の終了による人権への影響，救済状況等に照らして，どのような対応を取るのか方針を明らかにすることが求められる。

質問19-22 〈カルテル〉*

最近，価格カルテルや入札談合による多額の課徴金納付命令等が相次いでいるが，当社は大丈夫か。価格カルテルや入札談合を防止するためにいかなる対策を講じているのか。

回答例

価格カルテルや入札談合は独占禁止法に違反する行為であり，排除措置や課徴金，刑事罰も科される可能性もあり，当社の経営を大きく損なう可能性のある重大リスクと認識しております。

このような認識に基づき，当社では，課徴金免除制度を含めた独占禁止法の概要，カルテルと認定された過去の実例の解説など，従業員に対する教育を実施し，カルテルや入札談合に関与することがないよう指導を徹底するとともに，実際の業務においてかような違法行為がなされていないかのチェック体制を導入しております。

【解　説】

カルテルとは，複数の企業が，協調して商品の価格や生産数量などを取り決める行為である。独占禁止法３条の「不当な取引制限」に該当する違法行為であり，いわゆる入札談合もこれに該当する。

公正取引委員会が公表した独占禁止法違反事件の処理状況によれば，2022年度においては，排除措置命令が８件出されており，その内訳は，価格カルテル１件，その他のカルテル３件，入札談合４件であった。また，課徴金納付命令による課徴金総額は過去最高額の約1019.8億円であり，一事業者に対する課徴金も過去最高額の約707.2億円となった。2023年度においても，カルテルや談合の疑いが発覚し，公正取引委員会による立入検査や調査が行われている事案に関する報道が相次いでいる。こうした独占禁止法違反行為の発覚の背景には，違反を自主的に申告した企業に対し，申告順に従って課徴金を免除または減額する課徴金減免制度（リニエンシー制度とも呼ばれる）が積極的に利用されていることもある。

このように，カルテルや入札談合に対しては，莫大な額の課徴金が科されることもあり，カルテルや入札談合の防止は，単なるコンプライアンスの問題を越え，企業経営にかかわる重大な課題であるとの認識が必要である。

対策としては，役員・営業部員を中心とする従業員に対し，公正取引委員会による過去の摘発事例や，課徴金減免制度の概要に関する教育を実施することが必要であろう。その上で，万が一カルテルや入札談合が行われてしまった場合にそれを発見するための仕組みも必要である。回答においては，上記の点に留意しつつ，それぞれの企業で実施している具体策を述べることが期待される。

20. 金融商品取引法への対応

質問20-1 〈金融商品取引法による内部統制整備の進捗〉

金融商品取引法に基づき，内部統制監査報告の作成および監査法人による監査が必要だと聞いたが，当社の内部統制制度には何も問題はないと理解してよいか。

回答例

ご指摘のとおり，金融商品取引法により，上場会社その他一定の会社は，いわゆる内部統制報告書を作成し，これについて監査も受けております。当社においても内部統制報告書を提出しております。当社としましては，平成○年○月○日現在の財務報告に係る内部統制は有効であると判断しております。監査においても特段問題の指摘は受けておりません。

【解　説】

■内部統制報告制度

金融商品取引法は，上場会社その他政令で定めるものは，事業年度ごとに，財務計算に関する書類その他の情報の適正性を確保するために必要なものとして内閣府令で定める体制について評価した報告書（以下「内部統制報告書」という）を内閣総理大臣へ提出しなければならない（金融商品取引法24条の4の4第1項）。

そして，この内部統制報告書は，当該企業と特別の利害関係のない公認会計士または監査法人の監査証明を受ける必要がある（金融商品取引法193条の2第2項）。

なお，一定の規模（新規上場時の資本金が100億円以上または負債総額1,000億円以上）に満たない新規上場企業が上場後3年以内に提出する内部統制報告書については，監査証明が不要とされている（同法193条の2第2項4号，財務計算に関する書類その他の情報の適正性を確保するための体制に関する内閣府令（平成19年内閣府令第62号）10条の2）。

■内部統制報告制度の概要

内部統制報告制度のもとで上場会社は，自社および企業集団の財務報告に関係している内部の管理体制・状況について，経営者自らが評価を行い，その結果を「内部統制報告書」として外部に開示する。

したがって，まず，これらの財務報告が正しく作成されるために経営者がどのような内部管理体制や手続（すなわち内部統制）を整備しているかを文書に記録することが必要となる（構築プロセス）。そして，実際に整備され，適正に運用されているかを経営者が評価してその結果を文書に記録することになる（評価プロセス）（佐藤秀明「内部統制報告制度の全体像」ビジネス法務2007年12月号37頁参照）。

株主総会において，上記「構築プロセス」について問われた場合，自信を持って具体的に回答し，株主の懸念が当たらないことを示すべきである。

なお，内部統制構築に要した費用についても質問される可能性があるが，この費用は，法令に基づき必要となる費用であることから，（仮に高額にわたったとしても）回答することにつき，特に問題となる点はないと思われる。

質問20-2 〈金融商品取引法と会社法の内部統制の違い〉

金融商品取引法に基づき，内部統制監査報告の作成および監査法人による監査が必要だと聞いたが，招集通知にも内部統制についての説明があり，これは会社法に基づいていると聞いた。この金融商品取引法による内部統制と会社法による内部統制の違いを説明してほしい。

回答例

金融商品取引法上の内部統制報告書は，財務報告に関する内部統制にその対象が限定されており，公認会計士等の監査の対象も当該内部統制の経営者による評価に限定されていますが，会社法上のいわゆる「内部統制システム」は，財務報告のみならず，会社の業務全体に対する内部統制システムを対象にするものであり，またこの「内部統制システム」自体は会計監査人の監査の対象となるものではありません。

【解　説】

■金商法上の内部統制報告制度

有価証券報告書の提出が義務付けられた会社のうち，上場企業その他一定の会社は，事業年度ごとに，当該会社の属する企業集団および当該会社にかかる財務計算に関する書類その他の情報の適正性を確保するために必要なものとして内閣府令で定める体制について，内閣府令で定めるところにより評価した報告書（内部統制報告書）を有価証券報告書とあわせて提出する必要がある（金融商品取引法24条の4の4）。

つまり，金融商品取引法上の内部統制報告は，計算書類の作成の適正性を担保するための制度であり，監査の対象も内部統制の経営者による「評価」のみが監査の対象となる（金融商品取引法193条の2第2項）。

■会社法上の内部統制システム

これに対して，会社法は，いわゆる大会社の取締役会・取締役等に対して，いわゆる「内部統制システム」，すなわち取締役の職務の執行が法令および定款に適合することを確保するために必要なものとして，会社法施行規則で定める事項の決定をすることを要求している（会社法348条4項，348条3項4号，362条5項，362条4項6号）。

これについては，監査役等の監査の対象とはなるが，会計監査人による監査の対象ではない。この「内部統制システム」は，そもそも制度趣旨が計算書類の適正性を目的としていないことから，会計監査人の監査対象とならないのはむしろ当然と言える。

質問20-3 〈有価証券報告書等の総会前提出〉

有価証券報告書を株主総会前に開示することができるはずだ。当社は総会前に開示をしなかったようだが，総会前に開示すれば株主総会の審議もより充実するはずである。当社ではなぜ総会前開示をしなかったのか，理由を教えてほしい。

回答例

当社としては，株主総会の決議の結果を踏まえた上で有価証券報告書を提出することが適切であると考えております。

【解　説】

■有価証券報告書は総会前提出が可能

企業内容等の開示に関する内閣府令（以下「開示府令」という）に基づき，有価証券報告書を定時株主総会前に提出することが可能である（開示府令17条１項１号ロ，19条２項９号の３）。

■有価証券報告書の記載事項を踏まえた準備が必要

有価証券報告書は，投資者の投資判断に当たって重要な情報を提供するものであるから，これが定時株主総会前に提出されれば，株主の意思決定のためにも有益な情報となるであろう。

一方で，有価証券報告書に記載した決議事項が定時株主総会で修正または否決された場合，臨時報告書でその内容を開示する必要がある（開示府令19条２項９号の３）。また，総会準備に当たっては，有価証券報告書の記載と事業報告・計算書類の記載とで齟齬がないか十分気を配る必要がある。総会前に有価証券報告書を提出したとしても，取締役等の説明義務の範囲はあくまで会社法314条に基づくものであって，かかる範囲が変わることはないと考えられるものの，総会前に有価証券報告書を提出する場合，事実上，その記載事項に関する質問が出ることが予想されるため，十分な準備が必要である。

このような点を勘案しつつ有価証券報告書の総会前提出に踏み切るか否かを判断していくこととなるが，開示府令は，有価証券報告書の総会前提出を義務付けるものではないから，回答例のように，決議の結果を踏まえた上で総会後に提出するという取扱いでも問題はない。

質問20-4 〈議決権行使結果の開示〉

臨時報告書で議決権行使結果を開示しなければならないことになっている。当社においても，本総会終了後ただちに開示されるものと思う。その際，ある特定の議案については機関投資家からの反対が多いから，当日出席の株主による賛成・反対の票もきちんと集計し，すべての賛否を集計対象とすべきである。

回答例

前日までの議決権の事前行使分を集計いたしました結果，決議に必要な議決権数に達したことが明白ですので，当日ご出席いただきました株主様による賛否の数の一部を集計いたしませんでした。

当社では，法令に定められた内容に則して議決権行使結果の開示を遅滞なく行う予定ですが，すべての賛否等の数を集計することまではご容赦ください。

【解　説】

■議決権行使結果の開示

企業内容等の開示に関する内閣府令（以下「開示府令」という）により，上場会社による株主総会の議決権行使結果について記載した臨時報告書の提出が義務付けられている（開示府令19条２項９号の２）。

開示事項としては，株主総会の決議事項（役員の選任・解任に関する場合は対象者ごとの決議事項）に対する賛成，反対および棄権の数，決議要件，そして決議結果がある（同号ハ）。

昨今，議決権行使書によって事前行使された議決権の一部について集計がなされていなかったというケースが発生しているが，その場合，臨時報告書の訂正報告書を提出することとなる。

■会場における賛否集計の要否

もっとも，この臨時報告書には，株主総会に出席した株主の議決権の数の一部を上述の賛否等の数に加算しなかった場合におけるその理由も記載すべきこととなっている関係上（同号ニ），法は，株主総会に出席した株主の議決権の数をすべて集計すべきとの立場を採っていないことがわかる。

2010年３月31日に公表された改正開示府令案に対するパブリックコメントの結果によれば，金融庁は，上場会社の株主総会においては出席株主の議決権の数の一部を集計しない場合が多いという実態があることを認めており，「株主総会の出席株主の議決権の集計は会社法に則って行われますが，開示府令は株主総会当日の議決権行使の集計を義務化する内容ではなく，実務的に過度な負担を求めるものではありません」として，会場での賛否を集計する必要がないことを明確にしている（パブコメ回答４頁８番）。

したがって，機関投資家による議決権行使状況が明らかとされる傾向を踏まえて（2020年３月24日付日本版スチュワードシップ・コード（再改訂版）においては，機関投資家は，議決権の行使結果を公表すべきであるとされている），一般株主から本問のような質問がなされた場合であっても，出席株主の一部の賛否を集計しない会社（多くの会社がそのような対応をとっているものと思われる）は，回答例のように，臨時報告書による開示に当たっては法令に定められた手続・内容に則して議決権行使結果の開示を行う予定である旨を述べつつ，当日出席の全株主の賛否等の数までは集計する必要を認めない旨説明すればよい。

議案 事業報告 計算書類 招集通知 監査報告書 総会運営 時事問題 金商法対応

■編者・執筆者一覧

日比谷パーク法律事務所

松山　遙

日比谷パーク法律事務所　弁護士（パートナー）
1992年司法試験合格。1993年東京大学法学部卒業。1995年東京地裁判事補任官。2000年弁護士登録，同年日比谷パーク法律事務所入所。

水野信次

日比谷パーク法律事務所　弁護士（パートナー）
1995年名古屋大学卒業。1998年司法試験合格。2000年弁護士登録，三井安田法律事務所入所。2004年日比谷パーク法律事務所入所。

野宮　拓

日比谷パーク法律事務所　弁護士（パートナー）
1997年司法試験合格。1998年早稲田大学法学部卒業。2000年弁護士登録，三井安田法律事務所入所。2004年日比谷パーク法律事務所入所。2006年米国ペンシルバニア大学ロースクール修士課程（LL.M.）修了，ヘインズ・アンド・ブーン法律事務所勤務。2007年ニューヨーク州弁護士登録，日比谷パーク法律事務所復帰。

西本　強

日比谷パーク法律事務所　弁護士（パートナー）
1998年司法試験合格。1999年東京大学法学部卒業。2000年弁護士登録，西村総合法律事務所（当時）入所。2002年日比谷パーク法律事務所入所。2006年米国コロンビア大学ロースクール修士課程（LL.M.）修了，ヒューズハバード＆リード法律事務所勤務。2007年ニューヨーク州弁護士登録，日比谷パーク法律事務所復帰。

中川直政

日比谷パーク法律事務所　弁護士（パートナー）
1999年司法試験合格。2000年東京大学法学部卒業。2001年弁護士登録，三井安田法律事務所入所。2004年オリック東京法律事務所入所。2008年米国ノースウェスタン大学プリツカースクール・オブ・ロー修士課程（LL.M.）修了，オリック・ヘリントン・アンド・サトクリフ法律事務所（サンフランシスコ）勤務。2009年ニューヨーク州弁護士登録，日比谷パーク法律事務所入所。2018年認定コンプライアンス・オフィサー登録。2019年公認不正検査士登録。

小川尚史

日比谷パーク法律事務所　弁護士（パートナー）
2006年東京大学法学部卒業。2008年東京大学法科大学院修了。同年司法試験合格。2009年弁護士登録，同年日比谷パーク法律事務所入所。

小川直樹

日比谷パーク法律事務所　弁護士（パートナー）

2007年東京大学法学部卒業。2009年東京大学法科大学院修了。同年司法試験合格。2010年弁護士登録，同年日比谷パーク法律事務所入所。2016年米国ミシガン大学ロースクール修士課程（LL.M.）修了，テキサス州ヒューストンのエネルギー企業にて勤務。2017年ニューヨーク州弁護士登録。

川本　拓

日比谷パーク法律事務所　弁護士（アソシエイト）

2014年東京大学法学部卒業。2016年東京大学法科大学院修了。同年司法試験合格。2017年弁護士登録，同年日比谷パーク法律事務所入所。2022年米国カリフォルニア大学ロースクール修士課程（LL.M）修了。

北折俊英

日比谷パーク法律事務所　弁護士（アソシエイト）

2018年中央大学法学部卒業。同年司法試験合格。2019年弁護士登録。同年西村あさひ法律事務所入所。2022年日比谷パーク法律事務所入所。

田島明音

日比谷パーク法律事務所　弁護士（アソシエイト）

2017年早稲田大学法学部卒業。2019年早稲田大学法科大学院修了。同年司法試験合格。2020年弁護士登録，同年日比谷パーク法律事務所入所。

三菱UFJ信託銀行株式会社　法人コンサルティング部

会社法務・コーポレートガバナンスコンサルティング室

中川雅博

三菱UFJ信託銀行法人コンサルティング部 部付部長

1990年東洋信託銀行（現三菱UFJ信託銀行）入社。社外派遣制度により1996年大阪大学大学院法学研究科（修士課程）修了。1996年より証券代行業務に従事。

赤坂美樹

三菱UFJ信託銀行法人コンサルティング部 グループマネージャー

事業会社の企業法務経験を経て，2014年10月三菱UFJ信託銀行法人コンサルティング部入社。

脇山卓也

三菱UFJ信託銀行法人コンサルティング部　ジュニアフェロー
1998年東洋信託銀行（現三菱UFJ信託銀行）入社
2001年より証券代行業務に従事。

梅澤典男

三菱UFJ信託銀行法人コンサルティング部 上級調査役
1998年東洋信託銀行（現三菱UFJ信託銀行）入社。社内留学制度により2007年早稲田大学大学院法学研究科修了。2007年より証券代行業務に従事。

野村剛宏

三菱UFJ信託銀行法人コンサルティング部 上級調査役
事業会社における10年間の企業法務経験を経て，2020年 1 月三菱UFJ信託銀行法人コンサルティング部入社。

林　良樹

三菱UFJ信託銀行法人コンサルティング部 調査役
証券代行専業会社を経て，2010年三菱UFJ信託銀行入社。継続して証券代行事業に従事。

白木絵利加

三菱UFJ信託銀行法人コンサルティング部 調査役
2011年三菱UFJ信託銀行入社。2019年より証券代行業務に従事。

椎名洋平

三菱UFJ信託銀行法人コンサルティング部　調査役
行政書士事務所，事業会社の企業法務・経営企画等を経て，
2023年10月三菱UFJ信託銀行法人コンサルティング部入社。

青木伴弥

三菱UFJ信託銀行法人コンサルティング部
2018年三菱UFJ信託銀行入社。同年より証券代行業務に従事。

山部　侑

三菱UFJ信託銀行法人コンサルティング部
2019年三菱UFJ信託銀行入社。
2023年より証券代行業務に従事。

帯津竜汰

三菱UFJ信託銀行法人コンサルティング部
2023年三菱UFJ信託銀行入社。

2024年
株主総会の準備実務・想定問答

2024年２月10日　第１版第１刷発行

編　者　日比谷パーク法律事務所
三菱ＵＦＪ信託銀行㈱
法人コンサルティング部
発行者　山本継
発行所　㈱中央経済社
発売元　㈱中央経済グループパブリッシング

〒101-0051　東京都千代田区神田神保町１-35
電　話　03（3293）3371（編集代表）
03（3293）3381（営業代表）
https://www.chuokeizai.co.jp
印刷／昭和情報プロセス㈱
製本／誠　製　本　㈱

ISBN 978-4-502-49491-8　C3032